彭林 嚴佐之 主編

# 方苞全集

第三册 周官析疑 考工記析疑

復旦大學出版社

# 本册總目

# 周官析疑

徐到穩　整理

# 整理説明

周官析疑三十六卷，成於康熙六十年（一七二一）。據蘇惇元撰望溪先生年譜，康熙五十年，方苞開始潛心三禮；康熙五十一年，著禮記析疑；康熙五十二年，著周官辨、喪禮或問；康熙五十九年，周官集注成；康熙六十年，周官析疑成。周官析疑在一定程度上可以看做是對周官辨的拓展。與周官集注重在遍釋經文、採擇宋元明人之説不同的是，周官析疑更多體現了方苞及其朋友、弟子等對周官中疑義的探討。康熙五十二年八月，方苞至養蒙齋編修樂律曆算諸書。徐元夢、顧琮等人時就方苞問周官中的疑義，方苞詳爲辨析。周官辨即於此年成書。其後不斷有人就方苞問周官中的疑義，方苞時有記録，最後在康熙六十年成周官析疑。

周官析疑將周官中文義有疑難者掇出解釋。或釋古制，或析其説之所以然，或析其行文等。周官析疑引用了李光坡、李鍾僑、鍾晼、劉捷、李鍾旺、龔纓、張自超、翁荃、方舟、和鳳翔、官獻瑶、梅瑴成、王蘭生、方道章、劉齊、徐念祖、方道希、李光墺、陳從王等十九位當時人的觀點，大多數可視作當時探討的記録。

對周官析疑的整體評價呈現出霄壤之別。評價極高的是該書前面三篇序言。朱軾（一六六五—一七三六）評曰：「自是編出，而後大典精義炳若日星，明經之功顧不巨歟？觀是編者，當知聖人盡其性以盡人物之性，六典之周浹，莫非天理之流行。果能隨處體認而近反之身心日用之間，於以褆躬淑性，求志達道，皆於是乎有賴焉！豈徒信古傳述已哉？」（周官析疑序）陳世倌（一六八〇—一七五八）評曰：「辨前人之僞，解後人之惑，謂周禮因先生而明可也。雖然，周禮法天地而明教化，辨方位而叙人倫，蓋以天德而發王道。今得是編，余知爲政者有所持循鑒新莽、蘇綽、安石之失而善用之，將庶政和，萬國寧，再見成周太平之雅化者於是乎在矣！」（周官析疑序）顧琮（一六八五—一七五四）評曰：「後之學者讀四書畢，即宜殫心於此。讀經之法、治政之方皆可以得其門徑矣。」（序）這三篇序言都强調周官析疑貢獻極大，不僅有助於解經，也有助於治政。它們與一般的序言相似，都是爲作者唱贊歌的。不過考慮到作者與三位作序者的崇高地位，那麽可以説周官析疑是廣受當時學界好評的。需要注意的是，類似的評價在清中期之後非常罕見。

對周官析疑整體評價極低的代表是四庫全書總目。四庫館臣將周官析疑列在四庫全書存目，並大加批判，批判文字約一千四百字，這在四庫全書總目中是相當罕見的。其批判集中在：「其書體會經文頗得大義，然於説有難通者輒指爲後人所竄，因力詆康成之注。」四庫全書總目找了方苞幾個觀點作爲例證，進行了較詳細的批駁。最後總結道：「蓋苞徒見王莽、王安石之假借經義以行私，故鰓鰓然預杜其源，其立意不爲不善，而不知弊在後人之依託不在聖人之製作。曹操復古九州以自廣其封域，可因以議禹貢冀州失之過廣乎？」四庫全書總目的幾點批駁頗有道理，但是周官析疑有三十六卷，相當於有上千條札記，體現出方苞多種多樣的觀點。四庫全書總目僅僅從中挑選出幾種觀點來批駁，未免以偏概全。不幸的是，四庫全書總目對後世二百多年影響極大，如周中孚鄭堂讀書記（一八三一）評曰：「今觀其書，皆摘經文爲説，自出特見，逐節爬梳以析其疑。其疑經斥鄭不一而足，甚至論子政則證以公孫禄、班史，王介甫新法罪由康成，而於古人之疑周官爲僞作，咸衹爲道聽塗説，而未嘗一用其心，即粗用其心，而未能究乎事理之實者也。（見文集周官辨僞一）此所謂楚則失矣而齊亦未爲得也。」幾乎與四庫全書總目如出一轍。四庫全書總目對周官析疑的整體評價未被後人批駁，幾乎成了「定評」。清代中後期的主流禮學家（如江永、戴震、程瑶田、黄以周、孫詒讓等），幾乎都不評價周官析疑。清經解及清經解續編没有採入方苞一部作品。

周官析疑被後代忽視是難以否定的，但值得注意的是，周官析疑中不乏真知灼見。如鄭玄注「大喪掌沐浴」：「王及后之喪」。方苞指出鄭注的錯誤，有理有據（周官析疑卷七）。又如方苞在詮釋場人時説：「本職曰國之場圃，則爲載師所任，而非農家之場圃可知。注疏並誤。」這也是很有道理的。如果細緻考察，不難看出周官析疑對江永、莊存與、莊有可、蔣載康等人的影響。因此，周官析疑的影響與價值有待於進一步探討。

周官析疑的清代版本有：康熙雍正乾隆遞刻本（嘉慶時被收入桐城方氏抗希堂十六種）、清代寫本（傅增湘藏園群書經眼録曾著録，今未見）、光緒二十四年（一八九八）瑯嬛閣刻抗希堂十六種全書本、光緒桐城方望溪先生全書活字印本。此次整理以康熙雍正乾隆遞刻本爲底本。

整理者

二〇一八年二月

# 目録

**周官析疑卷之二十三**……（四二三）



**周官析疑卷之二十四**……（四四三）

# 周官析疑序

周官爲群儒所疑幾二千年，雖程朱篤信而無以解衆心之蔽，以其中悖天理而逆人情者實有數端也。望溪方先生讀王莽傳，忽悟皆莽之亂政而劉歆增竄聖經爲之端兆，以惑愚衆。每事摘發，爲總辨十篇，然後何休、歐陽修、胡氏父子凡訾議周官者無所開其喙。

予與先生供事蒙養齋，徐公蝶園及二三君子公事畢，輒就先生叩所疑。每舉一條，先生必貫穿全經，比類以明其義，且謂漢唐以來一王之興，其治教之大者必有數端與周官暗合，厥後廢弛，其合焉者變更略盡，而國遂無以立。又古者邦畿千里，縣畺之地以分都家、鄉遂、公邑，天子使吏治之者尚不及後世一大州支郡，上下相親，故委曲繁密之政可行。後世遥制四海，官如傳舍而柄操於胥吏，法愈詳，民之受病愈深，其勢終有所窮，而國必爲之敝。予聞之，豁然心開，與二三君子勸先生筆之於書。五官之説凡三十六卷。康熙辛丑，陳公滄洲爲刻天、地二官。雍正辛亥，朱公可亭刻春、夏二官而未終。及先生歸里，周君力堂、程君夔州嗣事而終焉。合考工記，凡四十卷。後之學者讀四書畢即宜殫心於此，讀經之法、治政之方皆可以得其門徑矣。

乾隆八年秋七月，混同顧琮撰。

# 周官析疑序

讀經者，誠能卓然出特見，辨前人之僞，解後人之惑，則於先聖制作之精意自心心相印，得其切要，有所指循，損之益之，皆合於道而不相悖。周禮一書，孔子謂王道在是，乃數千年來從未有善用之者。假而用之，有若新莽；輕而用之，有若蘇綽；誤而用之，有若王安石，是豈時殊勢異，泥於古者終難行於後與？蓋道統開自堯、舜、禹、湯、文、武遞傳而至周公。周公道德有於身，運用之以輔成王，而作周禮，吾儒誠、正、修、齊、治、平之學皆備。後世不遡其道高德厚之心源，而徒泥書中布置之粗迹，思以易俗移風，甚至矯拂人情而不顧，毋惑乎用之而禍敗相隨屬也。

夫周禮廣大精微，書中之粗迹類皆末世所增入，固作僞而滋惑者也。惟有人焉，實指其僞而力辨之，以解後人之惑，斯可由偏布精密中推聖人之用意深切處，而篤信爲建太平之基本。然苟非讀書功深，卓然出一己之特見，鮮有能別黑白而定一尊者。若望溪先生是編，可謂讀書功深，卓然出一己之特見者矣！余嘗謂漢儒注經博而流於雜，宋儒解經約而探其原。康成尊奉子駿，句解字析，惟務徵引以實之。其於制作之心源未嘗默契而神會。程、張、朱三子則直遡道德之統宗，而明其爲運用天理爛熟之書。一博一約，得失昭然。先生讀書由博歸約，宜其與程、張、朱之議論相合也。且先生所辨有更補先儒所未及者。昔人言周禮有闕文、省文互見之異，陳止齋則謂鄭注之誤有三。今先生卓然自出特見，論歆則証以公孫禄、班史，安石新法罪由康成，而治經當求實用，言皆的當不易。夫豈呫嗶末學一知半解所能仰企萬一者哉？

辨前人之僞、解後人之惑，謂周禮因先生而明可也。雖然，周禮法天地而明教化，辨方位而叙人倫，蓋以天德而發王道。今得是編，余知爲政者有所持循鑒新莽、蘇綽、安石之失而善用之，將庶政和，萬國寧，再見成周太平之雅化者於是乎在矣！

海寧陳世倌撰

# 周官析疑序

王荆公謂周禮半爲理財之書。今觀廛人、質人、泉府、門關之絘布、廛布、總布，巡考犯禁之舉，罰不售之斂、稱貸之息，非即熙寧坊場、白地、房廊、市例、免行、均輸之苛薄乎？山虞、澤虞、迹人、林麓、川衡物物而厲禁之，角人、羽人、掌葛、掌炭之職纖介無不取之者，不深究其所以然，則與孟子所言文王之治岐相謬戾。然張子、二程子深非荆公之新法，而於周禮則尊信而述之。朱子謂非聖人不能作。西山真氏極言其廣大精微，必有周公之心乃能行，有周公之學乃能言。概指爲矯詐而訾棄之，此林碩、何休之妄，與新義之潰亂等耳！

善乎！望溪先生之論曰：周官，萬世無弊之良法也。世人所疑議，乃王莽、劉歆所增竄，而鄭康成每據漢法、莽事以詁周官，故介甫又用之以禍宋也。自漢河間獻王獻周官五篇，武帝藏之秘府，諸儒莫之覩也，故歆承莽旨，得肆意竄入以自蓋。按先儒亦有疑爲劉歆之書者，而未若望溪灼見其孰爲歆所增竄，而於班史所載莽事具得其徵也。其總論十篇大義，既以章徹，又逐節爬梳，以析其疑。經緯條貫，一歸於正；且探其根源，使周公運用天理之實、介甫摭拾傅會以求逞其私計之情昭然其不可掩焉！夫金雜於沙，玉淆於石，既簡别而存其真，又從而陶鑄之，琢磨之，於是金之光、玉之潤有目者共識。周禮雖列群經，而學士能通其讀者蓋寡。自是編出，而後大典精義炳若日星，明經之功顧不巨歟？觀是編者，當知聖人盡其性以盡人物之性，六典之周浹，莫非天理之流行。果能隨處體認而近反之身心日用之間，於以禔躬淑性，求志達道，皆於是乎有賴焉！豈徒信古傳述已哉？

雍正十年秋八月，高安朱軾撰。

# 周官析疑卷之一

## 天官冢宰第一

惟王建國，辨方正位，體國經野，設官分職，以爲民極。

左祖右社，面朝後市，乃正位之事，非體國也。王城面九里，畿内面五百里，近郊、遠郊、甸、稍、縣、畺之地各有所任，人有所宜，事取其便，皆量國中之體勢，以定野外之經制。五等之國以次而殺，則其野外都邑、郊關、溝涂大小遠近必與相稱。舊説似誤。洪範曰：「皇建其有極。」又曰：「惟時厥庶民于汝極。」元后作民君師，所以爲之極也。君奭篇：「乃悉命汝作汝民極。」公卿師保萬民，亦所以爲之極也。全經之義盡括於此，故六官之首並揭之，俾守典者識焉。辨方以正位，體國以經野，設官以分職，皆所以安民生、定民志而使遵王之道，故曰「以爲民極」也。朱子以至極之義、標準之名辨書傳以極爲中之誤。證以周官，其義益明。蓋以爲民極，不可訓以爲民中也。必兼至極與標準，然後「以爲民極」、「建其有極」、「會其有極」、「歸其有極」逐字皆得實義。

乃立天官冢宰，使帥其屬而掌邦治，以佐王均邦國。

合教禮、政刑事而成治，治之使各得其分謂之均。均者，上下、尊卑、貧富、遠邇各得其平也。詩人刺秉鈞之不善，一言以蔽之，曰「不平其心」。故相臣佐王平天下，自平其政始，而平其政自平其心始。六官正與師之外，司旅凡六十人，府、史及胥之數半之，而所掌不過藏官契、贊官書、治官叙，凡政事皆官治之，而吏不得與聞焉。至徒，則傳官令以徵令，吏之事亦不得與聞焉，所以姦弊不作，而實德及民也。後世小州縣書役、差役之正副必數十人，徒數十百人，官安能偏察？民何由自直哉？六卿官中府、史及胥僅三十二人，必各有所長者也，故八統七曰「達吏」。疑諸職中、下士，鄉遂、公邑之中士，必於是取焉。徒之中有傑出者，不可以贊書，亦可以守藏、治叙。蓋古者農、工、商之子亦嘗與於閭里、塾門之教也。鄉遂之吏無府、史，胥、徒，以比長、里宰之倫爵下士者，即以農夫之淳實者爲之。其行能果有可任，自當以漸而升。蓋聖人立賢無方，始則無一人之不教，終則無一行、一藝、一才之或遺也。

治官之屬：

李光坡曰：「典命：大夫同四命。而此分爲中、下，蓋若侯、伯同七命，子、男同五命，而爵則有高下耳。典命職：公之卿三命。掌客職：『士視諸侯之卿禮。』注言『士以三命而下爲差』，似據此。」

宫正。

凡命官曰「正」者，總其政也；曰「司」者，察其事也；曰「典」者，守其法也；曰「職」者，主其業也；曰「掌」者，專其任也；曰「師」者，訓其徒也；曰「氏」者，世其官也；曰「人」者，稱其材也；其餘如宫伯、膳夫、山虞、林衡之類，則各因其職事以起義。

庖人。

古民茹毛飲血，包犧氏始火食爲毛炮。庖之義宜取於此。若包，則茅、匭、橘、柚皆有是名。注義似偏。

酒人。

酒、漿、籩、醢、醯、鹽、冪七職皆出入王宫，故以奄、奚爲之。以給世婦廟中之役，故酒人用奄。注引漢法，於女及奚皆曰女奴。非也。爲齍盛、齊酒、籩豆之實，以事天地、宗廟，不宜用罪人。秋官司厲惟盜賊之女子謂之奴，入于舂、稾。則女奴不供他職，而他職之女奚不得爲奴，明矣。女酒及奚凡三百三十人，舂稾事校繁重，而女舂摄止二人，奚五人，女稾十有六人，奚四十人，蓋給役者，司厲所入女奴，而女舂、女稾及其奚，特監視教導之耳！二職不列女奴及其數者，以司厲職有明文，且以罪入，數不可定也。

獸人。

李光坡曰：「獸人與甸師相次，以掌罟田獸之害稼者，其徒四十人，蓋所掌惟罟耤田之獸，而畿甸罟獸之法亦此職布之。」

凌人。

凡内外饔之膳羞鑑焉，故連類在此。

醢人。

有籩人而無豆人者，籩實、果穀、魚鹽、餌餈皆易成，故統於一官；豆實、醢物、醢物雜而難成，非一官所能共，而豆實又不盡於醢醯之物也。鹽亦籩實，而别列一職者，共百事之鹽，籩實其一耳。　籩人女奚少，以棗、栗之屬皆乾物也。醢人、醢人女奚倍之，以菹、虀之屬皆濡物，製作事繁。

鹽人。

山、澤、林、鹽爲國之寶，民賴以生養也。周公於山林、川澤皆官爲之守，而時頒於民，然猶取其骨物、羽物、草貢、葛征以當邦賦。惟鹽則無守、無頒、無賦，而聽民自取，何也？官守而時頒，恐貪民生争，且竭取耳。鹽則口食而外，多取無所用之。聽民自取而無賦，則商賈雖爲阜通，而不得專之以要厚利。聖人體民之忠、處物之當如此！

内府。

司會掌郊野、縣都之百物、財用職。歲掌貳都鄙之財、出賜之數。小行人適四方，所至之國有事故，則令賻補、賙委、槁禬、慶賀、哀弔。則藏貨賄之府，自郊野、縣都至畿外，隨地而有之。内府所掌，獨待邦中之用者耳。謂之「内」者，乃對邦國、郊野、縣都而言，非對掌邦布之外府而爲内也。

司會。

諸儒謂大府下大夫，而司會以中大夫爲之屬。非也。大府之屬，玉府、内府、外府以及官府、都鄙之吏，皆主守藏者。用財之式法，則司會鈎考之，故司書職歲職幣皆屬司會，而職内亦屬焉。知所入，然後可量以爲出也。司裘、掌皮亦以類而相從，其出用之數亦待考於司會也。大府所掌惟貨財之守藏，則以下大夫領之足矣！司會掌邦之六典、八法、八則之貳，以逆邦國、都鄙、官府之治；掌九貢、九賦、九式、九功之法，以均節財用。凡冢宰所布之治皆考焉。於内則逆群吏之治，於外則周知四國之治，以詔王及冢宰廢置。凡王及冢宰所以馭百官者皆與議焉。其爵與小宰並，而職事繁重，轉過於小宰，故特設下大夫四人以佐之，正朱子所謂運用天理、不得不然者。群儒乃以私意隱度，謂欲其權足以制大府，然後鈎考、糾察之勢得行。謬矣。

職歲。

不曰「職出」，而曰「職歲」者，歲有豐凶，所出一以歲爲準，而不得過也。

内小臣。

古者天子日視朝，公、卿、大夫、士皆得進見言事。内小臣，群奄之長，所掌者不過陰事、陰令耳。東漢末造，天子不時見公、卿、大夫，宦者口銜天憲，勢傾朝野。沿至於唐，則天子之廢立由之，死生聽之。然後知周公之典百世不可易也。

閽人。

内則：「深宫固門，閽寺守之。」穀梁傳亦云：閽，寺人也。此列序群奄，不宜獨爲墨者。墨者所守，蓋城郭、官府、館舍、倉廩、廏車之門。王宫五門，六服群辟會朝，公、卿、百官所出入，不宜使黥者守之。注誤。

寺人。

諸職稱「奄」，言其精氣之閉藏而已。惟王之正内謂之「寺人」，言能侍御於王，必其才行之出類者也。至内小臣稱士，則非有士行者不足以充之。

王之正内五人。

不曰「后之内寢」，而曰「王之正内」，婦人所居必繫於夫以爲名，猶内宰職不曰「后宫」，而曰「王之北宫」也。后寢設寺人，而王寢無之，何也？王之路寢與公、卿聽政，即退適燕寢，而晝以訪問，夕以修令，侍御、僕從皆在焉。惟夜以安身，然後嬪婦敘御耳。宫人掌寢中供具；内小臣掌陰事；寺人掌内人及女宫之戒令，相道其出入：則嬪婦入御、女宫隨而聽事具在其中矣。自朝及夕，侍王者皆士、大夫。夜事，則内小臣、寺人當直者遞代而掌之，故員無别設耳。

内豎倍寺人之數。

寺人五而豎倍之者，正内日近王后，職事親要，刑餘之人善良者不多覯，故取童稚之純一者備焉。　奄人通内外之令，領女奚之屬，其事有斷不可缺者。　然考周官，内小臣四人、寺人五人，其餘司服用者，通天、地二官，四十五人。　數既甚少，而爵以士者，又不過四人。　其上有内宰、宫正、小宰、太宰層累而督察之，則亦安能爲國患哉？或謂刑人不宜近嬪御，亦非也。　士、大夫始有過行，重自懲艾，而終爲善良者多矣。　爲奄者不過四十五人，其近王后者不過九人，則必能補前行之惡者也。

九嬪。

疏引鄭氏檀弓注，無稽之説也。　帝嚳四妃，不過約略詩所稱姜嫄有娀、史記所稱娵訾氏、陳鋒氏之女而云然。　不知娵訾氏乃帝摯之母，陳鋒、有邰、有娀實生堯與稷、契，故有傳於後，當時嬪御未必止此四人也。　夏、殷、周以三遞增，絶無徵據，而由其説，則流弊無窮。　好博而不能折衷於義理，程朱所深病於漢儒，皆此類也。

世婦。

鄭康成三夫人、九嬪、世婦、女御注，本確不可易。其引昏義以證世婦、女御之數及家語當夕之説，宋以後諸儒紛然排擊，皆於理有未達也。天子法天，凡事皆以十二爲度，故有三夫人、九嬪。魯伯姬歸於宋，三國來媵。春秋特書，以爲非禮，則天子宜備十二之數明矣。三夫人雖不見於經，而酒正有后致飲於賓客之禮，漿人又有夫人致飲於賓客之禮，則后之下有夫人明矣。此猶三公不見於經，而其朝位則見於小司寇、朝士，射位則見於射人；冢宰、大司徒所供大祀止見五帝，而昊天上帝則見于宗伯職及司裘耳。蓋惟九嬪如九卿之不可缺，三夫人則有其德乃備其位，猶三公之官不必備，惟其人也。世婦，則有子而可以爲王繼世者，其無子而賢德出衆者或附焉。女御，則良家子賅姓于王宫。王所幸御，乃有其位，故其數皆不可定也。至王所未御，必有限年出嫁之制，而今不可考矣。

古者内官九御，自夫人、嬪婦以下皆贊王后舉内治，以共祭祀、賓客之事，以獻蠶桑、穜稑、織文、組就之功，以治王族嘉好、合食，内宗三月之教以備喪祭、弔唁之禮，亦如庶司、百職之不可缺也。群儒乃力排昏義，並疑周官、曲禮，謂王宫嬪御不宜若是之多。蓋以私意淺見妄議聖人運用天理之書。不知苟王心無主，而以欲敗度，則惑溺專妒。即一二人，亦足以羸王躬而亂百度。果能正心修身以齊其家，則九嬪、世婦、女御之備官，不過恪共内職，以廣世嗣而已。周公建官，自王宫嬪婦以及奄寺暱近之人，膳服瑣細之事，皆屬于冢宰，正以暱近則儇媚易生，瑣細則宴私易逞。故董之以師保，務使禮度修明，君心順正，小無所忽，大不可逾，乃正心、誠意之根源，興道、致治之樞紐也。○夫人、九嬪、世婦、女御宜皆有供使令者，而不見於天官、春官宫卿之屬，每宫之女府、女史、女奚是也。

内司服。

此職及縫人、女御即取諸列職世婦下者。群儒以序奄下，遂疑非王之内人。不知二職所領多外事，故首奄。如非内人，則當曰「女宫」。

縫人。

女御之下，别列女工，則爲内人明矣。

染人。

婦人每易驕侈，以物采相耀，故婦官染采並屬冢宰，則後宫服飾不得競於華靡。

夏采。

大學之道，治國、平天下必本於修身、齊家，而其原又在格物、致知、誠意、正心。蓋必如此而後表裏無隔，細大畢貫。冢宰之屬，驟視之，若紛雜、瑣細。而究其所以設官之意，則天子誠意、正心、修身、齊家、治國、平天下之事皆統焉，所以爲師保之任，而非五官之比也。至於格物、致知之學，則師氏、保氏導養有素，而隨事而究察焉者皆是也。

# 周官析疑卷之二

## 大宰

一曰治典，以經邦國，以治官府，以紀萬民。

邦國則舉其大綱，故曰「經」；萬民則詳其節目，故曰「紀」。

二曰教典，以安邦國，以教官府，以擾萬民。

惟治、教二官曰官府，何也？凡府之藏官契者，無所用治教。即春、夏二官，有禮樂、兵戎之成器，而守藏其易，出入無私。惟天、地二官之府，則九賦、九貢之粟米、貨賄、百物、良兵、良器皆入焉，故府與官並舉，聽計、考治、廢置、誅賞，所以治官也。日成、月要，參互、鉤稽，所以治府也。明其治教，謹其禮俗，所以教官也。辨其苦良，宜其燥濕，時其發斂，易其陳新，所以教府也。昔程子言：春秋之文一字易，則義必異。治周官者亦當以此求之。

四曰政典，以平邦國，以正百官，以均萬民。師田之禮，昭文章，明貴賤，順少長，習威儀，進退有度，左右有局，故曰「正百官」；四丘出甲，更番征役，故曰「均萬民」。　司士正朝位，詔爵禄，亦所以正百官。

六曰事典，以富邦國，以任百官，以生萬民。備物致用，治、教、禮、政、刑之事皆資焉，故曰「事典」。任者，屬之事以盡其力也。獨於冬官言「任」者，水土之政尤勞且繁。

七曰官刑，以糾邦治。官刑兼輕重而言。司寇職：「四曰官刑，上能糾職。」舜典：「鞭作官刑。」官府之常刑也。其有極惡大罪，則亦不免於刑殺。内史「五曰殺」〔二〕，掌囚「凡有爵者奉而適甸師氏以待刑殺」是也。記曰「刑不土大夫」，乃賈誼所謂「體貌大臣」，「聞命則北面再拜，跽而自裁」之類耳。

〔二〕「五」，原作「六」，今據周禮注疏改。

八曰官計，以弊邦治。

以分之所守言，則曰「官職」；以事之所服言，則曰「官常」：其實一也。上分職以授下，故曰「辨」；下服常以報上，故曰「聽」。官府八成，有一定條格，故曰「經」。七事之法，有施舍治訟，故曰「正」。聯與常獨曰「官治」，主於覈其人也；餘皆曰「邦治」，主于舉其事也。

以八則治都鄙。

都鄙，記所謂「内諸侯禄」也。與鄉遂公邑純用王朝之制、出封純用侯國之制者不同，故别以八則治之。治分於外，權操於内，所謂「馭」也。

三曰廢置，以馭其吏。

吏，即服官者，若府、史之屬，則其長所自辟除，非王朝廢置所及也。法則者，示以職之所守，故曰「官」；廢置者，覈其人之所堪，故曰「吏」。

五曰賦貢，以馭其用。

私邑之用、王朝之供各有定分，而又時其歲之豐凶、事之繁簡是都鄙之用，皆王朝所制也，故曰「以馭其用」。

七曰刑賞，以馭其威。

都鄙刑賞，其長得自專，恐妄作威福，故其獄訟必上於國，則知賞亦不得專行。雖假以威福之柄，而仍操之自上，故曰「以馭其威」。

八曰田役，以馭其衆。

禮，天子、諸侯有四時之田，大夫、士皆得從君以田。故王制：「天子殺則下大綏，諸侯殺則下小綏，大夫殺則止佐車，佐車止則百姓田獵。」此經田役以馭衆，乃天子田而縣師受法于司馬，以起都鄙之衆，非都鄙之主得私自田獵也。賈疏乃云「卿、大夫得田」。王氏詳説又云：惟天子之大夫得田。不知從君以田，雖士庶亦可。若私田，諸侯之大夫固不可，天子之大夫庸獨可乎？

以八柄詔王馭群臣。

爵禄廢置，生殺予奪，皆天理之自然也。然以天下之大柄而操於一人，非上聖至仁，豈能一一各應其則?及其變也,則有不宜貴而貴,不宜富而富,不宜廢而廢,不宜置而置,不宜予而予,不宜奪而奪者矣。又其甚也,且有不宜生而生,不宜殺而殺者矣。所以然者,情僞百出,耳目易欺,人主一心,豈能徧察?自非公正無私、能好能惡之相臣隨事隨時,竭誠盡慮以告其君,鮮不牽於私意,蔽於僉壬,而冥行倒置者。漢、唐以下,非無勵精求治欲謹其操柄之賢君,而不能比隆於三代,以詔之者無伊、傅、周、召之相臣耳。此振古治道升降之分界也。

二曰禄,以馭其富。

如宫正之會稍食、宫伯之行秩叙,雖微而必察也。

三曰予,以馭其幸。

於爵禄後即繼以馭幸者,人君於所親幸而濫以爵禄,最亂政之大者,故先之。

四曰置,以馭其行。

人之性資,剛柔、敏鈍,各有所禀;官之職業,文武、劇易,各有所宜。故必知其行,然後置之各當其任。自始仕者論定而後官,以至三宅、三俊,克由繹之而後俾乂,皆率是道也。如用違其才，則雖賢而官或不治。故「克知三有宅心，灼見三有俊心」乃文武立政之根源。周公本之，以建六典者也。

五曰生，以馭其福。

春秋傳曰：「淫而無罰，福也。」故有罪而赦宥，可以謂之「福」。

以八統詔王馭萬民。

馭群臣，猶有慶賞、刑威之法。而所以馭萬民者，不過以忠厚、禮讓爲先，且一一實體於王躬，而不專以布教敷言求喻於衆志。蓋民弱而不可勝，愚而不可欺。苟非至誠動物，以善養人，而別求所以馭之之道，鮮有能喻諸民而服從其教令者。夏書曰：「予臨兆民，凜乎若朽索之馭六馬。」故先王顧畏於民嵒，惟務正其本統，以漸摩而陰化之。然是八者，亦非上聖、至仁未能自然而各盡其道，故並使冢宰隨時隨事而詔王焉。

七曰達吏。

府、史、胥、徒有才行特出於衆者，則達之，使爲士官也。

以九職任萬民。

天之生人，無少壯男女，有是身則有所居之分位，有是分位則有所治之事業，故名曰「職」。盈天地之間，有一無職之人，有一不守其職之人，則有家有國者必陰受其病。故王公身任天職，必使萬民舍九職無以託其身，而君臣相與盡志於治教、政刑、禮事以董正之，而使無廢職焉。

一曰三農，生九穀。

此主以九職任民，以上、中、下之農言之，則可以包五地；以山澤、平地言之，則不可以包三農。且舉山澤，未有反遺丘陵、墳衍者。果爾，則經文當曰五地生九穀矣。周官於山澤之農，所徵惟骨物、羽物、葛徵、草貢以當邦賦，正以除去平地、原隰，邱陵之可耕者，即原也；墳衍之可耕者，即隰也。則山澤之農甚少耳。先鄭、後鄭説俱未安。

二曰園圃，毓草木。

易氏祓謂：園圃、虞衡即三農中無田可受，及受田而有餘力者爲之。非也。山澤之耕地無多，故即使耕者守其材物，所謂山農、澤農也。園圃，則地之宜草木而不宜百穀，或華離而不可井溝者，故别爲一職。若沃衍井地之民，雖有餘力，豈能遠離鄉州以守山澤？或近舍廬井，而别開園圃乎？不過於同井比邑，受餘夫之田耳。至于無田可受，末世豪强兼并，土滿人聚之區則有之。先王之世，量地以制邑，度地以居民，利均而難專，民散而不滿，安有是哉？

三曰虞衡，作山澤之材。

虞衡之職，主長養山澤之材與及時出而用之。曰「作」，則兼此二義。飭材之事盡於飭與化，絲枲之事盡於化與治。一言而盡萬物之理，是謂聖人之文。

四曰藪牧，養蕃鳥獸。

載師職有牧田，而牧地不見於經。此與藪並列，蓋牧地也。地有宜于牧而不宜于田者，故小司徒并牧其田野，隨地皆有之。而王朝之牧田必以任遠郊之地，蓋四郊賓客所會，所用畜物爲多。鳥獸有宜于藪澤而不宜于平土者，四郊地狹，賓祭用繁，故兼養于藪，待其成而近輸于牧，然後甸、稍、縣、都之地宜于牧者，其附近農民及公有司都家得受牧焉。此王政所以即人之心而盡物之理也。

七曰嬪婦，化治絲枲。

不曰「女婦」，而曰「嬪婦」，非有夫之婦，雖蠶績而不責，以布帛之貢也。八材曰「飭」，引以繩墨，式以模範也。絲枲曰「治」，漚、椎、煮、練以達其性也。皆變其本質，而後利於民用，故同曰「化」。

八曰臣妾，聚斂疏材。

古無奴婢。子弟事父兄，弟子事先生，屬吏事長官，所謂「臣妾」。公家及士、大夫之家始有之。春秋傳：人有十等，皁臣、輿僕、臣臺之類，則臣也；士、大夫之内御者，公家之女奴，則妾也。無事時皆使聚斂疏材以自饒益，故雖列九職，而無賦貢，與閒民同。農工之家，則聚斂疏材者，即其親屬耳。世儒或以周官理財過於詳密，疑非聖人之法。非也。財之盈絀係天下安危，故易大傳曰：理財正辭，禁民爲非，曰義。但後世所謂理財者，惟計民之供及國之用，與聖人所以理財者異耳。蓋財之源在於生之、爲之，而不可一聽於民也。財之流在於食之、用之，而不可一委於吏也。觀九職之任民，至於聚斂疏材；遂師之巡稼穡而救時事，至于移用其民；酇長之趨耕耨，并稽女功：所以導民於生之爲之者，視民之自謀而尤悉矣。失財、用物，考於宰夫；振掌事者之餘財，歸於職幣；宮中之稍食，宮正均之；周廬之月秩，宮伯制之：所以察吏而防食用之浮冒者周矣。禮俗之則頒於家宰，祭祀、飲食、喪紀之禁令辨於小司徒，所以防民而謹食用之靡耗者備矣。是乃生財之大道，所以天灾不能困，而民患無由興也。

九曰閒民，無常職，轉移執事。

九職之事專以人力成者，則目其人，三農、商賈、百工、嬪婦、臣妾、閒民是也；主於土宜，而輔以人力，則舉其地，園圃、藪牧是也。惟山澤之材生於天，成於地，無所用人力，不過使其地之人守之耳。而長而毓之，節而用之，法禁、操柄一禀於有司，故獨以官名。

三曰邦甸之賦

不曰「六鄉」，而曰「四郊」者，六卿之外，宅田、士田、賈田、官田、牛田、賞田、牧田皆在四郊也。不曰「六遂」，而曰「邦甸」者，六遂之外皆爲公邑也。

六曰邦都之賦

都家各有貢，司徒職「制地貢而頒職事」是也。

七曰關市之賦。

關市譏而不征，乃文王治岐之政。或以九賦及關市證周官爲僞，非也。孟子曰「市廛而不征」，則市有賦矣。春秋傳：「偪介之關，暴征其私。」則遠關有常賦矣。

九曰幣餘之賦。

閭師掌國中四郊之賦，任農以耕事，貢九穀；任圃以樹事，貢草木；任工以飭材事，貢器物；任商以市事，貢貨賄；任牧以畜事，貢鳥獸；任嬪以女事，貢布帛；任衡以山事，貢其物；任虞以澤事，貢其物，則農即以穀爲貢，餘七者即以所貢之物爲賦明矣！此職邦、郊、甸、稍、縣、都之田賦，則農所貢公田之九穀與圃牧、嬪婦之貢也。關市之賦，即商賈、百工之貢也。山澤之賦，即虞衡之貢也。園圃、藪牧，即邦、郊、甸、稍、縣、都之地，農、工、商、賈、嬪婦、臣妾、閒民，即邦、郊、甸、稍、縣、都、山澤、關市之人。以九職制九賦，以九賦待九式，貢物之外別無所謂賦，其義甚明。康成乃謂口率出泉，鄭氏伯謙又謂即百畝私田制賦，皆未詳考經文故也。

○九賦不言鄉遂，何也？鄉遂之賦見於經者甚詳，故舉四郊以包宅田至牧田，則六鄉不待言矣。舉邦甸以包公邑，則六遂不待言矣。

以九式均節財用。

大府九賦各有所待，用之多少必與賦相稱，所以節之也；職内叙其財以待邦之移用，所以均之也。用二餘一，以三十年之通制國用，尤均節之大者。九式無軍旅，蓋甲出丘甸，無養兵之費。有事則遺人致道路之委積，出畿則侯國供其資糧，此古者所以薄取於民而財不匱也。古之師行未有用饋餉者。齊桓東伐主魯，西伐主衛。傳曰：師出於陳、鄭之間，共其資糧、屝屨。當時所過雖以爲苦，而齊師歲出，力常沛乎有餘，實由於此。若王師之出，則山澤閒田之所入，方伯、連帥之所共，其儲待必有素矣。李鍾僑曰：「九式皆有常制者，惟軍旅之用無常，故不頒爲式。」

六曰幣帛之式。

注以幣帛爲贈勞賓客者。贈勞幣帛，於賓客中該之矣。此蓋謂給作幣帛之費也。祭祀、禮神、喪荒、賵委皆用幣帛，非止贈勞也。

八曰匪頒之式。

王氏應電以匪頒爲百官之正禄，非也。九式以待公事，頒禄無與焉。蓋古者命士以上皆有田禄。即鄉遂中、下士，亦止倍增其田以爲禄。所謂「匪頒」，乃因事而特頒者。如冢宰之賞群吏，及有勞積而非武功，不得受田于司勳，小則鐃以泉布，大則頒以粟米。以非正禄，故謂之「匪頒」耳。

九曰好用之式。

匪頒、慶賜，偏於群臣者；好用，則王及冢宰加勞所偶及者。或謂臣民食用之式，亦宜大宰頒之，蓋統於九式。非也。九式，國用也，故大宰掌之。大司徒主教民，故以儀辨等，以度教節。而小司徒掌飲食、喪紀之禁令，州長以下歲時月吉讀法以申警之，黨正所教尤詳。大宰無庸更頒其式。

一曰祀貢。

先鄭以祀貢爲犧牲，蓋據月令「命大史次諸侯之列，賦之犧牲」而言。不知是乃不韋欲制爲秦法者，古無是也。其諸庖人所共之好羞與？

内府掌受九貢、九賦、九功之貨賄，良兵、良器，九賦、九功，不宜有兵與成器，必貢物也。春秋傳：「桃弧、棘矢，以禦王事」；又尊以魯壺，所謂器貢。乃此類耳。

四曰幣貢。

王氏應電謂幣貢與服貢相類，故大行人無幣貢。非也。朝、覲、聘、頫皆有幣，無爲更列入貢物。

九曰物貢。

邦國獨致貢以粟米，皆取於甸服，所以用利而民不勞也。大行人六服因朝而貢，物各有定。此則每歲常貢，以當其田賦所宜上共者。楚於周，當在要服，而包茅，祀貢也；桃弧、棘矢，器貢也。則各以國之所有，而物非一類可知矣。○諸侯當朝覲之歲，則貢物宜親將之，而不復遣大夫入貢。

以九兩繫邦國之民。

獨言「繫邦國之民」者，畿内都家不世國邑，其民皆天子之民也。外諸侯，則得私其民矣。故九兩首列牧長，以示牧長雖尊，不過爲天子繫屬，此民與師儒以下等耳。

二曰長，以貴得民。

長者，一官之尹，及鄉遠州長、縣正皆得自辟屬吏者也。閭胥、比長及府、史之類。故曰「以貴得民」。

六曰主，以利得民。

主者，卿、大夫之家有采地而畜徒隸者。地非所專，食其土利而已，故曰「以利得民」。

九曰藪，以富得民。

山林、川澤皆有民，而獨舉藪者，財物衆而聚民多也。

# 周官析疑卷之三

正月之吉，始和布治於邦國、都鄙，乃縣治象之灋於象魏，使萬民觀治象，挾日而斂之。

正月之吉，康成以爲朔日，非也。正月朔日，王及公、卿、百官告朔於祖廟，然後臨朝而視朔。六官之長又於是日和布六典於邦國、都鄙。鄉大夫即六卿也。又於是日受教法於司徒，而頒之於其鄉吏。州長又於是日屬州民而讀法，黨正亦如之，族師亦如之。官、吏、士、民不能以一身而趨事於兩地也，況層累以至於四三乎？考之尚書曰「月正元日」，又曰「正月朔旦」，皆特著其爲朔。至「正月上日」，則變文以示其爲上旬之吉日矣。詩曰：「吉日惟戊。」又曰：「吉日庚午。」又曰：「二月初吉。」是凡言「吉」者，乃取其辰之良，而不拘爲何日也。無定日，則皆得擇吉以展事，而無所牽制矣。朱子注論語，以吉月爲月朔，亦承康成之誤也。孔子致仕後，無爲每朔必朝，以自同於當官者。蓋遇君有吉事，如冠、婚、世子生之類，則朝服以慶賀耳。其稱吉月，謂君有吉事之月，而不定其爲何日也。如日月吉，則似每月必擇吉日而朝矣。

大宰職不條列所以治邦國者，以六典、八法、八則、八柄、八統、九職、九賦、九式、九貢、九兩，天子所以治諸侯與諸侯所以自治其臣民者皆具於是矣。布治於邦國，即以典、法、則、柄、統、職、式、貢、兩頒之也。　曰「象」者，非惟書其事，且揭其圖，使觀者易辨也。不曰「治法之象」，而曰「治象之法」者，曰「治法之象」，則似專縣其象；曰「治象之法」，則知並書其法。

乃施典於邦國，而建其牧，立其監，設其參，傅其伍，陳其殷，置其輔。

典、法、則之建舊矣，而每歲必施焉，即上經所謂和而布之者也。牧，公、侯、伯、子、男守土以牧民者。監，方伯、連帥相監臨者。五大夫，貳三卿者各一，其二則小宗人、小司寇也。見於春秋傳者，魯季孫爲司徒，叔孫爲司馬，孟孫爲司空。宗人，則夏父弗忌釁夏嘗爲之。司寇，則臧紇嘗爲之。其不言小，僭也。冢宰職專任車，常以上卿兼攝，而不別設大夫，故魯人稱季氏爲冢卿。○左傳從當時僭稱，不言小。史記承誤，謂孔子由司空爲大司寇，莫辨其非。晉、鄭至具六卿，僭亂之極也。

乃施則於都鄙，而建其長，立其兩，設其伍，陳其殷，置其輔。

於都鄙曰「設其伍」，而不言傅，以大夫卑，不得立兩卿則無所附屬。又或公、卿所設五大夫，各共其職，而不屬於兩卿也。

凡治，以典待邦國之治，以則待都鄙之治，以灋待官府之治，以官成待萬民之治，以禮待賓客之治。

官成已具於八法，而復特舉之；非特舉，則似言官中之成法。而不知乃小宰之八成，以待萬民之治者也。八成中政役、師田、閭里、取予、出入，必就考於司會、司書内外諸府，禄位則冢宰實詔王以馭群臣。即稱責質劑，地有司治之，而司書之版圖，傳別必以閭里爲徵，所謂「地傳」也。内宰之市政亦兼統焉。禮賓已具於八統，而復特舉之；非特舉，則疑爲宗伯、行人之所專也。賓客之戒具，小宰掌之；牢禮、委積、膳獻、飲食，宰夫掌之。即鄉遂賓興、射飲用財之計，必考於司會，五官之司旅，各供其事而治官之屬，實執其總。不於太宰職舉之，則無本統矣。

祀五帝，購掌百官之誓戒與其具修。

冢宰、司徒所莅祀事，皆首五帝者，四時迎氣之祀且莅，則昊天上帝不必言矣。知然者，宗伯以吉禮事邦國之鬼、神、示，首曰「以禋祀祀昊天上帝」。小宗伯：「兆五帝於四郊。」司服職：「祀昊天上帝。」則服大裘而冕，祀五帝亦如之。參伍其文，則其義顯然矣。司士職：「孤、卿特揖。」而不言三公，與此經不言昊天上帝義同。易大傳：「帝出乎震。」則四時迎氣，各祭其方之帝，固有此義。屈原九章：「令五帝以折中，戒六神與嚮服。」則祭五帝而以六佐配之，秦以前固有其制，非吕氏、月令之臆説也。

前期十日，帥執事而卜日，遂戒。

日必卜，何也？案司服職，雖群小祀，王必親之。若有一定之期，則四時迎氣，享先王、先公，四望、山川、社稷、五祀，無月無之。設王有疾，或周親之喪，不能莅事者必多矣。惟卜，然後可於王躬安豫之日，而擇其吉也。宗廟之祭本無定期，惟四時迎氣當卜於氣至之前十日。設王躬有疾，或旁期之喪，未可與祭，必計日而卜之，雖過旬可也。然則冢宰、宗伯之攝位，何也？群小祀也，若王巡狩、征伐，則雖大祀亦攝，禮不可廢也。或疑月令四時迎氣必於始至之日。然不韋所述，未可據以破周禮。至曲禮云「大饗不問卜」，正可與此經相證。蓋曰「不饒富」，則爲圜丘、方澤之祀明矣。冬、夏日至，大司樂有明文，故卜日自祀五帝始也。○或疑天子、諸侯絶期，疾則可使人攝，卜以求吉，不爲備喪疾。非也。喪三年不祭，蓋以哀心時感，則難致其誠一，以交於神明。古者天子雖絶旁期，而於五服内喪皆爲之變，素服，居外，不舉，不聽樂，如其倫之喪。所以絶期者，正爲凶服不可以祭。惟絶之，然後可俟殯斂之畢而卜祭耳。大夫當祭，聞齊衰、大功之喪皆廢，天子、諸侯獨非人情乎？疾必淹久，乃使人攝。若暫疾，自當俟其間。孔子曰：「吾不與祭，如不祭。」審此，則知卜吉乃義之一隅，而大指則恐喪疾不能躬親，以致其慤敬矣。

及執事，眡滌濯。及納亨，贊王牲事。

下文及祀之日，則此不得爲正祭之納亨。注疏似未安，詳見大司寇職。

及祀之日，贊玉幣爵之事，祀大神示亦如之，享先王亦如之，贊玉几玉爵。

祀大神，如朝日、夕月之類；祀大示，則大社也。注以大神示爲天地，是别有五帝之祭列於天地之上矣。蓋上帝之尊非群祀可匹，故特言之而後以大神、大示並列焉。大司徒職祀五帝下，即繼以享先王，則中包天地以下諸神示之祀益明矣。疏謂天地亦應有質几，非也。几以依神，天地不祼，不可以人道求也，況設几乎？又謂無彝尊，亦非也。天地雖無祼，而既有爵，安得無彝尊？蓋鬯以爵陳，亦猶黍稷之簠敦耳。疏謂酌以獻尸，則誤矣。

大朝覲、會同〔一〕，贊玉幣、玉獻、玉几、玉爵

朝覲者少，則冢宰不與，小宰職凡賓客贊受幣、受爵之事是也。○會同必於國外，以諸侯衆至，其車馬、旂旗、次案，朝内不足以容也。王氏應電謂：諸侯朝覲及免喪，皆以己事入見，故受之於朝廟。會則天子以事而召諸侯，同則天子不巡狩，故於王城之外，或於諸侯之國，以

〔一〕「大」，原作「人」，今據周禮注疏改。

示往見之意。非也。以事屬諸侯，或不能巡狩而出國出畿以就之，則與春秋傳所載天王下勞晉侯同，大悖於君臣之義矣。又云在外則禮略費省，亦非也。饗食、饔積，豈可缺省？饔積則各致於其館，饗食則以四方分日而徧。邦國禮雖亡，以事理推之，可知其謬。

作大事，則戒於百官，贊王命。

不曰「大軍旅」，而曰「作大事」者，大封、大役、大寇、大烖亦當戒於百官而贊王命也。命辭雖内史爲之，而太宰始必佐王定謀，中必佐王斟酌，及戒之時，又佐王申警也。

凡邦之小治，則冢宰聽之，待四方之賓客之小治。

覆出冢宰，見不復決於王也。如日凡邦之小治聽之，雖謂仍復於王可也。春秋傳趙武欲一獻，曰「武請於冢宰矣」，以得專賓客之小治也。

歲終則令百官府各正其治，受其會，聽其致事而詔王廢置。

正其治者，正其所當爲之事也。聽其致事者，聽其所已爲之事也。廢，退不職者。置，仍使居職任事。

三歲則大計群吏之治而誅賞之

誅有以刑辟言者，司烜職邦若屋誅，則爲明竁是也；有以詰責言者，八柄誅以馭其過是也。此即馭其過之誅，蓋群吏之不職者，每歲之終，已廢之矣。至三歲大計，任職而有過差者，則詰責之有功止於賞者。古者能其職，則終守焉。非大材德不得驟進，而居公、卿之位，故惟加爵命、厚禄賜以爲勸也。廢置之權重，故必以告王；誅責之事微，專之可也。

## 小宰

掌建邦之宫刑，以治王宫之政令、凡宫之糾禁。

王宫之政令，宫中之事也。凡宫之糾禁，則事在宫外，而關涉於宫中者。如王后、世子、夫人、世婦之弔事，則有蹕衛、儀法。内外宗春官世婦下及女奚之出入於王宫，則有班次、期會，皆有糾禁，所治不止后宫也。曰「王宫」，則后宫兼之矣。正歲以宫刑、憲禁於王宫是也。宫刑使大宰之貳掌之，則雖天子不得私喜怒，而妃妾驕恣、虐下之患不禁而自弭矣。○冬官亡，小司馬闕，四官之貳皆專掌一事，爲正所不兼，故首列之。小宰之宫刑、小司徒之教法、小宗伯之神位、小司寇掌外朝之政以詢萬民是也。刑典、教典皆太宰所建，而小宰、小司徒復建之者，每歲正月，和布治教，則宮刑、教法亦得與太宰、大司徒共審定也。小宗伯之神位亦曰「建」者，祖廟而外，所增有繼世之宗，兄弟嗣立，所奉有同宮之主，壇兆或有遷移，社稷或有變置，以至會同、軍旅、田役、禍災之禱祠，則爲位。天地之大裁，類社稷、宗廟，則爲位。皆因時而特建者，六典、八法、八則之建於太宰舊矣。而每歲復施焉，即此意也。惟小司寇不言「建」，蓋外朝之位、叙進而問之儀一定不移，無所爲建耳。太史通古今，明天道，達人事，故與太宰同建六典，舍此無言「建」者矣。康成以建爲明布告之，蓋未達於此。小宰所以建宮刑者，以治王宮之政令，而習察其情事也。

堂邦之六典、八灋、八則之貳，以逆邦國、都鄙、官府之治；執邦之九貢、九賦、九式之貳，以均財節邦用。

太宰職賦先於貢者，論政教之次第，由內而達外也。此貢先於賦者，綜財用之大凡，舉遠以及近也。

以官府之六叙正群吏。

周官群吏有以府、史、胥、徒言者，小司寇外朝之位，群臣西面，群吏東面，是也；有言士以下者，宰夫掌治朝之法，以正王及三公、六卿、大夫、群吏之位，是也；有兼大夫以上者，司會堂官府、郊野、縣都之百物、財用，以逆群吏之治，而聽其會計，是也。大府及地官之州長、遂師、司車、司門、廩人，亦當致計於司會。冢宰三歲大計群吏之治，則并兼六官之貳。司會職：「周知四國之治，以詔王及冢宰廢置。」六服之孤、卿咸聽焉，則六宮之貳可知。至此職，則三公六卿並在其中。觀下經以叙正其位可見。春秋傳王使委之三吏，正謂三公。

一曰以叙正其位。

正貳司旅之位，尊卑顯然，似無所用其正。而六叙首列之，宰夫正位並上及於王，蓋必朝位先正而後可以叙進其治也。其中或以三公兼六卿，則以六官爲叙。若顧命畢公之班在四，毛公之班居末之類是也。他如鄉遂之吏與王朝士、大夫爵同，而班必異。三等之國，其卿、大夫之班參錯不齊，尤不可不正也。

三曰以叙作其事。

所謂「作」者，如祭祀、賓客、會同、軍旅、田役，或留治官中之事，或作以從王。以叙，然後勞逸均，而無争競、退諉之弊。

五曰以叙受其會。

或謂會兼政事，非也。會雖有以治狀言者，而此所言則專指財用，以政事之功狀，即上經所謂「進其治」也。

六曰以叙聽其情。

情或身家之私，或職業功緒，有當以情白於上者。注争訟之辭，未安。

一曰天官，其屬六十，掌邦治。

天官之屬，教、禮、政、刑、事五典之綱維，無不統焉；王畿侯國六服四裔之政令，無不行焉。其切於王身者，獨起居、游燕、飲食、衣服、左右暬御之事耳。劉氏彝、項氏安世乃謂天官六十皆王者所用以自治，偏而不舉矣。

大事則從其長，小事則專達。

專達，兼有長與無長者。

一曰治職，以平邦國，以均萬民，以節財用。

萬民何以均？管子曰：「先王使農、士、工、商四民交能易作，終歲之利無道以相過也，是以民作一而得均。」此周公精意寓於九職任民之中，以爲富教之基本者。禮、樂、政、刑四達而不悖，皆原於此。

二曰教職，以安邦國，以寧萬民，以懷賓客。

懷賓客，宜列於禮職，乃列於教職者，朝覲、會同、聘頫之賓客，則禮職和邦國之事該之矣。此所謂「懷」者，亦主於教也，如諸侯歲所貢士。及四方之商旅，則使慕王朝風教之隆；裔荒之貢使，則使知中國禮義之美也。

六曰事職，以富邦國，以養萬民，以生百物。

太宰所建之六典，即小宰所辨之六職。六典所以治官府、百官，六職不覆列者，以職即官府之所守也。六職所謂節財用、懷賓客、事鬼神、聚百物、除盜賊、生百物，皆典之所該也。故於典略之，而職則詳焉。治典曰「以經邦國」「以紀萬民」，職則曰「以平邦國，以均萬民」，何也？有經邦國之典，奉職者守經而不失，使各得其分願，則邦國所以平也；有紀萬民之典，奉職者循紀而不違，使各致其力庸，則萬民所以均也。教典曰「以安邦國」「以擾萬民」，職則曰「以安邦國，以寧萬民」，何也？邦國式於教而安，無異義也。上之施教曰擾，故於典言之；民能服教則寧，故於職言之。政典曰「以平邦國，以均萬民」，職則曰「以服邦國，以正萬民」，何也？平者，輯大字小而無所私，故於典言之；服者，建威銷萌而不敢犯，故於職言之；均者，賦役有式，番代有常，故於典言之；正者，進退有度，左右有局，故於職言之。事典曰「以富邦國」、「以生萬民」，職則曰「以富邦國，以養萬民」，何也？邦國承其事而富，無異義也。生則著其所以生之理，故於典言之；養則備其所以養之事，故於職言之。春、秋二官典與職無異辭者，禮有常經，刑有彝叙，邦國萬民守典奉職，無異義也。治職平邦國，均萬民，與政典同辭者，政典就軍旅一事而言，治職則兼禮、教、刑、政而言也。六典及六職皆不及都鄙者，以「邦國」該之，所以治官府、萬民者，邦國、都鄙之所同也。

二曰賓客之聯事。

國語：單子稱周之秩官，敵國賓至，司徒具徒，司馬陳芻，司空視塗，司寇詰姦，其餘關尹、門尹、甸人、膳宰，天官之屬也。宗視，春官之屬也。蓋六官皆有聯事焉。

六曰斂弛之聯事。

六聯惟斂弛事不紛，然稅斂，地官之事也。而受法於司書，入於大府，則天官亦有事焉。征役之施舍，亦地官之事也，而國政不及國子。凡國之政事，諸子存游倅，則夏官亦有事焉。

一曰聽政役以比居。

必有爭有訴而後聽之，穀出不過藉，無所用其聽。政，謂諸職貢物也。如嬪婦、百工有疾病，園圃、藪牧有耗敗，商賈有折閱，宜薄其征，或免之，故必以比居爲證。

五曰聽禄位以禮命。

以位爭者，或聘、頫、饗、燕，三等之國，卿、大夫、士位各有當；或軍旅、田役，王朝之士與鄉遂、公邑、都家之吏，位次之高下不以爵列爲差。以禄爭者，古者禄以田邑，黜陟、予奪行焉，前後彼此相承授，久暫多寡，或不能盡得其平也。

七曰聽賣買以質劑。

書契、質劑、傅別，舊説皆相似，而指不分明。以義揆之，書契，官相授受，難以抵冒，泉府賖物者，亦與其有司辨而授之。無庸各執其一，酒正凡有秩酒者，以書契授之是也。他書言右契、左契，乃士、庶人仿而爲之，非周官之書契。質劑用於賣買，事無久羈，各執其一可矣。無庸保證。若稱貸，則償或不時，人有存没，苟無地傳，變詐必滋，皆因事而爲之制爾。

八曰聽出入以要會。

官府掌財用者，皆有出有入。其有争辨，則以要會核正之，取予以一物言，出入以總數言。○李光坡曰：「取予，如司徒散利，遺人施惠，官予之，民取之也。出入，如泉府賒物、旅師春頒秋斂之類。」

以聽官府之六計弊群吏之治：一曰廉善，二曰廉能，三曰廉敬，四曰廉正，五曰廉灋，六曰廉辨。

官府上群吏之治狀，而小宰聽之，斷以六計也。群吏之治皆以廉爲本者。不廉，則善與敬正非真，而能與法辨，適足以濟其惡。然徒廉而無善能敬正法辨，亦不足以臨民莅事，故又以六者斷焉。聽其財用之治狀，則廉與貪不能掩矣。聽其職業之治狀，則善能敬正法辨之實可差别矣。王氏安石謂治弊曰「弊」，與尚書「丕蔽要囚」、春秋傳「蔽罪邢侯」不合。又以廉爲察，亦非也。曰「聽」，則察在其中矣。蓋聽斷乃所以察之也。

以灋掌祭祀、朝覲、會同、賓客之戒具，軍旅、田役、喪荒亦如之。七事者，令百官府共其財用，治其施舍，聽其治訟。

祭祀、賓客、軍旅三，合田、役、喪、荒爲七事。朝覲、會同，即賓客之事，不得別爲二，故聯事以賓客該之。六聯言賓客而不言朝覲、會同，此言朝覲、會同而復言賓客，何也？賓客所該甚廣，如小司徒職所謂賓客，則諸侯之聘使也。王燕群臣、鄉大夫州長興賢才，皆賓客之事。官之聯事細大畢舉，故以賓客該之。至小宰所令，不過朝覲、會同之戒具。其他賓客之小治，則有司以式法供之，不令於小宰。故特出朝覲、會同以示小宰所令賓客之戒具，獨此四者。獨祭祀之戒具，小宰、宰夫通掌之。而太宰所掌，獨祀五帝、祀大神示、享先王之戒具也。施舍、治訟之事紛，非小宰所能徧也，蓋亦令百官府治之聽之。○大宰掌誓戒，小宰有戒而無誓者，惟大祭祀，然後有誓，大宰專之矣。師田之誓，則王及大司馬臨之；荒札之誓，則大司徒主之，小宰不與焉。賓禮役事，則無所爲誓，故惟掌其戒，俾百官府警其事而已。大宰掌具修，小宰有具而無修者，惟大祭祀、郊壇、寢廟及時必修治，次祀、小祀，門、行、霤、竈之類，無所爲修。至山川、丘陵、墳衍之兆，各因其方；賓客、軍旅、道路、館宿之修，各於其地，非小宰所及也。田役、喪荒，更無所爲修，故惟掌其具，俾百官府供其物而已。六官之典，不出七事，而小宰通掌之，何也？太宰所專掌，乃王修身齊家之要、進退百官之宜。惟喪祭、賓客之盛禮，乃左右王躬，而無暇及乎其餘，故七事皆統於小宰也。就一事而言之，則六官之長掌其大，六官之貳掌其小。而亦有兼大者，則佐其長也。如大祭祀，大宗伯眡滌濯，省牲鑊，而小宗伯亦眡滌濯，省牲鑊。大喪，大司徒帥六鄉之衆庶，而小司徒亦帥邦役。大軍旅，大司徒治徒庶之政令，而小司徒亦帥衆庶，是也。有於大事中專司其一節者，小宗伯大祭祀逆齍，大賓客受將幣之齎，小司寇祀五帝實鑊水，大賓客前王，是也。有通掌其事而不佐其長者，小宰通掌七事之戒具是也。六官之考亦然。宰夫凡禮事贊小宰比官府之具，鄉師大軍旅、田役，正治其徒役，則佐長貳也。鄉師大祭祀羞牛牲，大喪帥民而至，肆師大祭祀、大喪莅筵几，築鬻，則專司其事也。有通掌其事而大小並舉者。宰夫大喪、小喪，掌小官之戒令。小行人大客則擯，小客則受其幣而聽其辭之類，是也。其並舉小大而不稱凡，何也？宰夫所掌，獨小官之戒令，不兼大官，而治事則通大喪，小行人則大客、小客，其事各殊，不得不別白之也。

凡祭祀，贊玉幣爵之事、祼將之事。

曰「凡祭祀」者，冢宰所贊玉幣、爵之外，餘祭祀皆小宰贊也。祼將，則小宰通贊。知然者，大祭祀，宗伯莅玉鬯，省具以示虔也。凡祭祀，小宗伯將瓚祼，奉器以待用也。他職無及祼事者，則贊王祼者惟小宰明矣。其不曰「小祭祀」者，以贊祼兼大祭祀，又或冢宰以疾與喪不得與，則大祭祀之玉幣爵亦得攝贊，故以「凡祭祀」該之。　社稷有祼，以配者人鬼也；山川有祼，以其守爲神也；魯語：「汪芒氏之君[二]，守封、嵎之山。」左傳：「臺駘爲汾神。」四方有祼，以勾芒、祝融五官各司其方也。

凡賓客贊祼，凡受爵之事，凡受幣之事。

曰「凡賓客」者，大朝覲、會同，則受爵與幣，皆冢宰贊也。不曰「小賓客」者，以贊祼兼大賓客，又冢宰有故，則大賓客之爵與幣，亦得攝贊，故以「凡賓客」該之。　王不得躬祭，大宰、大宗伯攝，明著於經，而無六卿喪疾，使人攝位之文，蓋二卿既攝王祭，則所共祀事必各以其貳攝可知矣。六卿各有事，無相攝之道。　故小司徒、小宗伯、小司寇所掌，皆獨言小祭祀、小賓客。而小宰職則曰「凡祭祀」、「凡賓客」，明冢宰攝王或自有喪疾，則小宰有時而兼攝也。舉例於小宰，則五官之貳皆得以攝其正可知矣！　小宗伯職既曰「小祭祀掌事，如大宗伯之禮」，又曰「凡小禮掌事如大宗伯之儀」，則不獨祭祀爲然可知矣。　肆師職：「凡國之大事，治其禮儀，以佐宗伯。　凡國之小事，治其禮儀，而掌其事，如宗伯之禮。」又以明正貳之事惟考得攝官，

[二]「汪」，原作「注」，今據國語改。

屬中雖有位尊於考而並於貳者，而各有專司，不得舍其職事而相代也。祭祀、喪紀，大宗伯或攝王，或攝后。小宗伯二人設並有事故，則大宗伯之事亦不得不以肆師攝矣。故特舉以見例，明五官皆然。五官之考皆下大夫四人，正以並攝正貳，猶有自共其職者。

正歲，帥治官之屬而觀治象之灋。

冢宰縣治象之法於正月，歲將終，民方無事也。小宰帥群吏觀治象之法於正歲，歲更始，吏將有事也。疏據此謂縣治象亦以正歲，誤矣。吏觀法於官府，不必於縣之日。小司徒正歲令群吏考法於司徒以退，各憲之於其所治，則吏觀法於官府明矣。諸官以歲時序事者，皆先言「正月」，次言「歲終」，末言「正歲」。詩曰「二之日鑿冰冲冲」，春秋傳「日在北陸而藏冰」，與凌人職「正歲十有二月，令斬冰」合，則正歲爲夏之正月無疑矣。

乃退以宫刑，憲禁于王宫。

司寇掌野刑，軍刑、鄉刑、官刑、國刑，而不及宫刑，以宫刑小宰所特建也。賈疏乃謂小宰得秋官文書而表懸之，誤矣。六典、八法、八則、九貢、九賦、九式，小宰皆執其貳以佐冢宰，而八柄、八統、九職、九兩不與焉。所專掌，則邦之宫刑六叙、六屬、六職、六聯、八成、六計、七事之法也，蓋八柄、八統、九職、九兩，所以持政考之樞紐，盡萬物之性命，正天下之統紀，乃天子之事而冢宰贊焉者也。邦之官刑，六叙、六屬、六職、六聯、八成、六計、七事之法，乃冢宰所統而未暇詳焉者也。以小宰而上參四者，則體不順；以冢宰而下與八者，則日有不暇給矣。

# 周官析疑卷之四

## 宰夫

叙群吏之治，以待賓客之令，諸臣之復、萬民之逆。

治有以功狀言者，小宰以叙進其治，以六計弊群吏之治，是也；有以職業言者，宰夫叙群吏之治，考百官府、群都、縣鄙之治，是也。蓋職業者，所當治之事；功狀者，所已治之迹，故通以治言之。先鄭謂宰夫主諸臣、萬民之復逆；疏謂宰夫恒次叙太僕、小臣、御僕等，使辨理此復逆之事：皆非也。宰夫所叙者，群吏之職事耳。諸臣、萬民之復逆，王與冢宰聽斷之。其事施行，必下於群吏，故叙群吏之治以待之。其文與賓客之令相次，則謂群吏待其事，而非宰夫主辨次叙復逆之事可知矣。諸臣舉復，萬民舉逆，互文也。又諸臣復多逆少，萬民復少逆多，故各以多者言之。

掌百官府之徵令，辨其八職。

徵，召其人也。令，使承其事也。司書逆群吏之徵令，則所徵於民之財賄，所令於民之役事也。八職與六屬、六職事相類，而别掌於宰夫，何也？屬有定數，職有經事，所謂「掌官成以治凡」也。於每職中别異其事，以分屬其人，所謂「掌官法以治目」也。且八職下逮群吏，又小宰所不暇詳也。

一曰正，掌官灋以治要；二曰師，掌官成以治凡；三曰司，掌官灋以治目；四曰旅，掌官常以治數。

正與司同曰「官法」者，法之定，則正下於司以布之；法之行，則司報於正以質之，無二法也。師則掌已成之科條，所以佐正之不逮而分其任也。旅則舉其常數而已。

其足用、長財、善物者賞之。

或疑貢賦有經，財無由長。不知成周之貢賦出於九職，與後世異。如一丘一甸草萊闢，農功修，則公田之入必歲益矣。虞衡得其職，則材木、珍異必較豐矣。園圃、藪牧盡其力，則果蓏、群畜必日滋矣。是以當官者有賞耳。　此職及司會皆掌百官府、群都縣鄙之財用，而事各異：司會乃句考要會之文書，此職則檢驗其財物也。財物之失，或由疏忽，故誅以警之。會計抵旨，則作姦犯科，或昏庸不足以任職，故廢而易之。劉氏彝謂宰夫據司會所句考而得之，誤矣。　足用者，所用無冒濫而常充。善物者，所藏皆完好而無敗。

以式灋掌祭祀之戒具與其薦羞。

小宰以法掌祭祀之戒具，而宰夫復以式法掌之者，小宰所令，特物所當供耳，宰夫則並詳其用財之多寡，故曰「式法」。

凡禮事，贊小宰比官府之具。

凡禮事，謂賓客、軍旅、田役、喪荒之事也。祭祀則兼掌其戒，而六事則獨比其具者，祭祀多王所親莅也。故小宰戒事，而宰夫申之，惟恐其不豫也。六事小宰戒之，則承事者知庀矣。財用之式出於冢宰，故供具必宰夫比之。

賓賜之飧牽與其陳數。

賓賜，謂常禮外或有加賜，聘禮所謂「燕與羞，俶獻無常數」，春秋傳所謂厚其燕好是也。如賓以事故久留，或主君所親敬，則加賜必具飧牽。

大喪、小喪，掌小官之戒令。

注謂大官則冢宰掌其戒令，非也。冢宰職無掌戒令之文，蓋六官之正貳及考與所屬中、下大夫，於喪紀皆有常莅之事，如大宰之贊贈玉、含玉，小宰之受含襚，大司徒之屬六引，小司徒之帥邦役，鄉師之御柩，遂人之屬六綍，遂師之抱磨，是也。春、夏、秋三官之屬皆然，故於本職各明著其所莅之事，示無待於戒令，且非宰夫之所得戒令也。自士以下，則諸官之屬宰夫皆得戒令者，以各有共具。按喪紀之見於五官者，大夫以上，皆專莅其事；士以下，則兼共其物。天、地二官所共喪事尤多，詳考可見。其材物必取諸大府，其會計必考於司會，故戒令並掌於宰夫，而五官之正貳轉不自戒令其屬耳。於三公六卿之喪曰「官有司」，則旅所帥爲家有司可知矣。

## 宮正

掌正宮之戒令、糾禁。

此職所掌之令與糾禁，與小宰同，而獨無政，蓋政惟小宰得專之，宮正則承所布之政而加以戒令、糾禁焉耳。所掌之戒與宰夫同，而增令與糾禁，蓋申宰夫之戒，而隨時以令其事，因事而糾其行，明禁以防其逾也。宰夫總爲警戒，所謂「掌官法以治目」也。宮正條分而縷析焉，所謂「掌官常以治數」也。而小宰掌官成以治凡，亦於此可驗焉。王宫之群吏、士庶子，宫正稽其功緒，糾其德行，宰夫書其能者、良者。其稍食宫伯均之，宫正申之，然後以達於小宰。小宰特受其成耳。所謂「凡」者，辨其人爲一類，會其用爲一類，上下其禄秩爲一類。凡百宫府之考課皆有此三類，而祭祀、賓客七事又各爲一類。於小宰則爲治其凡，於諸職、諸事則爲執其總也。

夕擊柝而比之。國有故，則令宿，其比亦如之。

平時當直者番代，有故則盡入宿衛。

辨外内而時禁，稽其功緒，糾其德行，幾其出入，均其稍食，去其淫怠與其奇衺之民。

既辨外内而禁其非時出入，其出入犯禁又有幾焉。曰「奇衺」者，政教之行，人皆良正。有獨爲邪惡者，則奇單而無與爲偶也。　稍食惟見宫正、内宰、稾人三職，蓋宫正、内宰頒之，而稾人給之也。宫正所會，以給士庶子及宫中群吏之府、史、胥、徒者。内宰所會，以給内人及奄、奚、女工者。以其俱在宫中，貴賤同受米於稾人，故不曰「禄」，而曰「稍食」。若六官屬士，即未得受田，亦宜受穀粟於司禄，故别異之。

月終則會其稍食，歲終則會其行事。

官府、群吏所居次舍，士庶子宿衛者所居也。自「辨外內而時禁」至「去其淫怠與其奇衺之民」，謂群吏也。以執事於宮中，故辨外內而幾其出入；以有職守，故稽其功緒；以有徒隸，故去其淫怠、奇衺之民。會其什伍，教之道藝，謂士庶子也。以群萃於周廬，故會其什伍；以職惟守衛，故教之道藝。月終會其稍食，歲終會其行事，則群吏、士庶子之所同也。均其稍食者，時其事之繁簡、勞逸而上下之也。會其稍食者，總而計之也。於士庶子不言均其稍食者，月終則均秩，於宮伯職見之矣。

凡邦之大事，令于王宮之官府、次舍，令無去守而聽政令。春、秋以木鐸脩火禁。凡邦之事，蹕宮中廟中則執燭。

自「修火禁」以下三事，皆蒙上「令於王宮」之文。宮正令鐸、令蹕、令燭耳，非身自爲之。王氏應電謂邦事即小宰之七事，非也。惟祭祀、賓客，王必親之，故蹕耳。師田，則王或不親。大喪王居廬、小喪未殯，王亦不宜出。至役與荒，則執事者治之，無所用蹕。即三公、孤、卿董役視荒，亦所至之地爲之辟，乃秋官鄉士、遂士、縣士、方士所掌，非宮正所及也。康成謂祭社稷、五祀於宮中，祭先王、先公於廟中，亦非也。建國之神位，右社稷，左宗廟，皆在宮中中門之外，不得以宮廟分。鍾晥曰：「王氏應電謂宮正於王宮之事，無所不統，備引師氏、保氏、膳夫、醫師、舍人、司隸、閽人、禁暴氏、司士九職之事以相證。牽合傅會，多與經文顯悖。惟師氏、保氏、司士與宮正並掌士庶子，尚爲有據。但師氏、保氏所教，乃學於虎門之士庶子。而宮正所掌，則宿衛於周廬者。大喪宮正授之廬者，乃王族百官。而司士令哭無去守，則謂士之有守者，雖哭不得離其局。其事各不相蒙，而漫以汨經義，不發其蒙，恐後學復爲所惑也。」

## 宮伯

掌王宮之士庶子凡在版者。

注疏謂士，宮中吏之適子；庶子，其支庶。非也。宿衛之士有二類：司士職王族故士，其一也；外此則公、卿、大夫、元士之適子，入於成均，道藝未成，而謹信强力，行無偏邪，則任以宿衛，無棄材也。庶子乃諸子職所謂「國子之倅」，平時各修業於鄉學。詳見大胥、掌固職。其不能升於司徒、司馬者，亦皆相其質而任之。若宮中吏，不過司膳服者，無事取其子弟以備環衛之義，且八次所用員數，恐亦不能充。先鄭説固未當，而賈疏曲護後鄭，更爲支離。

掌其政令，行其秩叙，作其徒役之事。

魏氏了翁謂師氏、保氏之教已詳，故宮伯惟掌其政令。非也。師氏、保氏所教，乃與大子共學者；宮正、宮伯所掌，則宿衛之士庶子。宮正既教之道藝，故宮伯不復掌耳。注疏謂作士庶子以從大子，而爲徒役。非也。士庶子入學，與大子齒，不得謂之徒役。且諸子職：「國有大事，帥國子而致於大子，惟所用之。」所用，即士庶子；無所用，徒役也。此所作徒役，乃士庶子次舍中，供其洒掃、食飲者。蓋宮伯徒二十人，僅可給官中徵令。士庶子之徒役，必取諸其家，以出入於王宮；必限其數，核其人，故曰「作」也。若宮正所掌官府，則各有胥徒。然所謂「去其淫怠與其奇衺之民」，亦兼群吏之家衆。

若邦有大事，作宮衆則令之。

易氏祓謂士庶子之職，有出而守禦國鄙者，諸子職「帥國子而致於太子，惟所用之」是也；有宿衛王宮者，宮正職「令於王宮之官府、次舍，無去守而聽政令」是也。恐未安。太子無帥國子而守禦國鄙之理。所謂「惟所用之」，謂官廟之事耳。若變出非常，則所謂聽政令者又未必皆守而不出也。

月終則均秩，歲終則均叙，以時頒其衣裘，行其誅賞。

月終均秩，宮正即據之以會稍食。歲終均叙，即據之以會行事。冢宰亦以是廢置焉，三歲大計，亦以是誅賞焉。五官所以考其屬者，皆可以是推之。宮正兼掌群吏、士庶子，故曰「官府、次舍」，統宮内之直廬也。宮伯掌士庶子之宿衛者，故曰「八次、八舍」。獨宮外之周廬也，獨宮伯有授職事之文者，諸子本無爵位，故以宿衛之職事授之。若宮中之官府各有常職，無俟於特授，故宮正第稽其功緒也。宮正不行誅賞者，群吏之誅賞，則冢宰詔之；士庶子之誅賞，則宮伯行之。而宮正所謂「會其行事」者，正冢宰誅賞之所憑也。宮伯專行誅賞者，士庶子無官守，其爲誅賞也微，必以達於冢宰，則煩且瀆矣。若有位者之誅賞，雖冢宰必以詔王而不敢專也。古所謂誅，多以譴訶、責讓而言。記曰「齒路馬，有誅」、春秋傳「誅屨於徒人費，不得，鞭之見血」是也。

## 膳夫

掌王之食飲、膳羞，以養王及后、世子。

先舉王之食飲、膳羞，而後言養王及后、世子，則知后、世子之膳羞皆在王所舉之牢。及朔月月半所供庶羞、醬物、醢物百二十罋之内矣。

凡王之饋食用六穀，膳用六牲，飲用六清，羞用百有二十品，珍用八物，醬用百有二十罋。王安石謂人主當享備物，以康成注此經辭不别白。而康成之誤，則因醢人職「王舉，則共醢六十罋」、醯人職「王舉，則共醯物六十罋」，遂謂王日一舉備用此數，不知醢、醯二職乃朔月月半共之，以備旬有五日之用，内饔職選百羞、醬物、珍物以俟饋是也。在禮，王與后同庖，日中而餕，不敢暴天物也。乃日備百三十品之羞、罄百二十罋之醢與醯物乎？況籩豆有數，豈能盡陳百二十品之羞？而醯醢以罋共，則非一朝而罄之明矣。

王日一舉，鼎十有二，物皆有俎。

大司樂職「王大食，三侑」，則日一舉之爲常饌明矣。若常饌日舉大牢，則大食何以加焉？鼎實，經無明文，疑疏所列乃朔月月半之饋。常日雖十有二鼎，所用不過少牢。玉藻「天子日食少牢，朔月太牢」是也。記曰：「天子無故不殺牛〔一〕。」又曰：「天子社稷皆太牢。」則群小祀

〔一〕「天子」，禮記原文作「諸侯」。

不敢用也，而乃日以自奉乎？

以樂侑食。

王食必以樂侑者，聞和聲，則心億而氣行也，遇變而不舉，又所以使王惕然於天時、人事，而哀樂不失，乃能協於天地之性也。陳氏暘謂大司樂職王大食三侑，皆令奏鐘鼓，則恒食無鐘鼓。非也。惟大食之鐘鼓，大司樂令奏，故特著之。下經以樂徹於造，正朝夕恒食也。既以樂侑，則有鐘鼓可知。不言令者，以常事略之耳。或曰：「其事相因，宜即膳夫令之，如大祝之來瞽令皋舞，或食上，樂人自奏鐘鼓而舉樂，如進機、進羞〔一〕，工乃升歌。」論語疏：天子、諸侯每食作樂，樂章、樂師各異。按左傳，向魋之亂，宋公欲召向巢，聞鐘聲，曰「夫子將食」。則國君以上可知。

以樂徹于造。

徹於造食之處，殽羞所未徧，以供日中及夕之餕也。

〔一〕「機」，原作「機」，今據禮記改。

王齊日三舉。

劉捷曰：「王齊於外，則公、卿、大夫、士皆有事焉。后齊於內，則夫人、嬪婦、女宮皆有事焉。王后同庖，故日三舉，而以其餘給內宮內外朝之供饌，備肉脩之頒賜，所以稱事體而即人心也。楚語：『王舉以大牢祀以會〔一〕。』韋昭注：『會，謂會三牢。』蓋據此三舉爲義。惟郊有帝牛、稷牛，宗廟、社稷、山川、百祀，絶無用三牢之禮，惟齊爲祭祀，故據以爲義耳。自東漢以後，先儒傳授皆以爲齊則三舉。至明王氏應電乃謂當作則不舉，亦似有見。或曰：王於齊期十日內凡三舉，異於平時日一舉也。」

王燕食則奉膳贊祭。

天子有族食及群臣禮食之禮，又或故舊姻親入見而賜食，故以「燕食」包之。惟禮食當與公食大夫同，不設胙俎。至族食王必親預，賜食或當朝夕進膳時，而在王之側，故膳夫奉膳贊祭也。鄭注：「日中與夕食」，乃常膳，不得曰燕。劉捷曰：「王安石謂餕不祭，王膳用六牲，祭必以他牲。非也。牢肉既分三時，則日中及夕，不必以朝食之餘祭，亦不必以他牲祭也。」

〔一〕「王」，國語原文作「天子」。

王與后同庖異饌而分祭，祭祀尸賓主人、主婦各有祭，則牲體肉物既分，即各爲新潔，而不嫌於殘褻明矣。」

凡王之稍事，設薦脯醢。王燕飲酒，則爲獻主。

饗乃君臣觀此則王燕食非日中夕食，義益明。族食、禮食事重且多，不宜舉燕而遺食也。相接之正禮，故几設而不倚，爵盈而不飲，其禮極嚴。燕雖以示慈惠，而賓主百拜，雖脱屨升堂後，獻、酬、拜、起、坐、止之節，仍不廢也。拜、起、坐、立之禮，惟飲酒可行。若一食之間，賓主百拜，倏起倏坐，則氣體爲之不寧。故公食大夫禮：禮皆行於未食之前，及將食，則公退辟於箱。賓三飯，公致酬幣，復退辟於箱，以俟其卒食。大夫之相食亦然，主君食鄰國之臣亦然，皆所以安賓也。若侍食於君，則可以安坐從君而食矣。

掌后及世子之膳羞。

記稱君與夫人同庖，周官雖無王后同庖之文，然膳夫及庖人、内饔三職，王與后、世子之膳羞文並相連，正以明后、世子之膳即王舉之牲體，后、世子之羞即共王之醬物、醢物耳。賈疏謂世子不與王同庖，乃用此爲徵。誤矣。

惟王及后、世子之膳不會。

王、后、世子之膳不會，非凡用皆不會也，蓋品味有常，不敢以異物供無所用會，非恣其欲而不爲之限度也，故王后之服不會，飲酒不會，膳禽不會，皆以有常式也。世子則服不敢備多寡，惟王命而服會矣。飲無常期，疏數惟上命，而酒會矣。食無加獻，有無惟王命，而膳禽會矣。惟膳則朝夕有常，故與王后同耳。比事以觀，則其義顯然矣。

## 庖人

凡其死生鱻薧之物，以共王之膳與其薦羞之物，及后、世子之膳羞。

於王之薦羞獨曰「物」者，如天子牲孕不食之類。

共祭祀之好羞

王氏安石謂先祖、先妣平生所好，祭祀則特羞之。王氏昭禹引文王之菖歜、曾皙之羊棗以證之。皆非也。屈到嗜芰，有遺命。宗老將薦芰，而屈建命去之。周公乃用此爲祀典乎？

凡令禽獻，以㶚授之，其出入亦如之。入兼賓客不盡用，禮終而以歸於有司者，其出也，以法授將命者；其入也，仍以法授牛人、羊人之屬。

## 内饔

選百羞、醬物、珍物以俟饋。

選以俟饋，則知醢人、醯人所共百二十甕，乃奉以待饔人之選，而非一朝而罄之矣。

共后及世子之膳羞。

膳夫於王朝夕恒膳、授祭品嘗以及燕食、稍事，皆有事焉，故必親饋。王后居深宫，世子從師保而學於虎門，皆別有饋者，内饔共其膳羞而已。注謂膳夫掌之，掌其式法也；内饔共之，共其品物耳。疏乃謂内饔言共爲親饋。王昭禹又謂言共不言饋，蓋降於王。誤矣。

豕盲眡而交睫腥

望者，視遠而目揚也。豕視下而近，望視則反其常。

凡燕飲食亦如之。

賈疏謂王、后及世子之燕飲食，非也。王、后、世子朝夕膳羞，則内饔掌其割、亨、煎、和，已見上經。若恒膳之外，閒有食飲，則所謂稍事也。蓋王燕群臣，與群臣禮食及歲時族食，皆内饔掌其割亨，正與膳夫職燕食、燕飲酒爲類。若用注疏之説，爲王、后、世子之日中、夕食及燕飲酒，則宜用朝膳所存牲體，不宜别有割亨，且其文亦不宜次宗廟祭祀之後。

凡掌共羞、脩、刑、膴、胖、骨、鱐，以待其膳。

少牢，司馬升羊右胖，司士升豕右胖。腊人疏謂文無所出，誤。

凡王之好賜、肉脩，則饔人共之。

特出饔人，明親共其事也。膳夫通掌肉脩之頒賜，其頒賜左右僕御、宿衛之士，則内饔共其物，而不親其事。惟好賜則或以禮賢敬老，或以勞功展親，故内饔親之。如曰共王好賜之肉脩，則徒共其物之辭耳。

## 外饔

掌外祭祀之割亨，共其脯、脩、刑、膴，陳其鼎俎，實之牲體、魚腊。

視内饔所共少胖骨鱐者，於下牲體、魚腊該之也。内饔所掌，宗廟之祭祀也。禮宜備物，外祭祀則兼次祀、小祀。且有魚腊，則宗廟不待言矣。或謂群小祀不用牲，或用魚腊。按肆師職，次祀、小祀無不用牲者。

邦饗耆老、孤子，則掌其割亨之事；饗士庶子，亦如之。

程子以饗耆老、孤子，外饔掌其割亨，遂謂饗未嘗無食。似未安。饗禮九獻，主飲，食禮九舉，主食，饗時不過共其牲體之割亨耳。無食也。

凡小喪紀，陳其鼎俎而實之。

大喪紀，實鼎俎者無文，何也？凡大祭祀、小祭祀及饗食、奉牲、羞肆，皆諸官之正貳帥其屬而共之，而司馬有「喪祭，奉詔馬牲」之文，則凡牲視此矣。庖人共喪紀之庶羞，而不及牲事，以此。小喪紀，王宮之事而掌以外饔，何也？内饔掌王及后、世子之膳羞，故所兼惟宗廟吉祭。

膳夫職無喪紀，亦此義耳。　内饔本職共王及后、世子之膳羞，宗廟之祭特以時舉，且所掌惟割亨，故先膳羞而後及祭祀。　外饔所掌祭祀、飧饔、饗食、獻賜皆以時舉，則先其重者可矣。喪紀尤非常，故末列之。　槁人掌共外、内朝冗食者之食，則膾脯、羹菜之屬宜外饔掌之。

## 亨人

職外内饔之爨、亨、煮，辨膳羞之物。

辨膳羞之物，以爲爨、亨、煮久暫、緩急之齊也。　其物之美惡，則饔者辨之。

祭祀，共大羹、鉶羹；賓客，亦如之。

李鍾旺曰：「公食大夫禮：大羹湆不和，實於鐙，公親設之，宰夫設鉶四於豆西。是賓客之大羹、鉶羹。」

# 周官析疑卷之五

## 甸師

帥其徒，以薪蒸役外、内饔之事。〔一〕

王耤千畝，以上農夫爲率，徒三十人足矣！敬其事而勤易焉，倍之可矣！多至三百人，正以外、内饔所用之薪蒸。若通賦之畿内，則有輸送之擾。故使甸徒取之近郊之山林，以便事也。而限以三百人，又以杜有司徵取之浩浮、王宫食用之廣侈也。王氏應電乃謂農功之時，非三百人不足以集事。謬矣！且胥徒之設必與其事相稱，故諸職有徒甚衆而無胥者。甸胥三十人，正以采取薪蒸，時給外、内饔，賴其部署耳！

共野果蓏之薦

〔一〕「外内」，原倒，今據周禮注疏改。

場人凡祭祀共果蓏，此則專薦宗廟與？

喪事，代王受眚烖。

周公以嗣王生長富貴，必知稼穡之艱難，乃能知小民之依而所其無逸，故特爲此禮，以示不躬耕帝耤以事上帝、神示，則王宜受眚烖。今以喪廢耤，非得已也，故甸師可代受焉。則無故而不親耕以共粢盛，其爲神元所不饗明矣！

王之同姓有罪，則死刑焉。

賈疏：同姓，絶服之外者。絶服尚然，則有服者可知。其説是也。魏氏了翁乃謂五服之内，則在議親之辟。夫曰「議」，蓋從末減耳！若大罪，可無刑乎？

## 獸人

掌罟田獸，辨其名物。

先王既有四時之田以習武守，又設獸人專除田中之獸，故辨其名物，無害於稼者則不罟，不足以共祭祀、喪紀、賓客、膳羞者則不獻也。

冬獻狼，夏獻麋，春秋獻獸物。

冥氏、穴氏專攻猛摯之獸，慮其害人。獸人則兼取其可備膳羞者。

時田，則守罟；及弊田，令禽注于虞中。

掌罟田獸，獸人自罟之也，故以時獻其所獲。王時田，則從而守罟，以備禽之逸也，故令注於虞中。

皮、毛、筋、角入于玉府。

入於玉府，見於天、地二官者五。即是以考之，而玉府所用之有節與不盡利以遺民並見矣。公家所養之獸、皮、毛、筋、角惟入其中玉府之用者，則知餘皆不入於内府，而以遺有司及府、史、胥、徒矣！䲣人胥徒至三百餘人，所取於川澤多矣！而自所獻魚物外，惟入其鱻、骨之尤良者，則知其餘魚物及鱻、骨皆聽其私之而不問矣。澤中珍物最多，惟取其宜入玉府者，則知其餘財物並頒於萬民，而可當邦賦者則以遺其地之人守財物者矣。屠者之皮、角、筋、骨，惟取其宜入五府者，以當㕓征，則知餘皆聽其交易而不斂矣。遂師入野職、野賦於玉府，而内府總受九貢、九賦、九功之貨賄，則知玉府所入止野之良貨賄，而内自都家，外及六服之貨賄，苦者、良者並入於内府矣。群儒之説不偏不該，皆未得其要領。龔縷曰：「㕓人入皮、角、筋、骨，此職則入皮、毛、筋、角，蓋馬牛之革可用，而毛則無取焉；六獸則鞹與有毛者皆可用，而骨則無取焉。舍大裘而外，無所用羊皮，而斂之者掌皮，故玉府不入也。」

凡田獸者，掌其政令。

凡田獸，謂百姓之獵者。王制四時之田天子、諸侯、大夫既殺，縱民使獵，民居山澤間者，亦不禁其取獸。角人以時徵齒、角凡骨物於山澤之農是也。蓋天子、諸侯蒐狩之政令，掌於司馬，而獸人所掌則百姓田獵之政令耳！凡漁者掌其政令義同。

## 䲣人

辨魚物，爲鱻薨，以共王膳羞。凡祭祀、賓客、喪紀，共其魚之鱻薨。

王之膳羞，列於祭祀、賓客、喪紀之上者，其用爲多也。膳夫、庖人、内饔三職，后、世子之膳羞，皆與王連舉，故他職但舉王。以舉王，則后、世子不待言也。膴人、鼈人不言共王，獨於膴人言之者，膳羞之用魚爲多。野獸不可時得，鼈非恒膳所必需，故不言。

以時籍魚、鼈、龜、蜃，凡貍物。

龔纓曰："「兼言『魚』者，籍互物而適得魚，亦不棄也。」

祭祀共蠯、蠃、蚳，以授醢人。

蠯、蠃、蚳獨舉祭祀者，鱗互之物，以共膳羞者爲多。豆實則主於祭祀，而後及其餘也。授醢人，百日前授之。

## 腊人

凡祭祀，共豆脯、薦脯、膴、胖，凡腊物。賓客、喪紀，共其脯、腊，凡乾肉之事。

李光坡曰："「胖，半體也。少牢饋食：『司馬升羊右胖，司士升豕右胖。』注云片，似無據。」內饔無賓客、喪紀之事。疏兼言內饔，誤。

## 醫師

掌醫之政令，聚毒藥以共醫事。

王氏安石以五毒、五藥破鄭注，非也。凡藥物必先辨其毒之有無輕重，而審所用。曰「聚毒藥」，則無毒者不待言矣！如言「藥」而不言「毒」，則瘍醫「以五毒攻之」「以五藥療之」，疑别有爲毒藥者五，而非藥矣！且五藥，草、木、蟲、石、穀也。五毒止石部中之五物耳！疾醫無所用之，即瘍亦不時用也，而以先百藥，何義乎？

凡邦之有疾病者、疕瘍者造焉，則使醫分而治之。

疾醫職曰：「凡民之有疾病者，分而治之。」而此職曰「邦」，蓋雖統萬民，而以王宫、百官府爲主也。

十失一次之，十失二次之，十失三次之，十失四爲下。

十失四者，尚得食於官，以是知醫之難其人也。然必試於醫師，歷歲年而後差其等，其失之多者必隨時而絀之，則衆知其不可冒，而不敢輕爲嘗試矣！稽其事以制其食，則食之少者必研精於其術，而不安於下矣！

食醫掌和王之六食、六飲、六膳、百羞、百醬、八珍之齊。

食、飲、膳、羞、醬、珍，製作有常法，而食醫和其齊者，酌天時與王氣體之所宜也。

凡君子之食恒放焉。

楊氏時謂：君子之自養恒放王，則不至於疾，故疾醫惟施於萬民。非也。萬民有疾且官治之，則君子不待言，故舉下以包上耳！庶民非耆老不食肉，安得審膳食之宜，合四時之氣乎？既衆知其所宜，則能用者皆非法之所禁也。

## 疾醫

凡民之有疾病者，分而治之；死終，則各書其所以而入于醫師。

疾醫、瘍醫各八人，以共王宫、百官府之醫事猶懼不給，豈能偏及萬民？疑萬民之疾大且危者，然後醫士治焉，其餘則受方於醫師。而未列職者，皆使分治，其有功效，亦官給之食。先王之世不獨爵必當賢，即醫者亦不能幸而得食，所以能制百事之宜，而盡萬物之性也。

## 瘍醫

凡療瘍，以五毒攻之，以五氣養之，以五藥療之，以五味節之。

五氣播於四時，必順時氣，人之氣乃可養。疾醫職曰「以五氣、五聲、五色眡其死生」，則知爲五臟之氣矣！此曰「以五氣養之」，則知爲五行之氣矣！疾醫不及此者，以首列「四時皆有癘疾」，則養之宜順時氣不必言矣。或曰：「疾醫職所云亦五行之氣也。凡症順於時氣則生，逆則死。」

凡藥，以酸養骨，以辛養筋，以鹹養脉，以苦養氣，以甘養肉，以滑養竅。

於瘍醫始列此，見瘍亦宜以五味養也。疾則不待言矣。

## 獸醫

凡療獸瘍，灌而劀之，以發其惡，然後藥之，養之，食之。

既曰「灌之」，而又曰「藥之」，以藥傅其外也。故獸病則第以藥灌，而遂養之。

## 酒正

辨三酒之物：一曰事酒，二曰昔酒，三曰清酒。

事酒，謂將有事，卜日而造之酒也。昔酒、清酒，則酒人造之，酒府藏之，以待用者。五齊中之緹、沈，三酒中之昔、清，斷無旬日可成。

凡祭祀，唯齊酒不貳。

觀此則齊亦可名酒。

共賓客之禮酒，共后之致飲于賓客之禮醫、酏、糟，皆使其士奉之。

王后八壺，宜四飲皆備，而第舉「醫、酏、糟」，明清與漿無糟也。夫人於醫、酏之外，别舉清醴，無漿，殺於后也。酒人、漿人職皆曰「奉之」，故注據此謂酒正所使之士即奄。不知三職之言奉同，而所以爲奉者則異。飧、饔、饗、食，奄則奉酒漿以至所用之地，酒正則使官中之屬士，奉而陳之，與鼎、俎、豆、籩同列也。以賓禮不可使刑人薦設，故特言「使其士奉」以别之。蓋自内小臣四人外，奄無爲士者。言「士」，則知其非奄。而所謂「奉」者，其事各異，亦具見矣。曰「其士」者，明其爲宫中之士也。地官凡言「其屬」、「其吏」、「其民」，皆謂宫中官吏，及所治之民。若即使酒人、漿人陳設，則經文當從牛人之例曰使職人奉之矣！春秋傳齊侯伐魯，獲臧堅，微者耳。齊侯使夙沙衛唁之，堅稽首曰，抑君賜不終，姑又使刑人禮於士，遂死之，況王后致禮於賓客乎？其先使酒人、漿人奉，何也？酒漿之共王、后、世子者，乃入於酒府，餘皆貯於酒人、漿人，别使人奉則擾矣，惟不得與陳設耳。

凡饗士庶子，饗耆老、孤子，皆共其酒，無酌數。

外饔掌饗食之割亨，中有國老、庶老，故先耆老、孤子，而後及士庶子。此無酌數，則不兼國老、庶老，故列序而先士庶子，然後及死事者之老、孤也。經兩言「酌數」，前則酌以實尊之數也。獻酬之數，宰夫主之，非實尊時所得預計也。此則酌而飲之之數，酌必有器，而鄭注似以酌爲器，則於此酌數不可通。程子伊川謂外饔、酒正皆言饗耆老、孤子，則饗未嘗無食。王制孔疏據春人凡饗食共其食米，謂饗亦有食。皆非也。燕禮不設黍、稷、稻、粱，況饗乎？外饔之割烹，乃實鼎俎以共饗禮，不得爲有食之徵。記曰：「凡養老，有虞氏以燕禮，夏后氏以饗禮，殷人以食禮，周人修而兼用之。」則養老或有時而有食禮，而用饗禮時則不得兼食，明矣！承人於賓客之外，别言饗食，正謂饗耆老、孤子，其中有養老而用食禮者，則共其食米耳！如去饗而曰「凡食，共其食米」，則不知其爲何事矣！

酒正之出，日入其成，月入其要，小宰聽之。

宰夫職：百官府皆有歲會，月要日成。獨膳夫、庖人職有「歲終則會」之文，以王、后不會而特見之也。然膳羞皆有常式，故惟歲終一會，惟酒則朝夕所進，多少無常，恐王、后、世子或不能劼毖，則敗德亂政皆由此始，故日入其成，月入其要，而小宰聽之。按日而稽所取用，每月而察其疏數過，則以式法制之。若至歲終而後會，則積漸沈湎而不可挽矣！

以酒式誅賞

典守之耗敗、出入之多寡違式法者宜有誅。若作酒，則官監之，未有不如式者。如式而味或不良，則天時、物理之不可常者，非誅所及也。其典守之能謹、出入之平公及造作之獨良者，則賞焉。注專以作酒之善惡言，義尚未安。

## 酒人

掌爲五齊、三酒，祭祀則共奉之，以役世婦。

鄭氏鍔破鄭注，謂所役宜爲天官世婦。非也。天官世婦祭祀莅陳女官之具，凡内羞之物，謂朝事饋食加羞籩豆之薦耳，然亦與春官世婦聯事，宫卿職「掌女宫之宿戒，比其具」是也。其帥女宫而濯摡爲齍盛，亦與春官世婦聯事，宫卿職「帥六宫之人共齍盛」是也。惟五齊、三酒，則九嬪、世婦職皆無其文，而此職曰「以役世婦」，則爲春官世婦所專掌明矣。

共賓客之禮酒、飲酒而奉之。

以義揆之，饗、燕食皆當爲禮酒，所以致禮於賓客也。飲酒當爲賓客之稍禮，此職於「禮酒」之外，別言「飲酒」，與漿人職之稍禮互見也。以致之而使自飲，故曰「飲酒」；以稍稍致之，故曰「稍」。記所謂「燕與時賜無數」是也。注以禮酒爲給賓客之稍，賓客自有稍禮，豈得以饗食燕之以幣致者當之？

凡事，共酒而入于酒府

凡事，謂王之三酒之饌，燕飲、稍事以及后世子之饌、士庶子耆老孤子之饗、群臣之賜頒秩酒凡酒正所掌者，入於酒府。以酒正掌其法，或自奉之，或使其屬士，或令掌事者及其人自取也。

凡祭祀，共酒以往。賓客之陳酒亦如之。

祭未有無齊者，曰「共酒」，則齊不待言矣。前曰「祭祀則共奉之，以役世婦」，蓋宗廟之祭，及宮中小祀也，故使奄奉而世婦陳焉。此曰「凡」，則大、小、外祭祀后所不預，故共酒以往，而酒正自奉之。賓客之禮酒、飲酒，則酒人自奉，陳酒則以往而不奉，何也？酒人十人皆奄也，其下無府、史、胥、徒，饗燕及飲酒之數少，則與其儕自奉之可矣！陳酒數多，掌事者自使胥徒奉之，有司陳之，故奄人但與偕往，漿人惟奉賓客之稍禮，夫人致飲之清糟，義與此同。

共賓客之稍禮，共夫人致飲于賓客之禮，清、醴、醫、酏、糟而奉之。

注謂后屈於王，故無醴；夫人不體王，得備之。非也。后致飲於賓客之禮，皆酒正之屬，士奉之，故獨載夫人致飲之禮耳！蓋后六飲皆致，而夫人止致其三也，掌客職：諸侯相爲賓，夫人致八壺。則不止三飲矣，況王、后乎？既有后致飲之禮，復設夫人致飲之禮者，或后崩而夫人攝内治，則宜有賓客之事，又或來朝聘者，爲夫人父母之邦，則雖后在，彼此亦得致禮也。既曰「共夫人致飲於賓客之禮」，復特舉「清、醴、醫、酏、糟」者，明所致僅半於后，且醴則清，醫、酏則糟也。后致四飲，助王禮賓，酒正使其屬士奉之，夫人致飲之賓客，私親爲多，奄人奉之可也。

## 漿人

掌共王之六飲

水涼無齊可辨，故酒正所辨唯四飲。此曰「共」，則六飲無一可闕矣。酏與漿皆米汁，則涼不宜又爲糗飯雜水，蓋水之和以冰者。

## 凌人

祭祀共冰鑑，賓客共冰，大喪共夷槃冰。

不曰「凡喪共冰」者，曰「凡喪共冰」，不知大喪之用夷槃也。曰「大喪共夷槃冰」，則凡喪共冰而不用夷槃具見矣。春秋傳命夫命婦、喪浴用冰及孟獻子所稱，皆諸侯之制也。天子之士，比侯國卿、大夫，得用冰可知。夷，注訓尸。以義測之，夷，等也。喪大記自小斂以往用夷衾，蓋大斂衣物多，衾必更寬大，與相等，然後可偏覆。夷槃疑亦稱斂衣之多寡而爲之制。記曰：君設大槃造冰焉，大夫設夷槃造冰焉。又曰：男女奉尸夷於堂。則夷不得以尸訓明矣。大夫命婦喪浴用冰，群王子、三夫人、九嬪、世婦之喪斷無不用冰之義，而不見於經，何也？此必通按全經而後其義可明，不獨共冰一事也。六官之事莫重於祭祀、賓客、軍旅、田役、喪荒，經文稱「凡」，或統言祭祀、賓客、軍旅、田役、喪荒，而不別其大小者，通辭也。詳考五官，舉大而不言小者，十居八九。蓋七事所統會，具見於諸官，故文雖略而不患其無稽也。小宰以法掌祭祀、朝覲、會同、賓客之戒具，軍旅、田役、喪荒亦如之，則七事之小者，其共具之人、戒令之事法皆具於小宰矣。小宗伯掌小祭祀，大小行人掌朝覲、會同、賓客之禮籍，宰夫掌牢禮、委積、膳獻、飲食，則小祭祀、小賓客之儀法皆具於三官矣。小司徒凡用衆庶，掌其政教、禁令，鄉師四時出田法，受州里之役要，以考司空之辟，鄉遂群吏各共其事，則小軍旅、小田役不待言矣。凡喪紀，皆宰夫帥其屬而治之，荒政十二秉於大司徒，士師掌荒辨之法散見於諸職者一一可按，則小喪、小荒不待言矣。惟祭祀、賓客、喪紀舉大而不及其小者，義亦有二：鬱人大祭祀與量人受舉斝之卒爵而飲之，量人、宰祭與鬱人受舉斝之卒爵而皆飲之。非大祭祀，宰不攝。曾子問：天子在喪，五祀之祭，祝畢獻。是也。世婦大賓客詔王后之禮事一如祭祀，非大賓客，王后不祼。宮正大喪授廬舍，則其事不通於小祭祀、小賓客、小喪紀者也。司服大祭祀、大賓客，共其衣服而奉之。凌人大喪共夷槃冰，則小者所同，而事具於小宰之法。宰夫之令，職喪之所趨者也。軍旅、田役、荒札則無小無大，共具無異人，戒令無異法，文雖略於小，而事無不該，義無不晰。朱子謂周官徧布周密，當於此類求之。

## 籩人

朝事之籩，其實麷、蕡、白、黑、形鹽、膴、鮑魚、鱐。

張自超曰：「大行人，諸侯長，尚十有二獻，則宗廟之祭決無九獻之義。裸及朝獻饋食加籩豆、羞籩豆，王及后各一獻，爲十獻，諸臣并嗣舉奠爲十二獻，似爲可據。特牲饋食有嗣舉奠之禮，而少牢則無之，以士卑不嫌與國君同禮也。詩曰『君子有孝子』，朱子引嗣舉奠以證之，則天子之祭此爲重禮可知矣！司尊彝言『諸臣之所酢』，則有獻可知矣。酳及告利成之禮微，故不數特牲長兄弟、長賓加爵之獻，在天子則爲諸臣之獻，考之於經，惟此尚無牴牾。」

加籩之實，蔆、芡、㮚、脯，蔆、芡、㮚、脯。

鍾晼曰：「特牲、少牢禮，凡設籩皆在主婦亞獻時，故注謂尸既食，后亞獻所加之籩。而薛氏季瑄乃謂特牲禮加爵，不施於亞獻之節，殊不可解。長兄弟衆賓長加爵時，本無設籩之文，而妄以此相糾纏可乎？」

羞籩之實，糗餌、粉餈。

鍾晼曰：「粉餈，以豆爲粉，糁餈上也。」

喪事及賓客之事，共其薦籩、羞籩。

共其實者，不實於籩也。共其薦籩、羞籩者，實於籩而奉以往也。凡祭祀，九嬪贊后薦徹豆籩，世婦莅陳女宫之具。凡内羞之物，則祭祀之籩豆，嬪婦主實之。故籩人止共其實。當喪，后重服，不饋奠。賓客禮繁，非内人所職，則籩人實而奉之可矣。

爲王及后、世子共其内羞。

王及后、世子或問賜群下，則爲共其内羞也。注謂共王、后、世子飲食，則經文當曰「共王及后、世子之内羞」。況膳夫職羞用百有二十品，醬用百有二十甕，稍事設薦脯醢，則籩人、醢人、總入於膳夫，而不自共可知矣！王氏安石謂王及后、世子以此内羞共禮事，而籩人、醢人爲之共，又引世婦職，以爲此内羞所共爲祭祀。果爾，則獨爲后共，而不得曰爲王及世子共且祭祀、喪紀、賓客之事。即爲后共，不應別見此文。薛氏謂共奉之職，官府敬君有素，故先王而後祭祀，内人朝夕王所，故先祭祀而後王。非也。膳饔，所以養生，故先言王而後及於祭祀；籩豆，所以奉鬼神，故先言祭祀而後及於王：義各有當也。且膳夫祭祀徹王之胙俎，非以共神也。庖人共祭祀之好羞，非犧牲之正也。内饔、亨人主掌王、后、世子朝夕常膳，其於祭祀獨掌割亨，奉牲、獻毛、獻血、登薦之重禮不與也，故先言其本職而後及其兼事。外饔則先祭祀，而後飧饔、饗食獻賜矣。謂官府先王而後祭祀，於經文亦不合。至酒之肇，本爲元祀，故先五齊。醢、鹽、齊、菹並籩豆之實，故先祭祀。漿人六飲，皆以奉生人，皆於其職事别之。若以官府内人爲義，則不可通矣！

## 醢人〔一〕

羞豆之實，酏食、糝食。

糗、餌、粉、餈純乎穀，故與乾物同實於籩；酏、糝雜肉與膏，故與濡物同實於豆。

凡祭祀，共薦羞之豆實；賓客、喪紀，亦如之。

籩人職曰：「共其籩薦羞之實。」離籩於實，明共其實而不實於籩也。此曰「共薦羞之豆實」，

〔一〕「醢人」二字原脱，今據周禮注疏及本書體例補。

連實於豆，明實於豆而共之也。醢皆濡物，故實而奉之。

## 醢人

掌共五齊、七菹，凡醢物。以共祭祀之齊、菹，凡醢、醬之物。賓客，亦如之。

連言「醬」者，合醢與醬而成之物，則醢人掌之也。七醢、三臡，純乎醢者也。五齊、七菹，兼乎醢而爲醢者也。

王舉，則共齊、菹、醢物六十罋，共后世子之醬、齊、菹。賓客之禮，共醢五十罋。凡事共醢。

膳夫職：「王日一舉。」日舉少牢也。醢人職：「王舉，則共醢六十罋。」醢人職：王舉，則共醢物六十罋。朔月月半，舉太牢也。祭祀朝踐、饋食之節，豆不過八。朝夕常膳，豈復有加？而所共醢醬之物百二十罋，則以待旬有五日之用俟更大食而後新之明矣！且膳夫職：鼎十有二物，皆有俎，王有稍事，然後設薦脯醢。籩人、醢人職獨共内羞，則朝夕恒膳鼎俎内羞之外，未嘗畢陳豆實可知矣。内饔職：「王舉則陳其鼎俎，以牲體實之，選百羞、醬物、珍物以俟饋。」則鼎俎每食必陳，而珍物、醬物必四時所宜、膳羞所濟，然後以饋可知矣！經不明言孰爲日舉、孰爲朔月月半之舉者，以大司樂「王大食三侑」，則日一舉爲恒食不待言也。注不別白，疏遂謂日共百二十甕。夫果日日而共之，「王舉，則共之」文不亦贅乎？朔月月半之舉，鼎俎無異文，上物不過十二也。醢、醢、酒、漿無陳數，微也。曰「共齊、菹、醢物六十甕」，則知醢人五齊、七菹爲醬物矣，則知醢物之無醢與醬矣。以文義測之，似祭祀之齊、菹獨以醢成，故別之曰「醢物」；其餘膳羞，合醢、醬而成者，則曰「醢醬之物」。王舉曰「醢物」而不及醬者，以膳夫職「醬用百有二十甕」有明文，故於醢人職獨舉「醢物」以見醢人所共爲醬物也。后、世子之齊、菹，獨舉醬者，醢人職共后、世子齊、菹無明文，故於醢人職見之，而舉醬以明與醢人並共也。后、世子之膳羞並共於內饔，則已具於王舉所共之醢物矣！而復共后及世子之醬、齊、菹，何也？蓋膳夫、內饔職所共，惟王及后、世子之膳羞，而內宰會內宮之財用，均內人之稍食，則夫人、嬪婦、女御及世子後宮之膳羞，別有部署，而使女奚治之可知矣！其醬、齊、菹或王后命給賜，則於百二十甕外別共之，猶王及后、世子或問賜群下，則籩人爲共內羞皆在恒膳之外，故特見之也。醢物、醬物品味甚多，使宮中嬪、御各自治之甚難，而宮共之則易，與籩實不同，故籩人惟時共內羞，其餘籩實無別共之文也。曰「醬、齊、菹」，則齊、菹以醢成而佐以醬，故以屬醢人；醢物以醬成而佐以醢，故以屬醢人，具見矣。

# 周官析疑卷之六

## 幂人

掌共巾幂。

康成謂巾以覆物，蓋以覆釋幂，爲虚字。賈疏及群儒乃分而爲二。按下經以巾幂六尊，以巾幂六彝，則注不可破也。且承塵之幕形制甚大，而巾甚小，僅可以覆尊彝，字形亦異，不宜與幕相混。

## 宫人

爲其井匽，除其不蠲，去其惡臭。

記曰：「外内不共井。」如承簷霤，則外内異所，本不相通，無煩制禮以限隔之。康成以井爲受水者，匽爲流水者，似得之。但又謂井受水潦，匽受畜水，則指不分明。豈井乃穿地庭隅，瀦水以備用；匽則承霤通溝，以流其惡者與？或曰：「北方沙地，或鑿暗井於中庭，以受水潦，所謂漏井也。」

## 掌舍

掌王之會同之舍。〔一〕設梐枑再重。

翁荃曰：「會同必於國外，以諸侯衆至，其車馬、旂旗、次案，朝内不足以容也。王氏應電謂：諸侯朝覲及免喪皆以已事入見，故受之朝廟；會則天子以事而召諸侯，同則天子不巡狩，故於王城之外，或於諸侯之國，以見往見之意。非也。以事屬諸侯或不能巡守，而出國出畿以就之，則與春秋傳所載天王下勞晉侯同。大悖於君臣之義矣。又云在外則禮略費省，更非也。饗食、饔積禮豈可缺？費豈可省？司儀職：將合諸侯，爲壇三成，公於上等，侯、伯於中等，子、男於下等。享與祼可同日而畢，則饗與食獨不可各以一日而畢乎？饔積不致，諸侯能自具。古之道輕財而重禮，故聘義曰：『古之用財者不能均如此，然而如此其厚者，以盡之於

〔一〕「之舍」，原脱，今據周禮注疏補。

禮。』[二]則内君臣不相陵，而外不相侵，其義之大如此。況大朝覲、會同，而可以私意鄙情測之乎？」

設車宫，轅門。爲壇壝宫，棘門。爲帷宫，設旌門。

車宫曰「設」，陳列之也。壇壝則築土起堳埒，帷則置椓、杙、繫、綱，故並曰「爲」也。於帷宫獨曰「設旌門」者，按春官司常，掌置旌門，故特加設，以明二官各共其事。如曰「爲帷宫、旌門」，則似二事皆掌舍共之矣。

## 幕人

掌帷、幕、幄、帟、綬之事

康成謂王出宫，則有是事。王安石以掌次待張事破之，其説似是而非。蓋帷幕王在宫或有時用之，而幄帟則無取焉。此總言幕人所掌，有此五類耳。所謂「事」亦非張事也。凡收藏之

[二] 「以」，禮記作「言」。

法，出入之式，晞之、風之之節，濯之、接之之宜，無非事者。

## 掌次

王大旅上帝，則張氈案，設皇邸。

記曰：「大旅具矣，不足以饗帝。」注以爲即圜邱之祭，非也。典瑞職：「祀天，旅上帝。」則祀天之外別有旅上帝之祭，是謂「大旅」。合祀五帝不得於四郊，其亦於圜邱與？劉氏彝謂王齊宿所設，非也。宿必於齊宫，掌次所設張，皆暫止野外以待事者，蓋即大次、小次之案，以大旅禮盛，故加氈而設邸耳。郝氏敬以皇爲大，破鄭注，不思舞師教皇舞，與帗舞、羽舞相次，亦可以大訓乎？

朝日，祀五帝，則張大次、小次，設重帟、重案；合諸侯，亦如之。

合諸侯，謂殷同爲壇於國外，故張次與朝日祀五帝同。據經文，似惟大旅有氈案、皇邸；朝日祀五帝合諸侯，則重案而無氈，亦不設皇邸；師田則有幕、帟、案而無次，諸侯、孤、卿案亦不重。疏謂此節與上互見，似未安。

師田，則張幕，設重帟、重案。

賈疏：不言帷者，亦有可知。非也。師田宜四顧遠望，幄且不設，況以帷障乎？

## 大府

掌九貢、九賦、九功之貳，以受其貨賄之入，頒其貨於受藏之府，頒其賄于受用之府。

凡貨賄之要簿，必入於大府，故曰受其入。受藏、受用之府既得大府所頒財物之數，則貢賦者徑入焉。觀𣌭人、遂師等職，皆徑入於王府可知。而見例於職金者尤詳，非以財物入於大府，而後頒之庶府也。周官之法，藏貨賄之府隨地而有之。司會掌郊野、縣都之百物、財用，職歲掌貳都鄙之財、出賜之數，則畿内皆有守藏可知矣。小行人適四方，所至之國令賻補、賙委、槁襘、慶賀、哀弔，則邦國皆有儲待可知矣。九賦關市、山澤、幣餘而外，皆粟米也。九功則諸職之貢物，故於九賦之外別列九功。貨若金玉、丹鉛之類，可久藏者；賄若布帛、皮革之類，宜及時以用，而久之則朽蠹者，故貯之必異所。王氏應電謂大府掌其貳，其正在各司。非也。各司所存，乃治狀之柢。冢宰受百官府之會，小宰、大府皆掌其貳，則其正致於冢宰明矣！司會、司書與大史所掌，則六典、八法、八則、九貢、九賦、九式之故籍，藏之以待考稽者。

凡官府、都鄙之吏及執事者，受財用焉。

財用，有臨事受書契於大府而取之於所司者，如匪頒、好賜、吏賞、道齎、工齎之類，官府、都鄙之所同也。有經式夙具，本存於其地者，自鄉遂以至縣都，祭祀、賓旅、師役、學校所應用之財物是也。有分貯於所司者，天官之裘皮、絲枲，地官之倉廩、貨布、蜃炭，春官成均之供具，夏官閑廄之芻粟、稾繕之工齎，秋官圜土之囚食是也。凡此皆受文書於大府，貢賦者各以財物入焉，至月終歲終，然後入要會於大府司會，以聽勾考。

關市之賦以待王之膳服。

王之膳服，待以關市之賦，蜃人斂珍異之有滯者，入於膳府，外府共王及后、世子之衣服之用，事取其便也。然泉府職：「凡國之財用取具焉。」遺人職：「門關之委積，以養老孤。」司門職：「以其財養死政者之老與其孤。」則王之膳服，特所待之一事耳。且王之恒膳、畜牧之官及獸人、廠人、場人之屬共其物，所市不過遠方珍異之細微而不入職貢者，王、后、世子之服非內嬪婦之功不周。或有不足，乃以外府之泉具之，則所取於關市之賦者亦僅矣。

四郊之賦，以待稍秣。

賓客四面而内鄉，閑牧分列於四郊，故稍秫必於是乎取之。甸、稍、縣、都皆共賓客之委積、芻秫、薪蒸，而不言者，賦博而地分，所共於賓客者甚少，且具載遺人、委人、廩人、倉人諸職，故正舉所待之式，而餘可略耳。

邦都之賦，以待祭祀。

邦縣、邦都地最博，則賦最多，故以待凶荒外，别供幣帛、祭祀而不患其不給也。

山澤之賦，以待喪紀。

九式喪荒並列，而大府無待凶荒者，蓋地官遺人職縣都之委積以待凶荒。又凡事有定式，然後大府可先期而頒財。凶荒則大小、久暫無常，鄉師、司救巡問觀察以王命施惠，不待奏請；有司隨時給發，事畢而入其要於司會，故大府頒財不列耳。

幣餘之賦，以待賜予。

以九賦待九事，亦總其大略，可以贍給，非截然不相通，蓋財物、泉布可以互易，盈歉、多寡可以酌劑。職内所謂「叙其財以待移用」是也。　載師以公邑之田任甸地，家、稍、縣、都之餘地皆有焉。而冢宰列賦，大府頒財，無及家、稍、縣、都、公邑之賦者，何也？列賦、頒財皆以其地之大界言，故包於甸、稍、縣、都之中。蓋其貨物入於内府，粟米各留其地，壹與家、稍、縣、都同，故所待之用亦各附於家、稍、縣、都，然後發、徵、期、會事習，而吏民皆便。别立公邑之式法，則轉滋紛擾矣。

凡邦國之貢，以待弔用。

邦國祀貢、嬪貢之屬多王朝用物，而大府於九式之外别言「邦國之貢，以待弔用」，似不以共九式，何也？以此待彼，特言其大數適相當耳！九賦之財既可移用，則九貢視此矣！况徵收之時本有通法，山農、澤農可入其羽物、骨物以當田賦，屠者可斂其皮、角、筋、骨以當廛征，則四郊所用芻秣爲多，必多徵其禾、菽、藁秸，以當粟米、布帛等貢矣！所以獨言以九貢待弔用者，王朝所用於邦國，惟弔禬、喪荒爲多，故特揭之，以示邦國之職貢。仍以救邦國之禍烖者，十居八九，而朝覲之饗燕饔積、頫省之幣齎，則於九賦中賓客、幣帛二式具之，所以懷諸侯而大服其心也。至於凶禮之賵委、賻補、犒禬，所用乃粟米、貨幣、材物，不能致自王畿，必近取於方嶽之内庶邦所供，閒田所入，故知賦貢相通而互爲用，必具有經法也。

凡萬民之貢，以充府庫。

注疏謂九貢之外，别有九賦，爲口率出泉。據此，不知此以邦國之貢而並及之也。蓋邦國之九貢與畿内九職所貢，其物多同。彼以待四方之事，此則充府庫以待畿内之事，即上九式之用也。古者以粟米易百物，故謂之財。國中四郊甸、稍、縣、都之賦，皆農田所入也，故以待六事。其他百工所貢之器物、商賈之貨賄、嬪婦之絲枲、虞衡之金玉、珠貝、丹石、百貨，藏於府庫，以授百工，皆以待九式之用，與圃、牧所貢之草木、鳥獸等耳。李氏覯、王氏昭禹乃謂積貯以待凶饑，誤矣。古者耕九餘三，以三十年之通制國用，皆謂粟米耳。凶饑則發倉廩，市無征而作布，府庫之百貨無所用之。易氏祓又謂：邦國之貢亦三年留一，以待弔用；萬民之貢三年留一之外，皆以給軍旅、田役、百官廩餼之費，九式所不載者。更不可解，軍旅、田役、廩餼經有明文，而謂以府庫之百貨給之，不亦悖乎？

凡式貢之餘財以共玩好之用。

方舟曰：「玉府所列玩好，不越金玉、兵器、織文，苟非淫巧，亦無大害義。必一切禁絶，非堯、禹之聖恐不能行。惟掌於大府，以式貢之餘財共之，則知不可以耗天下之經費矣。猶人情不能無所親幸，惟列於八柄，詔以冢宰，曰『予，以馭其幸』，則知不可濫以爵禄矣。聖人制法，慮周萬變，凡此類皆防川者小決使導，毋致壅潰之意也。」

凡邦之賦用，取具焉。歲終，則以貨賄之入出會之。

曰「凡邦之用取具焉」可，而並舉「賦」，何也？見賦與用壹取具於大府，而王無私藏亦無私用也。

## 玉府

大喪，共含玉，復衣裳、角枕、角柶。

所共惟含玉、復衣裳，何也？喪之用玉莫親於飯含，生時玉府共食玉，故始喪亦共含玉也。復衣裳以依魂魄，王寢疾時不服朝祭之服，則始崩復於小寢、大寢，宜用燕服，故玉府共之。含玉非寶鎮也，故斂玉、贈玉則典瑞共之。燕衣非法服也，故斂奠廞之正服，則司服共之。經於玉府稱衣裳，司服稱衣服，亦寓此義。然玉府已共含玉、復衣裳，而典瑞復列飯玉，司服復列復衣裳，非重共之也。大喪包世子，而玉府所共，則惟王之含玉及復於二寢之衣裳耳。

掌王之燕衣服、衽席、牀笫，凡褻器。

王之燕衣服，凡褻器，皆掌於玉府，則冢宰、小宰得檢察，雖以良貨賄共之，而毋敢作淫巧，以蕩上心矣。

若合諸侯，則共珠槃、玉敦：

鍾晥曰：「珠槃、玉敦非寶鎮也，故不掌於典瑞，而玉人共之。」

凡王之獻金玉、兵器、文織、良貨賄之物，受而藏之。

凡王之獻該諸侯覲享、王臣出聘反命之所獻。及百工所成之器物，宜共王之服用者，則有司以獻而入於玉府也。曰「獻於王」，則疑於私獻曰「王之獻」，則爲宜獻於王之物可知矣。注疏所以别爲一解者，恐與内府四方之幣獻無别耳。不知四方幣獻入於内府，内府又取其中玉府之用者入之，猶野職、野賦皆入於遂師，遂師又取其中用者入於玉府，其事本各異也。凡此類徧考五官，比類以求其事理之實，然後端緒可見。

# 内府

掌受九貢、九賦、九功之貨賄、良兵、良器，以待邦之大用。

九賦亦有貨賄，何也？角人徵齒、角凡骨物於山澤之農，以當邦賦；羽人徵羽翮於山澤之農，以當邦賦；掌葛徵絺綌之材於山農，徵草貢之材於澤農，以當邦賦。觀此經，則知周官和通上下，借法以利民。凡有貨賄者皆得入以代賦，不獨山澤之農。大府職「邦國之貢，以待弔用」，蓋於大用中該之。其不中凶禮五事之用者，則與朝聘之幣獻充聘物、好賜，故内府並受焉。

凡四方之幣獻之金玉、齒革、兵器，凡良貨賄，入焉。凡適四方使者，共其所受之物而奉之。

九貢、九賦、九功之貨賄不言「良」者，良苦兼受也。兵與器獨言「良」者，其不良者，司兵及用器者受之也。幣獻之貨賄獨言「良」者，庭實非良不薦也。貨賄皆良，則兵與器不必言矣。邦之大用，貨賄則良苦各有所待。若兵與器之錫，則必褒有德，勞有功，是以非良不用。聘物、好賜必以良貨賄共奉，亦此意也。

凡王及冢宰之好賜予，則共之。

凡邦國之貢，以待弔用，故聘物、好賜亦於幣獻取之。鍾畹曰：「注謂冢宰待賓客之小治，有善而賜之。王氏應電謂使者至侯國，應有所問遺，如私覿之禮。非也。賓客之小治，則辨其可否而已，無所用賜予。聘使私覿，官給幣物，經制則然，非賜予也。此謂賓客禮儀、辭令之善。或詢之以事有所敷陳，而當於理，則特賜焉，如春秋傳所謂『厚賄之』是也。」

## 外府

掌邦布之入出，以共百物而待邦之用，凡有灋者。

百物有貢賦所不及者，則以布市焉。布之出者，賜予市齎也。其入者，國所鼓鑄，廛人所斂，買賒官物所入，及民當出粟米、絲麻，而或以布代者。大府以九賦待九式，必式貢之餘財，乃以供玩好之用，則粟米、絲枲、貨賄、財物無由冒濫，惟泉布無定數，而以通百物，取用甚便。苟耗於侈靡，濫於親幸，則損主德、虧國體者多矣。故列職曰「待邦之用，凡有法者」，則非大府式法之所頒、有司得以職爭、冢宰小宰得以義斷矣。王氏應電以布爲布帛，非司市所作之布。獨不思廛人掌斂廛布、罰布、總布，泉府以市之征布斂不售貨，歲會其出入，而納其餘，非納於外府，則受之者何職與？諸儒好爲異說，皆未通考經文之過也。

共王及后、世子之衣服之用。

王、后、世子之衣服，何以用泉布也？典婦功職「共王及后之用」者，惟内嬪婦之功，或有所不能備也。邦國之嬪貢、九職之婦功成於外工者多矣。而不以共，何也？王、后、世子之衣服，非内嬪婦之功則不用，其有不備，轉以布市之，亦所以示節制，防廣侈也。

凡祭祀、賓客、喪紀、會同、軍旅，共其財用之幣齎、賜予之財用。

幣，即布也。禹發莊山金，鑄幣濟民。不曰「共其幣齎」，而曰「財用之幣齎」者，量所應用財物而給之幣以爲齎也。曰「賜予之財用」者，若王命賜以宫室、衣服，而無夙成者，亦量其所用財物而給以布。　五事皆有小用宜泉布者，康成引聘禮之通齎，乃釋字義。鄭氏鍔遂謂財用之幣自有共之者，外府第共其行道之齎費，則失之矣！道齎惟聘使有之。軍旅在道，則遺人須其委積，委人共其薪芻、疏材，犒賜、屝屨皆官共之。然軍既有市，則别給泉布以爲道齎，理尚有之。會同王親在行，宜與軍旅同式。若祭祀、賓客、喪紀，皆在國中四郊，安用道齎？嶽瀆之祭名曰四望，則望祭於郊無遣使之禮。

以九賦之灋令田野之財用，以九功之灋令民職之財用。

此經既云「以九賦之法令田野之財用」，復云「以九功之法，令民職之財用」，似分貢、賦爲二。故注疑別有九賦，而以漢法口率出泉爲準。不知財用之最多者，莫如九穀，而皆出於田野，惟關市幣餘無九穀，國中山澤亦有耕者，故舉其多而以田野爲主，皆徵其九穀也。至於園圃、山澤、藪牧、關市，既非穀土；虞衡、圃牧、工商、嬪婦、臣妾、閒民，又非農者。所執之業既殊，所貢之物亦異，不得不別而爲二，非既徵其貢，又責以賦，如漢以後口率出泉之制也。曰「以九賦之法令田野之財用」，則賦爲九穀明矣，而可云「口率出泉」乎？變民職之貢曰「九功」，示民功所成，不可妄費也。

# 司會

掌國之官府、郊野、縣都之百物財用，凡在書契、版圖者之貳，以逆群吏之治，而聽其會計。

此以百物、財用之存貯、出用者而言也。財用之在官府者，内府、外府、玉府、職幣之類是也。郊野、縣都各貯百物、財用，以供賓祭，待賜予、賑恤、給斂賒，職内貳都鄙財入之數，職歲貳都鄙之財、出賜之數是也。疏以官府爲邦中之賦，郊野、縣都並以民之出賦言。誤矣。

以參互考日成，以月要考月成，以歲會考歲成。

凡事之用財，有分用者，有總司者並出財者，各有簿書，所謂「參以考之」也。粟米之式，頒於職歲，出於廩人、倉人，與受用之吏而三。官有聯事，彼此互見，所謂「互以考之」也。大役有鄉師之要，又有司空之辟。惟日成紛雜，易於抵冒，參互以得其實，則月要歲會，雖大積而無誤矣。

以周知四國之治，以詔王及冢宰廢置。

逆群吏之治，而聽其會計，皆畿内事，而曰「以周知四國之治」，何也？歲會月要，并該侯國，此職首言掌六典、八法、八則之貳，以逆邦國、都鄙、官府之治，是邦國亦各上其計於歲終也。《月令》：每歲季秋制諸侯來歲所賦於民輕重之法、貢職之數。則古者邦國之要會皆達於天子可知矣！蓋必知其年之豐凶，而後可酌其所賦於民輕重之法；必知其國用之多寡，而後可定其貢職之數也。詔王及冢宰廢置，總上群吏之治、四國之治而言之。凡財用出入必與政事相附，察其財用之計，而吏之敬肆能否治之得失居可知矣！故曰「以逆群吏之治」，「以周知四國之治」，司會所以掌六典、八法、八則之貳者以此，不徒鈎考財用也。成周財賦徵斂者，皆地官之屬也；鈎考者，皆天官之屬也。載師任地，故通掌徵賦之令。鄉之徵斂統於閭師，遂與公邑統於遂師，家、稍、縣、都統於縣師。而小司徒歲終於考屬官之治成外，別令群吏正要會而致事，蓋命鄉遂、公邑、都家之吏皆致其歲入之籍及出用之數於司會、司書也。凡貨物則入於内府、玉府，其粟米則近者輸於王都，而掌於廩人、倉人；遠者各留其地，俾委人、旅師、遺人分守而時頒之，而貨物之待賓客、軍旅者亦存貯而散布於畿内，司會所掌郊野、縣都之百物、財用是也。然司會通掌六典、八法、八則、九貢、九賦、九功、九式之法，凡王及冢宰之廢置皆贊焉。任重而事殷，懼鈎考之未能無漏也。故特設大府專掌式法，以頒財；司書專掌版圖要貳，以周知百物之出入，而宰夫復掌治法，以考百官府、群都縣鄙之治，乘其財用之出入，以詔冢宰誅賞。蓋必用無冒濫然後蓄積足恃而民力可紓，補助常周，凶祲有備。故孔子繫易，以理財爲義。蓋治之使各得其條理之謂也。秦漢以後，徵斂鈎考，亦彷彿周官之法。然不求其生之本，而惟欲其取之盈；不務節其所不必用，而轉節其所當用。是以法密而弊愈滋，民窮而國亦病，皆不明於周公、孔子理財之義故也。

## 司書

掌邦之六典、八灋、八則、九職、九正、九事，邦中之版，土地之圖，以周知入出百物，以叙其財；受其幣，使入于職幣。

九正，即九職之賦貢也。變文曰「正」，以示惟正之供，布在方策，不可易也。九事，即九式也，以用財言之則曰「式」，以用財所爲之事言之則曰「事」。掌事者之餘財，必使司書受之，然後入於職幣者，百物出入，籍具於司書，使司書受之，則掌事者無所匿其情矣。叙其財者，如粟米、布帛之類，叙其入之久近，以爲出之先後，則物無朽蠹也。

三歲，則大計群吏之治，以知民之財器械之數，以知田野、夫家、六畜之數，以知山林、川澤之數，以逆群吏之治。

知民財器械之虚實、夫家六畜之衆寡、山澤生殖之息耗，則吏之剥下與能休養生息者不可掩矣，徵令之應通變以宜民者亦可得矣。器，葷輂、版榦、旗物之屬。於器械、六畜外別言「民之財」，則爲布帛、菽粟明矣！山林、川澤之數，謂所生材物之多寡也。計群吏之治一以民物之蕃滋、衰耗爲斷，則殘民以逞、浚民以生者不戒而自懼矣。

凡税斂，掌事者受灋焉。

九賦之外，別無九貢，其義著於閭師職者甚明。舊説乃謂貢賦之外別有税斂，誤矣。此職及小司徒所謂税斂之事，即税斂九賦、九功之事也，詳見地官。

# 周官析疑卷之七

## 職内

掌邦之賦入。

曰「賦入」者，惟有九職之貢物，而不兼邦國之九貢也。知然者，大府頒財別言邦國之貢以待弔用，而不入於九式也。司會所掌官府、郊野、縣都之百物、財用，則兼九貢，蓋包於官府中，以司會兼致邦國之財用也。職歲專掌式法，所用不外於九賦，而此職逆職歲與官府財用之出，則賦用不在九式之外可知矣。賦入獨曰「邦」者，以入於王朝言之也。賦用曰「邦國」者，九賦所待，半用之於侯國也。前曰「以逆邦國之賦用」者，預計其當用之數也；後曰「以逆職歲與官府財用之出」者，鈎考其已用之數也。内與出納之納同。黄氏度、王氏應電謂縣、都之賦，留其地以待用。非也。九賦於九式各有所待，鄉、郊、甸、稍之賦亦有留其地者，縣、都之賦亦有入於王都者。

凡受財者，受其貳令而書之。

受財，受大府之頒而藏之者，若内府、外府、玉府是也。大府以其令之貳下職内，故受而書之。注謂受於職内以給公用，非也。凡出財用，皆受法於職歲。疏謂職内亦有留貨賄之府，故得出給。益誤矣。

及會，以逆職歲與官府財用之出，而叙其財以待邦之移用。

財入之數并言官府、都鄙，而財用之出獨言官府者，以守藏言，則官府、都鄙異所，不可以無别；以出用言，則都鄙之財亦官府出而用之也。九式之用各有所當一歲中，九賦之入有盈歉，所待之用有多寡，則移其有餘以濟不足，故叙以待之。會必以歲終，當用者不可懸而待也。此叙本歲之餘財，以待來年之移用耳。

## 職歲

掌邦之賦出，以貳官府、都鄙之財出賜之數，以待會計而考之。

九貢、九賦、九功之入，或藏於官府，以待王朝之用；或貯於都鄙，以待畿内之用。出之數，九式有經制者，下文凡官府、都鄙群吏之出財用、受式法者是也。賜之數，下文「凡上之賜予，以叙與職幣授之」者是也。

凡官府、都鄙群吏之出財用，受式灋于職歲。

受式法不於大府，而於職歲，何也？廩人以歲之上下數邦用。若食不能人二鬴，則詔王殺邦用。故九式雖有常經，而其豐、其省則與歲上下，故必於職歲受之。

## 職幣

掌式灋，以斂官府、都鄙與凡用邦財者之幣。

大府職：凡官府、都鄙之吏及執事者受財用焉。此職「凡用邦財者」，即大府職所謂「執事者」，蓋工賈之採辦百物、吏民之總領興作者是也。

振掌事者之餘財。皆辨其物而奠其録，以書揭之，以詔上之小用、賜予。

既曰「斂官府、都鄙與凡用邦財者之幣」，則事無不該矣。而又曰「振掌事者之餘財」，示所振之財非一類也。幣之發於官府、都鄙之吏者，雖有經式，而總須以待用，其數必稍寬，故歲終則斂其餘。興作用財無定數，則事畢振之，皆於掌事者責其實也。曰「振」者，不振而歸於公，則久之或乾没且朽蠹矣！復歸於所司則擾且紛，故以小用賜予畢之。

歲終則會其出。

司會兼總會事，有司各以簿書來會，所憑以鉤考者，職内、職歲、職幣耳。故三職俱參會事，而立文各異。職内「及會，以逆職歲與官府財用之出」，但知其出數而已，所用之虚實，不可得而知，故不曰贊，以自主鉤考，而無所用其贊也。職歲「以式法贊逆會」，則並核其與式法合否及所用之虚實，而司會即憑之以逆群吏之治矣。故曰「贊」，謂贊司會也。職幣凡邦之會事，以式法贊之，則兼職内之入、職歲之出、百官府之所會，皆鉤考而贊正焉。蓋其職掌斂官府、都鄙，凡用邦財者之幣，振掌事者之餘財，則於財用之出入虚實、平時每車鉤考已無微不悉，以贊會法，掌事者更無所匿其情也。宰夫職凡失財、用物、辟名與足用、長財、善物者一一有徵，以司會之屬鉤考具得其實耳。

## 司裘

掌爲大裘，以共王祀天之服。

他職曰「祀五帝」、「旅上帝」，獨此云「祀天」者，明此服本共圜丘之祭，非四郊所通用也。夏秋迎氣，無服裘之理，況方澤乎？且四郊牲、玉幣異色，則主祭者服必從之。大裘惟迎冬可服耳。自穎達引孝經緯鉤命訣，謂祭地亦服大裘，歷代難之，議禮者莫能辨。不知此穎達之臆説耳。孝經緯鉤命訣亦無是也。彼稱祭地之禮與天同，謂其尊同牲玉之數、拜獻之節不異耳。玉幣以陰陽異色，則裘服亦以寒暑異施可知矣。且舍大裘，其餘冕服皆同，亦不害其爲衣服之同也。屨人職：「凡四時之祭祀，以宜服之。」況裘衮乎？

中秋獻良裘。

凡裘之材，取於冬寒者爲上，以鳥獸氄毛細而温也。獻以中秋，蓋上冬所取，至將寒而獻之。

季秋獻功裘。

狐、麛、羔裘皆宜有良有功，注疏尚未别白。

## 掌皮

歲終，則會其財齎。

齎，疑謂泉布也。經於掌皮曰「會其財齎」，於典婦功曰「授女功之事齎」，蓋練治皮物、絲麻所用物瑣細，故給以布，使自備之也。外府掌邦布，凡祭祀、賓客、喪紀、軍旅共其財用之幣齎，亦用以通百物與？

## 内宰

掌書版圖之灋。

在版之奄奚，其執事有常；在圖之宫寢，其居處有列：所謂版圖之法也。王之後宫非外臣所得入也，故必繪其圖，然後可以分人民之所居。鄭氏鍔謂小宰所治之王宫，乃王之六寢；内宰所治之内宫，乃后夫人所居。非也。曰「主宫」，則可兼后宫，特小宰與内宰所洎之人各異耳！凡宫正、宫伯所掌者，王宫之群吏、士庶子，或布周廬，或次宫内，不與嬪婦相接者也。内宰所治奄、奚之屬，與嬪婦時接者也。小宰兼掌之，故統之曰「王宫」；内宰分掌之，故别之曰

「王内」。

以陰禮教六宫，以陰禮教九嬪。以婦職之灋教九御，使各有屬，以作二事。三夫人分掌六宫，曰「教六宫」，則后、夫人兼之矣。二十七世婦分屬九嬪，曰「教九嬪」，則世婦視此矣。於九嬪復舉陰禮，明前舉六宫不敢斥言教后，而三夫人亦與焉。又同是陰禮，而承王御下事上儀法亦别異也。特出九御之婦職者，以世婦以上無絲枲之功事也。内官不列三夫人，而漿人掌夫人致飲於賓客之禮，則知次於后而居九嬪之上者有夫人矣。猶師氏、保氏不言教太子，而諸子職國有大事，帥國子而致於太子，惟所用之，則知師氏、保氏所教國子乃與太子共學者而太子亦在其中。和風翔曰：「金氏瑶謂世婦以禮選，故不待教。非也。九嬪乃不以禮選乎？」

正其服，禁其奇衺，展其功緒。

内宰所掌無刑者，王之嬪御惟宜教以禮，作其事可罰可黜，而不可刑。嬪婦有過失，小則苛罰，大則黜遠。佐后以治之者，則女史及春官世婦。女史職所謂「内政」，宫卿職所謂「苛罰」是也。小宰宫刑之建，則以正奄寺、女奚及司屬所入女奴、宫中官府之徒隸耳。

凡喪事，佐后，使治外内命婦，正其服位。

康成謂使其屬之上士，非也。蓋詔后使春官世婦、内宗、外宗治之，不言所使，以諸職有明文也。先鄭謂王命其夫，后命其婦。亦非也。記曰：「夫人之不命於天子，自魯昭公始也。」凡爵命必統於天子。

佐后而受獻功者，比其小大與其麤良而賞罰之。

鍾晼曰：「大小以所成之物言，如布帛、錦繡，則功事之大者；組帶、紛帨，則功事之小者。小大之中各有麤良。」

會内宮之財用。正歲均其稍食，施其功事。

膳夫、庖人、内饔職所共獨王及后、世子之食飲、膳羞，則夫人以下皆各使女奚治之，故内宰會其財用，蓋必如此，然後事不冗而人皆得其節適也。用此知古者夫人、嬪婦、女御，爵命雖視公、卿、大夫、士，然有財用而别無禄秩，蓋深居宮禁，隨身調度，及母家媢戚問遺禮幣。凡用財之事，皆包於九式之匪頒、好用中。内府共王之好賜予，外府受凡邦之小用。此古聖王所以謹内治，明女教而爲萬民所則效也。上經會内人之稍食，計所已給也。此均其稍食，而又曰「正歲均其稍食」，何也？功事有劇易、精粗，所獻有良苦，則稍食必有損有益而後得其平，非歲歲而均之不可。

## 内小臣

詔后之禮事。

内宰「以陰禮教六宫」，故詔后禮樂之儀，謂動作威儀整之於躬者。宫卿世婦詔王后之禮事，祼獻、薦、徹肅將其事也。内小臣所詔，則禮事之小者，如女賓客見后於宫中，喪紀接外命婦、内外宗祭祀行於宫中、廟中，在車之儀登下之節皆是也。知然者，祭祀賓客，王、后莅事於廟，惟内宰、宫卿得贊，而内小臣不得與。宫中喪紀，則内宰不得贊。而宫卿世婦比内外命婦哭不敬者而苛罰之，亦無暇詔后以禮事，故專屬於内小臣也。

掌王之陰事、陰令。

必典章素諳，而後能正王后之服位，必儀文備悉，而後能詔六宫之禮事；必言語謹信，而後可通好事好令；必性行端慤，而後可掌陰事、陰令，故群奄中惟内小臣四人爲上士。

## 閽人

掌守王宫之中門之禁令

郝氏敬以序官每門四人破鄭注，王氏應電又謂此專言北宫之中門，皆非也。雉門以内尚有二門，故曰「每門四人」，又以明皋門之守不以奄寺。古文簡核多如此。

凡内人、公器、賓客，無帥則幾其出入。

幾，猶察也。中門所幾，獨舉三者，以惟内人、賓客及持公器者非閽人所敢幾，故惟視其有帥與否。若無帥，必叩其所以。有徵驗，然後出内之。士庶子及宫中之奄豎、官府之府史胥徒、周廬之徒役、宫正有版以待之。服器、怪民之不宜入者，則閽人自呵而禁之，不待言矣！○鍾晼曰：「注謂須使者符節乃行。賓客則掌訝帥以至於朝，無所用符節。女奚、公器而用符節，則不勝其擾矣。」

## 寺人

掌王之内人及女宮之戒令。

諸職内人，注多主女御，蓋爲此經内人以下有女宮，典婦功職内人上承嬪婦，則爲女御，不待言也。閽人職内人，則當兼女御及女宮。其出入相導，寺人職有明文。

若有喪紀、賓客、祭祀之事，則帥女宮而致于有司。

鄭氏鍔破鄭注，謂宮卿、世婦不宜稱有司，因然；而謂别有掌祭祀、賓客、喪紀之有司，則誤矣。外有司豈可帥女宮而致之哉？但注過略，宜曰宮卿世婦之屬耳，下大夫四人，中士八人。内小臣、内豎職皆曰「祭祀、賓客、喪紀」，此職獨曰「喪紀、賓客、祭祀」，何也？主王后内人而言，則先吉而後凶；主女宮而言，則先其執事之多，而後其少也。王后所與，惟宗廟之祭。賓客則飧饔、饗燕，並共籩豆壺漿，事校繁重。若喪紀，則兼有喪祭、喪賓、序哭、弔臨，女宮執事爲多，故以是爲差。

掌内人之禁令。

前言掌内人及女宮之戒令，以下列祭祀、賓客、喪紀之事，故戒以所當具也。此掌内人之禁令，則禁以所不得爲，如膳服逾侈、禮度愆忘、功事廢弛之類。

凡内人弔臨于外，則帥而往，立于其前而詔相之。

内人宜兼世婦、女御，二職有明文。九嬪以上則喪紀之禮事，内小臣掌之。注疏謂女御賤，故立於其前。未安。非立於其前，不可以詔相禮事，蓋居左右以前也。即内小臣擯王后，亦豈能不立於前乎？但不於詔相王后言之，而舉例於内人，則言之體宜然。

## 内豎

掌内外之通令，凡小事。

所通獨小事之令也。知然者，王之陰事、陰令，内小臣掌之。不曰「掌通内外小事之令」，而曰「掌内外之通令，凡小事」者，所掌不獨内外小事之令，而兼給小事也。

若有祭祀、賓客、喪紀之事，則爲内人蹕。

寺人帥内人弔臨不言蹕，而内豎言「蹕」，何也？祭祀、賓客、喪紀，内人出入廟中，所辟止乃執事之群臣，惟内豎導行，可使之蹕。若弔臨於外，出宫則閽人爲之闢，在途則有司爲之蹕，不待言也。公、卿、大夫有事於國中郊野，鄉士、遂士、縣士皆爲之蹕，則内人可知。祭祀、喪紀，女御皆從世婦，惟賓客不與。

王后之喪，遷于宫中，則前蹕。

曾子問：天子崩，諸侯薨，祝取群廟之主而藏於祖廟，卒哭成事而後主各反其廟，則喪遷時群廟之主尚未反也。疏謂朝七廟訖，且將行，然後設奠於太祖之廟。理不宜然。群廟各有垣門，御柩以朝，事甚繁重。主不在廟，何事多此勞擾？用此推之，卒哭而後主反，雖爲未葬祭不舉，亦以便喪。遷之朝，及設遣奠七廟之主，皆式臨之，死者與遠近之祖皆無憾耳！

## 九嬪

掌婦學之灋以教九御婦德、婦言、婦容、婦功，各帥其屬而以時御叙于王所。

夫人見於經，而祭祀、賓客、喪紀，贊王后之禮事，掌婦學之法皆首九嬪，亦猶三公之下攝六卿而不自列職也。王齊喪及大荒、大札、天地有烖、邦有大故，皆出次，故曰「以時御叙」，明非其時則不御也。曰「以時御」，則無以著其叙之常；曰「以叙御」，則無以著其時之可；曰「以時叙御」，又似以當夕先後之期言，必如是以立文而義乃備。

凡祭祀，贊玉齍，贊后薦、徹豆籩。

莫貴於玉齍，后親徹豆籩，而不徹玉齍，何也？豆籩之器與實皆輕，粢盛之質與器皆重，且始以次陳后皆親薦以致敬，而徹則齊徹，故俎、簋並使有司職之。特牲饋食：宗婦所徹惟豆籩，而佐食徹俎與敦，亦此義也。徹玉齍及鼎俎，諸職無文。大視令徹小視贊徹，而不目所令所贊之人，何也？外饔掌外祭祀之割亨，陳其鼎俎，則内饔視此矣。凡王祭祀、賓客之鼎俎，内外饔陳之，而膳夫所徹，惟王之胙俎，則尸俎、賓俎，饔人各徹其所陳，不待言矣。官以饔名，則兼徹玉齍，亦可推矣。特牲饋食禮：佐食亦兼徹俎與敦。凡祭祀，司士帥其屬而割牲，羞俎豆，則司士亦與徹俎，而並及豆籩可知矣。聖經文略而事無不該如此。據特牲饋食禮推之，則后所徹豆籩，惟將以燕内賓者，燕同姓之豆籩，則有司徹之。粢盛炊於饎人，共自六宮，則后設玉齍無疑也。王氏安石據故書，謂贊王齍。鄭氏鍔遂謂大宗伯奉玉齍，小宗伯逆齍，肆師表齍盛，爲贊王，九嬪所贊者王后，以爲辨王氏之失，而蔽惑又甚焉。贊者，贊設時之禮事也。宗伯奉玉齍，兼天神、地示言之。若宗廟，則攝后耳。后親祭，則后設而九嬪贊焉，無所用宗伯矣，豈可混爲一事乎？至謂禮官贊王、九嬪贊后，是一齍而王與后兩設之也。邦國禮亡，凡喪、祭惟據儀禮以推之，特牲、少牢，設黍稷者皆主婦，贊者婦人，而漫爲異説何與？「贊后」之文設於「薦、徹豆籩」上者，如曰「贊后玉齍，薦、徹豆籩」，則似贊后進玉齍，而自薦徹豆籩也。

## 世婦

掌祭祀、賓客、喪紀之事。

爲齍盛者，女饎也。世婦蓋監視教導，俾水火之齊必得，以實簠簋。注云差擇，其一節耳。

掌弔臨于卿、大夫之喪

王后所不親弔，則使世婦往。不言公、孤，不必言也。舉卿、大夫，則内子、命婦之禮同。后與賓客之事，而弔事多不親者，入諸臣之家也。女巫職：「若王后弔，則與祝前。」蓋若王之周親，則不容不親弔。知非掌王后弔臨之禮事者，女御職：「從世婦而弔於卿、大夫之喪。」掌弔臨者惟世婦，何也？三夫人尊，惟祭祀、賓客及宫中之喪紀宜與，其父母之喪宜歸，而弔臨則非所宜及也。九嬪則掌婦學以教九御，凡王后之禮事，皆典司焉，亦無暇及外事，且弔事繁多，非世婦不能徧共。鍾皖曰：「賈疏於大僕小臣弔勞公、卿、大夫、士皆曰：王有故，不親往。而引以證此經，則曰使致禮物。非也。二職兼勞，或致禮物。此曰『弔臨』，更不可通。蓋卿、大夫或王之師傅、近族、姻親，則王弔外，仍當使内人弔臨。」

## 女御

大喪，掌沐浴。

不曰「后之喪，掌沐浴」，何也？或王之母非后，亦當從后禮。又或后既没，夫人之攝内治者雖儀數有降殺，而喪浴亦非女御無共也。注王及后之喪，非也。大祝職：「大喪，始崩，以肆鬯湄尸。」則非女御所掌明矣。疏謂或使婦人共給湯物，亦非也。肆師職：「大喪大湄以鬯，則築鬻。」鬯人職：「大湄〔二〕，設斗，共其釁鬯。」則共給湯物，不以婦人明矣。經所以不明著王后者，男不死於婦人之手，士庶人且然，況天子乎？以外官掌之，則大喪爲王；以婦官掌之，則

〔二〕「大」，原作「木」，今據周禮注疏改。

大喪爲后：不待言耳。

后之喪，持翣。

持翣特舉后，則沐浴稱大喪示所掌不獨后喪之沐浴明矣。　李鍾旺曰：「賈疏：漢制，翣戴璧。按喪大記，畫翣二，皆戴圭。明堂位雖僞書，亦曰『周之璧翣』。則不自漢始。」

## 女史

掌王后之禮職。

於后所行之禮，命之曰「職」，而女史掌之，使朝夕恪勤、凜然於職之不易盡，則驕肆、懈惰之習無自而生矣。

## 典婦功

凡授嬪婦功，及秋獻功，辨其苦良、比其小大而賈之，物書而楬之。

作二事者女御，授功乃獨言「嬪婦」者，内宰以婦職教九御，使各有屬以作二事，九御分屬九嬪、世婦，故授功專責之嬪婦，使各監省其屬也。知此職所授受獨内嬪婦之功者，以獨共王及后之用又外嬪婦之功，典絲、典枲受之也，非宫中所繅績王與后不用，而所用兼苦良，亦所以勸内職，彰女教也。比，比次也。絲物之小者，纓帶、組紃之類是也；其大者，則帛、紡、錦、繡。枲物之小者，巾幕、帨纘之類是也；其大者，則帷幕、幄帟。大小賈固不同，或大小同而材有美惡，功有良苦，則賈相倍蓰。故比次而楬之，以共衣服，則貴賤有等；以備賜予，則輕重有差。

以共王及后之用，頒之于内府。

疏謂以待王及后之用，故藏於内府。非也。内府都受九貢、九賦、九功之貨賄，非王及后之私藏也。蓋凡絲枲、布帛皆藏於内府，其成於内人者，則以共王及后之用。若夫邦國所貢，九職所入成於外工者，則以共邦之百用耳。王之燕衣服玉府掌之，蓋既成而後以入於玉府。王氏應電謂内府受良貨賄，故頒之以共王及后之用。亦非也。王及后亦有時而用苦功，若在喪之服物是也。惟有苦功，故不頒於玉府。又以示服用之常，宜於儉樸，非若玩好、賜予，專取精良也。若王及后、世子衣服，可以内府之貨賄共，則九貢、九功，何物不備？不宜轉市以外府之泉布矣。

## 典絲

掌絲入而辨其物，以其賈楬之。遂師入野職、野賦於玉府，則凡貨賄皆可以當邦賦，使所入有絲枲，則宜與九貢之絲枲，并入典絲、典枲，以頒功於内外工。

頒絲于外内工，皆以物授之。

内工，注謂女御，非也。典婦功授嬪婦及内人功，則内人即女御可知矣。此曰「工」，所以别於内官蓋女酒、女漿之類及其奚也。列於天官職者，奚女近千人，其無事之時，必頒功而授齎可知矣！黄氏度謂：外工，諸侯夫人、大夫妻。亦非也。觀魯語敬姜所陳，各有職業，無暇受公家之頒。且王禮事所用縑帛、組文，非内工及外命婦所能具。必頒於閭閻之嬪婦，故謂之外工。至王氏應電以外工爲宫卿、世婦，内工爲九嬪而下，益悖矣。　或疑外司服所掌王服及賜服兼用此職所頒於外工者。果爾，則典婦功以共王及后服之文不宜設矣！蓋此職所頒於内工者，專以共王后之衣服，而兼及世子；不足，則以外府之泉市之。其頒於外工者，則以共三夫人、九嬪、世婦、女御，以及外命婦之法服。故不設於事官，而爲内宰之屬也。至王賜六服群辟卿、大夫，與畿内公、孤、卿、大夫、士之命服，則宜兼用邦國之幣貢、嬪貢、服貢，及民間嬪貢之絲枲。冬官别有典司其事者，既成而後，以入於外司服耳。

及獻功，則受良功而藏之。

典婦功所掌王及后之用也，宜藏於宫中而頒諸内府，典絲、典枲則本職自藏之，何也？非嬪婦、内人所成，王及后不用，故與九貢、九功之所入同頒於内府，以示其有經式。若此職所共，皆宫中之事，不時取用，故量所共而藏於本職，以便事耳。日成月要，宰夫旬月而考之，則亦無虞其冒濫矣！鄭氏衆謂良功絲功縑帛，非也。絲功亦有苦有良，典絲所以獨受良功者，不惟有司之政令，如祭祀、喪紀所共，飾邦器者所受，非良不可；即上之賜予，亦不宜用苦功也。其苦功不言所頒受者，内府掌受九貢、九賦、九功之貨賄，而典婦功所楬良苦之功並頒於内府，則内府受之，不必言矣。

辨其物而書其數，以待有司之政令、上之賜予。

王氏昭禹謂有司之政令，若司服、弁師所掌。非也。彼二職乃辨其用等，非製服弁之司。所謂「政令」，即下文祭祀、喪紀所共飾邦器者所受耳。

喪紀，共其絲纊、組文之物。

喪紀曰「其」，貴賤各有等也。祭祀亦有等，而不曰「其」，以「凡」該之也。

## 典枲

掌布、緦、縷、紵之麻草之物，以待時頒功而授齎。

典絲職曰：「掌絲入者，以别於内嬪婦之獻爾也。此職不曰枲入者，麻草皆九職所貢，不必言也。曰「掌布、絲、縷、紵之麻草之物」者，麻草之物不獨用於布、絲、縷、紵，而典枲所掌惟此也。授齎，典婦功注謂來取絲枲，非也。據此經曰「頒功」，則已給麻草矣！蓋給以泉布，使自具練治麻草之器物兼償其勞也。於頒枲曰「授齎」，則絲可知也；於頒絲曰「外内工」，則枲可知也。

及獻功，受苦功，以其賈楬而藏之，以待時頒。

苦功且受，則良者不待言矣！蓋典絲職所用黼畫、組就、織文、絲纊非良不可，故止受良功。若枲物，則冪幕、巾帨及包物，拭器，有宜於苦功而無所用良者，故兼受之。若云專受苦功，則古者朝服且用布，則燕私之服可知。無轉不受良功之理。先鄭謂絲爲良功，枲爲苦功。非也。果爾，則既分二職，第曰「受其功」可矣。

## 内司服

掌王后之六服：褘衣、揄狄、闕狄、鞠衣、展衣、緣衣，素沙。

追師注：「凡諸侯夫人於其國，衣服與王后同。」特據明堂位夫人副褘之文，不知乃劉歆之徒所僞作耳。

凡祭祀、賓客，共后之衣服；及九嬪、世婦凡命婦，共其衣服；共喪衰亦如之。

疏：外命婦於后無服。據儀禮喪服傳，但義有未安。春官司服：凡喪，爲天王斬衰，爲王后齊衰。昏義：「爲后服齊衰，服母之義也。」宜通内外命婦言之。

## 縫人

掌王宫之縫線之事，以役女御，以縫王及后之衣服。

王氏昭禹謂女御非王宫八十一之數，非也。王后之衣，必内人典司，非於女御取之，則並謂之女工可矣。惟繫内人而非女工之比，故奄人爲之役。

掌凡内之縫事。

凡内之縫事，則不獨衣服也，不獨王與后之衣服也。

## 染人

掌凡染事

鄭氏鍔引禮記，謂宫中所染，專共王祭祀之服；染人所掌，以共國家禮事。非也。記所謂朱緑之，元黄之，即以付染人耳。

## 追師

掌王后之首服，爲副、編、次，追衡、笄。

據此，則詩曰「副笄六珈」，記曰「夫人副褘」，皆周禮之末失也。豈二王之後用之，而其後列國皆僭，如醆斝之及尸君與？

爲九嬪及外内命婦之首服。

三夫人亞王后，内官列職自九嬪始，舉九嬪而言「及」，則内命婦爲世婦女御明矣。不可以先公卿之妻，故曰「外内」。内宰職正喪之服位，則曰内外命婦，兼夫人及九嬪也。凡並舉命夫命婦，則曰「外内」者，命夫多王之師保周親也。此經不統之曰内外命婦者，正服位，辨舄屨及出入，可統稱内命婦。追師之設，本以共后、夫人、九嬪之首服，而因及於外内命婦，故别言之。

## 屨人

辨外内命夫命婦之命屨、功屨、散屨。

追師職曰："爲九嬪及外内命婦之首服。"此職第曰"辨"者，命屨初命時官給之，其後則與功屨、散屨，皆自爲，與衡笄用玉石，可服上賜以終身者異，故第辨其法式也。

## 夏采

掌大喪以冕服復于大祖，以乘車建綏復于四郊。

祭僕復於小廟，隸僕復於小寢、大寢，而大祖四郊之復則屬夏采者，大祖四郊，爲祭之最尊。王莅事，贊王者冢宰，故特設此職於天官，以領復事，而他無所掌也。　復者，人之終也。春秋傳："晉侯有疾，秦醫和謂趙孟曰：'國之大臣，榮其寵禄，任其大節。有災禍興，而無改焉，必受其咎。今君至於淫以生疾，將不能圖䘏社稷，禍孰大焉？主不能禦，吾是以云也。'"王之宫寢内外，起居、飲食無一不關於冢宰。必君之身終而後師保之責盡焉，此天官之屬所以終於夏采也。

李光坡曰："冢宰貳王統百官，均四海，而諸官所掌不越居處、服御、財賦、絲枲之事。嗚呼！此聖人之議道自已者也。蓋飲食男女，人之大欲存焉。自公卿以下，至於庶人，或有所制而不敢縱，或有所求而未必遑。若尊爲天子，富有四海，何求而不應哉？何憚而不爲哉？以是大欲而勢足以恢其邪心，於以治天下國家，吾不知其可也。周公知百官之得其統四海之得其均，其要在王身，是故先以宫室安其身焉，次以飲食理其體焉，繼以賦式節其用焉，終以内官佐其德焉，析其事則至纖至悉。若無關於政治之要，而觀其用意本末兼修，内外交飭，以正君身，其至醇至備者乎？一之以大宰之權，分之以小宰、内宰之任，一起居，一飲食，一貨用，一擇採進御，多寡、豐約，用舍、去取，大臣皆得與聞之，而天子不得以自私，女子、小人不得以竊惑，而司是職者必名德之選，是以上知之君就焉而益正，中材之主守焉而寡過，蓋正心誠意之實功，而治天下國家之本統也。」

# 周官析疑卷之八

## 地官司徒第二

惟王建國，辨方正位，體國經野，設官分職，以爲民極。乃立地官司徒，使帥其屬而掌邦教，以佐王安擾邦國。

成均所教，秀民而已。土地、人民皆隷於地官，而親民之吏屬焉。必地官掌教，乃能盡天下而無一人之不教。此古之聖人所以明明德於天下，而非漢唐之治所可及也。司徒會五地以辨物生，相土宜以安民宅，分三壤以均賦貢，別年歲以制力征。凡所以除民之害而厚其生者，皆所以安之也。十有二教，三物八刑，凡所以因事成禮，隨時讀法，皆所以擾之也。安之中亦有擾，擾之道即所以爲安。地官職事無外於此者，不曰「安擾萬民」，而曰「安擾邦國」，何也？舉萬民則不足以該邦國，舉邦國則安擾其民，即所以安擾邦國具見矣。

鄉師。

六鄉四面而環王城，鄉師四人，宜各主一面。而注謂兩人共主三卿，蓋以同鄉之州不宜中分，而各有所屬，且以備有，故而兼攝也。

鄉老。

小司寇掌外朝之位，三公及州長百姓北面，此三公統鄉民之證也。三公雖無專職，而散見於朝士、司士諸職者甚詳。不當以六官之上無三公爲疑。

鄉大夫。

周官六卿之外，别無所謂卿者。軍旅、田役、喪荒、賓客，大司徒、小司徒、鄉師主之。五官皆有事焉，而鄉大夫一無所預，以是知其即六卿也。鄉大夫、遂大夫以下皆無府、史、胥、徒。鄉大夫乃六卿，不與民治，州長、遂大夫以下，則其屬吏轉而相承，身親其事，無所用之。六卿兼鄉官，故凡軍旅、田役，皆鄉官令其屬帥民而致，與大司馬軍將皆命卿實相合。鄭注大司馬謂軍帥不特置，乃選於六官、六鄉之吏者。蓋武事壯猷，六官之長或有喪疾事故，則退老於鄉者，亦可簡任以承其乏耳。賈疏乃據此謂鄉大夫别置而非六卿，誤矣。凡治經者不能折衷義理，推究事實，但據經中一事一言以强證已説，皆不可信，况漢儒之訓詁乎？

族師。

百家之長，即以師名官，則黨正州長以上掌教治者其德行、道藝之足以表衆可知矣。記曰：「能爲師然後能爲長。」此古之民所以易於觀感興起而政教無壅也。

封人。

所謂封疆者，封土於界上也。其職云：「凡封國，封其四疆。」則舊説謂典封疆之官本無可疑。鄭氏鍔之説顯與經悖。

鼓人。

鼓人所掌六鼓、四金之節，用於祭祀、軍旅、田役、喪紀、災祲、夜鼜，鄉、遂、都、家、公邑無地無時不有事焉。不獨秀民能辨其音聲，即甿隸亦知其節會。乃教事之重大而周徧者，故次封人。　鄉師四時出田法以教戰。金鼓，所以爲車徒之節制也。次舞師，坐作、進退、擊刺之法皆於干舞備之。平時習舞，然後前期可修戰法。

牧人。

載師任遠郊之地，有牧田、牛田，即牧人、牛人、畜牧之地，故牧人、牛人、充人同屬地官。

縣師。

注：自六鄉至邦國，縣居中，故名縣師。非也。小司徒井田野：九夫爲井，四井爲邑，四邑爲丘，四邱爲甸，四甸爲縣，四縣爲都。遂人造縣鄙形體之法：五家爲鄰，五鄰爲里，四里爲酇，五酇爲鄙，五鄙爲縣，五縣爲遂。遂與都之政治，皆至縣而分執其總，其法蓋通乎天下。此職通掌天下之地域，作軍旅、田役之卒伍，故以縣名官，不宜以小都之縣居中爲義。

保氏。

師氏中大夫，保氏下大夫，則非三公之師保明矣。大戴記稱周公爲太傅，召公爲太保，乃六卿上兼三公之位，而非此經之師氏、保氏也。後鄭誤引以詁此職。魏氏之説得之。

司諫。

先王之世，所以教閭閻之秀民，則有家塾、黨庠、州序之師；教王世子、王子、王族，則有師氏、保氏；而又合之於成均，所以陶冶學士者，法無不備矣。然學士而外，農、工、商、賈，下逮隸圉，有一人之不教，則聖人之心惻然有隱，而於政教必有所壅。惟學士始可責以六德、六行、六藝之備。至於平民，則循理奉法，爲善去惡，其實事即在政役弛舍、發徵期會、農桑衣食、遊居作息之間。故别立司諫、司救之官，巡問而觀察之，糾德正行，考藝辨能，以勸其從；誅惡警過，三讓三罰，以懲其違。所以德教蒸於四海，而可致刑措也。

媒氏。

民相怨讎，及合婚姻，隨地而有之。和之以解其難，合之以厚其别，皆所以明彰禮義，故屬地官，然後事便而教習也。

質人。

民間交易，或相期約，而不能立判。官之取予斂賒，或以事故，而難踐前期。故設質人，掌其質劑、書契，以息抵冒、正辨爭。注謂主平定物價，誤矣。

廛人。

民居亦曰廛，但廛人爲司市之屬，則爲市廛明矣。疏引載師「以廛里任國中之地」，而謂主斂貨賄停儲邸舍之稅。不知貨在肆始稅其廛，邸舍則民居也，安得有稅？載師本謂市肆爲廛，民居爲里。後鄭辭未別白，而引之以證邸舍有稅，不亦蔽乎？

胥師。

凡有爵者必稱士，故知胥師以下非官也。比長治五家，即假以下士之名。胥師、賈師治二十肆，而仍與群胥伍，以是知古之賤末而貴農也。惟不假以爵，故王都而外，鄉遂、都家、公邑，凡小邑聚有列肆者，守土之吏皆得辟除以治市政，又所以便民而恤商也。鄉大夫所賓興，半農家子，而未聞工商得與焉。西漢之初，有市籍者，子孫不得推擇爲吏，所以使民榮義而輕利。民食之豐匱、風俗之淳漓恒必由之。

司虣，十肆則一人；司稽，五肆則一人。

司虣所禁者顯，故十肆一人；司稽所察者隱，故五肆一人。

司門。

鄉之官，以上大夫主之；遂之官，以中大夫主之；門市之官，則以下大夫主之：輕重之差也。

每門下士二人，而主之以下大夫，蓋王城管鑰之任，非位尊權重不能防閑而糾詰之也。

司關。

門關皆府一人，史二人，書契簡也。徒四人而無胥，即此見商旅之無擾矣。王氏應電門關無兵守云云，乃以唐宋以後之政俗議周公之典法，言之不中無足怪也。自管仲用齊而變周禮，始分士、農、工、商之鄉。周官掌固、司險所掌守政，聯衆庶與士庶子爲一體，無問國中、郊野。閭族、州黨之民比户而居者，皆兵也。國有大故，鄉大夫令民各守其閭，以待政令，則國中四郊之守已固矣。大司徒：「令無節者不行於天下。」都鄙、公邑、城池之固，牧長與其民守之；山林、川澤之阻，掌固、司險與其屬守之：無在而非兵也。其平居無事，門關之守不過稽察無節傳及貨賄不物者，故每門每關府一人、史二人、徒四人，已足以待其事，無所用衆也。司啓閉者不過下士，無所用威權也。後世門關之操柄日重，卒隸從衡，侵削商民，阻抑行旅，自孟子時已患其爲暴，然後知周公之憂民切、慮患深也。

遂人。

注謂六遂之地自遠郊遠於畿中，有公邑、家邑、小都、大都。非也。六鄉、六遂而外，凡造都邑，皆縣師量其地，辨其物，而制其域，以歲時徵野之賦貢，則稍、縣、畺乃縣師所掌也。縣師所掌地域、人民、田萊、六畜、車輦之數，兼甸郊、邦國者，以受法於司馬，以作衆庶，會卒伍。六遂獨百里至二百里地，遂大夫所兼掌不過公邑之吏治耳。遂人通掌縣鄙、溝涂形體之法，故曰「以達於畿」，非畿内通爲遂地也。六遂之吏所掌穡事爲多，如有天時、地澤、風雨之急，移用其民，皆刻不可緩。若官府設於王朝，必待稟命而行，則緩不逮事矣。考秋官遂士掌四郊，謂獄之治在四郊也。以類推之，遂人、遂師治所亦當在四郊。劉氏彝謂居司徒之府，王氏與之謂居朝以總六遂之事，皆妄説也。

遂大夫。

近世諸儒因鄉大夫即六卿，謂遂吏亦兼以王官。非也。五官之屬自師及考而外，爵中大夫者十有八人，爵下大夫者四十有五人，而鄉之州長爵中大夫者二十有五人，遂人、遂大夫爵中大夫者八人，遂之縣正、州之黨正爵下大夫者百有五十人，盡六官之中下大夫，尚不足以充之，況治官之大府、司會、内宰，教官之師氏、保氏、司市、司門、廩人，禮官之冢人、墓大夫、大司樂、大師、大卜、大史、内史、巾車，政官之射人、諸子、大僕、司甲、司弓矢、戎右、齊右、大馭、戎僕、齊僕、職方，刑官之大小行人，皆各有專司，職重屬多，事繁地近，皆必不能兼鄉遂之治教政令而遥相統攝者也。以義測之，惟遂人、遂大夫或可以六官之考晉秩而兼攝之耳。其餘鄉遂大吏或鄉遂之上士，積功累勞者漸次拔擢，以任其職，而爵秩得班於王朝之大夫，其貴重則不能與王宫並，如後世京職與外吏爵列等而儀位則有差耳。遂無老，遂大夫亦非卿，蓋三公官不必備，六卿、九牧之倡，位尊望重名不可以輕假也。且鄉法通於畿内，以公卿掌鄉治，則畿内吏民，皆當是則是效，有所觀感而興起矣。

旅師。

遂之賦粟，里宰徵之，遂人遂師令之，入於廩人、倉人，其餘留於野井，鋤粟、屋粟、閒粟掌於旅師，方春耕，民有不足則頒之；待秋成，有餘則斂之。其新甿初徙者，不獨散其利，且施其惠，而不責以償。遺人職所謂「野鄙之委積，以待羈旅」是也，故官名旅師。後鄭謂旅師乃爲縣師斂野賦穀之官，詳本職並無此意。鄭氏蓋以縣師徵野之賦貢，而此職掌聚野粟，不悟此謂六遂之野耳。郝氏敬謂鄉之閭師、遂之旅師，其職事蓋互見。非也。鄉自州長以至閭胥，無徵賦之事，故别設閭師以掌之，遂則縣正掌其徵比矣。無事後設官以徵賦，蓋六鄉地狹人衆，不足以容旅民，故旅師設於甸遂，俾内而四郊，外而公邑、家稍，因荒就食，而願留處者，有所依庇而收恤焉。縣都廣遠，即有移民就食之事，亦各於封内擇地以處之，非王官之所及也。

稻人。

遂人掌縣鄙溝涂，其法達於畿内，故旅師至稻人六職，次於遂人之下。所主俱郊野米粟、兵車、芻薪與糞種、耕作之事，蓋與遂人相左右者也。

山虞。

山澤利多，争訟易生，竊盜時發，必官爲之守，而民以時取，然後生物阜而惠澤均。故官司、徒隸不得不衆繁也。

林衡。

麓接平地，視山木爲難守。大山之麓有阤爲大林者，故别設官而增胥徒之數。

澤虞。

於林麓總言之，於澤藪分言之者，麓多爲林，而澤藪地各異也。

掌蜃。

李氏如玉謂：自角人至掌蜃七官所斂，即山澤之賦。非也。閭師職：「任虞以山事，貢其物；任衡以澤事，貢其物。」山貢之大者，乃邦工掄材及取金、玉、錫、石；澤貢之大者，乃蒲葦之共及財物入於玉府者。此七職所斂，特細物耳。謂縣師徵野之賦即甸、稍、縣、都四賦，亦非也。六遂之賦遂師徵之，里宰斂之，則非縣師所掌明矣。遂師徵財征，入野職野賦，遂大夫令爲邑者會政致事，又戒凡爲邑者之功事，則公邑之賦並掌於遂師明矣。縣師所徵乃家、稍、縣、都之賦，而無公邑亦明矣。

場人。

本職曰「國之場圃」，則爲載師所任，而非農家之場圃可知。注、疏並誤。

廩人。

廩人掌國用而不藏粟米，猶大府掌頒財而不藏貨賄也。蓋舍人掌凡祭祀、賓客、喪紀之米穀，下及宮中之財守，則膳夫之六穀，稾人内外朝冗食者之食，凡國中所用之米，皆藏於舍人可知矣。倉人掌粟入之藏，凡國之大事，共道路之穀積、食飲之具，則畿内所用之粟米皆共於倉人可知矣！以廩名官，謂舍人、倉人廩藏之出入皆受法於此職耳。注、疏藏米曰廩，對下倉人藏粟曰倉，似誤。胥徒較舍人、倉人幾八倍，蓋雖不掌蓋藏，而徵令傳送之事紛，且會同、師役治糧與食必使各就其地，分部以稽察冒濫也。

司禄。

古者分田制禄，位有升降，則禄有增減；人有存亡，則田有遞代，故特設司禄以專掌之。王氏應電謂即廩人九穀之數，非也。廩人所掌以待匪頒、賙賜，乃正禄外之法用耳。若當官群士之禄，既頒以田，又使入粟於廩人而後給之，則徵收、轉輸、期會、出納，勞民耗財，費時失事，而義無所取。聖人立法不若是其膠擾也。易氏祓謂獻穀數宜與司民之獻民數同，亦非也。民數三年而一校其息耗，穀數必每歲而獻之。

司稼。

廩人、舍人、倉人、司禄四職相聯，而終之以司稼，以年之上下出斂法，司稼之職也。宮府之餼、萬官之禄皆於農夫取之，歲有豐凶，而法用常禄，則不能不取足焉。所以示居民上者，當惕然於安受野人之養，而職思其艱也。在禮年穀不登，君膳不祭肺，馬不食穀，大夫不食粱，士飲酒不樂，則司稼所謂賙其急，平其興，以均萬民之食，必自貴者始矣。春秋時列國有凶，卿、大夫爭出私積以賑貸，猶見三代君臣與民同憂之義。

春人。

春人職所領女奚數甚少，蓋夫人親舂，以共齍盛，故女奚助以終事。若牢禮饗食之米，特取之廩人而差擇之耳。

稾人。

稾人職領以女奚者，婦人主饋，且官吏、人民給事宫中者必女奚供食乃便，而因通給外朝之食也。春人、稾人其事較饎人爲繁重，而饎人奚四十人，春人、稾人奚止五人者，以春稾給役者有司厲所入女奴，而女春、女稾及奚特監視而指揮統治之耳！不列女奴及其數者，以司厲職有明文，且以罪入數不可定也。

# 周官析疑卷之九

## 大司徒

掌建邦之土地之圖與其人民之數，以佐王安擾邦國。

必知土地之宜、人民之數，然後可定民之居，制民之産，以安其身而教擾之，是即所以「安擾邦國」也。

以天下土地之圖，周知九州之地域廣輪之數，辨其山林、川澤、丘陵、墳衍、原隰之名物。

官獻瑶曰：「此下數節之綱領。蓋建土地之圖，以辨五土之名物，然後知廣谷、大川異制。民生異俗，而施十有二教以一之，然後知土地所宜、五穀所殖。而相民宅，任地事，然後可量地之肥瘠、高下；以制地征均地政，然後可求地中、制地域，以建王國侯邦，以造都鄙，此建土地之圖，所以爲大司徒之首務與？」

設其社稷之壝而樹之田主。各以其野之所宜木，遂以名其社與其野。

州社經有明文。黨立禜蜡，亦宜有社。樹之田主，似謂樹木於社壝，以表一方之田，名社與野即爲田主之義也。注、疏乃以爲田神，而别求尊於社稷之神，證以詩之田祖，以神農當之，豈祭社稷乃奉田主之神以臨之乎？抑别有田主之祭，而奉社主稷主以依之乎？經傳中絶無社稷與田祖先嗇合祭之文。朱氏申之説較注、疏爲近理。陳從王曰：「朱子論語注：古者立社，各樹其土之所宜木以爲主。蓋本諸此，已不用注義。」社稷自王國至州里隨大小有之，不止王宫所建樹之田主，亦不專指耤田内也。

一曰山林，其動物宜毛物，其植物宜皁物，其民毛而方。

先言「物」而後言「民」者，下經：「因此五物者民之常，而施十有二教。」則辨五地之物生，以人爲主，必歸重於人，然後與下義相承接。

三曰丘陵，其動物宜羽物，其植物宜覈物，其民專而長。

此經毛物、羽物，亦謂野鳥、野獸，若馬、牛、雞、鶩則五土皆宜，小異而不失其大同，不宜獨舉爲山林、丘陵之動物。

五曰原隰，其動物宜羸物，其植物宜叢物，其民豐肉而庳。

王氏安石以羸物爲鼃蠙之屬，或疑鼃、蠙小蟲未足當五物之一，然羽、毛、鱗、介之外別無所謂羸物，此經乃辨五地之物生，故不論物之大小，而但計所生之多少。羽、毛、鱗、介生於平土者甚少，惟羸蟲爲多。

因此五物者民之常，而施十有二教焉。

五地所生之民，形貌既殊，則氣質剛柔、輕重、遲速亦異。始於資稟，成爲習俗。先王辨其氣質之各異，而知其性命之本同，故設爲十有二教以一之。

三曰以陰禮教親，則民不怨。

内宰以陰禮教六宫，家人相怨，多起於婦人，故以陰禮教親。

六曰以俗教安，則民不偷。

即下經所謂「以本俗六安萬民」也，民得生養之樂，有戚黨之歡，然後勤於作業而不偷。

八曰以誓教恤，則民不怠。

恤，即下經相救、相賙之類，誓以憂樂相同，彼此共之，則民知恤人即所以利己，而不怠矣。

十有二曰以庸制禄，則民興功。

此十二教兼禮樂、刑政而言，隨其時地之所重而勸導、董戒之也。歷言其效，蓋使職教者驗之於民，以課教績之成否，非徒爲文具而已。

以土宜之灋辨十有二土之名物，以相民宅，而知其利害，以阜人民，以蕃鳥獸，以毓草木，以任土事。

以教民言，則舉五土，可以包九州，以九州之人皆稟五行之氣以生也。以居民言，則五土分爲十二土，而十二土之中又各有五土，必周知之，然後可相宅而使同貫利也。西北之沙漠、東南之斥鹵雖五穀不生，而人民亦可以食其土利。故第言「相民宅」「蕃鳥獸」「毓草木」「任土事」，而不及稼穡也。

以土均之灋辨五物九等，制天下之地征，以作民職，以令地貢，以斂財賦，以均齊天下之政。

辨五物九等，名曰「土均之法」者，田有一易、再易，地有五而當一、十而當一，必辨其等，乃可均也。九等當如禹貢所差。

以土圭之灋測土深，正日景，以求地中。

梅穀成曰：「測土深不可以淺深言。蓋惟覆矩之法可以從高測下，然以目之所見爲止。若地面之下，無術以測其淺深也。土圭之法，乃求地中，自四邊嚮內，規方千里，以爲王畿，又自王畿嚮內，以至將建王城之地，而置表測景，以漸而進，故曰『土深』。猶士冠禮設洗直東榮，南北以堂深也。若建王城，欲知地之高下以制溝渠，而測土之淺深，則用匠人水地之法自近及遠，遞移其表，雖數十百里，可馴致也。」

日南則景短多暑，日北則景長多寒，日東則景夕多風，日西則景朝多陰。日至之景尺有五寸，謂之地中天地之所合也，四時之所交也，風雨之所會也，陰陽之所和也。

梅穀成曰：「土圭，所以致日景，而辨分至，定四方也。以長短之極察之，則知二至；以長短之中裁之，則知二分；以二分出入之景揆之，則知東西；以午中之景正之，則知南北。故辨分至、定四方皆由此也。」所謂「地中」者有二：有形之中，有氣之中。主於形言，天之包地，如卵裹黃，皆圓體也。天地既圓，則所謂「地中」者，乃天中也。此惟赤道之下二分午中，日表無景之處爲然。以氣而言，必陰陽五行冲和會合，乃可謂「中」。嘗以曆法推之，窮南極北，晝夜偏嬴；赤道之下，冬夏適均。惟中國之地晷景盈縮，與時進退，二至相除，毫無餘欠。而洛邑又其中之中者，以其得天地之中氣，謂之「地中」，良不誣也。經謂「天地之所合」者，地之中氣與天之中氣合也。合故四時交，而無多暑、多寒之患；合故風雨會，而無多風之患；合故陰陽和，而無多陰之患。蓋四時、風雨、寒暑皆天地爲之，其交、其會、其和皆天地之合爲之也。然則日至之景尺有五寸，謂之「地中」者，乃言地中之處，其景尺有五寸，用此以爲標識耳。景朝景夕，當以鄭、賈之説爲近理。蓋天包地，如卵裹黃。地周之度與天相應，每二百里而差一度。南北異緯，東西異經，如夏至日中，此處景正時，迤東則景必晡，迤西則景必早。自二百里以外漸差漸遠，每三十度而差一時，有在此處爲午而迤東爲酉，迤西爲卯者。今中國經度不同之地，節氣交會皆有早晚之殊，此得之實測，非懸指也。地體渾圓，居天中，亘古不動。天以南北兩極爲樞紐。赤道横帶天腰，距兩極適均。日行黄道，出入於赤道之南北：冬至出赤道南，故距地近；夏至入赤道北，故距地遠。而星辰距地，則四時皆等也。四遊之説，謂地與星辰升降於三萬里中，又謂日景於地千里而差一寸。其説皆不可通。蓋地惟至静，故能載萬物，必無升降之理。觀星辰距地無四時遠近之殊可見。至於日至之景，其南北長短之差，參差懸絶，非一定之數，不可以道里計也。鄭、賈未解地圓之理，故引無根之説如此。王蘭生曰：「西北多山，東南多水，惟地中平壤，爲天地之所合。北極下半歲爲晝夜，赤道下一歲再冬夏，惟地中爲四時之所交。日東近海多風，日西連山恒雨，惟地中乃風雨之所會。日南近日多暑，日北遠日多寒，惟地中乃陰陽之所和。」

然則百物阜安，乃建王國焉，制其畿方千里，而封樹之。

於王畿曰「封樹」者，規方千里，包高山、大陵，不可以溝限。惟起封界樹木以表之，故造都鄙則曰「封溝」，以室數計畝制地其域狹也。篇首總言制邦國、都鄙之畿疆，曰「溝封」，後分言制都鄙之地域，則曰「封溝」者，邦國封疆廣狹不齊，地勢所宜，或可溝，或止起封界，與都鄙計畝制域封必以溝者異也。

凡建邦國，以土圭土其地，而制其域。

惟王建國，自服於土中，則大小之邦亦必相其山川之面勢、道路之支腠，以定國都，控馭四境。以土圭土其地者，所以正國都之方位也。國都既定，然後可以制封域。詩云：「揆之以日，作于楚室。」又曰：「景山與京。」遷國且然，則造邦可知矣。

諸公之地，封疆方五百里，其食者半；諸侯之地，封疆方四百里，其食者參之一；諸伯之地，封疆方三百里，其食者參之一；諸子之地，封疆方二百里，其食者四之一；諸男之地，封疆方百里，其食者四之一。

此經曰「封疆方五百里，其食者半」，則知以七之可食者言。司勳職曰「凡頒賞地三之一食」，則知以其人所食者言。以詩及春秋傳所言魯、衛之封略計之，封國之里數當以周官爲正。其實周官與孟子所言，亦不甚相遠，蓋周官所言者，制其域也，兼名山、大川、附庸、閒田在其封内者而言也。顓臾，魯附庸，而孔子曰「在邦域之中」是也。所謂「食」者，則其實封食其土利者也，見於經傳者，公惟宋，男惟許、宿，則封國甚稀。書曰：「分土惟三。」以諸侯之地方四百里計之，爲方百里者十六。其食者三之一，爲方百里者五，方十里者三十三，方里者三十三。山陵、林麓、川澤、溝瀆、城郭、宮室、塗巷三分去一，餘方百里者三，方十里者五十五，方里者五十四。以一易、再易之田相減，并藪、牧、疆、潦之五而當一，十而當一者計之，其爲穀土亦約百里耳。蓋孟子言頒禄，故止計穀土。周官言所食，則并其山澤之毛，至邦域之數，則包名山、大川、附庸、閒田之在其封内者耳。如今大州縣包絡山河，動數百里，而計畝徵賦入籍者不過數十里。周官、孟子封國異數正類此。武成列爵惟五，分土惟三，蓋天下初定，夏、商以來建國，一仍其舊，別無土地可以大封。孟子所言，周初之制也。至周公建典，則商奄既誅，滅國五十，廣齊、魯、衛、晉之封。見於傳者，殷民七族，殷民六族，懷姓九宗，職官五正，本未嘗剪其宗祀、奪其土田。故三等之國封域雖增，所食穀土不過少加於百里、七十里、五十里之數，而不甚相遠也。惟宋則疆域最廣，所食又多，以修先王之典禮，體大物博，且尹東夏而近王畿，朝聘過賓，視諸國爲殷繁。凡以稱其用耳，循數推理，必諸子以上始有附庸、閒田。至於諸男，則封疆百里，析之爲五十里者四，以田之一易、再易之半爲穀土，其餘皆山澤、藪牧，盡以畀之，而封内並無附庸、閒田。蓋非此不足以立社稷，通朝聘職貢。其詳宜見於司空之篇，而今不可考矣。

凡造都鄙，制其地域，而封溝之。以其室數制之：不易之地家百畮，一易之地家二百畮，再易之地家三百畮。

鄭氏之釋都鄙，非也。春秋侵伐及邊境，則書四鄙。傳曰「都城過百雉」，又曰「邑有先君之廟曰都」，蓋都所居，鄙則界也。制其地者，計穀土也；制其域者，兼疆、潦、藪、牧也。漢書食貨志云：武帝時，趙過爲搜粟都尉，修后稷之法，爲代田，一畮三甽，歲代處之。廣尺、深尺爲甽，播種其中。苗生葉已上，稍耨隴草，隤其土以附苗根。比盛暑，隴盡根深，耐風與旱。則魏氏校所稱間隴而爲甽者，乃古代田之制，雖歲種不易之地亦然。以訓一易、再易之地，誤矣。

乃分地職，奠地守，制地貢，而頒職事焉，以爲地灋，而待政令。

自土會至此，皆經畫土地之事，所以爲安擾人民之本也。以下乃專言人民。康成以地職爲九職，非也。此經所頒職事，即下經所云「頒職事十有二」也。九職已具其中，既分九職，而又曰「頒職事」，則義無所處矣。上經土均之法辨五物九等，制天下之地征，特標以作民職，而此又分九職，則事複而辭亦贅矣！蓋曰「地職」，乃其地所當承之職事也。禮記郊特牲：「令置郊之日，汜埽反道，鄉爲田燭，不命而民聽上，即六卿之地職也。遂人國祭祀則共野牲，令置職即六遂之地職也。甸稍、縣都、公邑，當津要則服輸將，給賓客、師旅，近川防則共修築，外至邦國，則春秋傳所云取於有閼之土以共王職是也。地守亦非林麓、虞候之所守也。山澤、藪牧並列九職，則林麓、虞候之所守，於作民職具之矣。按夏官司險，設五溝、五涂，而樹之林以爲阻固，皆有守法，掌固頒士庶子之守，任其萬民，用其材器，以通守政。若造都鄙，則治其固與其守法，乃此經及均人、土均職所謂「地守」也。經言「地職」者三，切究其義，皆非民職，詳具各篇。分地職，奠地守，制地貢，皆地法也。而復言「以爲地法」者，以待政令言之也。都鄙有遠近，其地有饒瘠，其事有劇易，故所以待王朝之政令者，法各有宜而不可以一致也。鍾晼曰：「鄭氏鍔謂頒執事於都鄙，以待王朝之政令。非也。此承上建邦國造都鄙，而總言其地法，則不得專以都鄙爲義明矣。」

以荒政十有二聚萬民。

周官救荒之本，惟在五黨相賙及令移民通財，使士師掌之。而耕九餘三，家有蓋藏，又相賙與，通財之本也。此十二政乃臨時補救，多方以求濟之事。

一曰散利。

所謂「散利」者，發縣都之委積與泉府之作布也。先鄭謂貸種食，未安。貸種食，乃旅師春頒秋斂，平時益民之政，非爲救荒而設。

八曰殺哀。

宗伯職：「以凶禮哀邦國。」殺哀者，節喪弔、禬恤之財用，以賑凶荒也。

九曰蕃樂。

眚禮蕃樂似無與民事，而以聚萬民者，遇災而懼以勤恤民，則民之心聚矣。

以保息六養萬民：一曰慈幼，二曰養老，三曰振窮，四曰恤貧，五曰寬疾，六曰安富。

民有田里樹畜，則能自養矣。而老幼、孤獨、鰥寡，及以事故耗乏，或疾病無依者，上更有以保息之。而安富尤保息之大者，蓋富者不安，則民不務積聚，而失其養者衆矣。上豈能徧給哉？漢武立告緡之法，商賈中家皆破，民偷，甘食好衣，不事蓄藏之産業，其明徵也。張自超曰：「管子九惠之教，一曰老老，二曰慈幼，四曰養疾，七曰通窮，八曰振困，本此。陸贄曰：先王制賦，不以殖産厚其征。安富之義也。」　恤貧當爲賑賜補助。遺人職「鄉里之委積，以恤民之囏阨」是也。族師春頒秋斂，乃所以廩貸新甿。注、疏未安。

二曰族墳墓。

記曰：「絶族無移服。」儀禮喪服：高祖以下小功三月者，皆曰族。此經曰「族墳墓」，墓大夫職曰「令國民族葬」，皆以有服者爲限也。子姓或蕃或希，有續有絶，惟限以五世，然後宗支昭穆尚可比次，兆域廣狹尚可均移。過此以往，則紛而難理矣。必别授兆域，各從所親，分守而無争，始能愈遠而不紊也。

三曰聯兄弟。

大宗伯職：「以飲食之禮親宗族兄弟。」且由親及疏，外姓之兄弟本因同姓而連及之耳。注、疏以兄弟爲婚姻，雖本爾雅，其義終偏。

六曰同衣服。

熾宫室爲本俗之首者，有廟有寢，民安其居，然後樂事勸功而重去其鄉也。終於同衣服者，民志定，然後禮俗型也。

乃施教灋于邦國、都鄙。

布教於邦國、都鄙，使萬民觀之也。施教法於邦國、都鄙，使群吏守之也。布教，布以上諸大綱也。施教法，施以下諸細目也。

令五家爲比，使之相保；五比爲閭，使之相受；四閭爲族，使之相葬；五族爲黨，使之相救；五黨爲州，使之相賙；五州爲鄉，使之相賓。

五家暱近，故奇衺使之相保。二十五家則宅舍多矣，故有故而寄託者，使之相受。百家則財力贍矣，故葬具喪役使之相共。五百家則勢衆强矣，故寇盜使之相救。二千五百家則蓄積厚矣。故祲札使之相賙。萬二千五百家則秀民聚矣。故使之賓其賢者。興賢，國典也，而曰

「相賓」者，五物則詢於衆庶，書德行、道藝，及孝友、睦婣、有學者，則屬其民。是使鄉人自相推擇而賓禮之也。鄉飲酒禮：「主人就先生而謀賓、介。」所謂「使民興賢」，出使長之使民興能入使治之也。　相保、相受、相葬、相救、相賙、相賓及十有二職，三物八刑，獨列於布教於邦國、都鄙之後，與四官異者，前所列土會、土宜、土均之法皆地法也。土圭之法，以制王畿、建邦國、造都鄙。荒政十有二，保息六，本俗六，以聚萬民、養萬民、安萬民。惟十有二教，主於教民而皆教之大綱，故與諸大政並列於前。此以下則親民之吏所奉守者，故詳於施教法。於邦、國、都、鄙，使各以教其所治民之後也。先儒皆云此即教法，然三物、八刑乃教法之正，比、閭、族、黨、州、鄉則綱維布置，以爲施教之地耳。

十有二曰服事。

冢宰任民以九職，而司徒增其主。冢宰，制國用者也，九職所任皆財賦所從出也。司徒頒教，則秀民之學道藝、巫史、醫卜之世事，庶人在官之服事，其職事不可闕矣。

一曰不孝之刑。

大司寇職：「三曰鄉刑，上愿糾孝。」故爲鄉八刑之首。「殺越人于貨」，孟子所謂「不待教而誅者」也。然康誥曰：「元惡大憝，矧惟不孝不友。」則其惡甚於殺人之盜，故「五刑之屬三千，而罪莫大於不孝」也。

四曰不弟之刑。

易「不友」曰「不弟」，且退列於「不睦不婣」之下者，曰「不友」，則專於兄弟；曰「不弟」，則不遜弟於族婣鄉黨者該此矣。

五曰不任之刑，六曰不恤之刑。

不任、不恤亦有刑者，背朋友之付託則不義，安鄰里之危困則不仁，此而不懲，民俗日以偷矣。

以五禮防萬民之僞，而教之中。以六樂防萬民之情，而教之和。

六藝中禮樂，惟秀民乃能習。而凡民使由五禮，皆可以防其僞；使聽六樂，皆可以防其情，故復列之。禮者，稱情以立文，乃所以防民之僞。而老、莊、荀氏乃以爲化性而起僞，蓋溺於俗而不達於先王之禮意也。

凡萬民之不服教而有獄訟者，與其有地治者聽而斷之。

獄訟至紛，其達於司徒，惟附於刑與不服有司之聽斷者耳。必取決於司徒，而後歸於士，懼其濫也。不服有司之聽斷得目直於司徒，懼有司之枉撓也。仍與有地治者聽之，而後斷焉。懼民之誣其上也。鍾晼曰：「秋官鄉遂公邑所上之獄訟，司寇聽其辭，都家所上，則曰『聽其成』，書其成，與其聽獄訟者，是都家之長，自與有司聽斷，不關於司徒。注有地治者兼都鄙，似誤。」

祀五帝，奉牛牲，羞其肆。

祀天燔柴，而曰「羞其肆」，何也？周語禘郊之事，則有全烝。所謂羞肆，乃以薦配享之人帝也。記曰：帝牛不吉，以爲稷牛郊之牛二，蓋以祀天不可薦俎，享稷不可燔柴，燔牛用全必異，牛乃可以烹薦。易所謂亨以享上帝，亦以祀人帝也。郊以特牲，而我將之。詩曰「維羊維牛」，爲祀文王也。祀天不宜有俎豆、獻爵。而祀五帝，大宰所贊有爵，亦爲人帝也。生民之詩曰「于豆于登」，爲祀稷也。五人帝有尸，則稷亦宜有尸。既立尸，則具鼎、俎、豆、登獻爵宜矣。昊天上帝及五行之帝用犢而燔柴，則粢盛、秬鬯亦陳列而無獻薦之禮可知矣。祀天之禮極簡，則五人帝與稷雖有獻薦，而尸惟嚌啐，無飲食之事可知矣。禮以義起。邦國禮雖亡，參伍經傳，其大義猶可得而推也。

大賓客，令野修道委積。

修道，自大、小司徒以及遂人、遂師，皆令野廬氏而埽除者，則守塗地之人委積皆令遺人，而共之者，守路室、候館之吏。後鄭及黄氏説皆未詳，辨見遂師職。

大軍旅、大田役，以旗致萬民，而治其徒庶之政令。

曰「徒庶之政令」者，在軍及圍禁之政令，則大司馬治之也。聽於司馬，則曰「卒伍」；致於司徒，則曰「徒庶」。大喪曰「帥六鄉之衆庶」，大軍旅、大田役則曰「萬民」，通乎畿内也。鄉大夫職於大詢曰「各帥其鄉之衆寡而致於朝」，大司徒職則曰「萬民」，亦通乎畿内也。

若國有大故，則致萬民于王門。

古者謀及庶人故也。大故，即小司寇所掌詢國危、詢國遷、詢立君也。王崩苟無他故，及尋常寇兵，無爲致萬民於王門。注誤。

大荒、大札，則令邦國移民通財、舍禁弛力、薄徵緩刑。

於荒政十二之中獨舉其四者，貢賦，天子所制也，故舍禁、馳力、薄徵必待司徒之令。刑章，天子所定也，故緩刑必待司徒之令。若有利而自散之，以及眚禮殺哀、蕃樂多昏、索鬼神，皆邦國所得自主也。不及去幾者，其政微也。不及除盜賊者，盜賊承凶饑而作，勢在必除，無可疑也。於荒政十二之外，增其二者，移本國之民，與鄰國通財，其事尤大，非天子之命不敢專也，故首列之。　古者耕九餘三，雖遇歲祲，中家皆可自保。其餘貧民，則發縣都之委積，兼令通財，而官爲之責其償可矣。其遇大荒，則移民以就粟，蓋中原之地多不通川，雖有粟而難移，其通川之地則移粟不待言矣。大札移民，則遷其未染時疾者，以避地氣之惡也。

歲終，則令教官正治而致事。

大司徒令教官致事，而廢置、誅賞皆不與，何也？所致之事，即屬官之治成也。小司徒既考之而行誅賞，則其失得、張弛、勤惰，並致於大司徒矣。大司徒憑之以致於冢宰，即冢宰所憑以爲廢置也。宗伯司馬無令致事之文者，禮成政行而事畢，無可致也。獄訟之事，則至大司寇而止，故小司寇歲終令群士登中於天府而已。王制：王令三公參聽之。周官並無此制。

正歲令于教官曰：「各共爾職，修乃事，以聽王命。其有不正，則國有常刑！」小宰所令於百官府者，王宫之事也，故於職曰「修」，於法曰「考」，於事曰「待」，而不用命者曰「不共」。司徒所令於教官者，教事也，故於職曰「共」，於事曰「修」，而不用命者曰「不正」。

# 周官析疑卷之十

## 小司徒

掌建邦之教灋，以稽國中，及四郊、都鄙之夫家、九比之數，以辨其貴賤、老幼、廢疾，凡征役之施舍與其祭祀、飲食、喪紀之禁令。

五官之長，與大宰共建五典，而教法獨小司徒建者，以主六鄉而親民事，猶小宰之建宫刑也。夫家，謂男女既配耦者，以是知周之征役不及單丁、女户、餘夫也。教寓於祭祀、飲食、喪紀之禁令，使民知禮知義，所以厚生而正德也。教寓於征役之施舍，使民興讓興仁，所以忘勞而犯難也。司徒之法無一人之不教，無一事之不教，無一時之不教，所以周徧淪浹，入人之深，至於刑措也。

乃頒比灋于六鄉之大夫，使各登其鄉之衆寡、大畜、車輦，辨其物，以歲時入其數，以施政教，行徵令。又三年，則大比。大比，則受邦國之比要。

頒比法舉六鄉，則甸、稍、縣、都、邦、國視此矣。受比要舉邦國，則鄉、郊、甸、稍、縣、都可知矣。畿内則歲時入其數，侯國則三年入其要，内外詳略各有宜也。登，謂升而載於册也。物，謂弓矢、甲楯、楨幹、旗物之屬，即大比所稽兵器也。注以爲家中之財，誤矣。旗物有度式，什器有良苦，故辨之。財而曰「辨」，則辭與事不相應矣。漢法算緡錢，商賈本作貰貸，稽物者，各以其物自占。王莽税天下吏民，一切訾三十取一。康成每以漢法、莽事釋周官，害義之尤甚者也！小司徒雖頒比法於鄉大夫，而鄉之教治、政事一斷於鄉師，故鄉大夫之職曰：「受教法於司徒，退而頒於鄉吏，使各以教其所治。」則於民治一無所與昭然矣。若非六卿，則宜與遂大夫同，何以職事迥别乎？

乃會萬民之卒伍而用之：五人爲伍，五伍爲兩，四兩爲卒，五卒爲旅，五旅爲師，五師爲軍，以起軍旅，以作田役，以比追胥，以令貢賦。

小司徒會萬民之卒伍，既有定法，族師又有合聯之法，何也？賈氏公彦謂擬入軍相并也，但案其辭意，似專指在軍者并，則義尚未備耳！蓋必合聯，於可任者四、五、六人而取其一，然後技勇可簡，且非留其半以居守，則受邦職，役國事，相葬埋，一族中居者或不足以共也。族師在軍，則爲卒長，必平時合聯，然後二族戰士皆其所素教，而如臂指之相使，居守之族師、二族之民皆其所素治，然後若綱在綱，有條而不紊。凡此類，皆周公夜以繼日、精思而盡萬物之理者也。或據班志一甸六十四井五百一十二家止出七十五人、司馬法井十爲通三十家止出三人，疑周官不宜取一卒於二族中。不知一甸中雖止用七十五人，而此七十五人，則必取諸八間之中，司馬法亦然。不如此，則從軍之士與其長不相習，而後急不可恃。居守之吏與其民不相習，而受邦職、役國事、相葬埋必有扞格而難通者矣。役必更番，總畿內計之，常數十年而後一從徵發，故人間之人亦不以同時井調爲困耳。況司馬法乃齊穰且所作，先儒論之甚詳。班志不惟於經傳無考，春秋以前之書亦未見其徵。周官會卒伍合聯之法坦然明白。按以事理之實，亦確不可移，不得以異説亂之。邦職，謂地職也。若民職十有二，則不必合聯而後可受。伍、兩、卒、旅、師、軍咸備，始成一軍，而獨言「會卒伍」者，起徒家一人，故比各爲伍，然必積至百人，乃成一隊也。追胥曰「比」者，卒伍既定，則各以所居遠近，相次而追胥也。李鍾僑曰：「小司徒承會卒伍而言，故先軍旅而後及田役、追胥、貢賦；遂人承授田萊、治溝洫、頒職作事而言，故先貢賦而後及師田、政役，乃文義宜然。鄭氏鍔謂：軍旅起於六鄉，故先軍旅；財賦起於六遂，故先貢賦。則偏窒而難通矣。」

乃均土地，以稽其人民，而周知其數：上地家七人，可任也者家三人；中地家六人，可任也者二家五人；下地家五人，可任也者家二人。凡起徒役，毋過家一人，以其餘爲羨；惟田與追胥竭作。

賈疏謂：六鄉每家出一人爲正卒，其餘皆爲羨卒，爲上劑致甿，遂人以下劑致甿，每家出一人爲正卒，一人爲羨卒，其餘皆爲餘夫，謂之饒遠。非也。羨卒，即餘夫也。對正卒言，則曰羨卒；對正夫言，則曰餘夫。鄉遂互文以見義耳，何嘗獨厚於遂乎？鄭氏鍔謂鄉遂、都鄙、邦國授田之法有四節，非也。大小司徒與遂人、大司馬本無異法。蓋不易之田即上地，一易即中地，再易即下地也。大司馬「上地，食者三之二」，即遂人之「田百畮」；「萊五十畮，可任者家三人，即此之「家三人」也；「中地，食者半」，即遂人之「田百畮」；「萊百畮，可任者二家五人，即此之「二家五人」也；「下地，食者三之一」，即遂人之「田百畮」；「萊二百畮，可任者家二人，即此之「家二人」也。前後互見，辭有詳略，安得意爲之説乎？田竭作，更番調發使，皆習於軍事也。追胥竭作，守望相助，非遠違其閭井也。

凡用衆庶，則掌其政教與其戒禁，聽其辭訟，施其賞罰，誅其犯命者。

凡用衆庶，小司徒曰「政教」者，教法，小司徒所建也。蓋曰「掌其政教」者，師則教以順命而不犯，田則教以習戰而不争，役則教以同力而不情也。蓋平時教法即具此，而有事則誓戒焉。

鄉師於田役則曰「政令」者，受州里之役要，出田法於州里，其政皆鄉師布之也。軍旅、會同、大喪則曰「治」者，其政稟於司徒、司馬，鄉師躬治其徒役而已。州長於師田、行役皆曰「戒令」者，政非所專，以帥而致之，故戒之也。黨正則曰「以法治其政事」者，州長掌政令之法，黨正循法以治其事而已！族師曰「掌其治令」者，躬帥徒役而至，則遂治之也。政令者，命其事也。戒令者，警其期也。治令者，飭其人也。

凡國之大事，致民；大故，致餘子。

夏官諸子：掌國子之倅，而有大故，則小司徒致之。何也？諸子掌其戒令、教治，而修業仍於鄉學也。於諸子職曰「群子」，以合諸學、合諸射、合諸喪祭賓客而言也；於小司徒職曰「餘子」，各據其家而言也；與士並舉，則曰「庶子」：言各有當也。

乃經土地而井牧其田野：九夫爲井，四井爲邑，四邑爲丘，四丘爲甸，四甸爲縣，四縣爲都，以任地事而令貢賦，凡稅斂之事。

地事，辨其地之宜井、宜牧，及黄白宜禾、洿泉宜稻之類也。農、牧、虞、衡，民職也，大宰任之。而大司徒頒之，閭師掌之。地事則小司徒任之，載師物之，而土均均之。注並誤。凡稅斂之事如納徵之期，收掌之人、稟藏之所、委輸存貯之數皆是也。即税斂、貢賦之事宜，非貢賦外别有税斂。上經會卒伍而令貢賦者，征役有繁簡，則貢賦有乘除也。此經制井牧而令貢賦凡税斂之事者，地邑有衝僻，收穫有早晚，道路輸將有遠近，則税斂之事必隨地而制其宜也。小司徒專掌六鄉，而所載乃井、邑、丘、甸、縣、都之制者，比、閭、族、黨、州、鄉之法，大司徒職具之矣。故獨載井法，以示内而六鄉，外而六遂，以及都邑，名雖各異，其地法則皆以九夫爲井，四井爲邑，積累而區分之也。任土比民之法，錯見諸職。大司徒職載邦國、封疆、都鄙室數，次及比、閭、族、黨、州、鄉之法，小司徒職載井、邑、丘、甸、縣、都賦兵之法，載師職載任土之法，閭師職載任民作貢之法，遂人職載溝洫之法。其授田，則大司徒職載不易、一易、再易之田，所授多寡之數；小司徒職載上地、中地、下地之人，所任多寡之數皆各舉其一：彼此互備也。匠人爲溝洫，其制既成，不過歲爲修治而已，何至六十四井之田而歲免其四旁三十六井之田税，分治田與治溝爲二事乎？康成之説於事理難通，非獨無所考據也。注謂此造都鄙采地，制井田，異於鄉遂。非也。井、邑、丘、甸、縣、都，以田數計之，而出税法也。溝、洫、澮、川，以經界言之，而通水道也。此經曰「九夫爲井」者，以出税法，故止計所耕之地也。遂人曰「十夫有溝」者，以定經界，故并計所占之地也。井間之溝、溝上之畛以及疆埸之瓜、八家之場圃皆取於所加百畝之中，且四井爲邑，量地制邑亦必取於四井之中，非每井而加百畝勢不能備。然則遂人所謂「十夫」，即此經所謂九夫而溝、洫、澮、川之制，井、邑、丘、甸、縣、都之法，乃鄉、遂、都、鄙之所同也審矣。鄭氏之誤起於謂匠人溝澮之數，與遂人不同。不知實無二法，特考之未審耳！詳見「匠人爲溝洫」解。康成爲鄉遂用貢、都鄙用助之說，朱子終不敢易者，一則以九與十起數之異也。然匠人之法止九夫，與遂人十夫異耳。其有溝、有洫、有澮、有川同也，九夫、十夫取數雖異，而占地大小相去無幾。其不可爲以十起數之溝澮者，亦不可爲以九起數之溝澮也。且謂鄉遂多平曠，則最宜於畫井矣。謂都鄙包陵麓，則最不宜於畫井矣。況建國或在中原，或阻山澤。即鄉遂多平曠、都鄙包陵麓之說，亦不可通哉。一則以四與五起數之異也。然五起數者，所以綴民居；四起數者，所以制田賦。二者相爲經緯，無內外、遠近之異。蓋鄉遂、都鄙皆有上、中、下地，計室數之多寡以制邑，皆以地之上中下爲準，何不可通行井法哉？且制地授田、出税賦役、稽夫家畜産之法，見於司徒，見於小司徒，見於鄉師及鄉遂群吏之職，疊出互備，不厭其繁。使鄉遂用貢、都鄙用助，經界水道彼此各異，是地法之最大、宜特書而詳見者，乃竟無一語及此，則注説之誤明矣。至孟子所云，尤不可以此注證，蓋遂當爲野而鄉不可以爲國中也。成同之法，注乃以開方計之，然畫井必因地勢，非必萬夫之地截然齊一而爲井。春秋傳所謂「牧隰皋，井衍沃」；管子所謂「五而當一」「十而當一」：其遺法也。

乃分地域而辨其守，施其職而平其政。

守，地守也。職，地職也。民職則冢宰、大司徒頒之，而閭師專掌之。小司徒分地域，故辨其守，施其職，而平其政，即均人所均地政、地守、地職也。蓋小司徒辨之，施之，平之，而後均人以歲之上下均之。地域既分，則無所用其均，故不言。

大軍旅，帥其衆庶。小軍旅，巡役，治其政令。

小司徒職無田役，以凡用衆庶該之，而田役之政令，則鄉師所專治也。特舉軍旅，以大軍旅必身帥也；不及政令，以大司徒實治之。小軍旅則治其政令，以大司徒不治也。

大喪，帥邦役，治其政教。

凡役曰「政令」，喪役獨曰「政教」者，屬引則勸防有式，鼓封則舒縱有節也。大司徒：「帥六鄉之衆庶，屬其六引。」而此職又云：「大喪，帥邦役。」則知遂人所致六遂之役、遂師所道稍人所帥公邑之役，並致於小司徒，而小司徒所謂「治其政教」者，即遂人之六綍。遂師之抱磨，共丘籠及蜃車之役矣。以遂與公邑之役並致焉，故統之曰「邦役」也。

歲終，則考其屬官之治成而誅賞，令群吏正要會而致事。

曰「治成」者，所治職事之狀所以別於計簿之成也。屬官，謂官中士、大夫及諸職執事王朝者；群吏，謂鄉遂、公邑之吏及家削、縣都、私邑之吏；以不盡屬於司徒，故別言之。令群吏正要會而致事者，將以達於治官，不自考而誅賞之也。宰夫：「考百官府、群都縣鄙之治，乘其財用之出入。」

正歲，則帥其屬而觀教灋之象，徇以木鐸，曰：「不用灋者，國有常刑！」令群吏憲禁令，修灋糾職以待邦治。

觀教法之象，則曰「帥其屬」，以教法縣於象魏，在外之群吏不能徧觀也。憲禁令則曰「令群吏」，俾各縣於所治也。

及大比六鄉、四郊之吏，平教治，正政事，考夫屋及其衆寡、六畜、兵器，以待政令。

上經稽九比之數，通乎畿内。此大比群吏止於六鄉、四郊者，以遂與公邑之吏，則考之者遂大夫；家削、縣都之吏，則考之者縣師。又以見載師所任近郊遠郊宅田、士田等，乃六鄉之餘，地各區爲邑，而其吏亦小司徒考之也。上經比民，故首國中；此比吏故第舉六鄉、四郊，蓋鄉郊之吏無居國中者。　大司徒頒士農工商之職，定比、閭、族、黨、州、鄉之制，未言其所以稽而登之者若何也。小司徒則遂頒比法，以時入其數，至三年而復受其要，則凡九比之内，其家之貧富、民之賢否、户口之衆寡、畜産之豐耗、器用之完毁，皆犂然於胸中，而政教徵令施行於軍旅、田役之中，所以斟酌、調劑者，靡不詳盡矣。　頒比法於鄉大夫，不及兵器，至大比六鄉、四郊之吏，則有兵器者，鄉大夫、州長、黨正職主於教，族師以下始有簡兵器之文，體有所宜，事取其便也。古者卒伍、兵器皆自具，而公孫弘議禁民挾弓弩，可謂昧於治體矣。

## 鄉師

各掌其所治鄉之教而聽其治。

遂之教治、獄訟，皆遂大夫掌之。而鄉則鄉師掌之者，鄉大夫，六卿也，豈暇聽鄉之教治、獄訟哉？其於教，則正月頒之鄉吏而已；其於治，則歲終令群吏會政致事而已。至獄訟，則一聽之鄉師，而不與者體當然也。

以國比之灋，以時稽其夫家之衆寡，辨其老幼、貴賤、廢疾、馬牛之物，辨其可任者與其施舍者，掌其戒令糾禁，聽其獄訟。

五家爲比，蓋國中屬民之瀍，而因以施於鄉邑，故曰「國比之法」。稽夫家、辨征役、施舍，小司徒之職也，而復列於鄉師者，小司徒通掌國中及四郊、都鄙，而鄉師分掌六鄉，遂師分掌六遂，縣師掌都家也。馬牛之物，蓋該六畜、車輦而言。小司徒職既曰「六畜、車輦」，而又曰「辨其物」，故知爲旗物及兵器、役器也。遂之夫家衆寡、馬牛之物，遂大夫稽之，遂師登之；鄉則鄉師稽之，鄉大夫登之，何也？遂大夫親民而職簡，所稽能詳，遂師則治廣而職繁，故惟據所稽以登於册。鄉大夫六官之長，豈暇稽夫家衆寡、馬牛之物哉？鄉師地官之考，其職繁矣！而能任此，何也？地政之繁重者，莫如遂師職之「經牧田野，辨其可食者，周知其數而任之，以徵財征，作役事」，而鄉則小司徒領此矣！故雖使鄉師簡稽鄉民，而不病其劇也。小司徒頒比法於上，故舉重而先貴賤；鄉師掌比法於下，故舉多而先老幼。鄉大夫、族師皆先貴賤，承小司徒所頒而布之也。下經明著：四時之田，簡其鼓鐸、旗物、兵器。而王氏安石乃謂小司徒使登六畜、車輦，辨其物；鄉師帥田役，所需惟馬牛，故無辨其物之文。其蔽蓋由不知經文互備。此職以詳鼓鐸、旗物於後，故略於前，而與小司徒異耳。蓋辨可任者及於馬牛，則諸物皆辨，不待言矣。

大役，則帥民徒而至，治其政令；既役，則受州里之役要，以考司空之辟，以逆其役事。

遂與公邑之役，遂人致之；稍、縣、都之役，縣師作之，則並考司空之辟，以逆役事可知矣。而二職無文，以例見於鄉師，不待言也。

凡邦事，令作秩叙。

曰「凡邦事」，則不惟役事，如郊爲田燭、喪屬六引、過賓修道之類，皆是也。即以役事言，護辨之節、番休之期必作秩叙，民乃不惑。諸儒多以役事之功程言，失其義矣。黄氏度謂功力當在司空之辟，非鄉師所作。非也。功力之秩叙雖司空作之，而因役之大小以定人數，量地之遠近以爲徵發，時歲之豐凶以爲番代，皆有常次，非鄉師孰任之？魏氏校謂：鄉師令之，作之者鄉吏。亦非也。即役事，亦官中上士、中士作之，俾鄉吏奉行耳，況祭祀賓客之事乎？

大祭祀，羞牛牲，共茅葅。

疏謂佐大司徒，似未安。宰夫從大宰視滌濯、贊小宰比官府之具，肆師治禮儀以佐宗伯，皆特文以見之，則此蓋各共其事，而非佐司徒也。大司徒羞肆與奉牲相連，則爲薦腥之豚解可知。此又曰「羞牛牲」，則宜爲體解而薦熟也。

大喪用役，則帥其民而至，遂治之。及葬，執纛，以與匠師御匶而治役。及窆，執斧以莅匠師。

大役曰「帥民徒」，大軍旅、會同曰「治徒役」，大喪曰「帥其民」，何也？曰「民」者，正卒也；曰「徒」者，兼羨也。大役必於農隙，功多而時暇，故正羨同作。軍旅、會同或非農隙，六軍之外給凡役，傍輂、輓輦者不必正卒，故曰「徒役」也。若大喪，則禮重而役少，必簡正卒之精良者以備之。司士作六軍之士執披，則羨卒不得與明矣。先役事而後及祭祀。役事，鄉師所專掌也。先司空之役事，而後及軍旅、會同，所役爲少也；次喪役，其事爲希也。

凡四時之田，前期，出田灋于州里。

於鄉舉州，於遂舉里，示時田自州長至二十五家之史，皆各有所受之法也。

以旗物辨鄉邑。

邑，謂四郊之内、六鄉之外。宅田、士田、賈田、官田、牛田、賞田、牧田別爲公邑，而旗物異於六鄉也。遂師再言「凡爲邑」者，則甸、稍、縣之公邑並屬六遂明矣！朱子謂周官之文盛水不漏，此類是也。

凡四時之徵令有常者，以木鐸徇于市朝。

鄉師所徵令，宜不出於鄉，而徇於市朝，何也？王朝乃百官府所聚，群都縣鄙之官吏日有事焉。如四時之田，則五官之屬皆有聯事，群都、縣鄙皆受法於鄉師，故徇於朝，使共知而各警其事也。徇於市者，恐國中之民或身在市廛，雖有徵令而不聞也。鄉有小市，則有地守者畢徇焉。

以歲時巡國及野，而賙萬民之囏阨，以王命施惠。

以王命施惠者，其職代王巡行，見民囏阨即以上命發倉廩，出泉布，而無所壅遏，不待奏請報可。此聖人慮事之詳、憂民之切也。歲時有天患、民病。司救所巡，自國中及郊野，則此職之野亦兼六遂。蓋鄉遂皆切近王都，其民治必分掌之，而後能詳。至於囏阨，則並以屬地官之考，以示其不異於鄉也。自稍以往，地域廣遠，非王官所能徧。都家之長自當震動恪恭，而時式以求民瘼矣。

若國大比，則考教察辭，稽器展事，以詔誅賞。

歲終詔廢置，大比，詔誅賞，皆詔冢宰也。但廢置必達於王，而誅賞則冢宰專之。

## 鄉大夫

各掌其鄉之政教、禁令。

州長、黨正皆曰「教治、政令」，而鄉大夫則曰「政教、禁令」者，鄉大夫，六卿也，用其體望以統六鄉，而不與治民之事。下經使各以教其所治，又曰「各憲之於其所治之國」，蓋州長、黨正始有民治，故鄉大夫職不言民治也。非惟不治民，亦不聽群吏之治，鄉師職「各掌其所治鄉之教，而聽其治」，是也。遂大夫則兼聽治訟，以無王朝之事也。

以歲時登其夫家之衆寡，辨其可任者。國中自七尺以至六十，野自六尺以及六十有五，皆征之。其舍者，國中貴者、賢者、能者、服公事者、老者、疾者，皆舍。以歲時入其書。

後鄭以征爲税，又引此以證大宰九賦爲口率出泉，遂爲聖經莫大之薄蝕。若易税爲役，則其義可與陳氏深之説相足。蓋注謂國中役者少，野外役者多，以人言也。陳氏謂國中役多，野外役少，以事言也。惟國中服役者既少，而役事又多，所以征宜遲而舍宜早也。惟野外服役者既多，而役事又少，所以征宜早而舍宜遲也。　舍獨言「國中」者，公、卿、大夫、士及庶人在官者，皆聚於國中。鄉遂之吏則當官奉職，不在弛舍之列。鄉遂大夫所屬無府、史、胥、徒，又升於司徒者，始不征於鄉，則賢能在鄉遂者亦不應舍。故止以「國中」言之。至老疾則本無可任之理，言「國中」而野可知矣。小司徒頒比法於鄉大夫，使簡稽而登諸籍，故曰「入其數」。鄉大夫既登諸籍，「故曰入其書」。載師職曰「以廛里任國中之地」，則六鄉軍賦不宜取足於國中，辨其可任者，謂力役之征以給公事耳！古者以六卿爲軍將，而周官之六卿實兼鄉大夫，則車徒雖分調於畿内，而必以鄉民爲本。蓋主帥與列校士衆不相習，則不可用也。朱子詩傳謂天子鄉遂之民共貢賦，衛王室爲平王遠戍申、許言之耳。群儒遂謂鄉遂之兵不調，是謂道聽而塗説也。

退而以鄉射之禮五物詢衆庶：一曰和，二曰容，三曰主皮，四曰和容，五曰興舞。

凡射，衆耦皆合，揖讓相先，故取其能和；勝不勝相形，媢嫉易生，故取其能容。和容興舞，則方射之時容體比於禮，節比於樂也。於獻賢能之書後，即以此爲詢者，所以興起群士，爲後舉之本也。賢能、德行、道藝既成者，故謀於鄉先生；五物材質可造者，故詢於衆庶。鄭氏鍔謂州長射而不飲，黨正飲而不射。非也。卿、大夫之射必先行鄉飲酒之禮，州長春秋以禮會民，而射於州序，則先飲酒可知矣。又據射義謂卿、大夫之射始兼飲酒，故州黨但言「以禮會民」，「以禮屬民」。不知州長乃中大夫，黨正亦下大夫，顯與經悖。

此謂使民興賢，出使長之；使民興能，入使治之。

注謂出使長民，教以德行、道藝於外，義未審。疏遂謂或爲都鄙之主，或爲諸侯，益誤矣。所謂「出」者，出於鄉學，而入於成均，升於司馬也；「入」者，還歸其州黨也。蓋興其才德之大者，而進於王朝，則將爲公、卿、大夫以臨長之；興其行能之小者，則還治其比、閭、族、黨之民。先王之世所以不患選舉之不公，而百官得其宜、萬事得其序也。

歲終，則令六鄉之吏皆會政致事。

鄉大夫令會政致事，遂大夫亦如之。公邑雖統於六遂，而會政致事之令則不及焉。以小司徒令群吏正要會而致事，則公邑之長自致於小司徒可知也。按小宰：「月終，以官府之叙受群吏之要，贊冢宰受歲會。歲終，令群吏致事。」小司徒：「令群吏正要會而致事。」小司寇：「正歲令其屬入會，遂致事。」皆於會政之外，别言「致事」，則截然爲二事明矣。小司徒曰「正要會」，兼月要也。小司寇獨言「入會」，而士師職「歲終正要會」與小宰、小司徒同，則會政爲財用之計明矣。地官則賓祭、師役、學校之用，秋官則圜土、囚食、器物之需，皆是也。士師惟正要會，而無致事之文，以凡獄訟皆與大小司寇共聽斷，别無可致之事。至春、夏二官，則并無會政、致事之文，蓋禮事、兵事之財用乃他職共之。事畢之後，更無可致之事、可會之財，其義與士師無致事之文可參驗也。會政者，上財用之計也。致事者，各致其一歲所服之職事也。曰「會政」者，舍國政無所用財也。小司徒歲終令群吏正要會而致事，則兼甸、稍、縣、都之吏也。小宰歲終令群吏致事，則兼六官之屬也。不及會政者，小宰月終受月要，贊冢宰受歲會，則會政不必言矣。前曰「各掌其鄉之政教、禁令」，後曰「各帥其鄉之衆寡而致於朝」，此不曰「各令其鄉之吏會政致事」，而曰「令六鄉之吏，皆會政致事」，何也？治教、禮政、刑事皆起於六鄉，甸、稍、縣、都之徵斂、師田、行役皆以六鄉爲準，而鄉大夫即六官之長也，故歲終令六鄉之吏皆會政致事，而六官公聽之。則法有宜於此，而不宜於彼；令有利於前，而或敝於後者。六鄉之吏皆得以達所見六官之長，皆得以酌其宜，所以爲正月之吉和而布之之本也。

正歲，令群吏考灋于司徒，以退，各憲之于所治之國。

正月始受法於司徒而頒之，正歲復使群吏考法於司徒，何也？所受之法，乃始和而布之者，頒之浹月，則利害之實被於民者可見矣。故復使群吏就司徒而考之，蓋惟恐民隱壅於上聞，而所布之法尚未能盡乎事物之理也。不曰「鄉吏」，而曰「群吏」，又曰「憲之於所治之國」，何也？通乎群都、縣鄙也，鄉大夫即六卿，司徒乃鄉大夫之一，故得通令畿內之群吏，又以見治政刑事之和布於都鄙者，並得以考於四官之長也。　朝大夫職於都家亦曰「每國」。

大詢于衆庶，則各帥其鄉之衆寡而致于朝。

賓興、大詢皆曰「鄉之衆寡」，蓋非黎獻不得與，故數不可定也。興賢能而謀於不善人，則必以私計引親黨詢國。故而雜以不善人，則必以宼言亂大謀。聖人制法，慮無不周如此！

國有大故，則令民各守其閭以待政令。以旌節輔令，則達之。

國有大故，大司徒令無節者不行於天下，則有節者無幾矣。然特關市之轉貨賄，國使之通聘問，有節則無幾耳！若王有令，或六官之長有令，雖有執玉節以通令者，如珍圭以徵守，牙璋以起軍旅，以治兵守之類。猶懼變出非常。或有矯假必使道路之官執旌節以輔之，則令之始出必有所受，致令之人必有識者。如王之令，必受於大僕、宰夫，而致之者，虎賁、行人；司徒之令，必受於鄉師，而致之者官中之士；司馬之令，必受於縣師，或通於掌固，皆道路之官所熟識也。而可保其別無變詐矣。

# 周官析疑卷之十一

## 州長

各掌其州之教治、政令之灋。

鄉大夫掌政教、禁令，黨正掌政令、教治，而州長獨曰「掌教治、政令之法」，何也？鄉大夫，六卿也，其於鄉之政教、禁令躬爲表儀，執其總以率屬而已。其法之詳，則州長掌之下經所列是也。考德行、道藝，勸戒則有法；祭祀、禮射、喪紀，會民莅事則有法；師田、行役，戒令賞罰則有法；大考州里，廢興則有法。故鄉大夫之職，正月受教法於司徒，退而頒之於其鄉吏，即頒之州長也。蓋鄉大夫董其成，黨正以下承其事，而掌其法者則州長耳。

正月之吉，各屬其州之民而讀灋，以考其德行、道藝而勸之，以糾其過惡而戒之。

讀法之後，繼之以考其德行、道藝而勸之，糾其過惡而戒之，則所讀之法爲鄉三物、八刑之類明矣。疏謂讀十二教之法，似未安。

若國作民而師田、行役之事，則帥而致之，掌其戒令與其賞罰。

師田、行役自黨正以下，不復言致者，皆州長之所帥也。司馬教戰，鄉師治其政令、刑禁，巡其前後之屯，而戮其犯命者，故蒐、苗、獮、狩無一不列鄉郊。黄氏度乃謂司馬作軍，六鄉不與。顯與經悖。

歲終，則會其州之政令。

黨正以下皆會政、致事。州長獨會政而無致事之文者，致所治職事，廢興、誅賞行焉，故使群吏各自致於鄉大夫，會政則財用之計。苟無侵冒，賞罰不行於其間。故先會而鉤考之，然後以達於鄉大夫。曰「會其州之政令」者，凡用財，或以政之常經，或出於一時之令也。

正歲則讀教灋如初。

明正月之吉，及歲時祭祀州社，所讀皆教法也。

三年大比，則大考州里，以贊鄉大夫廢興。

所廢，謂簡不帥教者，而移郊移遂。

## 黨正

各掌其黨之政令、教治。

於州曰「治教、政令」，於黨曰「政令、教治」者，州長掌讀教法，考德行、道藝，故先教；黨正掌讀邦法，申戒禁，作師田、行役，故先政也。邦法者，鄉八刑及師田、行役之法。

及四時之孟月吉日，則屬民而讀邦灋，以糾戒之。春秋祭禜，亦如之。

曰「四時之孟月吉日」，則吉之非朔益明矣。蓋月必以孟，而日不必朔也。州長職曰「讀教法」，則此職所讀邦法爲政治禁令之目，而不兼教法可知矣。古者政與教常相通，而事之舉則各有所主。州長治師田、行役之政令，非不糾戒衆庶也。而其讀教法，則主於造秀民。黨正書德行、道藝，非不教秀民也，而其讀邦法，則主於糾戒衆庶。

國索鬼神而祭祀，則以禮屬民，而飲酒于序，以正齒位：壹命齒于鄉里，再命齒于父族，三命而不齒。

習射正齒位，皆先行鄉飲酒之禮，有賓，有介，有衆賓。黨正所屬，宜惟閭胥、族師所書者與焉。州長所會，宜惟黨正所書者與焉。知然者，鄉大夫三年大比，以禮禮賓，惟賢者、能者，而其餘不與也。一命、再命、三命，以王朝之士言。若州黨之上、中、下士，則其黨所自辟除，不得有王朝之命也。鄉飲酒，國事也，故兼尚爵，非私居燕飲之禮。

歲終，則會其黨政，帥其吏而致事。

群吏之職，其大綱有二：一則會政，財用之計也；一則數事，小司徒職所謂「治成」也。鄉大夫歲終令六鄉之吏皆會政致事，而惟黨正有致事之文，以州長所掌者，惟教士察吏，及教治、政令之法，無事之可致，而族師以下之事，皆致於黨正也。鄉吏所致之事，夫家衆寡、馬牛、車輦之稽也。獄訟之成也，役事之要也，鼓鐸、旗物、兵器之籍也，四時徵令之目也，吉凶禮樂之器也，鄉師歲終考六鄉之治，則致於鄉師，而達於鄉大夫明矣。遂大夫之令會政致事，鄙師之會政致事□與鄉同，而遂大夫則兼德治訟，掌誅賞廢興。縣正，則稽功會事，蓋以遂人、遂師所掌者，皆小司徒之事，而野政簡，遂大夫非六卿，故其事可兼而小者，又可寄之縣正也。財用之計簡，故州長先會之，而後以會於鄉大夫。吏治之事繁，故黨正各致之，猶六官群吏之事繁，故小宰獨聽之。財用之計尤繁，故使宰夫專考之，然後冢宰兼聽焉。凡此皆聖人精義致用，實心實理所周布也。黨正以下不曰「政令」者，凡鄉大夫有令，皆州長布之，故曰「會其州之政令」；黨正以下，則奉令承事而已，故第曰「會政」也。疏謂黨正致於州長，州長致於大司徒而行賞罰，非也。冢宰：「令百官府各正其治，受其會，聽其致事，而詔王廢置。」大司徒令教官致事，而不及廢置，則令致於冢宰明矣。至官中屬吏之治成，則小司徒考之而行誅賞，大司徒亦不與也。

正歲屬民讀灋，而書其德行、道藝。

鄉三物惟六藝之成熟，有司可自辨之。若六行，則非鄉黨族姻不能詳也；六德，則非與朝夕久故者知之不能審也。故閭胥凡聚衆庶，則書其敬敏、任恤者；族師月吉屬民而讀邦法，則書其孝弟、睦婣、有學者；黨正正歲屬民讀法，則書其德行、道藝。未有簡士而不屬其民者，蓋論之以相習之人，然後聞見實；徵之以衆多之口，然後好惡公；積之以歲月之深，然後鑒別當。如是，則所謂賢者、能者無所容其僞冒矣。而州長、鄉大夫又層累而考之，所以舉不失人，而官無廢事也。

## 族師

各掌其族之戒令、政事。

百家之長，即以師名官，則黨正、州長以上掌教治者其德行、道藝之足以表衆可知矣。記曰：「能爲師，然後能爲長。」此古之民所以易於觀感興起，而政教無壅也。

月吉，則屬民而讀邦灋，書其孝、弟、睦、婣、有學者。春秋祭酺，亦如之。

鄉大夫、州長皆通考德行、道藝，黨正歲一書之，蓋秀民之聚多，然後德行、道藝之出群者可考焉。族閭之間，先求其行之無悖者可矣。故族師所書，僅六行之四；閭胥所書，僅六行之二也。族師書孝友、睦婣，而附以有學，以學乃道與德之階也。注謂族師無飲酒之禮，蓋以族無庠序，又少長材秀民，族師位卑，公、卿、大夫即有居是族者，亦不敢與行鄉飲酒之禮，故惟與其民少長相勸酬。而疏謂不得以官物爲禮，則誤矣。酺乃官事，自宜官授酒材，與州射黨蜡同。官祭祀而以民財共者，惟秋官司盟之祈酒脯、地官稻人之雩斂耳。二事別有義，故特著之，以言祭酺，則義無所處矣。

以邦比之灋，帥四閭之吏，以時屬民而校，登其族之夫家衆寡，辨其貴賤、老幼、廢疾、可任者，及其六畜、車輦。

鄉師職曰「國比之法」，此曰「邦比之法」，何也？國比者，以王城而言也。小司徒掌國中及四郊、都鄙之夫家九比之數，而鄉師承其法以比六鄉，故曰「國比」，以示比法之起於國中也。邦比者，通鄉遂、都鄙而言也。族師掌校登夫家合卒伍之聯，故曰「邦比」，以示此鄉遂、都鄙通行之比法也。曰「帥四閭之吏，以時校登其夫家衆寡，辨其貴賤、老幼、廢疾可任者」，義亦著矣。而必曰「以時屬民」，何也？此以辨師田、行役之所任也。民有可教以田獵而未能任軍事者，有可共雜役而未能任田事者。閭胥雖時數其衆寡，必族師合聚而親簡之，然後任之各稱其材力也。吏分四閭，而夫家必合一族而校登之，何也？此以合師田、行役之聯也，地有上、中、下之分，則閭之衆寡各異。必分四閭而登之，又合一族而校之，然後衆寡相參，以爲聯而卒伍可合也。司馬以大均之禮簡衆，此其基也。

五家爲比，十家爲聯；五人爲伍，十人爲聯；四閭爲族，八閭爲聯：使之相保相受，刑罰慶賞相及相共，以受邦職，以役國事，以相葬埋。

比長之治有罪奇衺相及者，五家而已。此合四閭，八閭而賞罰相共者，賈疏以爲軍政是也。不復曰「百人爲卒，二百人爲聯」，省文也。惟軍法進退有度，左右有局，故不死乘伍有刑，一夫先登，而合軍同賞，非此不足以致果毅、禁冒慢也。受邦職以下，則因軍政而連及之耳。受邦職則共簡其游惰，役國事則衆察其逋逃，相葬埋則互糾其避匿，非此不足以齊衆，非如秦法鄰里相坐也。以八閭爲限者，過是則難稽也。小司徒職：「凡起徒役，無過家一人。」事急役重則然，尋常征役必每減可知矣。此經聯法，疑即其制也。蓋聯十家而出五人，聯八閭而出百人，合羨卒計之，乃用其一而存其四，使得居守且無廢穡事也。其必聯以八閭，何也？軍旅之伍必以近，而合使與其類相依，與其長相習，然後以守則固，以戰則彊。但役必更番，合畿內計之，常數十年而後一從徵發，故八閭之人亦不以同時並調爲困耳。軍法，至百夫則有長，而非合二百家百夫不可調。故列職於族師而遂校夫家，簡旗鼓、兵革，帥民而至，亦酇長掌之。

## 閭胥

各掌其閭之徵令。

閭胥掌徵令，以比居爲定，而所轄止二十五家，連井同巷，耳目相屬，呼召甚易。後世變爲户長、保長，恒以一人掌百家、二百家之徵令，百弊叢生。散户既病，而徵者半破其家。然後知周官之法至微至細，皆聖人心思之所竭也。

以歲時各數其閭之衆寡，辨其施舍。

古者子生三月，擇日名之，以告閭史。閭史書爲二：一獻於州史，一自藏之。故歲時可合而數也。族黨、州鄉皆因閭胥所數而校登之，所以不料民而知其衆寡。

凡春秋之祭祀、役政、喪紀之數，聚衆庶。既比，則讀灋，書其敬敏、任恤者。

不及軍旅者，教民於平時。軍旅事棘既徵發，則大司徒誓教而軍將制之矣。二十五家人民寡，孝友、睦婣、有學者未易數覯也，故第書其敬敏、任恤者。比耦而耕，同井相友，則敬敏、任恤者迹可驗矣。　所書不獨秀民，農夫而有此，即可備異日閭胥之選。　閭胥所書，僅二十五家之民，故善小而必登；族師所書，乃百家之民，故學行兼而後書。黨正以上，德行、道藝皆備而後書，其進每上，其選每精。六行不言「敬敏」，而此言之者，敬則小心，敏則强力，二者善雖小而可望其成德，故謹書之。

凡事，掌其比、觵撻罰之事。

既舉祭祀、役政、喪紀，而又曰「凡事，掌其比」者，上該軍旅徵發，下該民間相受、相葬、相救、相賙，以及合耦興鋤、移民牧稼之事也。

## 比長

各掌其比之治。

比長，即耦耕之民，而曰「掌其比之治」者，五家有所欲治於上，上有所治於五家，比長必與之俱也。

## 封人

掌設王之社壝，爲畿封而樹之。

小宗伯建國之神位，右社稷，左宗廟。大宗伯以血祭祭社稷，而匠人職「左祖右社」，鬯人職「社壝用大罍」。州長祭社，專爲祈穀，無不祭稷之義明矣。而惟舉社，經傳無專言祭稷者，以是知稷與社壇同兆，祭同舉也。　大司徒先畿封而後社稷，此先社稷而後畿封者，從職所重。

令社稷之職。

諸有職事於祭祀者，皆冢宰、小宰令之。　封人所令，其諸守社稷之壇壝以及修築、洒掃之職與？

## 鼓人

掌教六鼓、四金之音聲，以節聲樂，以和軍旅，以正田役。

凡王朝祭祀之樂器及舞器，皆大司樂之屬教之。　小師教鼓與鼗，鎛師教金奏之鼓，可見六鼓皆其所教，鼓人所教六鼓、四金之音聲，乃用於州黨之祭祀及師田庶事者耳。

教爲鼓，而辨其聲用。

爲鼓之義，惟注爲安。　鄭氏鍔爲謂教韗人爲之，而王氏應電祖述焉，非也。　韗人爲臯陶，具列廣輪圍徑、鼓面版厚、中穹倨句之尺寸，以及冒鼓之時日。　鼓人所教，更有何法？其不可通明矣。然則諸樂之器，皆不云爲之，而獨鼓人有此文，何也？凡鐘磬、柷敔、搏拊之類[一]，擊之皆有定所；絲絃、徽柱，按之皆有常度。匏竹、壎篪，吹之各循孔竅，惟鼓則擊之無定所，其淺深、疏密、輕重、緩急，各有度數，以要禮事樂歌之節會。鼓非一類，樂官掌鼓奏者亦非一人，故各以度數教之。至於軍旅、田役，則凡軍吏有司，皆受鼓節焉。州黨之祭祀興舞，則有司皆受鼓節焉。故特出教爲鼓之文，與衆樂器異也。

以金錞和鼓，以金鐲節鼓，以金鐃止鼓，以金鐸通鼓。

四金皆帥田所用也。軍事先鼓而後金，大司馬職：「中軍以鼙令鼓，鼓人皆三鼓。」荀子曰：「聞鼓聲而進，聞金聲而退。」軍事主進，故以鼓人掌四金與大閱。自王以下至旅帥，皆執鼓，同義。蓋必能進而後能退，故以鼓始，而後以金終焉。　金鼓之節，大司馬於四仲月之蒐狩教之矣！此鼓人掌之，而屬於司徒者，不肄之於平時，則臨事倉卒失措，而不可用。故豫使田野之民皆習聞其聲，而知進退、止齊之節也。

[一]「搏」，原作「雅」，今據尚書正義改。

凡祭祀百物之神，鼓兵舞帗舞者。

以上辨鼓之聲用，乃有司執事者鼓之，此下乃鼓人所親鼓也。獨舉祭祀百物之神，鼓兵舞、帗舞，明王朝神祀、社祭、鬼享，非鼓人職也。蓋惟六鄉之中，春祈秋報，舉蜡祭，則祈報不待言。及歲終蜡祭百物，而興舞，然後鼓人鼓之，其餘州黨、社禜、酺賽以及山川、因國之類，皆主祭者使執事之人鼓之，鼓人不與也。中士六人，豈能給二十五州百黨之鼓事哉？

## 牧人

掌牧六牲而阜蕃其物，以共祭祀之牲牷。凡陽祀，用騂牲毛之；陰祀，用黝牲毛之；望祀，各以其方之色牲毛之。

曰「阜蕃其物」者，物衆多，然後牲可擇也。如曰「牧六牲，而阜蕃之」，則似量所共之牲，數以牧而無以見其廣牧，以待擇矣。色以毛別。既列其色，而復曰「毛之」者，色雖純，毛之美善又各有差等也。

## 牛人

掌養國之公牛，以待國之政令。

曰掌養公牛，以待國之政令，則似民共其牛而官養之。故曰「國之公牛」，以別白之。

## 充人

凡散祭祀之牲繫于國門，使養之。

別言「凡散祭祀之牲」，則四望、四類、社稷與祀帝、享先王同可知矣。

展牲則告牷。碩牲則贊。

祭義：「君皮弁素積，朔月月半，親巡牲。」展牲疑謂此。春秋傳：「郊牛日展斛角，而知傷展道盡矣。」〔一〕告牷，以體完而無傷告也。碩牲，謂牛馬防其奔駭，故助牽之。按司馬職：「喪祭，奉詔馬

〔一〕「傷」，原作「陽」，今據春秋穀梁傳注疏改。

牲。」校人職：「凡將事於四海山川，則飾黄駒。」充人亦當助牽。經於六牲皆各指其物，而此曰「碩牲」，正以兼牛馬二物耳。不曰贊王，以喪祭，並贊司馬也。

## 載師

掌任土之灋以物地事，授地職，而待其政令。

授地職，即司徒所分地職，其地所承於王朝之職事也。鄉遂、公邑、都家皆有之，知非九職之事者，授民以九職，閭師所掌也。且百工、商賈、嬪婦、臣妾、閒民之所任，不得謂地職。載師所任皆平土，故雖包圃牧之地，而山、林、川、澤，則閭師别任之，其不得爲九職之事昭然矣！授者，以授鄉遂、公邑之吏，家稍、縣都之長也。注謂授農牧、虞衡，使職之。誤。

以廛里任國中之地，以場圃任園地。

大宰職「邦中之賦」注：「邦中，在城郭。」以此經次之，則園地，附郭之地也。國中人聚，非郭外有園地，則果蔬無所取；於郊野致之則艱矣！王政即人之心如此。詩所謂「疆埸有瓜」，春秋傳所謂「井、竈、葱、薤取焉」者，宅畔之園，農民所以自給也，故秋穫則築以爲場。周官九職，園圃毓草木，則土宜雜樹及瓜瓠者，民受之而貢草木，私市之以給衣食，共國中官府、士民之需。此職所謂「場圃」，則九職之一，而非農夫所築之場，故與廛並有征，以在農田之外也。注謂季秋於中爲場，尚可通，蓋果蓏中亦有宜乾曝者。薛氏季宣以爲室廬旁之場圃，鄭氏謂場以登禾黍，則誤矣。

以宅田、士田、賈田任近郊之地，以官田、牛田、賞田、牧田任遠郊之地。

凡仕者以罪廢，則各還其鄉里。若以老疾致仕，而德行、道藝可備顧問；或爲王之故舊，設其田邑在數百里外，則使宅於近郊，而量賜以田。如外諸侯如魯、鄭，則於王都賜湯沐邑也。故惟康成之説於事理爲近。士田，所以養升於成均之學士也。士庶子宿衛王宮者，宮伯行其秩，而大司樂、樂師、大胥無及學士之秩者，則别有以養可知矣！蓋當官者有田禄，又有宅田以養故士，有上田以養將仕而未受職之士。聖人之體群臣，所以仁至而義盡也。庶人在官，及商賈家子弟，力能任耕，即授以餘夫之田，則不顧世父兄之業者仍可歸農。蓋以世事教能者其常，而材力各有所宜，亦未嘗不聽其改業也。賞田與致仕者之宅田爲食公田之入，不待言矣。學士及諸給事於官者，皆不暇躬耕，亦各就邑居所近，區公田以授之，而使食所入也。必制公邑，設有司以掌之，乃别爲七者之田，而不列賦於大府，何也？使入於廩人、倉人而後給之，則徵收、出納、期會、輸將不勝其擾矣。故使各受其田之所入也。近郊、遠郊之田，征調財賦無專司者，以地官諸職考之，宅田、官田、賞田、士田、牛田、牧田宜皆食公田之稅，而免征調。惟工賈之家，子弟受田，則宜與諸田之農民並起徒役，而聽於鄉師。鄉師職「以旗物辨鄉邑」，所謂鄉者，六鄉；所謂邑者，即宅田、士田等類也。其財賦，則徵於閭師。閭師職不言六鄉，而曰「國中及四郊」，正以中包近郊、遠郊之田耳。小司徒主六鄉而大比兼六鄉、四郊之吏，以待徵令，則宅田、士田等之征調財賦，附於六鄉，亦猶公邑之附於六遂明矣。

以公邑之田任甸地，以家邑之田任稍地，以小都之田任縣地，以大都之田任畺地。

所任地不見鄉遂者，鄉地在四郊，任鄉之餘地，以爲宅田、士田、賈田、官田、牛田、賞田、牧田，則六鄉不待言矣。遂地在甸，以遂之餘地任公邑，則六遂不待言矣。

凡任地，國宅無征，園廛二十而一，近郊十一，遠郊二十而三，甸、稍、縣、都皆無過十二，惟其漆林之征二十而五。

十一者，三代之中正也。至魯宣公初稅畝，著於春秋，則前此無稅私田之事可知矣。古者公田爲居，井、竈、葱、薤取具焉，其耕地實八十畝，故孟子及春秋傳，通計公田八十畝，私田八百畝，而言入於公者，乃十分之一耳。若周官閭師任農以耕事，貢九穀，則不過歲入公田之穀，并無所謂十一之名也。又安從有二十，而三與十二之道哉？閭師之法通乎天下，又安有近郊、遠郊甸、稍、縣、都之别哉？反覆參考，蓋惟「凡任地，國宅無征，園廛二十而一」，「惟其漆林之征二十而五」三句二十三字爲經之本文，以是三者皆非穀土，而别有地征，故特著之。「近郊十一，遠郊二十而三，甸、稍、縣、都皆無過十二」，此三句一十九字，則莽、歆所增竄也。蓋莽誦六藝以文姦言，而浚民之政，皆託於周官。其未篡也，既以公田口井布令，故既篡下書，不能遽變十一之説，而謂漢法名爲三十税一，實十税五。其欲多取於民之意，顯然可見。故歆增竄載師之文，以示周官之田賦本不止於十一耳。此誣聖賊經之尤大者，而自康成以來莫之能辨，故以春秋所書及閭師之本文正之。

上經以廛里任國中之地，國宅謂列居國中者，（注以爲官舍，則無征何待言。）即所謂里也。廛之征布薄，以既征其貨也。漆林亦民用所需，然其利厚，又不費人力，使民争鶩焉，則穀土爲之奪矣！故重其征，俾所入無以遠過於田農，所以博民於生穀也。園廛之征特輕者，廛占地無多，園貢草木，且果蔬之屬可佐穀食，與漆林異矣！（後代染草、蔗苧、花卉之利厚，民争廢穀土以種之，而烟尤甚，上腴之地半爲所奪。）朱子仍康成之説，謂併雜税而爲十二。黄氏度主之，非也。合觀九賦各貢其物，嬪貢則凡有配偶者之所同，外此别無税矣。雜税，漢唐以後始有之，而以釋成周之賦法，可乎？陳氏傅良謂甸、稍、縣、都無過十二，乃公邑及卿、大夫采地之田税，故歲貢其十之二，而自有其八，亦非也。家、稍、縣都之賦各當九式之一，不宜得私其八。至公邑，則天子使吏治之，與鄉遂同，不過受下大夫、上士之常禄耳，安得有歲貢其二而食其八之法乎？司勳頒賞地，所食僅三之一，而謂家、稍、縣、都貢止十二可乎？薛氏季宣之説尤謬。陸氏佃説與陳、薛有同有異，但前後皆言民賦，而中間忽言内諸侯之貢，文既不倫，理亦隔閡。蓋二十而三及無過十二之説，求之經傳百家，無一可通，故群儒皆遷就而爲之解耳。園之征二十而一，即所毓草木二十而貢其一也。鄭注以宅之樹、疆之瓜當之，賈疏又謂即春秋傳所謂取於公田以種葱、韭者，先王之於民，豈若是其悉乎？

凡宅不毛者，有里布。凡田不耕者，出屋粟。凡民無職事者，出夫家之征。

方里而井。里布，一井所應出嬪貢之布也。田有一易、再易，一井亦約四五家耳。若罰以二十五家之布，則令有不能行矣。無職事，謂醫卜、巫覡、媒妁之類，其事不列於九職者，諸技術之人，在官員選甚少。即以醫言之，疾醫、瘍醫各八人，以共王宫及公、卿、大夫之醫事，且日不暇給，則王城以内不列職而爲醫者必衆矣。況鄉郊以外乎？餘可類推。其執技以食於民間所得每厚於農夫，故征之與受田百畆者等，亦所以警游惰也。如謂閒民，不惟義不安，法亦難行。

以時徵其賦。

徵賦者，閭師。而以時令徵者，載師也。

# 周官析疑卷之十二

## 閭師

掌國中及四郊之人民、六畜之數，以任其力，以待其政令，以時徵其賦。

不曰「六鄉」，而曰「國中及四郊」，明近郊、遠郊所任宅田、官田之類，亦閭師掌之也。知然者，自甸以往始有公邑，而統於六遂。曰「以時徵其賦」而下所列皆九職之貢物，則貢之外別無賦明矣！特以地計則曰「九賦」，以職言則曰「九貢」耳。

凡任民：任農以耕事，貢九穀；任圃以樹事，貢草木；任工以飭材事，貢器物；任商以市事，貢貨賄；任牧以畜事，貢鳥獸；任嬪以女事，貢布帛；任衡以山事，貢其物；任虞以澤事，貢其物。

大宰以九職任萬民，列其職也。閭師則按職而命以事，定所徵。大宰之法通乎天下，於閭師舉之，則畿内及六服咸視此矣。嬪貢布帛，而典絲職又掌絲入，疑國中、四郊則貢絲，甸、稍、縣都則貢帛。案月令，后妃獻繭，乃收繭稅，以桑爲均，貴賤老幼如一，必近在國中、四郊可知矣。禹貢有漆絲，或周官邦國嬪貢亦兼絲與布帛。　閭師山澤居末，與大宰九職異者，大宰制國用，故以材物之多少爲次；此職掌任民，故以人功之多少爲次也。

凡無職者出夫布。凡庶民不畜者祭無牲，不耕者祭無盛，不樹者無椁，不蠶者不帛，不績者不衰。

載師「凡民無職事者出夫家之征」，謂醫卜、巫覡、媒妁之類，其事不列於九職者也。此無職者，則閒民也。雖無常職而未嘗無事，故使出夫布。古者無怨女曠夫。閒民，大率有匹偶而無次丁，不能任百畝之田，故使轉移執事，其身既隨所助執事者而有賦貢矣！其妻則宜出布帛，恤其窶艱，故惟征其布其曰夫布，以一夫一婦所應出之數爲準也。　載師凡宅不毛者有里布，荒其園圃者也。此獨不樹未嘗不毛，故罰止於不椁。　載師凡田不耕者出屋粟，受田而不耕者也。此不耕者，謂百工技食之人本未受田，故罰止於無盛，其事本異，故罰亦異耳。　獨舉庶民者，士、大夫有田禄，則不在此列。　遂之治訟，遂師、遂大夫聽於上，縣正掌於下，而鄉師以下别無掌獄訟之官，何也？蓋鄉之别設閭師，所掌即縣正之職也；縣正職之徵，即此職之時徵其賦也；縣正職之比，即此職人民六畜之數也；縣正職之政令，即此職所待之政令也；縣正職之頒田里、分職事，即此職所任諸職事也。

二職所掌，凡事皆同，獨此職無掌治訟、趨稼事而賞罰之文，蓋此職不耕、不樹、不畜、不蠶、不績之罰皆掌焉，則掌其治訟、趨其稼事而賞罰之，不待言矣。故與縣正職互交以相備也，徵比、治訟之不掌於州長，何也？六鄉之治主於教，所以爲甸稍、縣都、邦國之表儀，而州長又承鄉大夫所頒，而施教法之長吏也。使掌徵比，數衆寡六畜，征粟帛、百物，計贏縮，辨良苦，則無以使民高其行而恥貪鄙矣。使掌治訟，訊決細故，從事於纆索、鞭笞，則無以使民化其德而興仁恕矣。且擾擾於徵比、治訟之間，日不暇給，則所以考德行、道藝者必不能從容以既其實矣。惟師田、行役，帥民而致，與縣正同，蓋非有地治而親民者不可以帥衆，而師田、行役亦教法之所寓也。縣正可兼徵比、治訟，何也？遂師徵財征，入野職、野賦，則掌事者遂師也。縣正特各布其徵之令耳。野之國政少，禮事簡，故兼比與治訟而不以爲煩，且秀民野較少，比與治訟，亦所以教甿也。縣正遂各五人，而閭師鄉各二人，何也？國中之獄訟，鄉士受之，其教治並歸州長，閭師所領適當縣正之半耳。鄉師聽獄訟，遂則言訟而不言獄，何也？亦互文以相備也，猶縣正職「趨其稼事而賞罰之」，閭師職具不耕之罰，則勤耕者有賞不待言矣。地官專職，唯土地、人民二者：載師任土地，不能離人民；閭師任人民，不能離土地。而必分爲二者，蓋相民宅之利害，辨五土之肥磽，綱維既定，可守爲成法。而稽夫家，課民力，上、中、下之户歲有登耗，農、工、商之業時或改移，各因其能而任以事，其稽核視地事爲難。故載師可兼掌畿内，而閭師所掌者僅四郊之人民。其分任之者，尚有縣師、遂師也。

## 縣師

掌邦國、都鄙、稍甸、郊里之地域，而辨其夫家、人民、田萊之數，及其六畜、車輦之稽。三年大比，則以考群吏，而以詔廢置。

地域、田萊之數，小司徒掌之，鄉遂之吏各掌其夫家、人民、六畜、車輦之稽，而復使縣師通掌之，且外及於邦國者，以有軍旅、會同、田役之戒，則受法於司馬，以作衆庶，會卒伍，不可不備知其數也。既掌軍事，則大比因詔廢置，所以考群吏者，不厭其詳也。張自超曰：「縣師雖兼甸、郊、里，而所專掌則都、鄙、稍，故列職先都、鄙、稍，而後及甸、郊、里，猶小司徒雖兼都鄙，而所專掌乃國中四郊，故列職先國中四郊而後及都鄙也。」和風翔曰：「縣師上士二人，中士四人，據户籍以徵兵，則通天下而有餘。親自辨察，雖畿内公邑難徧，況六服之閒田乎？吕氏祖謙乃謂縣師掌邦國之閒田，不獨無所徵信，於事理難通，抑且顯與經悖。」又曰：「小司徒三年大比，受邦國之比要，故其夫家、人民、田萊之數，六畜、車輦之稽，具在地官。數之多寡、盈秏，按籍可稽。鄭氏鍔乃云安能盡掌而辨之、稽之，以爲專掌公邑之徵。謬矣！」

既曰「夫家」，又曰「民人」者，兼餘夫在室之女也。授地上、中、下之差，以人數多寡爲準，則處女必登於籍明矣。

若將有軍旅、會同、田役之戒，則受灋于司馬，以作其衆庶及馬牛車輦，會其車人之卒伍，使皆備旗鼓兵器，以帥而至。

賈疏致於鄉師，鄭氏鍔引稍人職作其同徒輂輦以帥而至，聽於司馬，以破之。非也。古者軍帥即六卿，五卿有喪疾事故，或可使人攝，而大小司徒必有一人治其政令，鄉師則無不在行者。大軍旅，大司徒以旗致萬民；小司徒帥衆庶；鄉師正治其徒役與其輂輦，戮其犯命者。小軍旅，小司徒巡役，治其政令。夫大軍旅畿内六服之師咸會而戮其犯命者，惟鄉師、大司馬不敢專焉，則無役不從可知矣。司馬主兵，大役亦屬植受要，故稍人職言「聽於司馬」，其實無不受節制於鄉師者。諸儒好異説，皆由未嘗熟復經文耳。張自超曰：「左傳：鄭人授兵於大宫，楚人授師孑焉以伐隨，又鄭火授兵登陴。諸儒遂謂甲楯、甸丘自具兵器臨時授之。然考周官鄉大夫大比，考夫屋及其衆寡、六畜、兵器，此職會車人之卒伍，使皆備旗鼓、兵器，以帥而至，族師合卒伍，則簡兵器，里宰比六畜、兵器，而司戈盾軍旅、會同所授止貳車乘車之戈盾及旅賁虎士之戈盾，則卒伍、兵器皆自備可知矣。左氏所傳或春秋時列國之變法，或所謂授兵者，亦止授將校，而辭未別白耳。」

凡造都邑，量其地，辨其物，而制其域。

辨其物，即大司徒職所謂「以土均之法，辨五物九等」也。山林、川澤、丘陵、墳衍、原隰，其間穀土多寡不均，其穀土又有不易、一易、再易之分，故必辨其物，然後可以制其域。大司徒職：凡造都鄙，以其室數制之。必知上地、中地、下地之分，然後室數可定。縣師通掌天下之兵賦，而所制地域獨都邑者，六遂之域遂人制之，六鄉之域小司徒制之也。都，小都、大都也。邑，公邑、家邑也。遂人掌造縣鄙形體之法，而縣師與㦝事者縣師掌甸、稍、縣、都，則或造公邑，建都家而取於餘地以附益之。或地域華離，并割公邑，以成都鄙之形體，必二官聯事，乃得其宜。劉捷曰：「鄭氏鍔謂縣師所造惟公邑，非也。如止公邑，則宜曰『凡造邑』，不當言『都』。又謂辨其物爲辨五地之物生，亦非也。此經乃量地制域，必詳辨上、中、下地，然後域可制。」

以歲時徵野之賦貢。

注以野爲甸、稍、縣、都，後儒易之爲四等公邑，皆非也。周官稱「野」，有通乎鄉郊以及縣畺者。鄉大夫「國中自七尺以及六十，野自六尺以及六十有五，皆徵之」。遂人：凡治野，夫間有遂，以達于畿。有兼遂及公邑者，遂人：「大喪，帥六遂之役。」又曰：「凡事，致野役。」則野兼自甸及畺之公邑。　大司馬辨號名，既曰「縣鄙各以其名」，又曰「鄉以州名，野以邑名」，則野謂六遂，邑謂六遂中之縣也。　而此職徵野之賦貢，則專指家、稍、縣、都，蓋六鄉、四郊之賦，閭師徵之，遂及公邑之賦。　遂師徵之，都家之禮事、兵刑各有專司，而貢賦之徵別無見經者，則爲縣師所掌明矣！　縣師徵都家之賦，猶載師徵畿内之賦，皆令徵而非本職自徵也。　載師、閭師職皆曰「以時徵其賦」，九職之賦於民者，皆順物成之候，而各以其時徵也。　此曰「以歲時徵其賦貢」，采地之賦貢，以時徵於其長，每歲而一致也。　閭師第曰「賦」者，王官自徵之，則言賦而已該諸職之貢物矣。　都家則粟米、貢物並入於其長，而後其長致貢焉。　故必言賦貢，而後其義乃備也。　遂師入野職、野賦有明文，故第言徵財征。經文義各有當，而不相混，蓋如此。　載師通掌畿内之地政，故通掌徵賦之令，而閭師與徵，則大鄉四郊：；　縣師所徵，則家、稍、縣、都也。　里宰職曰：以待有司之政令，而徵斂其財賦。遂師職曰「以徵財征」，則知六遂之賦，里宰徵之，而遂師執其總矣。　閭胥職曰「各掌其閭之徵令」，則知六鄉之賦，閭胥徵之，而閭師執其總矣。　用此推之，則家、削、縣、都之賦，執其總者縣師，而徵之者亦二十五家之長，致之者必都家之長吏矣。　閭師掌國中及四郊，則知近郊、遠郊、宅田、士田、賈田、官田、賞田、牛田、牧田之賦並掌於閭師矣。　載師以公邑任甸地，九賦唯列邦甸，不及公邑，而遂師徵財征，入野職、野賦，遂大夫職凡爲邑者以四達戒其功事，則知公邑之賦並掌於遂師矣。何以知縣師所徵野之賦貢？爲小都、大都、家邑而不兼采地之公邑也。遂人中大夫二人，遂師下大夫四人，所屬上、中、下士，及府、史、胥、徒之數，與六官之長同，又遂大夫六人爵列與六官之貳等，環列邦甸，使各徵其方公邑之賦，則威權足以統攝官徒，足以周給地勢，便於徵輸。若縣師，則上士二人、中士四人以布徵令於都家則有餘，而兼掌三等公邑之財徵則不足矣。縣師爵卑而數少，以都家各有長，其承事者各有邑宰故耳。

## 遺人

掌邦之委積，以待施惠。

曰「待」者，待鄉師、司救、司稼之屬，以王命施之。

鄉里之委積，以恤民之囏阨。

民之囏阨，無地無之。郊里、野鄙宜同此法，而無見焉。以歲時巡國及郊野，而賙萬民之囏阨，鄉師職已詳也。鄉師曰「萬民」，據所巡而見其無不徧也。此職曰「民」，據囏阨之當恤者。

蓋蘬陒與凶荒異，或以喪疾事故而致，非衆所公共，故第目其人。劉捷曰：「鄉師所巡省，乃春秋補助之常；司救所巡察，乃天患民病之大。此所恤則閭里閒單丁女户，偶以事故而致蘬陒者，非鄉師司救所及，故别屬遺人。」

郊里之委積，以待賓客。

賓客道路之委積，亦遺人頒之，而獨言「郊里」者，賓客聚於王都，故委積必取於郊里，舉其多者而言。不言家削之委積者，委人掌甸下之聚，而軍旅共其委積、薪芻，則公邑、家、削之委積並掌於委人以共師旅可知矣。疏謂縣都可兼稍，非也。遺人掌待施惠賓客、會同、師役，非施惠也，故别爲道路之委積耳。

野鄙之委積，以待羈旅。

古者無游民，羈旅當爲凶荒所移之民。六鄉地狹，故使就食於野鄙，宜兼來徙家及就粟而願留者。委人「以甸聚待羈旅」，正與此合。

縣都之委積，以待凶荒。

縣都之委積最多，故以待凶荒，且便於内外移用也。待賓客羈旅，既列遺人職，復列委人職者，遺人頒委積，委人共薪芻也。大府邦中四郊、甸稍、縣都之賦各有所待，而此職郊野、縣都之委積、委人職甸稍之委積，又各有所待，何也？歲賦不盡輸於王朝，其存者各貯其地以爲委積。

凡賓客、會同、師役，掌其道路之委積。凡國野之道：十里有廬，廬有飲食；三十里有宿，宿有路室，路室有委；五十里有市，市有候館，候館有積。

雖主賓客、會同、師役，而十里有廬，三十里有宿，五十里有市，本爲遠方行旅。路室、候館，則專爲賓客及會同、師役之責者而設耳。

凡委積之事，巡而比之，以時頒之。

巡者，所掌非一地也。自郊里至縣都，皆有委積。大府以式法所應用，各存貯於其地。有司守之，以待遺人時頒，故先期必巡而比之。道路之穀積，共之者倉人，治之者廩人，財凡委積可知矣。

## 均人

掌均地政，均地守，均地職，均人民、牛馬、車輦之力政。

均地政者，均所征財賦也；均地守者，司險掌固所頒守法。凡民皆有任焉，而其事有劇易，守者有衆寡，故必通計一國、一都應守之人，或私助財役，或輕重其力政、賦貢以相準而後得其平。掌固職所謂移甲役財用，亦其一端也。均地職者，所承職事雖有常，而亦時有劇易也。下有力政，則地政爲財賦明矣。如地守爲山澤虞候之守，則已包九職中，而地政即九職之財賦也。乃分而爲三，聖人作經，豈如是蒙雜而無紀乎？唯地守爲司險掌固之守，則此疆彼界，劇易各殊，安平與有事勞費迥異，必均之而後有所循，唯地職爲鄉遂公邑、都鄙所承之職事，則功役之繁簡，以事故而遷移，財用之盈虧以歲收爲高下，必均之而後有所準。若以守爲山澤所頒，則廣狹各隨其地，職爲民職所授，則農工、商賈、圃牧、虞衡、嬪婦各有所承，不唯無所用，其均亦絶無均之之法。鄭氏鍔、黄氏度之説皆似是而非。大司徒制地征，分地職，奠地守。小司徒辨其守，施其職，平其政。而均人均地政，均地守，均地職。土均均邦國、都鄙之地守、地事、地貢。詳要有宜，參互相考，所以曲得其次序，而政必宜民也。張自超曰：「賈疏謂均人總均畿内鄉遂、公邑，以土均所掌唯邦國、都鄙，而序列遂吏之後也。此亦四等公邑，兼掌於遂師、遂大夫之徵。」

凡均力政，以歲上下：豐年則公旬用三日焉，中年則公旬用二日焉，無年則公旬用一日焉。王制用民之力，歲不過三日。注以旬爲均，蓋本諸此。即以無年爲率，六鄉之中，得七萬人有奇，要役亦足以共矣。曰「均」者，周官以下劑致民，豐年五穀皆登，即下地之民，用之三日，其從役也，亦輕，中地、上地無所增加，是之謂「均」，所以安富也。無年，所收薄也。若凶札，則全無力征，而川防浚築，決不可緩者，調於他邑，彼此相補，故三年有大均之法，猶守政之甲役、財用可移耳。

凶札則無力政，無財賦，不收地守、地職，不均地政。地守曰「收」，則守法中有相助之財賦明矣！地職亦曰「收」者，設所承浚築、輸將、供積之職事，一歲適寡，必別有所入以當之，而寬其劇者之賦貢，所謂「均地職」即此類也。觀此經，則地職不得爲九職益明矣。財賦皆九職所出也。既無財賦，而又曰不收地守、地職者，蓋盡免九職之額征，而其他守政中應出之材器，地職中應共之材物亦不收耳。填守中用其材器及移甲役財用，經有明文，地職中材物如遂師職祭祀共野牲，戴記郊之日鄉爲田燭之類。若地守爲山澤虞候之守，地職爲九職貢物，則不惟地守本在地職中，不宜分爲二，而於地守地職外，别言財賦，絶不可通矣。方道希曰：「財賦即上經所謂『地政』也，既曰『無財賦』，又曰『不均地政』者，有財賦，然後可施均法，既無財賦，則法亦無所施耳。」

## 師氏

掌以媺詔王，諫王惡。〔一〕

天子師保有公、孤，師氏中大夫、保氏下大夫，蓋專爲教太子設者。春秋傳：晉侯問楚子。鍾儀對曰：「其爲太子也，師保奉之，以朝於嬰齊而夕於側也。」則職專於教太子可知。而其職首曰「以媺詔王，諫王惡」，何也？使太子益嚴於師保也，王且以媺詔王之惡，且諫則所以詔太子、諫太子者不可玩忽明矣。

以三德教國子。

大司樂掌合國之子弟。王制：王太子，公、卿、大夫、元士之適子，國之俊選皆造焉。此自古

〔一〕「諫王惡」三字，周禮注疏無，疑衍。

不易之制，經傳晝一之文也。柯氏乃謂：國子皆聚於虎門，師保教之。非也。世子學於虎門，不過取國子中秀異者十數人共學。師保專教太子，兼司王朝，王舉必從，能徧教數千百之國子乎？

一曰至德，以爲道本。

知、仁、聖、義、中、和之德，乃養以道藝而成者，此曰「以爲道本」，蓋以天命五常之德粹然至善者言也。

一曰孝行，以親父母。

孝行以敬爲大，而此獨曰「以親父母」，王公之子於父母多尊而不親也。

二曰友行，以尊賢良。

賢良，即同學中德行、道藝秀出者。吕氏祖謙謂國中之先生長者，則無由與虎門外之國子相接，如謂大司樂所云「有道者、有德者」，則當在師長之列。王太子入太學時，雖得相接，而不當曰「友行」矣。尊賢良列於事師長之前，何也？順於師長，童稚所易知，尊賢良，則能與於學行，而爲明道進德之益者大矣！書傳：王子束髮而入太學，公、卿、大夫、元士之適子十八而入太學。其年較長，正欲擇其性行學業之優者。

三曰順行，以事師長。

師，教以道藝者，師氏、保氏、大樂正、小樂正之類是也。長，同學中行列尊，年齒長者。大司徒以六德、六行、六藝教萬民，而師氏、保氏分爲二職者，師氏所教，十五及二十入大學者也。保氏所教，八歲及十三入小學者也。或以六德、六行，或以三德、三行而變其名義者，司徒以鄉三物教萬民而賓興之，要其終而言之也。自十五入學，至九年而大成，則成人之事備矣。故知、仁、聖、義、中、和之德無不詳也，孝、友、睦、婣、任、恤之行無不著也。師氏所教，乃國子始入學者，六德未可遽求，必使知人之所得於天而粹然至善者爲道之本，而後六德可馴致也。孔子曰：「天地之性人爲貴。」孟子曰：性善，人皆可以爲堯、舜。春秋傳曰：民受天地之中。又曰：人之於天也，以道受命。董子曰：人受命於天，固超然異於群生。皆至德以爲道本之義。聖賢所以發人心之蒙而興起其善端者，莫切於此。崇高富貴，易於浮惰，必使知勤敏爲行之本，而後六行可漸推也。有父兄在，睦婣、任恤之行，不可得而見也。第使知親父母，尊賢良，事師長，而百行有基矣。若六藝，則小學所必親，故無異教也。於孝行之外，別教孝德，而曰「以知逆惡」者，非知人之逆惡自知其逆惡也。

師氏主教太子，太子之事父母也，師保奉之動必以禮，於孝行無由顯悖，故特教以孝之實得於心者，使知於父母之教陽奉而陰違，則爲逆；偷爲不義，則爲惡。而太子之逆惡，不可糾詰也，故伸其教於國子。先儒謂猶周公抗世子之法於伯禽也，師氏無教太子之文者。古者太子入學，與胄子齒，故以國子該之。國子本宜學於太學，以太子故，教於虎門之左，則教太子不必言矣。

居虎門之左，司王朝。

司士職，路寢門外之朝，不過與群臣相見，並無群臣白事，王聽治之事，王揖而入，乃玉藻所謂「退適路寢聽政」也。此曰「司王朝」，謂王出路門外，擯者司士，而威儀、言動，師氏亦察之也。王還入路寢聽政，贊治者冢宰，而是非得失，師氏亦察之，所以交修而惟懼其有愆也。

掌國中失之事，以教國子弟。

不曰凡中失之事，而曰「國中失之事」者，以先世王太子、王子弟善敗之迹告之，使知鑒戒也。

凡國之貴遊子弟學焉。

師氏、保氏所教，皆未冠，與太子齒相次以共學者，故國之選俊不與。若太子既冠成人，則必博選天下孝弟博聞有道術者使與居處出入，而不專於貴遊子弟矣。以此經次第觀之，首曰「以三德教國子」，似以太子、群王子而言；繼曰「掌國中失之事，以教國子弟」，似兼王之族姓而言；繼曰「凡國之貴遊子弟學焉」，乃言公、卿、大夫之子弟，舊説相承既久，今姑仍之。

凡祭祀、賓客、會同、喪紀、軍旅，王舉則從。

職專於教太子及國子，而王舉則從者，祭祀、軍旅、喪紀，國子必從太子，而會同、賓客，諸子亦作群子以從王，故師氏、保氏帥之，以觀於政事，亦所以爲教也。

聽治亦如之。

聽治，謂王視朝畢，退適路寢聽治也。路寢門外之朝，惟見群臣，而不聽治，其服位則宰夫、大僕正之。若路寢聽治，師氏、保氏不在側，則何由以嬍詔王、諫王之惡乎？注以聽治爲野外，非也。必太子從王，而後師氏、保氏從太子，則聽治於野外師氏、保氏與聞者鮮矣。

朝在野外，則守内列。使其屬帥四夷之隸，各以其兵服守王之門外，且蹕。

聖王以夷隸守之者，使王朝夕出入，惕於德失政散則四夷弗賓，又使裔荒之人知朝廷禮義之盛，以爲聲教也。觀此，則知守王宫，罪隸不與矣。罪隸職「其守王宫」二語，舊説謂繫閩隸下錯簡，可徵信於此。

# 周官析疑卷之十三

## 保氏

掌諫王惡，而養國子以道。

曰「以𡢃詔王」，曰「諫王惡」，蓋因事而陳善納規，與公孤之職自别。

乃教之六藝：一曰五禮，二曰六樂，三曰五射，四曰五馭，五曰六書，六曰九數。

賈疏參連襄尺，乃射之常節，不可謂之藝能，剡注義亦難曉。竊疑襄者，包也。或上下，或左右，兩矢注鵠，而正相對中間所包恰一尺，則謂之襄尺，猶兩席相對而中容丈曰函丈也。凡圭之形，博三寸，剡上，左右各寸半，弦其上端及左右稜，則三角形。剡注者，三矢注鵠，如圭首上剡之形也。蓋一矢貫鵠者爲白矢；二矢中而如式者爲襄尺；三矢連中者曰參連，中不連而三角形爲剡注；四矢皆中而正方爲井儀。襄尺、剡注皆以其形體言，故於井曰「儀」以顯其義也。矢三中而不相連，式不合，猶無稱焉，則下此可知矣。自襄尺以往，皆貫鵠而見鏃者也。中鵠而矢墜，則不見其儀，故詩有取於四鍭之如樹耳。

凡祭祀、賓客、會同、喪紀、軍旅，王舉則從；聽治亦如之。

保氏居虎門，司王朝，當與師氏同。不言者，文略也。

使其屬守王闈。

師氏胥十有二人，徒百有二十人，倍於保氏，以王門外守者衆多，且用四夷之隸，故以師氏之胥徒董之。保氏守宫中之闈，則第用其屬之胥徒足矣。

## 司諫

巡問而觀察之，以時書其德行、道藝，辨其能而可任於國事者。

自州長及族師，無時不讀法以教民，而考其德行、道藝，復設司諫、司救之官，何也？敷教在寬，故鄉官之職惟在教育化誘以興其賢能，州長之糾不過合聚而警戒之。閭師之觵撻罰，乃庶民小過。而創懲之法無見焉，故特設司諫，以主學士之不帥教者。下經曰「以行赦宥」，則不帥教者，有移左、移右郊遂寄棘之法明矣。於德曰「糾」，於行曰「正」，則性質之乖異可知。於道藝曰「强」，則學誦之偷惰可知。於朋友曰「勸」，則平日之比於匪人可知。苟能改悔，仍時書其德行、道藝，辨其能而可任於屬事者，則猶將因材而器使焉。司救之官，則專爲罷民而設也。坐諸嘉石，役諸司空，聚諸圜土，學校之法，未聞有此，以是知爲平教罷民也。然不齒止於三年鄉里任之，則宥而舍之，民雖自棄，而先王不忍終棄之也。群儒多謂懼州長以下所考德行、道藝未實，故設司諫以巡察之而彼此參驗。非也。群士之德行、道藝，自閭胥以上，層累而察之，積月累歲，以達於州長。鄉大夫親詢於衆庶，尚懼其不實，而惟司諫足信乎？魏氏校謂訪求人材，察舉逸遺，亦非也。古者鄉舉里選，即有秉德抱道而不願仕者，衆必知之，鄉射禮所謂「君子」是也。若農夫敬敏，吏胥應幹，則有閭胥、酇長等職以處之，無爲特設一官以巡問觀察。且於此經所謂正其行，强之道藝，皆不合，故知專爲學士之不帥教者設耳。

以考鄉里之治，以詔廢，置以行赦宥。

詔廢置，以詔小司徒及遂大夫也。鄉遂並近王都，司救巡國及郊野，則司諫職宜同。赦宥，謂士不帥教，移郊、移遂而能變者宥之，使各返其鄉學。若罷民，則州里之吏，自任於司寇而宥之，與司諫無與。王氏應電説誤。

## 司救

掌萬民之衺惡過失而誅讓之，以禮防禁而救之。

以禮防禁，謂使父兄督教，鄰里糾察，有司誅詰，視平民加嚴，使不敢怙惡，所以救之也，故其文在誅讓之後，加明刑之前。

凡歲時有天患民病，則以節巡國中及郊野，而以王命施惠。

鄉師巡國及野，春秋補助之常也。鄉師司徒之考，又以四人分掌六鄉，天患民病，或越月涉時，而後可以終事，故别屬司救。其列職皆曰「以王命施惠」，示所至有司不得沮格也。鄭氏乃謂欲恩歸於王，誤矣。　先王之於侯國，雖使方伯、連帥遞相監臨，然必時邁其邦以震之，所以使之震動恪恭，而不忘其所守也。其於萬民，雖使有地治者遞相督教，然必使司諫、司救巡問而觀察之，所以使之畏懼懲艾，而職思其居也。

## 調人

凡過而殺傷人者，以民成之。鳥獸，亦如之。

李鍾僑曰：「似當謂鳥獸殺傷人，如馬之蹄嚙，牛之抵觸，猘、犬、鷹、鷂傷人之類。注謂殺傷人之畜産，則其事細微，豈得謂之讎難乎？」

凡和難：父之讎，辟諸海外；兄弟之讎，辟諸千里之外；從父兄弟之讎，不同國。

父兄之讎而可和者，以過而殺傷也。此即有虞流宥之法。辟諸海外，則終身不得近其父兄、妻子；辟諸千里之外，則終身不得展其墳墓。雖以情宥，而國法亦少俾矣。

弗辟，則與之瑞節而以執之。

弗辟，必怙勢而弱其敵者也，故官持瑞節，執而放諸異國。周制九服，外薄四海，用瑞節者，徵信於所放之國也。守邦國者用玉節。若執而治其罪，則無事瑞節。

凡殺人而義者，不同國，令勿讎；讎之則死。

殺人而義者，如夫爲寄豭、穿窬、夜入人室之類。令勿讎，而仍不使同國者，恐相遇而不能忍也。雖不同國，而仍令勿讎，讎之則死者，恐其迹之他國也。父之讎雖已和，尚使辟諸海外，亦恐迹而得之。鄭游販奪人之妻，其夫攻殺之，而以其妻行。子産復之，令游氏弗怨。

## 媒氏

凡娶判妻、入子者，皆書之。

判妻，似謂出婦。入子，或媵女既入夫家，未御而夫死，改適人者。漢書許后傳：「臨當入，歐侯氏子死。」

中春之月，令會男女。于是時也，奔者不禁。若無故而不用令者，罰之。司男女之無夫家者而會之。

自仲春以下三十七字，蓋莽、歆所增竄。莽法私鑄者伍坐，没入奴婢，以十萬數，至則易其夫婦，民人駭痛。故歆竄此，以示周公之法，官會男女而聽其自奔，則以罪没而易其夫婦，猶未爲已甚也。夫無夫家而聽其自奔，雖亂國污吏，不能布此爲憲令。即以所會者爲鰥寡，亦非

「一與之齊，終身不改」之義，故知周官必無是法也。且以文藝求之，於「奔者不禁」後，承以「無故而不用令者，罰之」，則所謂不用令者未知其何指。既曰「大會男女」，又曰「司男女之無夫家者而會之」，重見贅設，亦無此文藝。康成之説害義傷教，群儒求其故而不得，强爲之辭，皆不足辨也。

凡嫁子娶妻，入幣純帛無過五兩。

並云「嫁子」，入篋笥者，亦無過五兩也。

禁遷葬者。

遷葬，或出母改適，無子，而前子欲遷以祔父。

## 司市

掌市之治教、政刑、量度、禁令。

禁物靡亡者使有利者使阜，害者使亡，靡者使微，以及僞飾之禁，過市之罰，屬游飲食之禁，皆所以教也。鄉、遂、公邑、稍、縣、都莫不有市，而官司市政獨立於國中。國中之政立，則餘皆視此矣。且聯門關以譏不物，則境内姦貨，通不得行，而市政壹矣。

以陳肆辨物而平市。

物同，使列肆於一區，則美惡相校易辨，而市價自平矣。

以商賈阜貨而行布。

張自超曰：「商通貨而賈居之，則貨阜；賈居貨而商通之，則布行。」

以𣅀府同貨而斂賒。

方道章曰：「官有斂賒之政，則以貨來者，同得售而不至於稽滯、折閲；貨之積者，同得散播，而民賴其用，故曰同貨。」

大市日昃而市，百族爲主；朝市朝時而市，商賈爲主；夕市夕時而市，販夫、販婦爲主。

大市者，鄉邑之民以百物交易也。必日昃，遠邑乃可至。商賈市以朝者，商以貨來而賈居之，或求貨於賈，成議轉物，每窮日之力，必以朝乃便也。販夫、販婦市以夕者，所販乃朝夕所求之物，市之者亦近市之人也。

凡市入，則胥執鞭度守門，市之群吏平肆、展成奠賈，上旌于思次以令市。市師莅焉，而聽大治大訟。胥師、賈師莅于介次，而聽小治小訟。

劉捷曰：「鄭氏鍔謂争長短者，執鞭度以齊之，方入門，不宜有以長短争者，考工記以鼎扃乘車計門之所容，刻度於鞭，豈備有以鉅物入者則以度門之能容否耶？」其既成賈者，則展其物以待判決。其未成賈者，則定其價以待求索，即賈師所掌也。王氏、郎氏謂器幣不中度數，生物不中殺，爲不成。非也。彼所云乃財物犯禁者，司門舉而歸於質人以罰之，非賈師所掌也。此所謂「成」，如已入質劑而未交割，及成賈而期以泉貨取者，則展視其質劑及所約之期。過期則聽其別售，後雖有争訟，官司不聽。

凡萬民之期于市者，辟布者、量度者、刑戮者各于其地之叙。

辟，開通也。泉府同貨而斂賒，官斂不售貨，則商賈入貨以受布。民有買於官，則入布以受貨；有賒，則取貨而約期以入布：皆所以開通泉布也。

凡得貨賄、六畜者亦如之，三日而舉之。

康成謂舉而没諸官，非也。蓋登於册籍，使逾時而求者可驗耳。春秋傳仲尼使舉是禮也，以爲多文辭，管子時簡稽師馬牛之肥瘠，其老而死者皆舉之。

凡治市之貨賄、六畜、珍異，亡者使有，利者使阜，害者使亡，靡者使微。

此申禁物靡均市之事。害，謂奇器、異物無當民用者。作無益，害有益，故使之無。靡者尚可用，但費財而導侈，故使之微。周官詳於市政。即此一節足以消游惰，阜百物，備天災，厚民俗，非細故也。

國凶、荒、札、喪，則市無征而作布。

孫氏之宏謂市無征而作布，以利商賈，乃欲阜通百物以便民。近似而非其實也。無征以恤商，作布以散平民，使易菽粟，自兩事耳！蓋古者耕九餘三，公私皆有積粟。雖遇凶荒，中家可保，故惟以誓教恤。使五黨相賙，士師之移民通財是也。其單丁女户及遭疾病事故而貧乏者，則官給泉布使自糴粟，則無地無人而不便。若商賈所通之百物，則豈可以療饑哉？古者作錢幣以救凶荒，以穀粟之積者多也。若無穀粟，則泉布無權。後世兵火、水旱，貴人、富商有抱其金玉、錦繡而死者，政無常經，民非本富故也。

凡市僞飾之禁，在民者十有二，在商者十有二，在賈者十有二，在工者十有二。

鍾晼曰：「此所謂十有二者，文與老子『生之徒十有三，死之徒十有三』相類，謂市中飾僞之物十者之中，約計有二。民，及商賈皆有之，在所必禁也。」

國君過市，則刑人赦；夫人過市，罰一幕；世子過市，罰一帟；命夫過市，罰一蓋；命婦過市，罰一帷。

刑人，即犯憲徇扑之市刑者。君過市而赦刑人，非以爲德也。示上無逾禮，然後可以禁民爲非也。夫人、世子、命夫、命婦知過市爲非禮之行，則内疚於心；又以身居民上，罰不宜施，而使刑人代之，則負慚於衆。凡此皆所以禁過於未萌也。

凡會同、師役，市司帥賈師而從，治其市政，掌其賣價之事。

雖師行有律，猶恐遠方鄉邑之民，有懼强賈匄奪而不前者。使市司帥賈師以治市政，則民聽不惑，而百貨屬路矣。

## 質人

掌成市之貨賄、人民、牛馬、兵器、珍異。

平物賈者，賈師。質人專掌質劑。所謂「成」者，兩人交易，入質劑於質人，則一成而不可變，其欺僞者，後得質訟，治之各有程期。徐念祖曰：「古無奴婢，而書曰『臣妾逋逃』，似謂奴婢，豈盜賊之子女？罪隸舂稾之外，或以賜群臣，故士、大夫之家間亦有之與？記稱子碩請鬻庶弟之母。又曰：『賈妾不知其姓，則卜之。』市有人民，蓋謂此等，豈士、大夫家亦有以所畜臣妾相鬻者與？」方道希曰：「宮正分其人民以居之，則人爲貴者，民爲賤者，明矣。縣師『人民』連『夫家』言，則爲餘夫處女明矣。此職『人民』與『貨賄』『牛馬』連類，故注以奴婢當之。若朝士職所委人民，則幼而失迷道路者耳。」

同其度量，壹其淳制，巡而考之，犯禁者舉而罰之。

不獨罰之，且書其所犯於册籍，使懼而不敢再也。質人所稽書契也，所考度量淳制也，而曰「犯禁」者，舉而罰之，則舉爲記登於册明矣。自鄭氏以秦、漢、新莽之法詁周官，凡曰「舉」者，皆以没入其貨財爲義。不知列職於關市者，雖纖悉不遺，然皆以利民用，禁詐僞，止争訟，詰盜賊，警游惰，懲鬭嚻，誂亂，而未嘗利其財也。市之征惟廛布，關亦然。司門既征其貨，則關市無貨征矣。所以既征其貨，復征其廛者，恐商賈過贏，而民争逐末耳。即管子「使四民交能易作，終歲所入無道以相過」之義。且市之征布以斂不售貨，而買者各從其抵，則上無所利之明矣！門關之財，以養死政者之老與其孤，而不以給他用，則其義益彰徹矣。

## 廛人

掌斂市絘布、緫布、質布、罰布、廛布而入于泉府。

罰布，即司市小刑、中刑、大刑所罰，蓋既憲之徇之扑之，而又罰以布也。嗜利爲姦者雖受辱，心猶未已，反以損財，則其心戢矣。劉捷曰：「先王之制，於商則貨外無征，司門之征其貨賄是也。於賈則征其廛而不征其貨，此職之廛布、司關職之征廛是也。若如鄭注既征其廛，又税其肆，守斗斛銓衡者又税之，入質劑者又税之，雖桑、孔心計，未聞及此，而謂周公之典有是乎？」犯質劑者之罰，宜統於罰布，不宜别爲一類。經之本文止宜有緫布、罰布、廛布、絘布、質布，乃劉歆所增竄也。蓋莽立山澤六筦，榷酒鑄器，巧法以窮商、工，故竄此以示周官征布之目本如是其多耳。

凡屠者，斂其皮角筋骨，入于玉府。

入于玉府，非中玉府之用者不斂也。澤人之財物亦然，蓋其物皆民用所必需，取其尤良者而留其餘以爲萬民之用，俾得自貿易也。市無貨征，皮、角、筋、骨，以當廛布耳。商致遠物，鬻財多，故征其貨。屠物則閭閻朝夕所求，不宜別税，故知以當廛征。注謂其無皮、角及筋、骨不中用者别税之，雖末世市征，亦未聞苛細至此。

## 胥師

察其詐僞、飾行、儥慝者而誅罰之。聽其小治小訟而斷之。

劉齊曰：「儥慝而曰飾行者，今市中賣僞物多使老、弱、疾者詐爲有急，而使人不疑，所謂『飾行』也。」

## 賈師

各掌其次之貨賄之治，辨其物而均平之，展其成而奠其價，然後令市。

辨其物之良苦，使各有差等。良苦相均，始得其平。

凡天患，禁貴儥者，使有恒賈。四時之珍異，亦如之。

三代聖王所以恤民惠商，其法曲備，而穀物之蓄所在皆有之，故遇天患可禁貴儥者。後世救荒，則以增價、招商爲善政，時勢各有所宜也。

## 司虣

若不可禁，則搏而戮之。

不正者陰謀市竊，故胥伺襲而執之，鬭囂、虣亂，其迹顯見。禁之不可，則搏執之而已，無所用伺。邱氏、項氏之説非也。

## 司稽

掌巡市，而察其犯禁者與其不物者而搏之。

和風翔曰：「李氏如玉謂稽留連不去之人，非也。犯禁與不物者，不待稽留而後可辨，當以稽察爲義。」

掌執市之盜賊以徇，且刑之。

徒徇者不必刑。若盜賊，則雖小必以徇，且刑之，其大者則歸於士也。市之大刑扑罰，又曰「凡有罪者撻戮而罰之」，則歸於士者惟盜賊爲多矣。

## 肆長

各掌其肆之政令。陳其貨賄，名相近者相遠也，實相近者相爾也，而平正之。

必辨其名實，然後物可正，價可平。

斂其總布，掌其戒禁。

賈師職曰：「凡國之賣儥，各帥其屬而嗣掌其月。」肆長，賈師之屬也。買賒官物之布，必肆長斂之可知矣。其或日終而總計之，或旬終而總計之，以會於廛人，故曰「總布」與？

## 泉府

掌以市之征布，斂市之不售貨之滯于民用者，以其賈買之，物楬而書之，以待不時而買者。買者各從其抵。

於此見聖人愛民之實，而後世平準、均輸藉以浚民者，不得假託也。徐念祖曰："貨至不售而官斂之，其故價必賤可知矣。故令各從其抵，不忍因貨之缺，乘民之急，而多取以病之也。疏謂康成不從先鄭，恐前買時貴，後或賤，依故價予之，即損民誤矣。時價果賤，民乃不求之市肆，而貴買諸官乎？"　有泉府以斂滯貨，然後賈師可禁貴價。先王恤商愛民，至誠至公，人心所由感動也。

都鄙從其主，國人、郊人從其有司，然後予之。

方道章曰："買貨必從所司者，官收滯貨，本以利民，必實有需用，然後予之。若遠商、大賈轉貨逐利，則不予也。貨之滯者逾時必騰躍，故設禁如此。"

凡民之貸者，與其有司辨而授之，以國服爲之息。

古者粟米、布帛、牲畜，民自有之，以祭祀、喪紀而有賒於官，不過金、錫、漆、絮，及遠方之珍異耳。惟祭祀、喪紀乃許其賒，則冠婚、賓客且不聽矣。賒之外安得更有所謂貸哉？以爲貸不滯之貨，則農工之家無所用之，以爲貸之商賈，而聽其轉販，則泉府所斂，專以濟喪祭之匱乏，而都鄙從其主人，國人、郊人從其有司，正恐其轉販也。謂貸以泉布，則先王抑末以歸農，萬無資商賈以陰取其利之道。自王莽貸民以財，使治産業，計贏受息。鄭氏以釋周官。王安石遂立青苗法，剥民禍國。陳氏傅良辨注之誤，以爲還本之後，計日服國事以爲息，視鄭氏爲近理。不知周官之法本有賒而無貸，以莽欲貸民取息，故歆竄此以惑衆耳！司市職以泉府同貨而斂賒，則有斂有賒，而無所謂貸明矣。賒物細微，使果有貸法，則所貸當廿百千萬於賒，不宜舉小而遺大，經文當云以泉府斂貨而賒貸矣！周官之法，荒札則賑救之，囏阨則賙恤之，皆蠲上所有以予民，惟旅師積粟，春頒而秋斂，特慮新甿少儲蓄，故多方以利之耳。所以至秋必斂者，不斂其本粟，則無以給後此之新甿也。蓋貸乃閭里有無相通之稱，至春秋之末，宋、鄭饑，諸大夫助公以私粟假民，然後有貸之名，然宋司城氏貸而不書，則本粟且不收矣。不惟周官無貸法，春秋以前之書從未有言官貸者。此三語乃莽、歆增竄無疑。自北宋以後，群儒争言賒貸，可行於成周，而不可行於後世，不知周官之法，本有賒而無貸，即賒法亦僅可行於井田、封建之時，而不可行於郡縣之後耳。

凡國事之財用，取具焉。

不曰「國用」，而曰「國事之財用」，謂事所用之材物，以布市者，取具於泉府，以在市而通百物也。外府掌邦布之出入，以共百物，而待邦之用。蓋九職貢物所無，而爲邦用所必需者，泉府市其物。所征之布不足用，則受布於外府以具之。

歲終，則會其出入而納其餘。

納其餘，注謂内於職幣，非也。職幣乃斂用邦財者之餘幣，不與泉府聯事，此謂納諸大府也。蓋市布皆入於泉府。泉府至歲終會其出入，具簿籍以納其餘於大府。大府受而頒之外府，正所謂受用之府也。

## 司門

正其貨賄。凡財物犯禁者舉之。

於門征商貨，公家所斂則入於官府而不之市廛，所以省轉運與廛征也。王昭禹謂正其貨賄，而後無者有，利者阜，以破鄭注。非也。閭師職：「任商以市事，貢貨賄。」而征商之文無別見者，則司門主征貨賄明矣。或以市無征而作布疑市亦有貨征，非也。泉府以市之征布，斂不售貨，則市所征惟布明矣。用此見成周之濶略於征商也。關市皆不征其貨，司關所征之非貨，於征本職之廛征見之。惟於門征之，蓋自王都而外，必公、卿、王子弟之大都、小都，鄉遂之州縣及公邑、家邑之城廣民殷者有城有門百貨所輳，然後征焉。其餘千家、五百家之市，其貨賄入於關，而不入於門者，壹皆無征也。司門之上士、中士皆倍於司關，又特設下大夫二人以領之，增下士十有六人以佐之，正以通掌畿内之門禁及貨征耳。至於貨之高下美惡，賈師辨之，豈司門所能及哉？群儒無根之說，如此類者實多，不足辨。以鄭改讀經文，膚學每拾異說以爲名，故辨之。鍾晼曰：「言舉而不言罰者，門近於市矣。故舉之使受罰於質人。」

以其財養死政之老與其孤。

列職於門，而關則無之，以門關之委積以養老、孤，遺人職有明文也。王氏應電謂專用所罰犯禁者之財，未安。政教清明，犯禁者無多，而老、孤至衆，蓋公家委積素備，而罰財亦在其中耳。

# 周官析疑卷之十四

## 司關

掌國貨之節，以聯門市。

貨自外入者，由關而門，由門而市，非有司關之節不得達，故曰「以聯門市」。鄭注兼自内出者言，則下文凡所達貨賄以節傳出之爲剩語矣。故於彼注復迂其解。張自超曰：「王氏應電謂司市、司關皆用璽節，獨司門不言節，蓋舉兩端則中可知。非也。自關入，必達於市。關之璽節，門者驗之，即聽其入矣。自市出，必達於關。市之璽節，門者驗之，即聽其出矣，司門特不用璽節耳。門關用符節，經有明文，而云司門不言節可乎？門用符節，以達賓旅於關也。關用符節，又以達於畿内及所之之國。所過之門關與通貨賄爲二事，絶不相涉。」方道希曰：「司門言授管鍵以啓閉國門，則關可知。」

司貨賄之出入者，掌其治禁與其征廛。

貨賄之出入，有掌其治者，則出入先後不相犯；有掌其禁者，則靡害飾僞不能行。廛人斂廛布，此職復征廛者，或留貨於關，以待野鄙之交易，而不入於門市也。不曰「廛征」，而曰「征廛」者，關非久留之所，曰「廛征」，則似凡停於邸舍者皆征；其貨曰「征廛」，則知所征者乃廛布，而其貨乃久留於關者與所征之非貨皆見矣。康成乃據此分征與廛而爲二，則又失之。或疑孟子稱關市譏而不征，而周官有廛征，不知商之有征、賈之有廛猶農之有賦也。使農民有賦，而商賈無征，則恐民争逐末。周官之法，爲萬世經也。孟子所云，獨文王治岐之政然耳。豈可以後世之征商已甚而疑周公立法之未當乎？

凡貨不出於關者，舉其貨，罰其人。

簿記其貨，俟詰問，或撻其人，或罰以布，而仍還其貨也。司圜職：凡圜土之刑人也不虧體，其罰人也不虧財。司市職：「有罪者撻戮而罰之。」凡罰多以財言。若舉爲悉没其貨，則財之虧逾量矣！而復罰以財乎？

國凶札，則無關門之征，猶幾。

門無征，不征其貨也；關無征，不征其廛也。

## 掌節

掌守邦節而辨其用，以輔王命。

注據典瑞，以珍圭、牙璋、穀圭、琬圭、琰圭爲邦節，是也。但釋下經，謂諸侯於其國中用玉節，公、卿、大夫、王子弟於其采邑用角節，則非耳。蓋邦節即玉節、角節也。王有徵守、恤荒、起軍、治守、和難、聘女、治德、結好、易行、除慝之命，而遣使於諸侯，則用玉節，各象其事以徵信於其國，都鄙近在畿内，無所用金節，故直用角節以達王命。二節乃天子所獨用，故先列之，而後及上下通用之使節耳。以經傳考之，諸侯上聘及邦交皆得用玉。而天子之於諸侯，舍命圭賜瓚而外，凡聘問無用圭璋者，故五瑞之外别有此下聘徵信之圭璋。自掌節言之，則曰玉節耳。而諸儒謂瑞不可以爲節，誤矣。春秋傳文十二年：「秦伯使術來聘，致玉，曰以爲瑞節。」蓋諸侯别無玉節，即以所執之圭璋爲信，故云「瑞節」耳。大行人職王朝遣聘之禮四，問問，小行人存、頫、省皆問問之事。歸脤、賀慶皆治德結好之類，致禬則恤荒之類。外此，則有會同而徵守；有征伐而起軍旅；侯國有寇戎而爲之徵兵治守；兩國相怨讎而爲之和難；侯氏有敗度而加威讓，使易行除慝；王朝之嘉禮則聘女：凡天子有命於諸侯，其事盡此矣。惟聘女穀圭之外，别有大璋，蓋聘后之幣非用玉於侯氏也。

守邦國者用玉節，守都鄙者用角節。

守邦國者，王有命焉，則使者執玉節；守都鄙者，王有命焉，則使者執角節也。曰「使邦國」者，使都鄙者，其義更顯。而經曰「守」，此前儒所以疑焉而曲爲之説也。不知曰「使邦國」，則嫌侯國上聘於王，及方嶽中邦交通得用之；曰「使都鄙」，則嫌公、卿、王子弟遣使於畿内，及六服之兄弟、姻親通得用之。必曰「守」，然後知二節乃王所獨用而非諸侯與畿内公、卿、王子弟所通用也。小行人達天下之六節，而玉節無列焉，則諸侯不得用可知矣。於侯國之都鄙別見管節，則天子於都鄙用角節之義益明矣。康成乃謂諸侯於其國中亦用玉節，仿天子之制而爲之。義不可通。夫天子有命於都鄙，猶不用金節，而諸侯乃用玉節乎？蓋有徵召於四境，朝發夕至，遠不過數日，故用管節，如竹符之類耳。不曰「諸侯」，而曰「守邦國者」，以守都鄙者備舉其人則贅也。

凡邦國之使節，山國用虎節，土國用人節，澤國用龍節：皆金也，以英蕩輔之。

曰「凡邦國之使節」，該王使與諸侯之使也。侯國所用之節，法式頒於掌節，大行人達之，小行人適四方則齎其式以往。下經以傳輔節，傳別爲一物，則英蕩疑亦竹簡之類。若子春杜氏之説，爲函器，爲畫函，則不得云「輔」。

門關用符節，貨賄用璽節，道路用旌節，皆有期以反節。

疑符節、璽節，乃刻竹書所由，加印篆，行者自執之；旌節，則道路之官使人持之以送行者，非朝聘及齎貢賦無所用之。

凡通達于天下者，必有節，以傳輔之。無節者，有幾則不達。

在境内，惟家徙及輔貨乃有節，暫出者不必有也。

## 遂人

掌邦之野。

鄭注野爲甸、稍、縣、都，非也。不曰「六遂」，而曰「野」者，以造縣鄙形體之法，及治溝洫，通乎畿内。又兼掌四等公邑耳。至稽民，授田、簡器、教稼、治野、辨萊、頒職、作事、貢賦、征役、祭祀、賓客、喪紀，其法雖通行於家削、縣都，而所專掌則惟六遂與公邑。遂兼公邑，詳見遂大夫職。蓋法可通行，而政令必各有所主。都家之長既分主之，而縣師復執其總，以是知遂人不與也。

以上地之圖經田野，造縣鄙形體之灋。五家爲鄰，五鄰爲里，四里爲酇，五酇爲鄙，五鄙爲縣，五縣爲遂，皆有地域，溝樹之。

凡造城邑，必度土地之宜，而與田野相要絽，所謂「形體之法」也。王制：「凡居民，量地以制邑，度地以居民，地邑民居必參相得也。」鄉之比、閭、族、黨、州未著其城邑之形體與皆有地域溝樹故於遂著之，以與六鄉相保、相受、相葬、相救、相賙、相賓之法互備，又以見公邑、稍縣畺之同此法也。獨舉縣鄙者，百家以下雖各爲聚落，而不能皆立城邑。惟縣與鄙然後備城邑之形體，又以見鄉遂及都鄙别無城郭，而遂大夫即於五縣擇便以爲治所，鄉大夫師都亦如之也。小司徒井法以四起數，此以五起數，何也？井之體方必以四起數，乃便於計畝以徵賦。此則城邑居民之室數，必以五起，乃便於行比法，以相保受。大司徒頒教法，故比、閭、族、黨、州、鄉，著其各有教治。遂人掌造縣鄙形體之法，故鄰里、酇鄙、縣遂，著其各有地域，亦互相備也。地域溝樹自酇以上始有之。知然者，修閭氏邦有故，令守閭互，則閭以下不能徧溝樹明矣。百家以上皆有溝樹，此盜賊所以易詰，戎馬所以難犯也。造城邑必因山川、原隰之面勢，規疆潦、藪牧之便宜，度道路、溝渠之支湊，故必以土地之圖經田野，然後城邑之形體可定。其法粗具管子度地篇。

凡治野。

遂人於致群甿、教稼穡、均賦役、頒田萊、治溝洫皆揭之曰「凡治野」，明自國中而外，由鄉郊以達於畿，皆同此法也。

以下劑致甿。

小司徒凡起徒役無過家一人，不論上地、中地總以一爲正卒，餘爲羨卒，與下地家二人者一例，所謂「以下劑致甿」也。凡鄉遂皆然，何嘗獨厚於遂？疏誤。詳見小司徒職。

以興耡利甿。

地有肥墝，人有喪疾事故。興起群甿，使彼此相助，則交得其利。若移用其民以救時事，及五黨相賙之類皆是也，不惟旅師所興之耡粟。

以彊予任甿。

彊予，謂有兼人之力者，則多授以田。若餘夫，則授田有經制；閒民轉移執事，助耕乃其職：不宜在此列。

辨其野之土。土地、中地、下地，以頒田里：上地，夫一廛，田百畝萊五十畝，餘夫亦如之；中地，夫一廛，田百畝，萊百畝，餘夫亦如之；下地，夫一廛，田百畝，萊二百畝，餘夫亦如之。鄉受地無餘夫之文，以輸將服公事者，皆近取於鄉也。鄉之上地無萊，近城郭，人畜聚，易糞也。鄭注餘夫亦授一廛，所以饒遠。賈疏正卒之外，一爲羨卒，其餘皆爲餘夫。不知餘夫受室，必二十年而後子能助耕，前此惟可助父兄以耕耳。所謂家五人、家六人、家七人，正合子婦而計之也。其或丁男衆多少者已足助耕之數，則別其壯而受室者爲餘夫，而授以二十五畝。至此人復有丁男壯女，滿五人、六人、七人之數，而受一夫之田，則事理之自然、經制之一定，何事辨其嫡庶而特著其爲餘夫乎？

凡治野：夫間有遂，遂上有徑；十夫有溝，溝上有畛；百夫有洫，洫上有涂；千夫有澮，澮上有道；萬夫有川，川上有路，以達于畿。

曰「治野」，以作溝洫、畛涂言也，故計所占之地而曰「十夫」，其實耕者乃一井九夫之地耳。匠人所謂「方十里爲成」，即此經千夫之地而耕地則九百夫，匠人所謂「方百里爲同」，即此經萬夫之地十而耕地則九千夫。詩曰「十千惟耦」，蓋舉其成數，猶三十三里少半里，而曰終三十里也。黄氏謂自一夫至萬夫，皆十除其一。蓋得其指。　曰「凡治野」，曰「以達於畿」，明自鄉郊至縣畺皆用此以治也。觀此經，則鄉遂不用井法之非決矣。野對郊則爲甸，獨舉則可兼鄉郊。鄉大夫職：「野自六尺以及六十有五皆征之。」則城郭之外，通可以謂之野。

以歲時登其夫家之衆寡及其六畜、車輦，辨其老幼、廢疾與其施舍者，以頒職作事。

老幼、廢疾，不可任者也。其可任而施舍者，蓋貴賤及賢能也。而不列言之者，鄉近國中，多君子；遂遠郊，多野人。不惟貴者服公事者不若六鄉之衆多，即賢能之興亦甚少也。注謂頒職作事，即載師職所云「物地事，授地職」。非也。九職任於閭師，載師專掌任地，故特言「地職」，以見其爲地邑應承之職事，與民職異也。此職別見令野職於後，則此所頒爲九職明矣。載師任地以分鄉、野、都、邑，所謂「物地事」者，乃物其土之所宜。此承頒職而言，則所作即九職之事明矣。他職言施舍，必兼可任者，而此略焉。以頒職作事，即所以任之也。

以起政役。

政役，謂輸將、浚築，所用即師田、徒旅，而事則異，故更列之，下經所謂「凡事致野役」是也。

凡國祭祀，共野牲，令野職。

牧人所畜以共祭祀者，藪牧所貢之鳥獸也。甸師共薪蒸，掌炭共、炭灰，不應祭祀時遂人又別共之，蓋山川因國前哲令德之祭祀，在野者則野共其牲。其執事之人，則遂人令之耳！左傳：子服景伯曰：「魯將以十月上辛有事於上帝先王，何世有職焉？」則令野職爲共祭祀審矣。曰「國祭祀」者，以別於遂之禜、酺、蜡、社也。所令野職，即載師所授之地職也。凡祭祀、賓客、會同、師役、政令所經歷，其地必有職事焉。載師總任畿内之地，故主授地職；六遂及四等公邑，則以授遂人，故遂人令之也。鄉師凡邦事令作秩序，則家削、縣都之地職，以授其長，而其長令之，亦可推矣。知此野職爲共祀事者，以承共野牲之後，且頒職作事已見上經也。知遂師野職爲九職中貢物者，以與野賦並列而入於玉府也。

凡賓客，令修野道而委積。

疏謂總令遺人，非也。遺人掌巡頒委積耳。野廬氏掌國道路，至於四畿。若有賓客，則令守涂地之人聚欜之。又曰「凡國之大事」，比修除道路者，大師令埽道路，則修道者守塗地之人，而令之者野廬氏也。野廬氏之徒百有二十人，而知不自共修道之事者，通掌畿内之道禁，其事繁劇，胥徒雖多，僅足共巡比譏察耳。

大喪，帥六遂之役而致之，掌其政令；及葬，帥而屬六綍；及窆，陳役。

遂人、稍人皆有大喪帥役之文，黄氏度遂謂遂人致於稍人，蓋以稍人職獨有聽於司徒之文，故疑遂人轉因稍人以達耳。不知遂人長官，豈有反帥役而致於屬吏之理？蓋六鄉之喪役，鄉師帥之，皆聽於司徒，但鄉師、遂人帥而至，則聽於司徒，不言而可知。稍人下士，或疑帥以至遂，而遂人以致於司徒，故特文以明彰其義耳。知甸之公邑，亦屬役於遂人者，遂役專屬六綍，而遂師共丘籠及蜃車，則共役者爲甸之公邑可知矣。遂師既道野役，共丘籠、蜃車，而稍人復帥蜃車之役，則共役者家稍及稍之公邑可知矣。蓋壙隧之役多，而稍地視縣畺爲近故也。

凡事，致野役，而師田作野民，帥而至，掌其政治禁令。

上經起野役，則令各帥其所治之民而至，令縣正之屬帥而至於遂也。此則親帥而至用事之地，以聽役於司徒，遂人、遂師以遂名官，而凡治皆曰「野」，何也？兼自甸及畺之公邑也，惟大喪屬六綍稱六遂之役，不徵於公邑也。

## 遂師

經牧其田野，辨其可食者，周知其數而任之，以徵財征。作役事，則聽其治訟。

小司徒職經土地而井牧其田野，舉縣都以爲準，則通畿内之井牧皆小司徒制之矣。而遂師復經牧其田野，何也？并牧雖定，而其經界，必以歲時飭正，乃無侵漫，如月令之修封疆，審端徑遂是也。古者墓域官掌之，山林、川澤官守之，市政官聽之，民訟大概多財征役事之抵冒耳。他如稱責、婚姻相負之類，則遂大夫聽之，非遂師所職也，故特著之。遂師所登，遂人憑以頒職作事，爲貢職、師田、政役之準也，故辭事一與遂人同。遂人之登、遂大夫之稽皆以歲時，而遂師獨以時者，以辨可食之數，其事尤詳也。於可任外，别之曰可食者，何也？可任，謂能任耕及征役者也；可食，則不在家三人、二家五人、家二人之數，又未及餘夫受田之年，而能佐耕耨自食其力者也。蓋上地、中地、下地合耦既定之後，而一家中人數或有減耗，則必於同井共邑，調閒民，及未受餘夫之田，而能佐耕耨者以助之。里宰既以歲合耦，又以時合耦者，以此故也。遂師既周知其數，則里宰得隨時而任之，然後財征無虧，役事可作耳。舊説謂地之可食者，則小司徒均土地、稽人民，已周知地之上、中、下與可任之人數矣。注、疏判制田界與井爲二事，乃承鄉遂地法各異之誤。鍾晼曰：「古者粟米惟取公田之入。財征，謂嬪婦、園圃、虞衡、山澤、藪牧之貢耳。王氏應電謂徵財征止於當年所耕之田非也。凡起徒役，無過家一人，謂有大役，盡用里民，不得過此。至每年役事，則必量土利之厚薄，計人力之餘乏，而調劑以得其平，均人所謂『均力政』是也。謂三等之地皆同，亦失之。」

巡其稼穡而移用其民，以救其時事。

讀法、興賢詳於六鄉，經野、勸農詳於六遂，鄉師巡國及野而賙萬民之囏阨，則遂可知矣。遂師移用其民，以救其時事，則鄉可知矣。蓋鄉遂群吏所掌有同有異，然後備列之，其同者則各舉其一以相備也。後世民自爲耕，猝有水旱，富者尚能自救，而貧者則坐視其田之蕪没，然後知先王設官以移用其民慮事周而興利溥也。

凡國祭祀審其誓戒共其野牲。

凡祭祀之誓戒，小宰掌之。此國祭祀之在野者，故遂師承小宰之誓戒而審之，以戒其屬吏與民也。遂人專掌經野，而他政惟持其綱，故國祭祀遂人令野職，而遂師則審其誓戒，野牲之共亦主其令而遂師共之，故遂人職第曰「共野牲」，而遂師職則曰「共其野牲」也。方道章曰：「王氏昭禹謂遂人既共野牲，遂師又共乃贊之。非也。凡經言「贊」，必其事有待於助者。冢宰受歲會，惟恐其紛錯而有抵冒，故小宰贊之。小宰以法掌禮事之戒具，惟恐其玩忽而有愆忘，故宰夫贊之。稽之五官，義莫不然。若共野牲而入於牧人，何待二官之相助哉？且牧人所牧之牲，不宜遂師共之。牧人無牲，羊人買牲以共，則牧人本買而牧之可知矣。王氏詳説謂大宰司寇掌百官之誓戒，遂吏遠在二百里外，固無預焉，審之而已，亦非也。大宰、司寇所誓戒，王朝執事之百官也。遂人既不預，何由知其所誓所戒而審之哉？金氏瑶謂牧田在遠郊正遂地，故遂人共之。亦非也。牧田雖任遠郊之地而不在六遂之中，王朝之祭祀牧人自共其牲於充人，與遂人遂師何與哉？諸儒蓋由不知此經所云，乃國祭祀之在野者耳。都宗人職國有大故，則令禱祠，既祭反命於王，正此類也。」

入野職、野賦于玉府。

野職，八職中貢物也。野賦，山農、澤農所入材物也。遂師所掌，獨遂與公邑耳！家削、縣都之賦貢，蓋縣師徵之。疏誤。徐念祖曰：「黄氏度謂遂師所入，即虞衡所徵於山澤之農者。非也。山虞、林衡、川衡，並無徵於山澤之農，遂師徵財征，則角人等以骨物、羽物、葛材、草貢之類，並入於遂師。遂師擇其中玉府之用者入之，其餘則並入於大府，以聽其頒。惟澤中有珠貝珍物，時得之，則以時入於玉府，故與諸職異耳。」

大喪，使帥其屬以幄帟先，道野役；及窆抱磿，共丘籠及蜃車之役。

注以蜃車爲蜃路，蓋據士喪禮記「遂、匠納車於階間」。不知彼乃士禮耳！巾車職「小喪共蜃路」，嬪婦群王子猶然，況天子之龍輴自宜藏於典路，而共於巾車無納於遂、匠之義。

軍旅、田獵，平野民，掌其禁令，比叙其事而賞罰。

遂人辨上地、中地、下地之等，而遂師則周知其數；遂人令貢賦，而遂師徵財征；遂人起政役，而遂師作役事；遂人令田師，而遂師掌軍旅、田獵之政令：或舉其綱，或詳其目也。

## 遂大夫

各掌其遂之政令。以歲時稽其夫家之衆寡、六畜、田野，辨其可任者與其可施舍者，以教稼穡，以稽功事。掌其政令戒禁，聽其治訟。

遂師職已具此，而覆見者，遂大夫稽之，然後遂師得據而登之也。倒施舍與可任之文，又曰可施舍者登於遂師，則施舍與可任者已定矣。方其稽之，則介乎可任、可施舍之間者，不可不辨也。遂師職曰「衆寡、六畜、車輦」，此曰「衆寡、六畜、田野」者，田野有定數，登民物器具之可用者，無爲及於田野也。衆寡六畜同，而田野之收穫或異，則可任與可施舍者於是乎别矣。

今爲邑者，歲終則會政致事。

不言「其遂之吏」，而曰「爲邑者」，兼公邑之吏也。注謂采邑、政令、戒禁，容遂大夫亦施焉。非也。大宰以八則治都鄙，而「建其長，立其兩，設其伍，陳其殷，置其輔」。其爲邑者無爲舍其長，而會政致事於遂大夫。小司徒：歲終令群吏正要會而致事。令鄉遂、公邑、都家之吏皆會政致事於治官也。小司徒：大比六鄉、四郊之吏。縣師：掌都邑之賦貢，三年大比，以考群吏而詔廢置。則都家之吏，主之者縣師也。惟公邑之吏無文，而此職三年大比。既曰「帥其吏」，而興甿明其有功者，屬其地治者。又曰：「凡爲邑者，以四達戒其功事，而誅賞、廢興之。」則其吏乃遂之屬吏，而凡爲邑者則公邑之吏可知矣。又司會掌「官府、郊野、縣都之百物財用」，則野謂遂與公邑明矣。

三歲大比，則帥其吏而興甿，明其有功者，屬其地治者。

稽夫家畜産以及政令、徵比、治訟之事，自遂人、遂師、遂大夫以及縣正、鄙師、酇長，每職必列，不厭其複，而興甿止於遂大夫職一見之，簡校、賓興之法無一及焉，何也？政令、徵比、治訟之事，自遂大夫以下，群吏所掌與鄉有同異，故每職備列之；興賢之典一同於六鄉，覆列之則贅矣。故第言帥其吏以興甿，而知一準於六鄉也。上經既令爲邑者會政致事，下經又戒凡爲邑者之功事而誅賞廢興之，無爲於興甿後復言吏治而明其有功者，蓋即賓興之終事也。賢能衆多，即其地治者教導之功，聚凡有地治者而明之，則無功者愧恥而勸勉矣。又與鄉大夫興賢之事互備，以此職見鄉大夫既獻賢能之後，以五物詢衆庶，亦屬有地治者而明其功也。以鄉大夫職，見遂屬有地治者而明其功，即以五物詢衆庶時事也。於明其有功之後，始言屬其地治者，何也？使但曰「明其有功者」，則似無功不奄列，而勸懲之義不彰矣。

凡爲邑者以四達戒其功事而誅賞廢興之。

如注所列，僅二事耳，祀、賓、射、鄉不與焉，非義所安也。四達，疑即八則中之四，蓋八則中廢置，禄位、誅賞，乃上所以馭吏，非吏之功事也。祭祀、禮俗、賦貢、田役，則鄉遂、公邑、都鄙通行之政，凡爲吏者之功事無外此者矣。禮俗包教學，田役包軍旅。或曰：「自遂以達於甸之公邑，自甸以達於稍、縣、都之公邑，故曰『四達』。」鄉師之廢置、誅賞，尚以詔冢宰，而不自專，而遂大夫直曰「廢興誅賞之」，何也？鄉師六官之考也，鄉大夫即六卿也，其宜廢宜置、可誅可賞得自列於冢宰。六遂及公邑，地遠而事紛，一一見冢宰而詔告之日，有不暇給矣。故惟據爲邑者所會之政，所致之事定其誅賞、廢興，以狀陳，俾冢宰憑以聽斷焉。其易廢置爲廢興，何也？廢置以人言，廢興以事言，如川防浚築之有改移，徵斂功役之有用舍，是也。於鄉言廢置，於遂言廢興，亦互相備。遂大夫之職與鄉大夫異者，聽治訟也。縣正與州長異者，掌治訟也。鄙師與黨正異者，掌祭祀而不及喪紀、冠昏、飲酒也。酇長與族師異者，治祭祀、喪紀也。鄉大夫不聽治訟，六官之長未遑鄉邑之治也，故使鄉師聽之。遂大夫、遂師皆曰「聽其治訟」者，遂師所聽獨財征役事之訟，凡民事之訟並歸遂大夫也。遂之治訟分聽之者，繫於鄉也。鄉近王都，國中之訟皆歸於鄉士矣。遂大夫曰「聽治訟」，縣正曰「掌治訟」者，掌達之於遂大夫，而不專決也。鄉之中州長蒞大喪，黨正掌喪紀、冠昏，遂之喪紀僅一見於酇長職，冠昏、飲酒則並無文者，鄉乃公、卿、大夫、賢士所萃，故喪紀、冠昏、飲酒禮儀備焉。遂則群甿聚居分卑禮略，不敢以煩有司也。喪紀所關尤重，其士、大夫之家，則酇長治之。

# 周官析疑卷之十五

## 縣正

若將用野民師田、行役、移執事，則帥而至，治其政令。既役，則稽功會事而誅賞。

移執事，謂掌固之移甲役。其職云「與國有司帥之」，即縣正也。若移用其民以救時事，則遂師掌之，帥之者則酇長里宰耳。稽功者，每人而分考其程也。會事者，合計其功事以爲役要也。

鄉之掌徵比、數衆庶者皆閭胥，而遂則縣正掌徵比，酇師數衆庶，何也？閭胥之數衆庶以辨施舍，而酇師之數衆庶以察美惡而誅賞，閭師之掌徵比，執功役於下，而縣正之掌徵比乃施政令於上，其事各異，故互文以見里宰亦掌徵比以辨施舍，與閭胥同；黨正亦數衆庶以察美惡，而誅賞與酇師同耳。州長職無徵比，與縣師異，何也？財賦則閭師徵之比，法則鄉師掌之矣。

## 鄙師

凡作民，則掌其戒令。以時數其衆庶，而察其媺惡而誅賞。

鄙師所掌，獨無農事者，其大綱，則遂大夫、縣正董之；其細目，則酇長、里宰親之也。察衆庶之媺惡，將以助遂大夫興甿。　鄙師之數衆庶而察其媺惡，與黨正之莅校比而書德行、道藝，事同而辭異，何也？用此見數衆庶之，即莅校比也。用此見書德行、道藝之並簡不率教者而誅賞也。　遂人職曰：「以歲時稽其人民。」遂師職曰：「以時登其夫家之聚寡。」遂大夫職曰：「以歲時稽其夫家之衆寡。」稽者，稽其數；登者，登諸籍耳。以所治者，衆也。若鄙止五百家，故其民可得而數。

## 酇長

若歲時簡器，與用司數之。

有司，遂大夫所委屬吏也。遂大夫簡器，豈能徧親數？注誤。

凡歲時之戒令皆聽之，趨其耕耨，稽其女功。

古者王内之政令，内宰治之；民家之女功，鄭長稽之，所以上下男女各警其職，而事無不舉、教無不行也。　女功使里宰、鄰長稽之，尤爲切近。然比屋同巷，雖相督察，易至玩忽，故董之以鄭長，使震動恪恭於吏治而不敢慢也。女功之勤惰，吏得而稽之，則婦姑反唇、家人詬誶之大惡不禁而自弭矣。此周公之法所以止邪於未形而與禮相貫也。　鄭長校登夫家之衆寡及以旗鼓、兵革帥其民而至，並與族師同，則掌合聯之政令不待言矣。

## 里宰

以歲時合耦干耡，以治稼穡，趨其耕耨，行其秩叙，以待有司之政令，而徵斂其財賦。

此見閭胥所掌之徵爲徵財賦，所掌之比爲合耦以治稼穡，而此職讀法書敬敏、任恤，掌觵、撻罰，一與閭胥同也。　周制，粟米惟公田之入，其財賦乃九職中貢物也。宜有定額，而必待有司之政令，然後徵斂者，司稼以年之上下出斂法。均人職：凶札則無財賦，不收地守、地職。是九職中貢物亦與年上下而不可預定也。蓋民勤於食，故寬其雜徵，使得自營。　遂之財賦，遂師徵之。疏謂：縣師徵之，旅師斂之。有司謂縣師、旅師，恐誤。

徙于他邑，則從而授之。

## 鄰長

鄰長，即耦耕之民，故所掌無農事。

## 旅師

掌聚野之耡粟、屋粟、閒粟而用之。

耡粟，民自相助之粟也。古者以政成民，建設長利，不僅恃上之賑恤。易曰：「君子以勞民勸相。」春秋傳曰：「務穡勸分。」蓋使民自相助，則所濟者博。故司徒職「五黨爲州，使之相賙」，司稼職「均萬民之食而賙其急」，遂人職「以興耡利甿」，皆使民自相助也。此經所謂「耡粟」，即所興以相助者。　閒粟，載師職凡民無職事者之所出也，蓋醫卜、巫覡、媒妁之類，其事不列於九職，而所得或饒於農，故使出夫家之征。若閒民雖無常職，而未嘗無事，閭師職所謂「凡無職者出夫布」是也。如注義，則單丁，或僅有配匹，而使出一夫之征粟，又使出夫布，彼何從得之？　助粟、屋粟、閒粟皆非公田所入，故特設旅師以掌之，各貯其鄉里，以賑貸新甿。注、疏謂主斂縣師所徵賦穀，誤矣。或謂：民自相助之粟，不得云施其惠，散其利。非也。民自相助之粟，而官興之以爲民施惠散利，於義何傷？若公家之粟，則所謂「縣都之委積，以待凶荒」也。通旅師職無救荒事，不得相混。

以質劑致民，平頒其興積，施其惠，散其利，而均其政令。

施其惠者，初徙之民。築室具牛種、田器，官資其之匱，不責以償也。散其利者，能償之民，則春頒而秋斂也。均其政令者，頒斂之期，亦不得偏先後。

凡新甿之治皆聽之。

官以旅名，專掌新甿也。甸居鄉遂、都家之中，故特設官，以收恤歲饑而移鄉井。土狹而徙廣虛之民，而凡畿內之耡粟、屋粟、閒粟皆致焉，將治而教之，故官以師名。或疑以質劑致民，春頒秋斂，乃通行之法。非也。惟新甿業次未定，故不施征役，又特頒興積以勸恤之。若定居井邑之民，則族姻、閭里，有無相通。大司徒、朝士職所謂「通財」是也。且春秋補助，政有常經，鄉師歲時巡國及野，而賙萬民之囏阨，安用質劑、頒斂之擾擾哉？且頒斂非守土之吏不能行，王畿四面，每方設中士一人、下士二人，專掌新甿之治，尚可給也。若使偏致鄉遂及四等公邑之民，而辨其質劑，掌其頒斂，則勢不能行矣。如以此爲互備之文，則宜見例於鄉遂而不宜繫於旅師。經曰「凡新甿之治皆聽之」，則新甿久而成故。征役既定，此法亦不行矣。

## 稍人

掌令丘乘之政令。

不曰「掌丘乘之政令」，而曰「掌令丘乘之政令」者，四丘出乘之政令，其地有司掌之，稍人則掌其令耳。注謂掌令都鄙修治溝涂，誤。注、疏分鄉遂、都鄙田制而二之，遂據小司徒五家爲比、五人爲伍，謂鄉遂家出一人以衛王都，據小司徒「四邑爲丘，四丘爲甸」，謂都鄙五百七十六家，共出一乘，用以征戍。非也。考之夏官，大司馬四時之田旗物、號名並舉鄉遂，而出車之詩「于牧于郊」則鄉遂之兵未嘗不與征行也。五家爲比，五人爲伍，意主於平居相親愛，則臨難相捍衛。四丘爲甸，甸出一乘，意主於卒伍疊發，則民力不病。車甲更番，則民財不傷。强分爲二，義無可據。

若有會同、師田、行役之事，則以縣師之灋作其同徒、輂輦，帥而以至，治其政令，以聽于司馬。

縣師通掌邦國、都鄙、稍甸、郊里，將有軍旅、會同、田役之戒，則受法於司馬，以作其衆庶及馬牛、車輦，使皆備其旗鼓、兵器，以帥而至，鄉之帥而至者州長也，遂之帥而至者縣正也。公邑之帥而至者其長也，其事則遂人、遂師主之，而家削、縣都無見焉，則稍人帥之無疑矣。曰「以至」者，以其地有司至也，何以知非都家之司馬也？二司馬所掌乃士庶子及衆庶、車馬之戒令，而不親軍事。古者輿帥必用其地有司士，非素教不可用也。曰「行役」，則非畿内之土功也。如仲山甫城齊、召伯城謝之類，故不聽於司空，而聽於司馬。

大喪，帥蜃車與其役以至，掌其政令，以聽于司徒。

六鄉之喪役，鄉師帥之，以聽於大司徒。六遂之喪役，遂人帥之，以聽於小司徒，而遂師復道野役，共丘籠及蜃車。以此職證之，則鄉屬六引，遂屬六紼，而甸稍之公邑，共蜃車、丘籠明矣。循是以推之，則内而宅田、士田之類，外而三等采邑喪役無徵可知矣。蓋宅田、士田之類事分而民少，各徵其役，則苦紛擾。三等采邑地博而民衆，喪役無多，無庸徧徵。且三年大均力政喪役無徵，則近其地邑之川防、城郭、輸將、百役皆可補調，所以省遠役之勞費，而事無遺便也。公邑之在縣畺者，道遠，宜與采地同，不徵喪役。遂師及稍人並共丘籠及蜃車之役者，稍人帥以至遂，而後遂師道之也。觀稍人之帥役而聽於遂師，及遂大夫職再舉「凡爲邑」

者，而四等公邑之屬於六遂益明矣。　會同、師田、行役曰「治其政令」，喪紀曰「掌其政令」，何也？曰「治」者，專聽斷也；曰「掌」者，掌其事以待上之聽斷也。蓋喪役及師田、行役，皆大司徒、小司徒治其政令，而師田、行役，則鄉師、遂師、州長、縣正皆分主聽斷。故家削、縣都之衆庶，稍人亦分主聽斷，而曰治也。大喪之役，則鄉師、遂人帥而至，掌其政令，而主聽斷者惟司徒，故采地之役，稍人亦帥而至掌其政令而不曰治也。喪役之所以異於師田、行役者，何也？師田、行役用民衆，政令繁，故群吏層累以分治之，而後司徒總治焉。喪役政令簡，禮事重，故鄉師、遂人、稍人帥焉，而司徒親治之也。師田之政令聽於司馬，而司徒職又曰「治其政令」，何也？師至合軍、誓衆以後，田至建旗、令鼓以後，然後司馬治其政令，方其作民而至，則司徒治之，大司徒職所謂「治其徒庶之政令」是也。有職卑而專聽斷者，里宰比其邑之衆寡六畜，曰「治其政令」是也。有職尊而不專聽斷者，遂人於野役野民，並曰掌其政令、禁令是也。　注據縣師之文，謂稍人徑帥而致於司馬。非也。凡畿内征役之施舍，皆掌於小司徒，則稍人必先致於司徒，而後司徒使聽於司馬。小司徒、鄉師之所帥皆聽於司馬，故稍人所帥不得曰聽於司徒耳。

## 委人

掌斂野之賦，斂薪芻，凡疏材、木材，凡畜聚之物。

舊説委人所掌，惟薪芻、疏材，而無粟米。非也。果爾，則曰掌斂野之薪芻，凡疏材木材、凡畜聚之物可矣。其曰「斂野之賦」者，蓋公邑、家削之米粟，存爲委積者，亦委人掌之也。知然者，遺人所掌無公邑、家削之委積，委人兼掌甸稍之聚，而軍旅共其委積、薪芻也。薪芻、疏材、木材，獨於甸稍斂之者，居王畿之中，而環郊遂便委輸也。

以稍聚待賓客，以甸聚待羈旅。

遺人職：郊里之委積，以待賓客；野鄙之委積，以待羈旅。而此職賓客共其芻薪，軍旅共其委積、薪芻，則賓客不共委積可知矣。羈旅者，賓客之細也。舉賓客，則羈旅可知。遺人職賓客、會同、師役共道路之委積。而委人但共賓客之聚者，掌訝逆賓於疆，及委而致積，積兼牢禮，故委人獨舉所斂之薪芻也。若施惠於羈旅，其興積則旅師頒之。惟軍旅之委積至廣，雖頒於遺人，出於倉人，而共之則委人之專職，故特出之。

凡其余聚以待頒賜。

注以餘聚屬縣都，蓋承上經消聚、甸聚而言，必縣都也，但專指畜聚之物則狹矣。公、卿、王子弟頒采地，必並授山澤、園圃，疏材、木材之物，其長當自斂之。委人所斂，惟縣畺中公邑之賦耳。故凡之以待用。所謂賜者，或以厚縣都中同姓屬疏而位卑者，或過賓行旅，亦間有頒賜也。

以式灋共祭祀之薪蒸木材；賓客，共其芻薪；喪紀，共其薪蒸木材；軍旅，共其委積薪芻凡疏材。

軍旅用廣，故家削、公邑之委積，並蓄以待共。又稍居王畿之中，道里均輸將便。方道章曰：「注謂所共，乃軍旅、委積之薪芻，而非委積。果爾，則委積於文爲贅矣。蓋軍旅衆多，委積中牢賜，但及將校必益以疏材，士卒、厮輿乃可徧給耳。」

共野委兵器，與其野囿財用。

野委，謂委積之分貯四野者，有守者，故共其兵器。野囿，所以畜賓客在道致積之牲牽也。財用，謂藩羅之材及芻秣，以暫停而不久留，故不曰「牧」，而曰「囿」。以所共惟近於路室之囿，故曰「其野囿」也。野之牧地，則自有牧者主之。此別爲二事，群儒乃欲牽合於軍旅，義不可通。

凡軍旅之賓客館焉。

諸侯會討之師必近調於方嶽，不宜有入王畿者所謂「賓客」，即帥王師之軍帥與其佐也。不曰「軍帥」，而曰「賓客」，何也？曰「軍帥」，則疑、師帥、旅帥亦在其中。路室候館，必不能容師帥以下。行人職諸侯來朝稱賓，聘卿稱客，王朝公卿爵列與諸侯等，大夫與國卿等，稱賓客。然後知授館者惟主帥與其佐也。王朝之公卿帥師在道稱賓客，蓋主所過之地而爲言。燕禮稱賓，則因事以起，義各有當也。凡軍旅之士衆惟共其物，而將帥之爲賓客者，則授館也。詩曰：「敦彼獨宿，亦在車下。」則士衆不可徧館明矣。凡賓客、會同、師役，遺人掌其道路之委積，而委人復掌之者，遺人掌其頒之令，而委人則共其物也。

## 土均

掌平土地之政，以均地守，以均地事，以均地貢。

土地之政，邦國、都鄙所征於民也。地貢，所貢於王朝也。均人曰「均地政」，鄉遂、公邑並征其財賦也。土均曰「均地貢」，邦國無粟米之征，都鄙自委積而外，所徵亦貢物爲多也。地事亦載師所物宜禾宜稻之事，蓋土各有宜，旱潦相錯，登耗不能無偏，比邑連井之地必使更迭而耕之，乃得其平，是謂均之也。凡經言「地職」者，所以别於民職也；言「地事」者，所以别於地職也。注既以地職爲九職，又以地事爲農牧、虞衡之事，於載師職不可通，乃以爲土所宜事，不惟白亂其例，於諸職俱不可通。土各有宜，故有均法。若農牧、虞衡之事，則無所用其均。九職太宰仕之，大司徒頒之，閭師掌之，無爲又使小司徒任之。

以和邦國都鄙之政令刑禁與其施舍，禮俗、喪紀、祭祀，皆以地媺惡爲輕重之灋而行之。

民之禮俗、喪紀、祭祀，皆以地媺惡制其輕重之法，則地守地事、地貢，以地爲差，不待言矣。均人以歲之上下均力政，則邦國、都鄙可知矣。土均以地之美惡，爲禮俗、喪紀、祭祀輕重之法，則鄉遂、公邑可知矣。

## 草人

凡糞種，騂剛用牛，赤緹用羊，墳壤用麋，渴澤用鹿，鹹潟用貆，勃壤用狐，埴壚用豕，彊檃用蕡，輕輿用犬。

糞種，非糞田也。蓋煮其骨汁以浸種，而種於九等之壤，則可以達其土氣之宜，而制其偏，是以謂之土化之法。若糞田，則安所得麋鹿、貆狐之糞，以糞九畮之田哉？

## 稻人

以瀦畜水，以防止水，以溝蕩水，以遂均水，以列舍水，以澮寫水。

其用水也，則自防之水門以入於溝。自溝以入於遂，舍於列，而灌溉通焉。水過大，則以澮寫之於川，而毋使害稼也。

以涉揚其芟作田。

所芟草積田中，恐其根附土復生。以涉播揚而反之，使其根在上，則槁而澌腐，以可糞田。

凡稼澤，夏以水殄草而芟薙之。

此言始變澤地爲田之法也。澤中草盛，根著於土，雖芟荑，復生甚易。惟夏日積水土柔，可因水力而絶其本根，然後芟荑、蘊崇之，則草不復生而可稼也。舊説夏水如熱湯，利以殺草。月令之文，蓋謂利以夏日殺草而燒薙之，大雨時行，則如加熱湯，可以化所燒薙之草而糞田耳。

旱暵，共其雩斂。喪紀，共其葦事。

平常雩祀，官自共之。旱暵則爲民請命，故斂之民，以冀百神之矜憫。而稻人所掌下地雖旱而無憂，故使獨共雩祭，示民以同憂相恤之義也。喪紀用席爲多，且役徒露處，必上覆下薦，惟葦隨地可施。注謂闉壙，未知何據。

## 山虞

凡邦工入山林而掄材，不禁。春秋之斬木不入禁。

萬民取木，雖當其期，必限以日，防過取也。若邦工掄材，則興作有式，冬夏隨時可取，故無期日之禁。至春秋所斬，必藩羅雜材，可於園圃取之，不入山林之禁。

凡竊木者，有刑罰。

閭師不樹者無椁，則宅舍無棄地；此職竊木有刑罰，則原野無耗材。古之治天下，至纖至悉也。故蓄積足恃，皆此類也。

若大田獵，則萊山田之野。

山田，山所宜田之處，迹人所掌邦田之地是也。惟山虞、澤虞有田獵之政，林與川不可以田。

## 川衡

掌巡川澤之禁令，而平其守，以時舍其守犯禁者執而誅罰之。

三時皆可漁，惟别孕之時，則官以時巡，而舍止其所守之地，則犯禁者知戒矣。林木可時計網罟之入無可稽尋，又川旁居人鮮少，故巡者非時止於其地不可。若澤藪，則其地之人守財物者多，無所用此。川衡惟言「守」，而不言「厲禁」，亦以川無居人故也。

祭祀賓客，共川奠。

山林不舉奠物者，惟田獵以共乾豆，川澤之奠物，則不出於田獵也。田獵於澤復特舉者，澤水所鍾，不特舉不知澤野之可以田也。

## 澤虞

掌國澤之政令，爲之厲禁，使其地之人守其財物，以時人之于玉府，頒其餘于萬民。

獨澤言「國」者，稻人掌稼下地，則澤可稼者仍頒於民，其餘乃澤虞之所守耳。財物之入於玉府者，犀角、象齒、珠貝之類也。金玉生於山，而山虞不言入其財物於玉府者，廾人取之，入於職金，而後職金以入於玉府也。惟澤之財物有頒萬民之文者，山林之材取用有節，川之鱗物三時聽民自取，惟澤中葭葦、蓮芡、鱗互之物會其涸而歲一取之，上不得私其利，守其地者不能盡用，故必頒之萬民也。山林及川民得自取，而澤物必待頒於上者，澤有珠、貝、齒、角珍物，聽民自取，則争端伏矣。

凡祭祀賓客，共澤物之奠。喪紀，共其葦蒲之事。

於川曰川奠，皆水物也。曰「澤物之奠」，兼本蟲、水蔬及水草之實。喪紀用葦，或以藉器物，或徒役在野，寢處薦焉，或編席支柱以蔽障風雨，其用甚多，故稻人與此職並共之。惟以闉壙，則非理所宜。注、疏不知何據。

## 迹人

掌邦田之地政，爲之厲禁而守之。

天子蒐狩之地有常，如詩言甫草，傳稱鄭有原圃、秦有具囿之類。必廣阜大藪，可陳六軍。外此砠磧墝埆，不利穀蔬，而可蕃禽獸者，皆爲厲禁而守之，時取以給邦用。故曰「邦田之地」，以明不獨四時之圍禁也。其政即爲厲禁及頒其薪芻於守者。注、疏義猶未備。

凡田獵者受令焉。

凡田獵者，或王子弟、公卿有宗祧之事，而王賜以田。春秋傳：鄭申豐將祭，請田。子産曰：惟君用鮮，衆給而已。則三公、九卿、王子弟宜得用鮮。或喪紀、賓客、春秋之膳獻，有司時取，或獮狩以後，縱民入獵，亦如斬材之有期日，凡此類皆迹人令之。疏謂夏官主田獵者受令，非也。四時鄉師出田法，致衆庶以聽令於司馬，先期虞人萊所田之野，無受令於迹人之義。

# 角人

掌以時徵齒、角凡骨物于山澤之農，以當邦賦之政令。

賦者田税，政令者，絲麻、力役之征也。觀此則九職貢物之外，別無九賦益明矣。不曰「以當邦賦」，而曰「邦賦之政令」者，山澤之田不可井授，且使其農散處以守厲禁，則難於合伍，故不獨無公田之賦入，凡師田、行役之政令，皆不及而各以地之所出當之。凡此類者，周公夜以繼日審思而得之者也。荀卿曰：「盡小者大。」周官之法，所以盡人物之性、贊天地之化育者，皆當以此類求之。計田以定賦，計賦以定征役之數，故曰「邦賦之政令」。

以度量受之，以共財用。

凡物皆以共財用，而於角人特言之，何也？傳曰：「皮革、齒牙，骨角、毛羽，不登於器，則公不射。」齒角、骨物非中用者不足以爲財，角人不物者不徵，則皮革、毛羽不待言矣。

## 掌葛

以權度受之。

古者王畿四面，各五百里，而骨物、羽翮、葛材、草貢物皆輕細徵，以當賦，乃所以利民。後世郡縣萬里，而置均輸、平凖，且凡物皆取焉，轉輸出納，吏得爲姦，而民困於無告矣。

## 掌炭

掌灰物、炭物之徵令。

以炭名官，而所掌則先灰物者，蜃必爲灰而後可用，而煅之者，炭也。炭之灰亦可澣污。若先舉炭物，則似灰即炭之灰矣。

以時入之。

月令：「季秋草木黄落，乃伐薪爲炭」；「仲夏令毋燒灰」，故云「以時入之」。王氏昭禹謂無時不可徵，誤。

以權量受之，以共邦之用，凡炭灰之事。

諸職無覆舉用其物之事，惟此職爲然，蓋財物之徵，皆以共王朝之用。獨匽炭，則鄉野小吏亦得受之。以潔治舍廨、廩倉，如赤友氏以灰洒除貍蟲，壺涿氏以焚石除水蟲是也。故於邦用之外，特出凡炭灰之事以明之，即月令令民間燒灰爲炭亦在其中。

## 掌蜃

祭祀，共蜃器之蜃。

閭師職："任衡以山事，貢其物；任虞以澤事，貢其物。"疏謂："萬民入山澤取材者皆有貢。不知山澤之物，百姓旦夕取資而不可離者。若薪灰、皮革、角筋、蒲魚、蜃蛤之屬，取之皆有税，則利竭於下矣！閭師職所云「貢其物」者，蓋或官取其物，或山澤之農入之以當邦賦，故設角人、羽人等官以時徵之，非謂平時旦夕取材於山澤者皆有賦也。自角人至掌蜃七職，皆徵山澤之材物，以共邦用，而惟於炭人言之。角人則兼言財用，何也？以炭灰兼用於鄉野，故先舉邦用，以明異事，齒、角則不獨以備工事之用，而頒賜、問遺亦可以當財物也。他物則或可爲財，或可備用，而不得相兼。故不言凡金玉、錫石、齒角、骨物、羽翮、葛材、草貢、荼蒲，莫不頒於百工。獨染草言頒者，他物隨時可頒，而染草頒必以時，故特著之。

## 囿人

祭祀、喪紀、賓客，共其生獸、死獸之物。

獸人曰「共其死獸、生獸」者，田獵所獲，生死皆共其全也。此曰「生獸、死獸之物」者，畜養之獸死則共其筋、角、皮、骨，其生共之物則麋鹿之解角是也。

## 場人

凡祭祀、賓客，共其果蓏，饗亦如之。

注、疏：饗謂朝事之籩豆，或曰每月朔薦。皆非也。祭祀已該此二節，不宜曰「亦如之」。外饔職於祭祀賓客後，繼以邦饗耆老、孤子、士庶子。稾人職，凡饗耆老、孤子、士庶子，共其食。此職所共，蓋謂是與？天官甸人已共祭祀之果蓏，而復設場人，以中祀、小祀甚多，而賓客之共尤廣也。

## 廩人

掌九穀之數，以待國之匪頒、賙賜、稍食。

匪頒，在田禄之外，賚賞、勳勞，具有成法者。賙賜，則王之好賜，其事無常。稍食，則給事宫中之官府、徒隸、人民，朝夕飯食。以在正禄之外，而所用不多，故謂之稍食，猶給事外内朝者，謂之冗食也。

凡萬民之食食者，人四鬴，上也；人三鬴，中也；人二鬴，下也。

宣城梅文鼎曾言：古量一升，當今二合六勺。以詁此經，合趙充國疏人食八升計之，尚覺不遠。蓋中人日食一升以爲率，婦女老弱，則食浮於人力耕可任者，則不能飽。多少相補月食二鬴，得今三斗三升有奇，可以無饑矣。中年則人餘一鬴，豐年二鬴，即耕九餘三之法也。民愚，恐豐年靡費，故官爲之制，所謂食之以時，用之以禮也。充國所奏，以優丁壯遠征者，故以二升有奇爲率。

於數邦有詔穀用之後，復言以治年之凶豐，則二鬴、三鬴、四鬴之法，專爲萬民設明矣。但廩人掌此，則自有田禄者之外，凡府、史、胥、徒、百工技食之受食於官者，必亦用此制三年之中無人不餘一年之食，所以菽粟陳因，雖旱乾水溢，里黨可以相賙，而不徒恃上之振發也。

凡邦有會同、師役之事，則治其糧與其食。

古者師行無饋餉，所謂治糧與食者，令道所經有司共之。委人職「軍旅共其委積」，倉人職「凡國之大事共道路之穀積」，是也。委積隨在有之，而治其糧者，廬宿候館，雖有飲食，以待賓客，而不足以給大衆，故師行必載糒也。崧高之詩曰：「王命召伯，徹申伯土疆。以峙其粻，式遄其行。」則六服之内，無在不有委積，以待王官之徵令可知矣。

大祭祀，則共其接盛。

或曰：「春秋傳魯祭周公，何以爲盛？周公盛，魯公燾，群公廩。解者曰：燾，謂下故上新各半也。廩，謂全用舊穀，少覆以新。然則謂之接盛者，豈有取於新故之相接續與？

## 舍人

凡祭祀，共簠簋，實之，陳之。賓客，亦如之，共其禮。

春人共祭祀之米，饎人爲盛，然後舍人實之簠簋而陳之，春人賓客共牢禮之米，差擇之也。舍人則實之筥，載之車，故曰「共其禮」。

## 倉人

凡國之大事，共道路之穀積、食飲之具。

委人：「軍旅，共其委積。」此復共穀積者，曰「凡國之大事」，則兼大喪、大祭，不獨軍旅也。倉人通掌畿内粟入道路之委積。遺人令之，倉人出之，廩人治之，委人共之，故四職聯事，而倉人、委人並曰「共」也。

## 司稼

掌巡邦野之稼，而辨穜稑之種，周知其名與其所宜地，以爲灋，而縣于邑閭。

草人土化之法，王畿邦國之所同也。所謂「物地相宜而爲之種」者，不過掌其法而已。此職巡邦野之稼，則親行畿内，其事尤詳。故辨種及於穜稑，縣法徧於邑閭，於百穀之名，五土十有二壤所宜，必周知之，先王之畏敬戚農於兹可見矣。

巡野觀稼，以年之上下出斂灋。

井田之法，助而不税，而荒政有薄征。此以年之工下出斂法，何也？中年則閭師所徵，圃牧、工商、虞衡、嬪婦之貢，旅師所斂鋤粟、屋粟、閒粟，皆以差減，無年則盡除之。

掌均萬民之食，而賙其急，而平其興。

司稼所掌，非救荒之法也。蓋至凶荒，則散縣都之委積；市作布以給貧民；又使民通財，而以士師掌之；甚則移民就粟，且並施十有二政，然後足以救之。若歲小歉，或此疆彼界，豐歉不齊，則用均食之法，使有無相通，所謂「賙其急」者，公家補助之外，則「五黨爲州，使之相賙」是也。所謂「平其興」，與旅師職「平頒其興積」同，蓋次貧之民、公貸之粟，俾有收而償之，此自人食二鬴至食三鬴之歲皆然。先王於農事始，則移用其民以相救，終復均調其食以相賙，則天患之小者舉不足以病民矣。

## 舂人

掌共米物。

米物者，其質之美惡、舂之精粗非一類也。

## 饎人

共王及后之六食。凡賓客，共其簠簋之實。饗食亦如之。

膳夫內饔職，王、后、世子膳羞恒相聯，此共王、后六食，則世子不必言矣。槀人共內、外朝宂食者之食，而內宮之飲食、膳羞，諸職無文，則內宰會內宮之財用，爲夫人以下服物、膳羞之用益明矣。

## 槀人

掌共外、內朝宂食者之食。

謂之宂食者，以其人自有稟祿，因給事外、内朝，不暇自爲食，而官共之也。

李光坡曰：「冢宰掌邦治，舉其要耳。其僚屬庶尹，皆經理王宮之政。至於遂生復性，以寵綏斯民者，未遑也。設司徒之職，舉天子作君、作師之事，而致之於民，乃順承天，萬物資生，故曰『地官』也。教始於郊里，故自小司徒至比長八職，專主六鄉，而牧田、牛田在鄉者，故封人、牧人、牛人、充人四職次之。鄉之政有二，曰征役、施舍，曰德行、道藝。載師至均人五職，詳征役施舍之事也。師氏至媒氏六職，詳德行、道藝之教也。然則教養之道備矣。施之天下何以加兹？故曰觀於鄉而知王道也，王國面朝後市，王門十二，在六鄉之内，十二關門則臨畿土今次於鄉之下、遂之上者，市雖在國，五百里疆界中，凡五十里之市皆在焉，門關則聯於市以達貨賄者，關市有譏，用節爲多，故司市至司關十二職爲一類，而掌節附焉。遂人至里宰專及田野之制、稼穡之緒，與六鄉互見爲義，旅師如鄉之閭師也。稍人如鄉之縣師也。委人土均如鄉之遺人、均人也。而鄉有封人、載師、縣師，遂有稍人土均，則通公邑、都鄙、邦國之政，皆舉之矣。草人、稻人詳穡事，養民之原也。土訓誦訓通土俗，教民之本也。四職所掌，鄉遂、都鄙、邦國皆有焉，故次於土均之後也。若夫山林、川澤，賦貢之所出，國用賴焉，故自山虞至場人，十有五職又次之，冢宰所列九賦、九貢之目，盡於此矣。賓祭之所取，軍旅、喪紀之所共，膳羞、祿稟，凡爲九式用財者，將於是乎在，故稟人至稾人職終焉。司徒敷教，而教職惟鄉官、師保等十數人，其間所措理者，養民之事居多，先儒疑爲司空之錯簡，是不然。夫先王之世辨物居方，秀者爲士，而樸者爲農，下及工商，各有常居，皆有法守，使之父以教其子，兄以教其弟，習其耳目，而定其心思，閑其道藝，而世其家業，無非以道率民，豈必東膠、西序始名教哉？孟子曰：『無恒産而有恒心者，惟士爲能。』故制民之産，然後驅而之善。若生者不得其情，死者不盡其常，矍矍然喪其降衷秉彝之心，其鈍頑無恥者固相率而歸於悖戾，不可復制，即常性未移者亦頹墮委靡消沮而不復振，則道之不行從可知矣。此司徒一篇所以聯教養爲一事也。然則司空之職何與？周禮爲書委曲周詳，無不備者。獨至壇兆、廟社之法，井田長廣之方，附庸、閒田所餘之多寡，山林、川澤、城郭、宫室、涂巷三分之乘除，天時有生，耕獲何以無失其序？地理有宜，高下何以無拂其性？山川、沮澤，民居有度焉。興事任力，遠近有量焉。宫室之制、器皿之宜、舟居之用凡數事者，雖略見於諸官，而未詳其規度宜皆列職於司空，而春秋、戰國之世，開阡陌，盡地力，相兼以力，相侈以僭，司空一篇尤其所深病而急欲去其籍者也。其失蓋亦久矣。或乃竄綴紛紜，離散全經，所謂『愚而好自用』也。」

# 周官析疑卷之十六

## 春官宗伯第三

惟王建國，辨方正位，體國經野，設官分職，以爲民極。乃立春官宗伯，使帥其屬而掌邦禮，以佐王和邦國。

舜命伯夷典三禮，名曰「秩宗」。周人因之，立春官宗伯，蓋以宇宙之中莫尊於天神、地示、人鬼；而禮有五經，莫重於祭，凶、軍、賓、嘉，始之終之，皆以祭祀。蓋無事不以天神、地示、人鬼臨之，所以作其忠敬之心也。秩宗者，叙次天神、地示、人鬼之禮事也。宗伯者，治尊禮之長官也。若如俗説，以宗廟之宗爲目其人，則對先王、先公義不得以稱伯矣。自唐以前注、疏、箋、傳皆訓宗爲尊。至宋王昭禹始謂有族則有祀，有祀則有宗。易氏祓謂與大宗、小宗同義。其支離悠謬，不足辨也。蔡氏沈以宗廟爲義，後儒多遵之，謂凡祭祀之禮，皆自祖宗推而及之，不知天神、地示之祭本以宗名。舜典曰：「禋於六宗」。孔安國傳：「宗，尊也。」所尊祭者有六，謂四時也，寒暑也，日也，月也，星也，水旱也。月令：「天子乃祈來年於天宗。」賈逵曰：「天宗三，日、月、星；地宗三，河、海、岱。」天神、地示皆稱宗，乃秩宗之義所由起也。夏、殷以前，經傳未有稱宗廟者；有之，自周書始。蓋因殷有三宗，而殷人稱宗，實由夏書「受命於神宗」。孔傳曰：「宗，文祖之廟。」孔疏曰：「言神而尊之也。」無逸篇「昔在殷王中宗」，孔傳曰：「殷家中世尊其德，故稱宗。」即蔡氏沈尚書説亦云宗廟，始祖之廟，則祖宗及宗廟之宗本以尊爲義，而秩宗、宗伯之掌三禮不得專以宗廟爲義，益著明矣。

雞人。

凡禮事，舉之必以時，其間動作止息又各有時。雞知時，故掌以禮官之屬，而凡告時嘑且之事皆掌焉。其職事首祭祀，故與鬱人、鬯人相次。

典命。

古者命賜群下，必於祖廟，故冢宰詔王以爵禄馭群臣，而典命司服則列於禮官。

守祧。

守祧用奄與女奚，豈祭祀雖無女尸，而先后之朝祭服及遺器亦藏於祧與？其職掌守先王、先公之廟祧，而獨以祧名官，何也？舉祧，則足以該廟也。諸侯朝聘，禮辭多稱祧，聘禮不腆先君之祧，春秋左傳屬有宗祧之事於武城。禮官列職，以祧名官，而經傳於天子無稱祧者，何也？易：「王假有廟。」尚書：「諸侯出廟門俟。」覲禮：侯氏肉袒於廟門之東。他書亦無稱天子之太廟爲祧者。蓋后稷之廟，文、武之世室，雖藏先王、先公之祧主，而皆不祧之廟。君天下，臨諸侯，自當以后稷、文、武臨之。故惟稱廟，而禮官辨世次之後先，則宜舉祧以該廟也。若諸侯相接，號辭必稱先君，而邦交多始於所祧之祖，故亦舉祧以該廟焉。后稷、文王，雖身不爲天子，而德爲聖人，造邦新命，故周人覲、享皆在后稷之廟，而遷鎬以後，每發大命，必至於豐，周頌又有率見昭考之樂章，皆周公運用天理之精意也。疏云：七廟并姜嫄爲八，蓋據詩生民篇與大司樂享先妣之文也。諸侯不敢祖天子，故稷以後特祀姜嫄。及有天下，亦相因不改。其於都宫之旁，别建一廟，而歲時享祀亦不與九廟同日與？

世婦。

六官皆卿一人，而宫卿則二人，何也？六官有貳以攝正，而宫卿無貳，故每宫二人，以備其人喪疾，或自有家事也。周官自夫人、嬪婦以及女奚、閽寺，皆掌於小宰、内宰，復設宫卿、世婦、大夫、士，以列職於官中，使王知深宫燕私、一嚬一笑中外臣庶皆得以耳而目之，所以止邪於未形，而正君心，謹陰禮，俾表裏澄澈，以爲萬官億兆之儀則也。且使有德、有齒之婦人日周旋於后夫人、嬪婦之間，則耳濡目染，默化潛移，與隨事而調劑者亦不少矣！約葉生酉說。

外宗。

九嬪、世婦、女御爲治官之屬，内宗、外宗爲禮官之屬，皆制禮之精意。

墓大夫。

賈疏：庶人不封不樹，故不言冢而言墓。非也。本職曰「掌其度數」，則非不封不樹明矣。

職喪。

劉氏彝謂：職喪所掌，下達萬民。本職並無此義。地官黨正所教喪紀之禮事，乃及萬民，鄭長以下乃治其事耳。諸儒不考經文，而好立異説，不可勝辨，往往如此。

大司樂。

舜命夔典樂，以教胄子，其時詩書未具，易有畫而無文，禮初興而未備，惟樂乃郊廟朝廷、閨門、鄉里所通用，而附禮以行。學者陶養德性，舍是無可爲教，故二代因之。至周則詩書禮樂具備，而掌成均之法，猶以大司樂名官，蓋蒙士之學必以樂爲始，君子之德必以樂而成也。以中大夫爲之，則必賢德彰聞，負公輔之望，而爲凡有道、有德者所依歸，國之子弟所矜式者矣。師氏一人，而大司樂二人者，虎門之教主於王世子，其共學而相衛翼，必聰明質仁、厲學敦行者乃與焉。以一人爲之表率足矣。成均之教，則國子弟，貴遊子弟，大夫、元士之適子，國之俊選，諸侯之貢士皆合焉。非二人不能共襄其事也。宗伯掌五禮，而大司樂之教不言禮，何也？凡學士皆童而習之矣。且祭祀、賓客、射鄉、軍愷，禮行而後樂從之；平時歌詩、學舞，春秋合舞、合聲，樂作而禮即依焉，故不必復言禮耳。

大胥。

「胥掌官叙以治叙。」樂官名胥，以致諸子、正舞位、序官中之事皆治叙也。大胥掌學士之版，而小胥掌其徵令，其事相成，故皆别職同官，而府、史、胥、徒共之。凡五官之司旅，職業相聯者皆然，所以便事而省役也。

大師。

大師、小師，瞽矇也。而爵以下大夫、士，蓋知音識微，必明於天地之性，惟有道、有德者能之，故作匵謚，聽軍聲，國之重事皆以屬焉。而周以前，帥多賢達。觀孔子正樂，而魯之樂官竄身異國，匿迹河海，不能一日安於其位，可知周公教澤入人之深。

小師。

周官人數，皆量職以制之。師氏、保氏各一人，事不分也。大師二人，一以備軍事也。小師四人，雖或攝大師，仍有自共其職者。

鎛師。

磬音屬角而難調。磬音和，則衆音皆依之。故同律既定，首列磬師，而兼教編鍾。「九夏」之奏獨以鍾鼓，故别設鍾師以掌之。笙以繼堂上之升歌，又與磬聲相應，故其職總教諸管樂，及舂牘應雅，而獨以笙名官，舉重也。鍾師之外，復設鎛師，以掌金奏之節，而王朝禮事、軍事、夜事之鼓皆屬焉，非專宫不能共也。笙師兼掌竹、匏、土、木四音，鍾師兼掌絲音，鎛師兼掌革音。而金音則鍾、鎛二師之外，仍以磬師兼之，蓋禮事之用金爲多，其節奏又各異也。

韎師。

鞮鞻氏掌四夷之樂，而特設韎師。蓋周起岐、雍，其化先行於南，次及於北，而東方獨阻風教，商奄既誅，淮夷、徐戎尚爲魯患。故特設一官，肄東夷之樂，以志王化之難成。職方首揚州，亦此義也。

旄人。

四夷有慕化而願留者，祭祀、賓客，使各舞其國之燕樂，以示聲教之四訖。其思歸者亦聽焉，故無定數。疏謂：鞮鞻氏掌夷樂而不教，旄人教而不掌。非也。旄人所教，舞也。鞮鞻則掌聲歌，分職甚明。

大卜。

孔子贊易，然後天下知貴筮。自周以前重卜，故以大卜名官，而兼掌之。

占人。

別立占人，以卜師筮人，致其誠壹，以聽所命，而心不可分用也。

簭人。

筮人之徒少於簭氏者，以龜有爇、燋、吹、焌之事，而筮儀較簡也。

占夢。

殷宗恭默，傳説見夢，「夢協朕卜」；武王以誓師，大人之占，著於小雅：傳記所載祲祥、凶變，先見於夢兆者多矣。故周公特設掌夢之官，與卜筮、眡祲相間，皆聖人畏天省躬，精誠之所貫注，實事所由修舉也。

眡祲。

此職觀妖祥，辨吉凶、敘降，皆與保章氏同，而不以類相從，何也？保章氏雖兼掌日月、星辰、風雲之變，而以星土辨地域，以豐荒降祲象，以十有二風命乖别，皆觀乎天文以察時變、以詔救政之事，故與馮相氏爲類。若日之有祲，則人君之象、十煇之法，乃所以使王隨時觸事，恐懼修省，以弭災變，故與卜筮、占夢相從也。

喪祝。

其職事不止於祝，而以祝名；不止於喪，而以喪名：從所重也。

甸祝。

五官中如甸祝之類，或兼官而臨事設之。

詛祝。

吕刑：「以覆詛盟。」爲有苗罪，則隆古已有其事。小雅：「出此三物，以詛爾斯。」蓋理法、情勢之窮，有不得不要言於鬼神者。世儒乃以此疑周官，誤矣！詳見總辨。

大史。

王氏詳説謂：左史記事，右史記言，而以大史、内史當之。非也。内史：掌八柄以詔王治；執國法國令，以考政事；受納訪，以詔王聽治。凡君舉之大者，皆具於是矣。其他策命諸侯、卿、大夫，制禄出賞賜，亦事之不可不籍者，則記事者宜内史。外史掌書外令，書使於四方之令，又掌四方之志，達書名於四方，則記言者宜外史。惟大史職則絶無可附於記事、記言者，蓋大史稽天道，内史、外史記王之言動。王之言動，宜奉若天道，故大史爲史官之長，而内史、外史左右於王，稱名之義，疑取於此。

車僕。

戎僕、馭夫具列夏官，掌戎車之萃者，宜以類從，而别設車僕，隸於春官，何也？丘乘之法，兵車皆民所自具。公、卿、大夫賦輿有定，其自乘之車始則君賜，繼自爲之，故政職别無掌戎車之官與藏之之所。五路皆屬於巾車，故廣車、闕車、苹車、輕車之萃亦隸焉。戎僕設於夏官，專掌王路而兼倅車之政；車僕隸於春官，專共戎車之萃，與巾車聯職，以便更續；而馭夫則屬夏官，以閑輿衛：皆聖人處物體事，精神所周浹，不可以不察也。

# 周官析疑卷之十七

大宗伯之職，掌建邦之天神、人鬼、地示之禮，以佐王建保邦國。

記曰：「明乎郊社之禮，禘嘗之義，治國其如示諸掌乎？」能事天神、人鬼、地示，則餘四禮舉而措之耳。故建保邦國，獨目此以著其義。天曰神，妙萬物而不可見也；人曰鬼，其所歸也；地曰示，以示爲義、五嶽四瀆、名山大川顯然示人以法象也。李光坡曰：「邦禮有五，獨言掌吉禮者，禮有五經，莫重於祭，舉首以該終也。建，立也。保，安也。正倫理則立，篤恩義則安，上下各得其所而皆安，故曰『建保邦國也』。」

以吉禮事邦國之鬼、神、示。

國家無故，上下和睦，以事天地、宗廟、百神，乃人事之最吉者，故曰「吉禮」。喪、疾、禍、亂，則祀事不能舉矣。都家、鄉邑皆有鬼、神、示之祀。此不言者，統於邦國也。

以禋祀祀昊天上帝。

冢宰、司徒所莅祀事皆首五帝者，舉五帝，則昊天上帝不必言矣。此不及五帝者，舉昊天上帝，則五帝可知也。司寇職：禋祀五帝，則戒日。

以槱燎祀司中、司命、飌師、雨師。

先王制司中、司命之祀，蓋以人受天地之中以生。必有賦之以性者，湯所謂「降衷」是也。既生而有形氣，又必有制其死生、修短之數者，孔子所謂「命」是也。王者相協生民之中，欲登之於仁壽，而消其疵厲、夭札，故特立神號以祀之，亦使民知所受之有中以正其德、所稟之有命以定其志也。日月、星辰、風雨，教以象設者也。司中、司命，禮以義起者也。既有典祀祝號，然後天文家以三能、文昌諸星當之。易曰：「震萬物者莫疾乎雷。」而不列祀典，何也？未有不雨而雷者，祀雨師，則已包雷師矣。

以血祭祭社稷、五祀、五嶽，以貍沉祭山林、川澤。

李光坡曰：「祀天神、祭地示，其時其地，詳見大司樂。而此經：『以蒼璧禮天，以黄琮禮地。』典瑞職：四圭有邸以祀天，旅上帝，兩圭有邸以祀地，旅四望。王制：天子祭天地，諸侯祭社稷。則地示之祭自不得以社當之。然此經序祭，有社無示。司徒、鼓人職：以雷鼓鼓神祀，以靈鼓鼓社祭。亦言社而不及示。典瑞職：以圭璧禮諸神。祀地之外不著社稷，大司樂分樂以祭，亦不別著社稷於祭地之後。二者又言示而不及社，似乎彼此互見，而示祭、社祭禮無殊也。勉齋黄氏曰：社祭土，稷祭穀，土、穀之祭達於上下，故方丘與社皆祭地也。而宗伯序祭，有社無示，舉社則其禮達於上下，舉示則天子獨用之。鼓人職不曰「祭示」，而曰「社祭」，亦以其禮達乎上下也。大司樂：靈鼓、靈鼗以祭地示。則示祭、社祭，其用同矣。此説較之賈疏所謂以小該大者，尤爲長於理，而合於經也。祭法：王有大社，又有王社。張子曰：大社祭天下之地示，王社祭京師之地示。説本白虎通。竊意大社立於王宫，乃祭京師之地示。京，大也。師，衆也。京師之社，固可稱大。王者無外，社繫以王，則祭天下之地示也。此禮惟王有之，諸侯以下則否。王社所在，書傳無文，其即澤中之方丘與？」　射牲之後，未有不陳其血者，故戴記曰「郊血」。而此於社稷以下，始言「血祭」，蓋社稷、五祀，皆有人鬼，薦血以歆神，兼以人道事之也。古者山川之守，死而爲神，故春秋傳曰：「姜，太嶽之後也。」又曰：「臺駘，汾神也。」以人鬼配食，故亦有薦血之禮。以是推之，山林、川澤之小者配食無主名，則唯用貍沈可知矣。疏謂嶽瀆亦當貍沈，如臺駘爲汾神之類，又宜兼薦血，蓋經文每互見，故於社稷、五祀、五嶽舉其禮之繁者，山林、川澤舉其事之多者。

舉昊天上帝而不言方澤，何也？天地之德，無物可以稱者，實柴槱燎不過以氣求之於陽，血祭瘞埋不過以魄歸之於陰，而聖人所以昭格於皇天后土者，惟在於精意。故實柴槱燎乃祀天之所同，而以屬日月星辰以下，陳血、瘞埋，乃祭地之所同，而以屬社稷五祀以下，又不言方澤以示禋祀與昊天上帝同也。周官之文，彼此互見。昊天上帝別見於司服、司裘，以未見禋祀，故於大宗伯職揭之。五帝同用禋祀別見於大司寇，故宗伯職略焉。冬至圜丘，夏至方澤，別見於大司樂四圭祀天，兩圭祀帝，別見於典瑞，宗伯職不舉方澤，義別有在，而群儒乃謂古無方澤之祭。誤矣。王社、大社之説，出自祭法，白虎通略同，乃東漢諸儒摭拾戴記而爲之。周、秦閒古書未嘗有此。蓋王都唯建一社，故名大社，或稱王社，別無祭天下之地示之社，以有方澤之祭故也。或以方澤無配享之人鬼，疑并無此祭，不知古者宗廟之祭，亦不設女尸，地統於天，故無配享者，非若社爲司穀土之神，可以句龍配也。胡仁仲謂：王者父天而母地，埽地而祭者，唯昊天上帝，地示則唯有社祭，並無所謂方澤。蓋據此經及鼓人以靈鼓鼓社祭，皆不言大示，而諸傳記亦多以郊社對舉，故妄爲此説。不知周官中雖有爲莽、歆所僞竄者，而大司樂章，則漢文帝得魏文侯時樂工竇公所獻，司馬遷封禪書首舉虞、周之典祀，直引其文。史記：周官曰：冬日至，祀天於南郊，迎長日之至；夏日至，祭地示。皆用樂舞，而神乃可得而禮也。則是篇乃周官之舊明矣。戴記曰：器用陶匏，以象天地之性也。又曰：天地之牛角繭栗。則祀天祭地儀物皆同可知矣。又曰：因天事天，因地事地。又曰：燔柴於泰壇，祭天也；瘞埋於泰折，祭地也。又曰：以祀天地、山川、社稷先古。七十子之徒各記所聞，而大體不易，則不得謂社祭之外别無方澤之祭，昭昭然矣。鼓人首舉社祭，義已見前。其他傳記，則或以便文，或舉下以該上。玩其本文，義自可辨，無庸偏舉也。至引父在爲母期爲證，則悖甚矣！父殁即得伸，則非恩義之有輕重也。以期爲斷，所以達父之情而便其事耳。而子之居處、飲食、哭泣、思慕猶三年，則所以自盡者，實與父同而無二可見矣。記曰：「地秉陰，竅於山川，播五行於四時。」蓋五行質具於地，而氣行於天，其用雖分而實合，故其祭雖合而亦分，四郊迎氣，爲四時也。故主祀五方之帝，而以五人帝配焉，以其質具於地，故又用血祭，而以五正配焉。君道同於天，故以配天神；臣道同於地，故以配地示。鄭注五官之神，蓋舉配祭者而所正祭乃水、火、金、木、土之神，故以列於五嶽之上也。左傳晉史墨所稱社稷五祀，及大戴禮宰予問五帝德篇，孔子謂五官别稱五祀，不得同帝，正此經所謂「五祀」也。但與四郊同日同壇，或異日異壇，則無考矣。火正曰祝融，土正曰后土，傳有明文，而康成謂黎爲祝融后土，食於火土，蓋惑於史記北正黎司地之説。不知司馬遷所云，或顓頊時，曾命黎兼司火土，而祀典則定祀句龍。康成不能辨，乃於大封先告后土，亦云黎所食，則誤之中又誤矣。方道希曰：「上舉五嶽，下及山林川澤，則四瀆從五嶽之禮不待言矣。」

以肆獻祼享先王，以饋食享先王。

先鄭以禘祫釋追享、朝享，蓋以追遠之祭極於禘祫，則群廟之主並朝於祖廟也。不曰「給」，而曰「肆獻」者，時祭亦祫，惟大祫徧陳毀主，必曰「肆獻」而其義始著也。不曰「帝」，而曰「祼」者，時祭皆自祼始，於時祭之外特言「祼」，則爲禘祀可知。蓋求神於陰，於極遠之祖尤以祼爲合漠之本也。禘自既灌而後，孔子不欲觀，可徵魯人尚知禘尤重祼也。六宗皆禋，而於昊天舉禋祀，義與此同。別有饋食者，凡大祭祀必散齋、致齋，數舉，則國事將有滯壅，故於禘祫時祭外，減去祼及朝踐以前之禮節，而自饋食始。虞禮記禫後「吉祭猶未配」，以及月朔朝廟，歲時薦新，或因事而特祭，皆宜用此。大宗伯該備典祀，不舉饋食，則宗廟之祭有遺。司尊彝惟辨大祭祀祼獻之彝器，故小祭祀不備祼獻，明踐者無列焉，義各有當也。肆，陳也，列也。按尚書「眚災肆赦」，春秋「肆大眚」，韓非子「慮事廣肆」，似兼周徧之義。大祝肆享，亦謂大祫。享先公則鷩冕，別見司服職，故舉「先王」以包之。

以荒禮哀凶札。

大司徒職：「大荒、大札，則令邦國移民通財。」饑穰更事方嶽中鄰近之國，以王命通財。古者以粟米爲財。則不惟無遏糴之患，亦並非告糴之私矣。至移民，事更重大，或於本國相移，或移於鄰國，必禮有經式，然後其國得以情告，而司徒以王命制之也。

以弔禮哀禍烖。

春秋傳曰：「陳不救火，許不弔災，君子以是知陳、許之先亡也。」可見成周盛時，天子哀邦國之憂，而諸侯同方嶽者皆重救患、分烖之禮，所以養諸侯而兵不用也。

以禬禮哀圍敗。

成周六服承則，孰敢擅興？而有哀圍敗之禮，何也？蓋聖人監古立法，而知世變之所窮。且蠻夷内侵，不寧侯，馮弱犯寡，雖盛世亦間有之。或事過而後聞，不惟有威讓之令，舉九伐之師，且厚恤受兵之國，義盡仁至，所以懷諸侯而天下畏之也。古者百用皆以粟米。圍敗之後，惟歸財爲急。用此知六服中邦國所貢閒田所入之粟米，蓋隨地而貯之，以共不時之興發。

以恤禮哀寇亂。

東遷以前及春秋之初，邾婁顏爲賊於魯，天子爲之誅顏而定魯，侯國之外寇猶能討焉。曲沃奪宗，周師再伐，衛朔搆禍，王人出救侯國之内亂，猶將恤焉。蓋周公之典具存，其人亡，故不能舉耳。

時聘曰問，殷頫曰視。

時聘無常期，諸侯或有故不得朝，則遣問起居。　殷頫，則王室有故，慶喜弔憂，而六服皆使人來視也。

以軍禮同邦國。

必能四征不庭，然後六服群辟，罔不承德；必有用衆、恤衆、簡衆、任衆、合衆之禮，然後能以天下爲一家，中國爲一人：故曰「以軍禮同邦國」。

大師之禮，用衆也。

大師，或天子親征，則大司馬巡陳眡事。　若常武之詩「程伯休父，左右陳行」是也。　或命將出師，如采芑江漢，獨遣方叔、召虎是也。　簡書徵調，如臂指之相使；敵王所愾，如手足之衛頭目：是謂能用其衆。　地官正貳及考皆曰「大軍旅」，至大、小宗伯始變文曰「大師」，何也？伍、兩、卒、旅、師、軍，以所合徒役之多寡爲之名耳。春秋傳：「有衆一旅。」師田非合五百人不可用，故舉軍旅以括之。　故方起徒役，則曰「軍旅」；用以征討，則曰「師」。　大司馬職曰：「及師，大合軍以行禁令，以救無辜，伐有罪。」肆師職亦曰：「若師不功，則厭而奉主車。」大宗伯言用衆，小宗伯從王征伐，故正其名曰「師」。

大均之禮，恤衆也。

春秋傳：魯賦於吴八百乘，邾賦六百乘。若爲子男，則將半邾以屬於吴，而如邾以事晉，蓋不獨徵兵以車乘爲差，田役、貢賦之數亦如之。故大均屬軍禮。平丘之會，子産争承曰：「鄭伯，男也，而使從公、侯之貢，懼不給也。」則不均之病衆明矣。注、疏及諸儒所言皆侯國均人之事，非王朝大均之禮所及也。大均蓋量其土地之饒瘠、道路之遠邇、國事之劇易，以爲貢賦征役多少疏數之差。

大田之禮，簡衆也。

春蒐秋獮，帥諸侯以講武事，則其君之賢、將之武、號令之嚴明與反是者，皆可得而見矣。必如是，然後事有本統，可使百將一心、六軍同力。車徒刺伐，所簡之末節耳。

大役之禮，任衆也。

大役，或建都邑，如仲山甫之城齊、燕師之城韓，必調方嶽之中地域鄰接者，以屬役也。或濬大川，或築大防，非傳衆力不能濟。度道里之遠近，量穀土之饒瘠、時年歲之豐凶，乃所以任之。

大封之禮，合衆也。師有功，或王臣出封，或群侯加地進律，其禮皆屬大封。春秋傳「殷民七族」、「殷民六族」、「懷姓九宗，職官五正」，乃始封之禮。王制：「諸侯之有功者，取於閒田以禄之。」春秋傳：「襄王賜晉南陽之田，命爲侯、伯。乃加地進律之封，皆合其土地、人民以相附屬也。大司馬「制畿封國」，即大封之禮也；「制軍詰禁」，即大師之禮也；「施貢分職」，即大均之禮也；「簡稽鄉民」，即大田、大役之禮也。大司馬職論造邦之經式，必合其衆而後可用也，故自大封始。大宗伯職論軍禮之重輕，則莫要於大師，而衆不可以猝然而用之也。必先恤之，以得其心；簡之，以辨其材；任之，以程其力。至論功行賞，然後析圭分社、加地進律之典施焉，故以大封終。大均屬軍禮，惟均乃可以作師徒，賦馬牛、車輦也。大役屬軍禮，古者城築，即屬役於師旅也。大封屬軍禮，示侵敗王略，則六師及之也。

以嘉禮親萬民。

民之秉彝，於兄弟、昏姻、朋友、故舊、賓客本有相愛相敬之實心，所謂「嘉」也。然無禮以爲之節文，則親者或以昵而瀆，疏者或以遠而忘。故先王制禮，以達其嘉好之心，乃可以常保其親，而不至於乖戾。易曰：「嘉會，足以合禮。」人之行禮，苟無此嘉好之實心，則雖循其外之節文，亦不足以合禮也。饗燕、脤膰、賀慶之禮達乎諸侯，賓射之禮達乎卿、大夫、士，惟飲食、昏冠之禮下逮庶人，而統曰以親萬民者，詩曰：「爾之教矣，民胥效矣。」凡用於朝廷、邦國者，皆所以使民觀感而親睦也。

以飲食之禮親宗族兄弟。

曰「宗族」，則無不包矣。而又曰「兄弟」，何也？古者大功以上同財，朝夕相見，無所用合食，故特標兄弟，凡小功者謂之兄弟。以示惟小功以下及宗族乃有合食之禮也。蓋勢散而情疏，非合食，則情意不通，憂喜不聞。而其中又有貧富、貴賤之别，則見爲弗顧，而以此相尤者多矣。天子、諸侯之體尊，非族食。雖期大功，有不得時見者，故世降一等，而親者尤數，皆所以爲教而使民效之也。

以賓射之禮親故舊、朋友。

詩曰：「朋友攸攝。」書曰：「太史友，内史友。」先王與群下皆以朋友視之。故賓射之禮，答其拜，與之坐，皆朋友之道也。古之爲臣者居其位則思死其官，而君爾忘身，豈不以此也與？

以饗燕之禮親四方之賓客。

周官王朝於聘使，無饗燕之禮；惟諸侯之臣相爲國客乃有之。疏所云：聘客一饗，燕與時賜無數。惟公之孤執皮帛以繼小國之君者宜有之耳。詳見大、小行人職。

以脤膰之禮親兄弟之國。

見於春秋經傳者，歸脤賜胙，未有言歸膰者。傳曰「天子有事膰焉」，謂二王之後，以助祭而受膰，非歸之於其國也。兄弟之國受膰，亦以助祭，故大行人言「歸服」，不言「歸膰」。公、穀注皆生曰脤，熟曰燔。以熟賜，則爲助祭者明矣。但脤之腥，亦不可以達遠，豈擄於鹽而乾之，然後以致與？

再命受服。

一命亦有服，而必玄冕乃得言受服，猶子、男亦有卿，而必王朝孤卿立兩卿始得言受官也。司服職：鄉大夫玄冕。疏謂無孤之國，卿亦得絺冕。顯與經悖。

三命受位。

春秋傳：管仲辭鄉禮，曰「有天子之二守高、國在」；欒盈之奔，曰「陪臣盈，得罪於王之守臣」；晉鞏朔獻捷於周，王使詰曰「未有職司於王室」。以是知列國之卿必受命於王，然後爲有位也。

七命賜國。

子、男五命，侯、伯七命，具列行人職，則六命者惟王朝孤卿，不待言矣。都鄙賜則已前見，故但言賜官；子、男開國不待言，故但言「賜則」也。於七命言「賜國」，則子、男之未成國可見矣。於六命言「賜官」，則孤、卿地廣事繁，得立其兩，與小國之一卿異，而七命成國，有備三卿者，皆可推矣。

九命作伯。

鍾晼曰：「薛氏季宣謂：上公九命，加一命爲二伯。非也。二伯，王官也，其職與四岳同，不宜以外諸侯兼。宋於周爲上公，不聞兼王官之職。又謂：上公之孤四命，加一命爲縣内諸侯。亦無所據。」李光坡曰：「職、服、位、器皆曰『受』者。自下言之，則與官國皆曰『賜』

者。自上言之，牧與伯皆曰『作』者。必有過人之功德，乃可作而居此位也。」

公執桓圭。

射人職：「三公執璧。」而尚書：周公植璧秉圭。豈三公加命即未出封，亦得如上公之執桓圭與？

侯執信圭，伯執躬圭。

經文多互見，侯、伯同七命，信、躬相對。上曰「信」，則躬爲微曲可知矣。下曰「躬」，則信亦象人可知矣。雖不改字，義本可通。

子執穀璧，男執蒲璧。

典瑞職：「璧羨以起度。」玉人記「璧羨度尺」，而注云穀、蒲皆五寸，何也？豈禮天之蒼璧乃取陽數之極而用九，子、男所執則依其命數與？李光坡曰：「雜記贊大行云：博三寸，厚半寸，剡上左右各寸半。圭之形也，璧形圜，内有孔，謂之好，孔外謂之肉，肉倍好謂之璧。」

卿執羔，大夫執鴈，士執雉。

鴈非家禽，不時得，又不可畜，蓋舒鴈也，取其安舒而潔白。膳夫受摯以爲膳，則皆恒用之物可知矣。

庶人執鶩，工商執雞。

孟子曰：「庶人不傳摯爲臣。」士相見禮：「庶人見於君，不爲容，進退走。士、大夫則奠摯。」是庶人雖見君無摯也。而此經載庶人之摯，且以入諸臣之等，何也？無摯而不爲容者，如省耕斂、莅田役，而衆見於君也。其執摯者，如周豐、段干木之儔。君迫欲見之，則自宜執鶩，而不得同於不傳摯之臣矣。儀禮：士、大夫始見君，執摯，容彌蹙；奠摯，再拜稽首。林氏之奇乃謂：執者惟玉，若執羔、鴈，則不能拜趨。蓋考之未詳。

以蒼璧禮天，以黄琮禮地，以青珪禮東方，以赤璋禮南方，以白琥禮西方，以玄璜禮北方。

典瑞職「四圭有邸」，疑即蒼璧也；「兩圭有邸」，即黄琮也。青圭以下形制、度數，此經及典瑞皆不載，蓋其詳宜見於冬官。觀玉人記，則五官名物之無徵，皆由於冬官之闕可知矣。不曰「四郊」，而曰「四方」，疑五嶽、四鎮、四瀆，禮神皆用之。

皆有牲幣，各放其器之色。

玩注意，蓋謂祭禮之有幣與賓禮酬爵之幣同耳。賈疏遂謂獻尸别有酬爵之幣，失之愈遠矣。凡告用牲幣，並不立尸，至瘞埋於泰折，則更無尸之可立矣。凡行過山川之禮亦然，安得以幣爲酬爵之幣乎？即謂正祭獻尸有從爵之幣，亦不可通。果爾，則經記宜明著之，古書中亦必有旁見其徵者。此臆説也。

以天産作陰德，以中禮防之。以地産作陽德，以和樂防之。

祭之始薦血燔膋以求神於幽，所以作陰德也。此近於鬼道，故以禮儀爲節，所以防其過薦黍稷内羞；以養神於顯，所以作陽德也。此純乎人道，故以和聲合漠，所以防其過。上經舉禮神之玉，次及牲幣，次因天産而及地産，並著求神於陰陽之義。注及群儒舍祭祀而别求其説，是以多端而未得其理也。

以禮樂合天地之化、百物之産，以事鬼神，以諧萬民，以致百物。

以禮樂合天地之化，如二至禋祀、四郊迎氣、四時孝享之類；合百物之産，如上經所謂「以天產作陰德」[一]、「以地產作陽德」[二]，及菹醢以水草、陸產相間之類。致百物，則煦嫗覆育，不殰不殈，而致四靈、百物之祥是也。李光坡曰：「此推言禮樂之功用也，人君建中和之極，萬民服中和之教，則氣之所感，天地訢合，陰陽相得，煦嫗覆育萬物，草木茂，句萌達，羽翼奮，角觡生，蟄蟲昭蘇，胎生者不殰，卵生者不殈，所謂『合天地之化、百物之產也』。致百物，謂致物產之祥。」

凡祀大神、享大鬼、祭大示，帥執事而卜日，宿，眡滌濯，涖玉鬯，省牲鑊，奉玉齍，詔大號。

玉鬯、玉齍，惟宗廟社稷用之，非禮神之玉也。知然者，太宰職：祀五帝，贊玉幣、爵之事，祀大神示亦如之。則禮神之玉贊奉者，太宰也。其職於享先王後，特言「贊玉几、玉爵」，蓋惟以人道享之，乃有玉几、玉爵，太宰既贊玉几、玉爵，故宗伯所掌惟玉鬯、玉齍也。於玉鬯曰「涖」者，小宰贊祼，宗伯惟涖玉鬯而已。於玉齍曰「奉」者，肆師「表齍盛，告潔」，宗伯則及時而親奉焉。宿祭之前夕也，注訓申戒，似因太宰視滌濯，然不害宗伯與太宰並視。上經

[一]「陰」，原作「陽」，今據周禮改。
[二]「陽」，原作「陰」，今據周禮改。

雖並列大神、大示、大鬼，而玉齍疑惟宗廟用之。古者器用陶匏，以象天地之性，雖周人質文兼用，有蒼璧、黄琮，而爵不用玉。太宰祀五帝分玉、幣、爵爲三，則爵非玉可知。下祀先王，始言「玉几、玉爵」。爵不用玉，則簠簋可推矣。日月、星辰、五嶽、四瀆之禮，宜從天地，下此則小祀也。贊玉齍，九嬪而外無別見者，亦可相證。魯語：臧文仲以鬯圭、玉磬如齊告糴。則玉鬯即鬯圭，鬯圭即瓚也。瓚盛秬鬯而曰「玉鬯」，猶敦盛黍稷而曰「玉齍」耳。

若王不與祭祀，則攝位。

量人，宰祭則與鬱人受斝歷，是冢宰亦攝祭也。豈王有疾則宗伯攝位，而亮陰則冢宰攝與？

凡大祭祀，王后不與，則攝而薦豆籩，徹。

薦、徹皆攝，則果獻之攝可知。外宗職可互見也。以是知宫中小祀，后不與，則祝畢獻，蓋大祝付練祥掌國事，小祝、小祭祀掌事。曾子問：王崩，既殯，五祀之祭不廢，祝主之。可與周官互證。

大賓客，則攝而載果。

注謂君無酌臣之禮，故宗伯攝王爲祼。非也。辨見大行人職。

王命諸侯，則儐。

覲烝祭歲而告周公其後，則天子亦因祭發命。詩云：「告于文人，錫山土田。」必因愷獻也。若不當祭期，則特告。曾子問：「告用牲幣。」康王命畢公保釐東郊，王朝至豐，則告於文王之廟也，而不及祀事，必用幣、帛、皮、圭加牲以告，而祭之儀不具。

國有大故，則旅上帝及四望。

上帝而曰「旅」者，偏用事於四郊，所祭非一帝也。春秋傳：鄭子産禳火，祈於四鄘。蓋其遺制。

乃頒祀于邦國、都家、鄉邑。

鄉邑，謂鄉遂及公邑，其地皆有社、𧖼、酺、禜因國之祀。注謂都家之鄉邑，誤。宗伯職獨無「正月之吉始和，布禮於邦國都鄙」云云者，治教、政刑隨時損益，禮則一定，而不可易，無庸每歲和而布之也。「禮不下庶人」，閭門、鄉黨之禮，則十有二教具矣。若郊廟、朝廷、邦國之禮，則當官者自肄之無事，縣於象魏，使萬民觀之。

# 周官析疑卷之十八

小宗伯之職，掌建國之神位。

建神位，乃小宗伯所專掌，故首列之，而後及與大宗伯相成之事，猶小宰之建宫刑，小司徒之建教法，小司寇掌外朝之政，皆其專職也。神位宜合下諸兆而言。疏謂：專據國中，對下四郊等爲外神。未安。

兆五帝于四郊，四望、四類亦如之。

禋祀昊天上帝，已見大宗伯職，而圜丘、方澤具列大司樂，故獨舉四郊之兆。大宗伯止載四郊之器，豈祭黄帝則用黄琮與？月令雖以五行次五帝，而所載止四時迎氣之祭，豈孟春祈穀之郊乃配以中央之帝與？

兆山川、丘陵、墳衍，各因其方。

山該林，川該澤，無原隰之兆者，原隰，平土也。社通於上下，爲土祭之最盛矣。

掌五禮之禁令與其用等。

先言「禁令」，而後及「用等」者，禁令不止於用等也。如喪禮之飲酒、食肉、御内，嘉禮之燕飲、合食，軍禮之坐作、進退，貴賤同之，其類至多，皆不在用等之内。如曰「掌五禮之用等。與其禁令」，則似止用等中之禁令矣。

辨廟祧之昭穆。

康成以祧爲超去之義。陳氏祥道破之，而訓爲兆。非也。春秋傳：「其敢愛豐氏之祧？」〔一〕是大夫三廟，即以曾祖之廟爲祧，正以其行當遷去耳！

掌三族之別，以辨親疏。

知非父黨、母黨、妻黨之三族者，以下文其正室皆謂之門子也。

辨六齍之名物與其用，使六宫之人共奉之。

〔一〕「其」，原作「豈」，今據春秋左氏傳改。

六牲不言所用者，使五官共奉之，則所宜用不待小宗伯辨之矣。祀有小大，則六齍之用有備、不備，同是齍也。而所用有多少，内人恐不能盡辨，故及時以其數授之。

大祭祀，省牲，眡滌濯。祭之日，逆齍，省鑊，告時于王，告備于王。

鄭氏鍔謂：齍盛饎人炊之，舍人實之。非也。舍人，有司也。所實者，外祭祀之齍盛耳。宗廟之事，則天官世婦「帥女宮而濯摡，爲齍盛」，莅而陳之，則已實於簠簋矣。又曰：小宗伯逆之以授大宗伯，大宗伯以授内人。益非也。春官世婦帥六宮之人共齍盛，比其具，則帥奄、奚以致之者，必宮卿也。小宗伯逆而置諸其所，宮卿莅之，及時，然後内外宗傳致於九嬪，以授王后而薦焉。見於諸官，經文明著，而以臆説亂之可乎？賈氏公彦據儀禮少牢謂：天子饎爨亦當在廟門外，迎入堂東，實於簠簋。亦非也。少牢爲饎者，有司也，故爨在廟門外。特牲之饎，宗婦主之，主婦視焉，則在廟門内東堂下矣。況王之世婦帥女宮爲齍盛，而爨乃在廟門外乎？河間獻王所獻邦國禮四十八篇，至唐而亡，其置爨之所及世婦莅陳之節，今無所考耳。特牲、少牢内羞皆出自房中，而不見爲之之所，亦由儀禮殘闕，見於他篇而佚之。

凡祭祀、賓客，以時將瓚祼。

小宰瓚祼將之事，實鬱鬯以授王也。小宗伯將瓚祼，送瓚於小宰，使實之以祼也。舊說小宗伯以瓚授王，王以授尸，則無所用小宰之贊矣。統言「將瓚」，則后之璋瓚亦將於內宰。

大賓客，受其將幣之齎。

小宰受幣，大府、玉府皆在天官，而將幣之財物，則使禮官受之，何也？庭實旅百，各以其國之所有，而無常貨，以禮官掌之，則異物、奇器不在行人職貢之籍者不敢以獻，而得以非禮却之矣。武王克商之後，大保猶以玩物爲戒，即周公制典預爲之防之義與？致享以幣將庭實，如春秋傳所云以乘韋先十二牛也。鄭氏鍔乃謂以庭實將幣，誤。

若大師，則帥有司而立軍社，奉主車。

康成據左傳「軍行祓社釁鼓」，謂祝奉社主以從。以經義考之，似未安。廟無二主，故以遷廟之主行。若奉社主以行，則王社遂無主矣。七廟、五廟無虛主，而社獨可以無主乎？以此經斷之，立軍社者，就軍中而立社也。社土神，故隨地可立。庶人群聚，皆可以立社。惟遷主，則載於齊車，故於軍社曰「立」，而主車則曰「奉」也。傳所謂「祓社釁鼓，祝奉以從」者，蓋祓社之時即以牲血釁鼓，而祝奉此鼓以從耳。若奉社主，則宜曰「祝祓社，奉主以行」而「釁鼓」之文爲贅矣。況曰從者，載鼓以從君也。若載社主，則君宜從主，主不宜從君。曾子問曰：「古者師行無遷主，則何主？孔子曰：『主命。』問曰：『何謂也？』孔子曰：『天子、諸侯將出，必以幣、帛、皮、圭告於祖禰，遂奉以出，載於齊車，每舍，奠焉而后就舍，蓋貴命也。』」無遷主，則不載主，而以幣、帛、皮、圭，代祖禰之命，猶社不可虚主，而以祓社之牲血釁鼓，祝奉以從也。但幣帛、皮圭，所以禮神，故曰「遂奉以出」，又曰「每舍，奠焉而后就舍」，則君從其後可知矣。所釁之鼓，則縣於兵車，以待君臨陣而鼓之者也，故曰「祝奉以從」。古經傳之文，一字不苟措如此。大祝職：「大師，宜於社，造於祖，立軍社。」若社亦載主，則宜曰「奉主車」以該二事。而别起「立軍社」之文，正以明社主不行，至軍而後設立耳。

若軍將有事，則與祭有司將事于四望。

曰「與祭」，則必有主祭者，其六軍之主帥與？若所征之地近五嶽、四瀆，則使有司將事而不親也。非徧祭四望，如有事於東方，則祭海岱，即肆師職「祭兵於山川」是也。

若大甸，則帥有司而饁獸于郊，遂頒禽。

以禮官與軍事者，軍旅不可以無禮也。以禮官與田事者，田獵不可以無禮也。大宗伯不行者，天地、宗廟、社稷之事爲重也。凡經言「有司」而不目其人者，已別見也。大師，宜于社，造于祖，立軍社。大祝職有明文，故此職曰「帥有司而立軍社」，奉主車有事于四望，亦見大祝職，故曰「有司將事于四望」，甸祝屬禽饁獸，舍奠于祖禰，故曰「帥有司而饁獸于郊」。注乃云有司司馬之屬，誤矣。此職獨舉饁獸於郊，而不及釋奠於祖禰，何也？田歸之明日，王親釋奠，非小宗伯甸祝所專也。

大烖，及執事禱祠于上下神示。

曰「有司」，專司其事者；曰「執事」，非一官之屬也。

及執事，莅大斂、小斂帥異族而佐。

大喪，五官之正貳考殷，皆有事焉。冬官雖闕，而匠師與鄉師御匶而治役，則爲冬官之考明矣。此經及執事莅大斂、小斂，而斂者不見於五官，故康成疑爲事官之屬，是也。或乃引喪大記注胥當作祝，以爲斂者即大祝。誤矣。大記所謂大胥、衆胥必冬官之屬，亦有二職，如匠師、嗇夫、工人、士之類。大祝職大喪贊斂，則別有掌斂者可知。士喪禮：商祝鋪絞紟、衾衣。而後言：大胥是斂，衆胥佐之。則斂者非大祝明矣。大司樂之屬有大胥、小胥掌群士之政令，則冬官之有大胥、小胥，必其才智足以調度。凡工事者大喪使掌斂事，理亦宜之。以此類推，冬官之正貳所掌喪紀，必定兆域、度丘隧、程窆竁、復土，諸大政可知矣。

及執事眡葬獻器，遂哭之。卜葬兆，甫竁，亦如之。

眡葬地，獻明器，甫竁，嗣王皆不親，而使小宗伯代哭，何也？古者葬域不移，司空定兆，卜吉而授竁度，則有成命矣。匶在寢宮，王朝夕奠，哭無時，無爲離殯而遠出相視也。啓殯、祖奠，陳器、行器，王皆哭踊。獻材、獻素、獻成，事甚繁瑣。創鉅痛深，親眡之，不若小宗伯眡之之詳也。或疑王哭而小宗伯及執事從哭，於「遂哭」文義難通。

凡王之會同、軍旅、甸役之禱祠，肄儀爲位。國有〔祴〕烖，則亦如之。

蒐狩以軍禮行之，且馳逐丘陵，懼有車僨馬傷、猛獸搏噬之患，故祈呵護於神，如春秋傳「敢告無絶筋、無折骨」之類是也。濬大川，築大防，建城邑，則祈興作順成，役夫不病，永不傾決，故田與大役皆有禱祠，其歲時必舉之小役則無所用禱。上經曰「大烖」，此又曰「國有禍烖」，何也？水火凶荒，所被有大小，大烖然後偏舉群祀。若方隅有烖，則禳不越境，與大烖之徧於上下神示異也。且禍兼厲疫，或王宮親貴札瘥，其事非一，故曰「國有」以該之。

李光坡曰：禱祠即上文將事四望、饁獸於郊之類，肆儀爲位。至此始言之者，文相足也。既烖，即上文所謂「大烖」。上言「禱祠」，此言「肆儀爲位」，亦文相足也。

凡天地之大烖，類社稷、宗廟，則爲位。

無祭天地之文者，與篇首所謂「四類」互相備也。因天地之烖，而類及社稷、宗廟，則四郊、四望之類，不必言矣。日食雖爲天變，然春秋以用牲於社爲非禮，則未必有類祭社稷、宗廟之事，月食更不得爲大烖，其諸雷震宮廟、風蜚屋宇之類與？

## 肆師

掌立國祀之禮，以佐大宗伯。立大祀，用玉帛、牲牷。立次祀，用牲幣。立小祀，用牲。

此立侯國之祀也，王國天神、地示、人鬼之禮，則大宗伯建之矣。其曰「佐」者，立之者，肆師；定而頒之者，大宗伯也。此三事雖侯國之禮，而立之者，肆師，故首列焉。猶小宰職首建宮刑，而後及所以貳大宰者。以歲時序其祭祀以下，則王朝之祭祀奉宗伯所建之成法而建布焉耳。諸侯不祭天地，則無實柴之祀其宗廟之祭，無旅幣，無方之奠，未賜珪瓚，則不敢爲鬯。雖賜樂，不敢備六代之舞，故大祀止於玉帛、牲牷。若天子，則圭璧以祀日月、星辰、禨邸，射以祀山川，不得云「次祀，用牲幣」矣。

大祭祀，展犧牲，繫于牢，頒于職人。

繫于牢，使充人芻之也。職人，五官及其屬也。小宗伯職：「毛六牲，辨其名物，而頒于五官，使共奉之。」肆師實掌其事。注以職人爲充人監門，則繫于牢而芻之者，又何人與？

祭之日，表齍盛，告絜；展器陳，告備。

眂滌濯，莅玉鬯，省牲鑊，皆大宗伯親之，莫重於齍盛，而第使肆師表告，何也？滌濯、實鬯，納亨皆有司之事也，故親臨眂。若齍盛，則帥宮女而爲之者，天官之世婦也；帥而共之者，春官之世婦也。外臣安得而眂之，莅之，省之？故待其既共，然後使肆師以潔告加徽識，而宗伯親奉以揭虔焉。

及果築鬻。

築，與「築城」「築防」之「築」同義。鬱人掌共鬱，又和鬯以實彝，而不使築鬻，何也？宗廟之事，莫重於牲與盛，而裸鬯以求神，則尤重焉。大、小宗伯專治大禮，以詔相王，故牲事不與。齍盛，則使内外世婦共之，小宗伯省之，而後宗伯親奉之。築鬻之事，使肆師主之，鬱人和以實彝，然後小宗伯酌而送之。若並以築鬻付鬱人，則禮嫌於輕矣。小宗伯不暇築鬻，故肆師掌焉。肆師不暇和鬯以實彝，故鬱人掌焉，皆事之宜也。

相治小禮，誅其怠慢者。

大禮則詔相，贊正貳也；小禮則相治，警群有司也。

大賓客，涖筵几，築鬻。贊果將。

惟大賓客然後涖，小賓客則司几筵設之而已。祭祀無「涖筵几」之文，包於「展器陳，告備」也。小宰凡祭祀、賓客贊裸將，小宗伯凡祭祀、賓客以時將瓚裸，而大宗伯、肆師祭祀之裸皆不與，何也？王若不與祭祀，則大宗伯攝位而主鬯，王祭亦或攝后載裸，及薦籩豆，無暇及此，故通使小宰共之。賓客之裸瓚，小宗伯將之，而肆師又贊焉，何也？或大、小宗伯並喪疾，僅小宗伯一人以攝大宗伯之事，則時將瓚裸不得不以肆師攝矣。若祭祀，則小宗伯所共惟將瓚，又無攝大宗伯之裸之事，無用肆師代匱也。

大朝覲，佐儐。共設匪罋之禮。

大宰職「大朝覲」與「會同」並列，則四時常朝者衆，亦得爲大。此不言「會同」，朝覲佐儐共設，則會同不待言矣。

與祝侯禳于畺及郊。

曰「于畺及郊」，非徧於畿内，必其地有水旱、厲疫，乃侯禳也。祝既將事，而肆師必偕，何也？邦中近郊之典祀，大宗伯時攝之，故郊以外之侯禳，使肆師攝。如王親之，所以急民病也。蓋至周而禮儀大備，扈衛繁殷，乘輿數出，非所以靖民。故自四郊、四望、四類諸大祀外，王皆不出。鄉師、遂師歲時巡國及野，以賙囏阨，視稼穡，則省耕、省斂補助之政亦寄焉。凡此類皆周公因時制宜，觀其會通，以行其典禮者也。

禁外内命男女之衰不中灋者，且授之杖。

經有同辭而異所指者，以事本各異，無庸别白也。天官屨人辨外内命夫命婦之命屨、宫屨、散屨，封王宫而言，則外命夫惟公、卿、大夫、士，此禁衰不中法，則外命男爲朝覲之諸侯、聘頫之卿大夫，而都鄙之兩卿與遂人、遂師、遂大夫亦在列，其他甸、稍、縣、都、公邑、私家之群吏，不得去其守而入臨。注專指六鄉以出，似偏而不該。

凡師甸，用牲于社宗，則爲位。

在師中而田也，所謂社宗，乃師中之軍社主車也。惟因師而田，特告於社宗，故爲位而用牲焉。若四時之田，有司表貉於陳前，及郊饁獸，舍奠於祖禰，有常典矣。李光坡曰：「『甸』字疑衍。」

類造上帝，封于大神，祭兵于山川，亦如之。

軍旅、田役之禱祠，小宗伯爲位，類造上帝，封于大神，祭兵于山川，乃肆師爲位，何也？師勝而告功，位有故常，肆師遵循舊典而已。若特有祈請，則所以斟酌其儀位者，非禮官之師不敢專也。先師甸而後及「類造上帝，封于大神，祭兵于山川」，何也？師甸不恒舉也，猶獻人職先膳羞，而後及祭祀、賓客、喪紀也。

凡師不功，則助牽主車。

奉與牽事各異：奉者，奉主以入車，而隨侍於車上也；牽者，傍馬而引，恐其駭，或詭銜竊轡也。兵車、乘車有御而無牽，主車則别有牽者，慎之至也。師出與歸，皆小宗伯奉主車，而别有牽之者，非衛士莫能任也。旅賁氏夾王車而趨，先後王而趨以卒伍。王師敗績，則司馬爲失其職矣。故厭而從小宗伯以奉主車。兵車尚可寓乘，師歸無戰鬭之事，則大司馬、小宗伯可左右主車中，而肆師亦助牽，與國同憂、彌加戒警之義也。古者五十爲大夫，大司馬、小宗伯不能竟日徒行。其下車而從，不過車始駕，及將就舍時耳。肆師曰「助牽」，其亦騎而從，春秋傳：「晉趙旃以良馬二濟其兄與叔父，以他馬反。」則古固有騎行者。遇險艱，然後下而相左右與？

凡四時之大甸獵，祭表貉，則爲位。

四時之田獵，有曰「大」者，豈王不親而使司馬即事，則爲小與？

嘗之日，涖卜來歲之芟。

薙草而預卜之，何也？月令：「大雨時行，燒薙行水，利以殺草。」稻人職：「以涉揚其芟，作田。」蓋藉水力以芟，雨行以時，則所芟之草可化爲糞，故預卜之。

若國有大故，則令國人祭。

國有大故，大宗伯主其祭，小宗伯贊其事，又使鄉遂、都邑有司及民自祭於其地，蓋必君臣洗心以思救政，萬姓同憂以籲百神，庶幾可回天心而弭災變也。

歲時之祭祀亦如之。

常祭必待上令，則民間好鬼、淫祀之慝禮、敝俗，無自而興矣。

凡國之大事，治其禮儀，以佐宗伯。凡國之小事，治其禮儀而掌其事，如宗伯之禮。

國之大事，小宗伯既佐大宗伯，而肆師復佐焉，何也？肆師兼治禮儀，又或小宗伯有故不得與，則攝而佐大宗伯也。國之小事，小宗伯掌之，而肆師復掌焉，何也？亦攝小宗伯也。如大師，小宗伯一人在行，一人有喪與疾，則祭祀、賓客不得不以肆師攝矣。不曰大事佐大宗伯，小事佐小宗伯，何也？設王有疾，而大宗伯攝祭，則大宗伯之事不得不以小宗伯攝。大宗伯有喪與疾亦然。設小宗伯各有事故，則小宗伯之事亦或以大宗伯攝。正之事得以貳攝於小宗伯，舉例以大宰攝王事多，而大宗伯攝王兼攝后，其事尤多也。正貳並有喪疾，外事惟考得攝，於肆師舉例，以大宗伯攝王兼攝后之時多，則小宗伯不得共其本職之時亦多也。詳見小宰職。

## 鬱人

凡祼玉，濯之，陳之，以贊祼事。

經於祼事共鬯、飾器、築鬻、和鬯、實彝細節具詳，而酌以實於瓚無明文。以小宗伯將瓚祼，鬱人濯瓚而陳之，則小宗伯酌而實之可知矣！以贊祼事，正謂小宗伯酌鬱鬯時，鬱人奉瓚以相助耳！

詔祼將之儀與其節。

注：「節，謂王奉玉送祼早晏之時。」〔一〕非也。祭祀大宗伯詔相王之大禮，小宗伯告時於王，則詔儀者大宗伯，詔早晏之節者小宗伯也。當祭之時奉牲、奉齍、詔相、贊導凡在王所者，皆六官之長與貳，不宜以鬱人下士參錯其間，其所詔者，蓋小宗伯耳。鼓人明言「詔太僕鼓」，此不言詔小宗伯者，小宗伯以時將贊祼，經有明文也。

〔一〕「節謂」，原作「詔」，今據周禮注疏改。

凡祼事，沃盥。

大祭祀小臣沃王，此職又別掌祼事之沃盥，何也？小臣所沃者，始入之盥，而此職所沃者，將祼之盥也。王之獻尸，皆小臣掌沃，因鬱人掌鬱鬯，故將祼而盥。鬱人共沃，猶祀五帝，士師沃王，則並共尸之盥，皆取事之便也。小祝、小臣之沃盥，惟舉大祭祀，而次祀、小祀無文，何也？舉大以該小，乃經之通例，以事在必共，不疑於小之或否也。此曰「凡祼事」，則兼次祀、小祀可知。上經言濯祼玉，則此所沃特盥手之水耳。疏並及洗瓚，誤。

大喪之渳，共其肆器。

黄氏度謂肆器以盛沃鬯，蓋疑陳尸之器不宜使鬱人掌之。不知大渳設斗共釁鬯，鬯人之職也。玉府掌王之衽席、牀笫，而大喪所共惟含玉、角枕、角柶，喪浴之牀笫、夷盤別無共者，則爲鬱人所共之肆器明矣。蓋君子以齋終，示王至是歸潔其身，以從先王之享祀，故使鬱人主之也。

及葬，共其祼器，遂貍之。

注、疏謂祼器用於遣奠，蓋以凡明器皆曰「廞」，而此獨曰「共」；皆曰「奉而藏之」，而此獨曰「貍」耳。不知遣奠時，魄體尚存，不宜用祼。凡廞者，皆旋作之也。惟灌玉，則王平生所執以祀宗祖者，即以其器入藏而不更作，故不曰「廞」，而曰「共」也，曰「奉」而藏之，尚未知藏之何所也。天子之明器，具凡樂器、五兵弓矢及用器，或疑體大物博，別有廬室以藏之。曰「貍」，則知皆藏於壙中。

大祭祀，與量人受舉斝之卒爵而飲之。

康成謂「斝」應作「嘏」，蓋以苟非音譌，第曰受斝瀝而飲之可矣，不宜更言「卒爵」。鄭氏鍔推廣注義，以爲未妥尸薦腥，而鬱人、量人先飲卒爵，乃情理所必無。是也。考諸經傳，受福之爵無不自飲，而使人代飲者，蓋惟王在喪，冢宰攝祭，不敢飲福，而神惠又不可虛，故嚌之，而使執事者代飲耳。尚書顧命：大保嚌而不飲。亦可相證。曾子問：宗子有故在他國，攝主不嘏不敢受福也；王在喪而冢宰攝祭，則受嘏而使人飲之。義各有當。曾子問不嘏，亦以聲譌爲假。此職與量人聯事，此職之文承葬共祼器之後，量人職承喪祭竁奠之後，皆明王之在喪也。王在喪，天地社稷，越紼而行事，宮中五祀，有司舉之，故此職言大祭祀，以明爲四時宗廟之事。既卒哭，王各反廟，豈可廢祭？記稱「三年不祭」，謂王不親耳。其下文即云「惟祭天地、社稷，越紼而行事」〔二〕，可見。量人職言「凡宰祭」，以示三年中皆冢宰攝位，互相備也。平時王不與祭，則宗伯攝位，在喪則宜冢宰攝。尚書：「伊尹祀於先王。」則周以前固有此禮矣。

---

〔二〕「越」上，禮記有「爲」字。

# 周官析疑卷之十九

## 鬯人

掌共秬鬯而飾之。凡祭祀，社壝用大罍，禜門用瓢齎，廟用脩。凡四方山川用蜃，凡祼事用概，凡疈事用散。

所共鬯器，自社壝始，而不及圜丘、方澤，以祀五帝，太宰贊玉幣爵，祀大神，祭大示，大宗伯莅玉鬯，經有明文也。祭天雖用陶匏，至周則質文並用，而有玉幣、玉鬯，猶大裘之被以衮衣耳。群儒争爲臆説。或云：飾非設巾，乃飾罍、脩、概、蜃之器。或云：即以雷文蜃漆爲飾。不知器既成，則濯概而已，無所用其飾；未成，而爲雷文、用蜃漆則工人之事耳。俱不可通。「廟」，疑當作「望」。廟用六彝，已見小宗伯職，又詳司尊彝職。如地官委人：掌公邑、家稍之委積，以待軍旅。則遺人職不列公邑、家稍之積。而此經備列祼事，不宜遺五嶽、四瀆也。李光坡曰：「『以疈辜祭四方百物。』今既有『四方』，又曰『疈事』者，蓋專指百物，以用器有異，故别言之耳。」

## 雞人

大祭祀，夜呼旦以嘂百官。凡國之大賓客、會同、軍旅、喪紀，亦如之。

祭祀致齋三日，凡與執事者，皆宿於齋宫，故夜呼旦以叫之。喪紀則百官同次於王宫，不待言矣。豈大賓客、會同及軍旅將發之前夕，百官從行及待事者亦不敢宿於家與？非然，則雞人下士一人，非百官群聚不能徧叫也。抑雞人唱之，仍有遞相傳者與？

凡國事爲期，則告之時。

不曰「告之日」，而曰「告之時」者，用事有早暮，如春朝朝日、秋暮夕月之類。

## 司尊彝

春祠夏禴，祼用雞彝、鳥彝，皆有舟；其朝踐用兩獻尊，其再獻用兩象尊，皆有罍，諸臣之所昨也。秋嘗冬烝，祼用斝彝、黄彝，皆有舟；其朝獻用兩著尊，其饋獻用兩壺尊，皆有罍，諸臣之所昨也。

賈氏公彦謂：彝、尊各二，皆一以盛明水，一以盛鬯齊。非也。祭有明水，以存太古之意，多陳之無謂也。禮運：「玄酒在室，醴醆在户，粢醍在堂，澄酒在下。」則明水獨陳於室中明矣。周官所頒職事，惟具等威、器數之大者，其儀節多不詳，未可以五官中未見明水所貯之器、所陳之地而意爲之説也。司烜職止載共明水、火，而明水所陳之地、明火所用之事亦不具。

凡四時之間祀、追享、朝享，祼用虎彝、蜼彝，皆有舟；其朝踐用兩大尊，其再獻用兩山尊，皆有罍，諸臣之所昨也。

方舟曰：「以此經證之，宗伯職六享之義始明。蓋追享謂大祫及禘，皆追遠之祭，即宗伯職所謂『肆獻祼』也。朝享，謂免喪朝廟之祭，即宗伯職所謂『饋食』也。周官每同事而異辭，以互發其義。蓋因此經以見宗伯職所謂『肆獻祼』乃大祫與禘追享遠祖之祭，所謂『饋食』乃免喪朝廟之祭，又因宗伯職以見大祫徧獻毁廟之主異於時祫及禘以祼爲主、朝享自饋食始之義也。但此經朝享亦有朝踐，宗伯職獨言『饋食』，豈自饋食以下禮皆備，而朝踐之禮簡略，遂獨舉饋食以爲名與？」免喪吉祭，宜微異於喪祭之饋食，或略具朝踐之節而不備其儀，猶凡祭皆有血腥爛熟，而曰郊血大饗腥，三獻爛，一獻熟也。

五齊以實彝尊，則罍之實爲三酒可知矣。罍爲諸臣所自酢，則獻尸亦酌於尊而不用三酒並見矣。彝言「有舟」，則知尊之下無舟矣。祼以求神，獻莫重焉，故彝有舟，獻尸則兼人道，天子之尊廢禁，故仍其故常也。尊言有罍，則知彝之外無罍矣。祼於室無爲備諸臣之酢，故無罍。

注：「惟大事於太廟，備五齊、三酒。」非也。「凡祭祀，以法共五齊、三酒，以實八尊」，經有明文。彝二、齊四、罍二，所謂「八尊」也。祼用鬱齊，則朝踐饋食所用者四齊可知矣。彝必用二者，一貯明水也。尊必用二者，王后分酌。戴記云：「君西酌犧象，夫人東酌罍尊。」雖所傳與此經異，亦夫婦不相襲之徵也。劉捷曰：「朝享當爲免喪朝廟之祭，即儀禮禫後所云『吉祭猶未配』也。蓋追享爲事上祖之終，朝享爲事新陟王之始，時祭之外莫此爲重。注、疏皆主月朔朝廟之祭，但祭前尚有告朔於明堂，祭後尚有聽朔事。若依四時常祭之禮，則必窮日之力，乃可終事。以義測之，宗廟之禮所以繁重而難舉者，惟王后交獻，與尸相酬酢及群臣之旅酬耳。告朔外事，非禴祠烝嘗之比，后不宜與？又每月常祭，必如奠告之類不復立尸。若如四時禘祫，致齋、散齋，立尸迎主，則廢時失事，日不暇給。凡獻酬儀節一切不舉，故可兼舉告朔、聽朔禮事耳。」天子之禮，皆以十二爲節。故掌客職：「諸侯長，且十有二獻。」〔二〕而況享先王乎？特牲饋食疏：天子大祫十有二獻，四時之祭與禘九獻，上公亦九獻。未知所據，恐亦未可信。參伍經傳，一祼朝踐，饋食酳尸，王與后共八獻，無可疑者，後此疑二王後統外諸侯爲九獻。二王後不在，亦外諸侯自爲一獻。王朝異姓公、卿、大夫爲十獻，長兄弟爲十一獻，外諸侯、內公、卿、大夫，同姓者皆統於此。嗣舉奠

〔二〕「二」，周禮作「再」。

爲十二獻，祭之節目無大於此者。考之經記，似尚爲可據。

大喪，存奠彝。

存，與諸子職「存游倅」之「存」同，蓋存而不用也。虞而立尸，始以神道事焉。魄體在殯，不忍遽以神道求之，故凡奠皆陳尊而存彝，以不祼也。與鬱人義正相發，蓋喪奠則存而不用，及葬乃埋之。○鍾晼曰：「注、疏以存爲省，省牲鑊，眡滌濯，大、小宗伯之職也。此職惟掌陳器，并無省眡事。」

大旅亦如之。

大旅上帝及四望，四望本宜用祼，以大旅主五帝，且徧於上下百神，故不用祼。此禮義之所以深而通也。

## 司几筵

凡大朝覲、大饗射，凡封國、命諸侯，王位設黼依。

封國命諸侯禮極重，而序列朝覲、饗射之後，以其事不常舉也。

祀先王，昨席，亦如之。

此專言王祀先王之昨席也。注兼言神席，蓋因下經於諸侯舉祭祀之席，謂無轉遺先王神席之理。不知天子之席極於五重，舍甸役熊席、喪事葦席而外，凡事皆席五重，斷無先王神席反減於五重之理，則不言而可知也。若諸侯之席三重，而神席與昨席又異，不得不並舉以明之。且天子不言神席之義，得此互證而益顯然矣。記曰「鬼神之祭單席」，蓋異代之制也。若周制，則宜特著之。

諸侯祭祀席蒲筵繢純，加莞席紛純，右彫几。

此曰「諸侯祭祀」，下經萑席後又曰「諸侯則紛純」，則筵國賓以前，三者皆諸侯在國之事，而甸役以下乃别言王朝之禮明矣。

筵國賓於牖前亦如之，左彤几。

先鄭以國賓爲老臣；後鄭謂諸侯來朝，卿、大夫來聘：皆非也。按覲禮，户牖之間，天子之位設焉，斷無諸侯與孤、卿、大夫之几筵而設於牖前之義。且天子之席五重，此承上文諸侯席三重之後，而曰「亦如之」，亦不可通。惟諸侯之國乃有筵賓於户西之禮，見聘禮。户西即牖前。故特稱「國賓」，以著此上三事皆諸侯之禮。而下文甸役、喪事，乃復言王朝之禮也，何以知其非王國之賓也？此職首舉大朝覲、大饗射，無爲更言王國之賓，而此承上文三重席而曰「亦如之」，則爲侯國之禮無疑矣。

凡喪事，設葦席，右素几。其柏席用萑黼純，諸侯則紛純，每敦一几。柏席，疑殯時加攢木上，攢木加塗，若無席，則蓋幕之類不可塗。及葬時黼純紛純，專指萑席而言。檀弓：「柏椁以端[一]，長六尺。」殯席、抗席皆加於椁上。即不改字，舉柏以代椁，義亦可通。但康成謂藏中神坐之席，則無據耳！殯及壙中，安得别有神坐？藏中别爲宫室而具神坐，秦漢以後始有之。康成改「敦」爲「燾」，固未安。而以爲棺在殯，及窆，加見時，每覆席則一几，雖無所據，猶事理所或有。項氏安世、王氏應電乃謂盛黍稷之敦，每敦一几，則謬矣。凡鼎俎、簠簋皆同陳，而獨於敦設几。且每敦一几，何義乎？此蓋簡錯，文有脱

[一]「柏椁」，原倒，今據禮記改。

誤，不可强爲之説也。

## 天府

凡國之玉鎮、大寶器藏焉。若有大祭、大喪，則出而陳之；既事，藏之。

玉鎮，蓋先王所執以祀天神、人鬼、地示，莅朝覲、會同，凡圭瓚同瑁之類。手澤存焉，後王不忍復用，而登諸天府以鎮撫社稷，非爲其物可實貴也。大寶器，則自古法物，及玉足以弭水旱，珠足以禦水裁之類。康成謂玉瑞、玉器之美者，義似偏狹。

凡官府、鄉州及都鄙之治中，受而藏之，以詔王察群吏之治。

群吏之治、諸官之屬各層累而考察之，以達於冢宰，而天府以受治中亦得與議焉。蓋唯恐或失其中，而諸官所考、冢宰所聽或有未詳，則生民將受其病，故臨之以天地、祖宗。雖上士之微，所見亦得直達於王，而與冢宰相可否也。三王之世竭誠以求民隱，多方以致直言如此。曰「及」，則已包遂與公邑。疏謂不言者文略，非也。

季冬陳玉，以貞來歲之媺惡。

不曰「歲終」，而曰「季冬」，與前上春相應，以表夏時也。夏數得天，故祭祀、蒐狩仍用夏正，而見義於天府，以爲五官之通例。

若祭天之司民、司禄而獻民數、穀數，則受而藏之。

地官獻賢能之書，秋官計獄弊訟及邦之盟書，皆登於天府，而不見於此職，何也？此職載藏治中，以詔王察群吏之治也，載受藏民數、穀數，以祭天之司民、司禄陳玉而與執事也。若賢能之書、獄訟之計、盟約之文，其得失當否，天府既不糾察，又不與執事，是以散見於三官，而不詳於本職耳。李光坡曰：「秋官有司民之職，孟冬祀司民，司寇獻民數於主。然則地官有司禄之職，獻穀數者，必司徒也。」

## 典瑞

王晉大圭，執鎮圭，繅藉五采五就，以朝日。

舉朝日而不及夕月者，圭璧以祀日月星辰，禮神之玉同，則所執之圭亦同可知。然魯語：「大而朝，妄説也。

采朝日，少采夕月。」則其他服器、牲幣亦有異者。賈誼云：「春朝朝日，秋暮夕月。」此歲祀之常也。覲禮、殷同，王帥諸侯拜日於東門之外，蓋發大政，而特舉以肅群侯。黄氏度謂每日

公執桓圭，侯執信圭，伯執躬圭，繅皆三采三就。子執穀璧，男執蒲璧，繅皆二采再就。以朝覲、宗遇、會同於王。諸侯相見，亦如之。

於王舉朝日，則祀天地、宗廟不必言矣。於諸侯舉朝覲、宗遇、會同，則祭祀不必言矣。

四圭有邸，以祀天、旅上帝。

不曰「旅五帝」，而曰「旅上帝」者，四時迎氣及國有大故，而徧祀五帝。孟春之郊，季秋明堂之享，皆用之。李光坡曰：「大宗伯六器與六瑞、六摯相次，則蒼璧、黄琮，或初致其神，奠玉而禮之，如執摯以見者，故曰禮天、禮地。此四圭有邸，兩圭有邸，與祼圭有瓚爲類，則邸當亦瓚屬。表記曰『秬鬯以事上帝』〔一〕，則此邸疑或注秬鬯者，雖不以祼，而奠以享神，故曰祀天、

〔一〕「事」，原作「祀」，今據李光坡周禮述注改。

祀地。推之下文圭璧者，是於圭頭爲器如璧；琸邸射者，是於琸頭爲器如邸而射，皆挹𨛗爵也。鄭氏見大宗伯有『蒼璧』『黄琮』之文，此官無之，而别云『四圭有邸』，『兩圭有邸』，遂以蒼璧所禮者，冬至圜丘之祀，四圭則夏正郊天；黄琮所禮者，崑崙之祭，兩圭則神州之神。又合而一之曰，蒼璧爲邸，四圭託焉；黄琮爲丘，兩圭託焉。更無他據，今且闕之。」

祼圭有瓚，以肆先王，以祼賓客。

於先王言「肆」，於賓客言「祼」者，宗伯職「以肆獻祼享先王」，以祼代禘，故於此言「肆」，以明凡祭皆有祼也。

琸邸射，以祀山川，以造贈賓客。

或以周官每以四望與山川並舉，疑非五嶽、四瀆。非也。山林、川澤、丘陵、墳衍皆有兆，而五嶽、四鎮、四瀆尤地示之尊者，故别言之。小宗伯職：「有司將事于四望。」曰「于」，則以地言之，而不得泛指他神示明矣。

珍圭以徵守，以恤凶荒。

李光坡曰：「掌節之節，守國行道之用也。典瑞之瑞，作事之信也。先儒或謂瑞即節，誤矣。」

駔圭、璋、璧、琮、琥、璜之渠眉，疏璧琮以斂尸。

臨川吴氏以後世陵冢發掘，謂以玉斂必非周公之法。非也。含斂用玉，備見古籍，不獨典瑞職具此，五帝、三王之法皆以漸而詳，蓋必事遭其變物見其情，然後制法以爲之防，當其情之未見、變之未生，不能每事而逆料之也。周道既衰，陵夷至於戰國，冢人、墓大夫之職廢，而後有掘冢之姦。漢以後海内無主，亂賊公行，遂至禍延陵寢。春秋之世井堙、木刊以爲極暴。稱舍於墓，師還以懼敵，實未敢踐蹂也。況三代盛時，天下有王，諸侯軌道，何由豫知後世至有發掘之禍乎？且自秦以後下穿三泉，内備宫觀，金玉、重寶充滿其中，故啓亂賊之悖心。若僅如周公之法，斂用六玉，含兼珠貝，所直無幾，雖亂賊亦不肯以微利而冒大惡也。

凡玉器出，則共奉之。

祭祀、賓客，則始終奉之，俟事畢而藏焉。若聘使所執、有司所用、喪紀所需，則惟出之時共奉之，以付其人。其應反者，則俟其人之事畢而自反之也。

## 典命

掌諸侯之五儀、諸臣之五等之命。

大行人、掌客及覲禮，王禮諸侯，止分三等。而此曰「五儀」者，送逆牢積、燕賜之禮若分而爲五，則不勝其煩，故以三等差之。然執玉不同，則侯、伯、子、男先後自别，不礙其爲五也。五等，謂公、孤、卿、大夫、士也。注謂自四命至不命爲五，則三公、孤、卿不在諸臣之列。且曰「五等之命」，則不宜數不命之士明矣。經言諸臣五等之命，非謂諸臣之命止於五命以下也。舉王臣，則下該侯國。疏謂專據諸侯之臣，益誤矣。公、卿、大夫降殺以兩，王朝大夫四命，則上士宜再命，又四命兼中、下大夫，則中士、下士宜同一命。鄭、賈之説不惟無據，理亦未安。

上公九命爲伯，其國家、宫室、車旗、衣服、禮儀，皆以九爲節。侯、伯七命，其國家、宫室、車旗、衣服、禮儀，皆以七爲節。子、男五命，其國家、宫室、車旗、衣服、禮儀，皆以五爲節。

王氏應電之説非也。如其言，是命三而儀亦三也。蓋侯、伯、子、男至衆，同時而朝覲、會同，且與王臣之命數相間，則禮之數亦有所窮，故約侯與伯、子與男而一之，然此特王禮諸侯之一節耳。至於諸侯即事，服冕、車旗各異，安得不別之爲五儀哉？記曰：禮深而通。又曰：禮粗則偏。治經者當於此等求之。易氏祓謂周惟杞、宋公爵，而未嘗爲伯。九命作伯，蓋如周、召分陝之類。非也。分陝乃遥領諸侯，非出封之比。宋微子以上公而尹東夏，齊太公以大師而征五侯、九伯，則以上公而爲方伯明矣。史記於太公出封，未著其爲公爲侯，但周公、召公之子始受封，故爲侯爲伯。太公以三公之長，而身受封，無降而七命之理。

公之孤四命，以皮帛眡小國之君，其卿三命，其大夫再命，其士壹命，其宫室、車旗、衣服、禮儀，各眡其命之數。侯伯之卿、大夫、士亦如之。子、男之卿再命，其大夫壹命，其士不命，其宫室、車旗、衣服、禮儀，各眡其命之數。

周官公孤不列職，而其名散見於他職，此曰「公之孤」，則知凡曰「孤卿」者，乃王之三孤矣。

# 周官析疑卷之二十

## 司服

王之吉服，祀昊天、上帝，則服大裘而冕，祀五帝亦如之。

亦如之，謂冕之旒數及衣、裳、韝、舄之制皆同。若夏、秋迎氣之祭，決無服大裘之理。屨人職：「四時之祭祀，以宜服之。」而況裘乎？如卿、大夫之凶服，加以大功、小功於士曰「其凶服亦如之」，而不言加緦，以士服無降殺，加緦不必言耳。

祀四望、山川，則毳冕。祭社稷、五祀，則希冕。祭群小祀，則玄冕。

大宗伯：「以血祭祭社稷、五祀、五嶽。」此職先四望、山川，而後社稷、五祀，何也？以宗伯職見社稷、五祀，雖祭用希冕，而非小祀；又以此職見宗伯職所謂「五嶽」兼四瀆、四鎮，其下「山林、川澤」乃群小祀也。用此知冕服之用，各依類以取義，而非以服之尊卑爲事之輕重。大裘，象天之色，且取其質也。衮冕，先王之尸服也。鷩冕，先公之尸服也。饗於太廟，射共祀事，故從享先公之服，而用鷩焉。虎蜼，山川之所生也，故祭四望之服用之。粉米，所以養人。黼取其斷，黻取其辨，皆以象人事。社稷、五祀，禮通於上下，乃人事之最切近者，故服以祀之。群小祀之類甚繁。玄冕衣無文，惟裳刺黼，則天神、地示、人鬼無不可以祀矣。如以事之輕重爲差，則太廟之享豈宜輕於五廟？四望、社稷、五祀豈宜輕於饗射哉？公之服，自衮冕以下，如王之服，則王備十二章可知矣。享先王以衮冕，則祀天地以十二章之服可知矣。不敢服三辰之章以祀先王與不敢以衮冕祀先公，其義一也。郊特牲及明堂位皆特舉旂之章，而不及於服者，旂有旒而設日月，乃周人創制。若服之備十二章，則遂古如兹，不必言也。典命職「上公九命爲伯」，其衣服、禮儀皆以九爲節，則衣裳九章，所謂「登龍於山，登火於宗彝」，上公之服也。天子法天，以十二爲數，蓋日月星辰麗天，非人臣所可服。

凡弔事，弁絰服。

夏官弁師職：「王之皮弁，會五采玉璂，象邸玉笄。」外此惟舉弁絰、韋弁，蓋凡弁皆以皮爲之，故弁師及此職皆無爵弁，蓋以爵弁製法一與皮弁同，惟其色微異耳。其詳宜見於冬官，冬官既亡，韋氏之記亦闕。謹以此職相次之文義及弁師之製法參考之，蓋皮弁者，弁之正也。故天子以視朝，諸侯以聽朔。兵事之弁，則外必加冑。春秋傳郤至免冑，則内有弁可知。跗注用韎韋，則弁宜同色。若中有玉瑧、象邸、玉笄，則冑不可加矣。故專用韎韋，示與皮弁之五采及玉象異也，田事雖習武，而無所用冑，其弁不可以加冑，而止可以冠。故曰「冠弁」，示與韋弁異也。傳記於田事皆不曰「皮弁」，而曰「皮冠」，則其采、飾、瑧、邸必微異於皮弁，而今無考矣。凶事則曰「服弁」者，惟有服者可冠，不獨無采無玉，且以布爲之。冠武同材，其制各異，而以弁名者，大體與諸弁同也。弔事弁絰宜素弁加環絰，而記云「天子之哭諸侯，爵弁絰紂衣」，則未知何代之制。總之，六冕則冕同而衣異，三弁則弁異而衣同，其大略也。

凡喪，爲天王斬衰，爲王后齊衰。

河間獻王所得邦國禮，自漢不能用，至唐而亡。孔、賈作疏，惟宗鄭注。後儒遵守，於喪禮之大經承誤而不知其非者約有數端，猶幸其綱領尚存於此職者一一可徵。參以儀禮、戴記，其舛誤可辨而正也。注謂圻外之民爲天子無服。不知曰「國君」者，以明大夫。君，則其臣有服，而民無服耳。溥天之下，皆天子之民也。諸侯爲天子牧民，則民爲之服，而況天子乎？康成既誤謂無服，故注檀弓篇遂云「三月天下服」，專指侯國大夫服繐衰而言。獨不思文承國中男女服之後，則謂天下之民明矣。使服者惟侯國之大夫，則宜特文以見之。而漫曰「天下服」，使習其讀者第知天下之民皆服，而不知服者惟侯國之大夫。記禮者不宜若是之憒憒也。喪期之變，自漢文帝始詔曰：「令到出臨三日，皆釋服，毋禁娶婦、嫁女、祠祀、飲酒、食肉。」則漢文帝以前天下之民皆斬衰三月，不得嫁娶、祠祀、飲酒、食肉無疑矣。又謂公、卿、大夫、士之妻，爲王齊衰期，於后無服，侯國之命婦於夫人亦然，蓋因喪服無明文。黄氏榦臣爲君服圖，亦未叙列耳。然此職曰「爲天王斬衰，爲后齊衰」，而昏義申之曰「服父之義也」、「服母之義也」。公、卿、大夫、士，視后猶母。爲后服母之服，而其妻則無服可乎？古者嫂叔無服，而於娣姒，則以同室而生小功之親。外命婦爲王服，而於后轉無服可乎？周官凡稱「大喪」，皆謂王后也。内宰：凡喪事，佐后治外内命婦，正其服位。肆師：大喪，令外、内命婦序哭。春官世婦：大喪，比外、内命婦之朝暮哭者。内司服於九嬪、世婦外别共凡命婦之喪衰，正謂公、卿、大夫之妻耳。可以後儒無稽之言而廢周公之典法哉？儀禮「不杖朞」章曰：爲夫之君。蓋以婦人爲君且有服，則后、夫人不待言耳。禮經中文略而義該者，如此類甚多。則外命婦於后、夫人並不杖期無疑也。又據儀禮「繐衰七月」章謂：諸侯之大夫，以時接見於天子，故有服而士無服。不知繐衰在大功之下、小功之上，大夫服此，則士正服小功無疑矣。即如此職於大夫曰「其喪服加以大功、小功」，於士曰「亦如之」，遂據此謂士無緦服可乎？若以接見天子爲義，則諸侯之大夫固有未達於王朝者，有雖聘頫而不得接見天子者，小行人職「大客則儐，小客則受其幣而聽其辭」是也。諸侯之士有從君而達於王朝，且任之以事者，掌客職凡介、行人、宰、史皆有牢，凡作事王之大事諸侯，次事卿，次事大夫，次事上士，下事庶子是也。且使從君朝覲適遭大喪，卿、大夫皆繐衰，庶人縞素，而士獨服吉，可乎？程朱治經，多盡屏漢儒之説者，以折衷義理，決不可通故也。　群儒曲護舊説，亦約有數端：一則謂庶人爲國君齊衰，又爲天子齊衰，則爲貳統，而例以爲人後者爲其本生父母。不知爲人後者，服雖有降而無絶也。若圻外之民無服，則竟絶之於天子矣。況民爲國君，非爲人後之比。大宰職：以九兩繫邦國之民，一曰牧，以地得民。則雖諸侯不過爲天子繫屬此民與師長主友之屬等耳。故侯國有災，移民通財、舍禁弛力、薄征緩刑，必待大司徒之令。大宗伯：「以荒禮哀凶札，以弔禮哀禍烖，以禬禮哀圍敗，以恤禮哀寇亂。」小行人：所至之國，札喪則令賻補，凶荒則令賙委，師役則令槁禬。皆所以救民之死病也。天子保民如子，而民戴之如父母。一旦天崩地坼，而不爲數月之服，不惟義不可以苟止，而情亦不能苟安。如以貳統爲嫌，則男子爲父斬衰，又爲君斬衰；婦人爲夫斬衰，又爲長子斬衰，亦爲貳統矣。毋乃害義傷教，而不即於人心乎？一則謂婦人之從服，必降於夫，夫爲后齊衰期，妻不宜同。獨不思父在爲母期，而婦爲姑亦期，婦爲舅姑同服期，而不問子之斬與齊，則外命婦爲王后、君夫人同服期，而不問其夫之斬與齊王后之喪，外命婦之喪衰哭位，備見於諸官，而可以臆説亂之乎？一則謂諸侯之大夫既降爲繐衰，不宜庶人轉承以齊衰。不知服之輕重，義各有當，大夫之降爲繐衰，以不得上比於王臣耳。若民，則天子之民，義無所嫌。故期以三月，而齊衰不降，猶旁服有大功、小功，而世適之於高、曾，並齊衰三月也。禮以義起，而緣人情。學者反求其本，則於一曲之説，昭然若發矇矣。

王爲三公、六卿錫衰，爲諸侯緦衰，爲大夫、士疑衰，其首服皆弁絰。

注謂錫衰「無事其縷」，以公、卿職近而情親，哀心自内而發；緦衰有事其布，以諸侯人衆而地遠，哀心由外而起。非先王之禮意也。内外、尊卑之體殊，則哀不得無辨。其哀之輕重、淺深，則視乎其人，與其功德耳。王爲士服，蓋五服内同姓及故舊。

公之服，自衮冕而下如王之服。侯伯之服，自鷩冕而下如公之服。子男之服，自毳冕而下如侯伯之服。

鄭注九章之説，群儒辨之詳矣，而學者終以三辰之服未見於經爲疑。不知六典乃設官分職之大經，故服物采章，文多不具，即禮之大節或彼此互見，未嘗舉一事而備其全，故端緒難尋耳。如三夫人不列職，而見於酒人；公孤不列職，而見於朝士、射人；朝士、射人職：不明著其爲王朝之孤，而以典命公之孤四命見之是也。即禮之大節，亦有五官宜見而無見者，以冬官闕故也。如巾車職「小喪共匶路」，而天子之龍輴無見；淩人「大喪共夷槃冰」，而王、后、世子及夫人、群王子以下之槃無見，以大喪、小喪之匶路及冰槃之制必詳著於冬官也。此職第言衮，而不及衮以上之三辰；第言衮以下、鷩以下、毳以下、玄以下，而不及其繪繡之物，則亦具詳於冬官可知矣。或以玉藻「王被衮以象天」爲疑，不知彼乃「裘」之譌也。惟大裘純黑，故以象天之色。若被衮，則非所以象天也。魯語：「天子大采朝日。」或祀天被裘以示質，朝日則備十二章以盡文，故曰「大采」與？

孤之服，自希冕而下如子男之服。卿大夫之服，自玄冕而下如孤之服，其凶服加以大功、小功。士之服，自皮弁而下如大夫之服，其凶服亦如之。

其凶服加以大功、小功，總承孤、卿、大夫也。注不别白就卿、大夫而言，鄭氏鍔因此謂自孤以上不服。謬矣！天子、諸侯乃絶旁期。周官文略而義詳。於王曰「凡凶事，服弁服」，未别其爲何服也。於卿、大夫曰「加以大功、小功」，則天子、諸侯服止齊斬具見矣。於諸臣曰「爲天王斬衰，爲后齊衰」，則侯國之臣於君夫人視此，而外此皆自爲其親戚具見矣。緦衰之名，於王爲諸侯見之。孤、卿、大夫加大功、小功，而士無降服，則加緦不必言矣。

凡大祭祀、大賓客，共其衣服而奉之。

獨舉大祭祀、大賓客者，專以所奉言；小祭祀、小賓客，則共其服而不親也。節服氏所掌惟衮冕，雖次祀之服不與焉，蓋其差如此。　鍾畹曰：「祭祀、賓客不言次小，以王或不親也。孝經所云『不敢遺小國之臣』，謂隨大國之臣旅見，而各以其藉禮之耳。小行人於小客受其幣而聽其辭，則王不親見者多矣！賈疏未安。」

大喪，共其復衣服、斂衣服、奠衣服、廞衣服，皆掌其陳序。

司服通共喪紀之衣服，而玉府又共復衣裳，必王之所常服也。典瑞通共喪紀之玉，而玉府又共含玉，必王之所愛玩也。此亦事死如生之義。

## 典祀

及祭，帥其屬而守其厲禁而蹕之。

百神之兆，非胥徒四十人所能修除，故必徵役於司隸。此臨祭而守厲禁，其事簡所帥之屬即胥徒也。

## 守祧

掌守先王、先公之廟祧，其遺衣服藏焉。

文、武在七世之内，本爲祧廟。八世、九世，則别立世室而祧主藏焉。廟既增立，則守祧者亦以時增。疏乃謂奄八人，守七廟及姜嫄廟，而不得更增文、武二廟則固矣！

若將祭祀，則各以其服授尸。

疏因司服有大喪共奠衣服之文，遂謂尸不服者，以爲奠衣服。不知喪祭未虞以前，不立尸，故有奠衣服。若吉祭，則設其裳衣，乃以授尸，無爲更奠之也。

其廟，則有司脩除之；其祧，則守祧黝堊之。

典祀注：脩除，謂芟埽之。禮記：「春秋脩其祖廟。」管子：「抱蜀不言而廟堂自脩。」脩除似止謂芟草萌、除塵壤。有司脩除之，即典祀帥其屬而脩除，徵役於司隸而役之也。

既祭，則藏其隋與其服。

隋與服之藏各異，而不別言之者，隋非埋藏，必致腐敗；衣則常留以共祀事，無待於明言也。

## 世婦

掌女宫之宿戒，及祭祀，比其具。

女宫，即本職及舂人、饎人所轄女奚也。以列職於宫中，故曰「女宫」。司隸以罪入舂稾者，不在此列。宗廟之粢盛、祭器之濯溉，乃以付盜賊之子女可乎？先鄭云：比讀爲庀，具也。下言「具」，則比不得爲具，故後鄭不從。

凡王后有撡事于婦人，則詔相。

覲禮：天子於諸侯無拜法，而當喪則答拜。觀顧命、康王之誥，則不獨二王之後爲然。后所答拜，亦不獨二王之後之夫人。王之世母、叔母、姑姊妹及王師傅之妻以禮見，皆當答拜。夫人之不命於天子，自魯昭公始，則命婦皆受命於君，而后、夫人無爵命婦人之理。先鄭及疏之誤，先儒辨正甚明。而王氏應電反據以破後鄭，謬矣！

凡内事有達于外官者，世婦掌之。

以是知爲公、卿、大夫、士之妻有齒德者備官王宫，而非王之嬪婦也。

## 内宗

掌宗廟之祭祀，薦加豆籩。

天官内宰、内小臣、九嬪、世婦，春官世婦，五職皆言后之祭祀，至内、外宗，始揭宗廟，明外事后皆不與也。於疏且卑者見例，則其上可知矣。於内宗特著薦加豆籩，則王后親薦，而九嬪贊焉者，爲朝事饋食内羞之豆籩可知矣。尸告飽、主人酳尸後，主婦復薦籩豆，故曰「加」。康成以籩豆爲加，故并以所獻之爵爲加爵，本無可譏。而群儒紛紛排擊，過矣。

及以樂徹，則佐傳豆籩。賓客之饗，亦如之。

内、外宗各有專職，有兼事：薦加豆籩，内宗之專職；佐傳豆籩，則兼事也。佐后薦玉豆，眡豆籩，外宗之專職；以樂羞齍則贊，其兼事也。九嬪贊玉齍。九嬪贊后玉齍，薦徹豆籩，而外宗復佐贊，何也？九嬪贊后於正薦之時。其奉齍與玉豆以入於室而待陳者，則外宗也。外宗佐薦玉豆，内宗薦加豆籩，而朝事饋食之豆籩，奉以入室，無明文，何也？豆籩之徹也，内宗佐傳於外，則其陳也。奉以入室，不待言矣。豆籩之陳無文，何也？其徹也，后猶親之，而九嬪贊焉，則親陳不待言矣。　曰「佐傳」者，以正傳者，外宗也。特牲、少牢：敦黍敦稷，主婦親薦，徹者皆有司。春官世婦，掌達内事於外官，則徹玉齍，遞傳而下者，亦有司也。故使外宗主之，皆禮意之微密也。但言「佐傳豆籩」者，外宗職：「以樂羞齍，則贊。」則傳玉齍不待言矣。

大喪，序哭者。哭諸侯亦如之。

王哭諸侯，内、外宗不宜序哭，必王之周親也。疏以薨於王國及本國爲别，誤矣。異姓、庶姓雖薨於王國，王親哭之，使卿、大夫弔可矣。王之周親雖薨於本國，而内、外宗皆有連焉，不序哭可乎？

凡卿、大夫之喪，掌其弔臨。

注、疏及王氏昭禹説，俱未安。若外諸侯，惟后之父母，或有奔喪之禮，而絶無見於經傳。即如漢儒之説，以公、卿爲内諸侯。苟屬異姓、庶姓，及同姓之疏遠者，后亦不宜往弔也。若卿、大夫爲王伯叔父兄弟、親兄弟之子，卿、大夫之妻，爲王之姑姊妹，王后不臨其喪可乎？世婦内宗所弔，則王之同姓而疏遠，婚媾而切近者。王后之弔，僅一見於女巫職，而他無及焉，何也？内宰正后之服位，而詔其禮樂之儀；内小臣祭祀、賓客、喪紀擯詔后之禮事，則弔事具矣。

## 外宗

掌宗廟之祭祀，佐王后薦玉豆，眂豆籩，及以樂徹，亦如之。

曰贊王后薦玉豆，眂豆籩，則籩無以玉飾者可知矣。明堂位止言「玉豆」，他書亦無言「玉籩」者，蓋豆，木器，可用玉飾，籩以竹，制各有宜也。惟籩無以玉飾者，故先獨舉「玉豆」，而後别言「豆籩」。王后所親薦，爲朝事饋食之豆，則加豆羞豆無以玉飾者可知矣。九嬪贊玉齍，此曰「以樂羞齍，則贊」，則惟玉齍特以樂薦，又可知矣。經於玉几、玉爵、玉敦、玉齍，玉齍，注云用玉敦。玉敦盛血以待歃，則爲木器明矣。每特文以見，而疏謂凡王之豆籩皆以玉飾，未知何據。

王后以樂羞齍，則贊。凡王后之獻，亦如之。

不曰「及徹亦如之」，而曰「及以樂徹」；不曰「王后羞齍則贊」，而曰「王后以樂羞齍，則贊」者，明群小祀不用樂，則薦豆、羞齍，后或不親，而外宗亦不贊也。齍不言贊徹者，説見九嬪職。

王后不與，則贊宗伯。

内宗王族之女也，故后有事則從外宗，則少疏矣。非諸臣之配偶，則子婦也。凡内事達於外官者，以宫卿、世婦掌之。義亦如此，且人數校内宗爲多，故可兼佐宗伯。若王之姑姊妹、女子子多降於外諸侯，在王都者必甚稀也。

小祭祀，掌事。賓客之事，亦如之。

宫中小祭祀，内宗不與，而外宗掌之。以人數多，可番代也。而内宗數少，故惟從王后，而不贊宗伯之義益明矣。

大喪，則序外、内朝莫哭者。哭諸侯亦如之。

序内哭者，與内宗聯事，外則其專職也。

## 冢人

先王之葬居中，以昭穆爲左右。

春秋「躋僖公」，三傳皆以父子喻君臣，非謂兄弟可以亂昭穆也。自朱子以齊桓公四子皆立爲君，若以繼序爲昭穆，則祖以上皆無廟祀，其論定矣。賈疏義不可通。

凡諸侯居左右以前，卿、大夫、士居後，各以其族。

居左右以前後，非左右排列也。如文王之子，則皆附於左而爲昭；武王之子，則皆附於右而爲穆。而又於其中分爵等以相前後，以前，謂少進而近於墓道之中央；以後，謂少退而遠於中央也。古者以五服之内爲族，又以祖及孫爲三族曰「各以其族」者，繼世之王，以昭穆分左右，凡一王之子及孫皆從葬焉。過此則别授之兆域，亦如國民之有私地域。若如注義，子孫皆附其所出之王。即以五服爲限，亦勢不能容矣。天子之别子，衆兄弟之子皆宗焉，不敢自附於祖王，而葬則可附，何也？宗法爲收族而設也，别子之子自爲兄弟之子所宗，别子自附葬於祖王，其義並行而不相悖。周公附葬於畢，而滕爲文昭，稱魯爲宗國，蓋其徵也。

凡死于兵者，不入兆域。凡有功者，居前。

死於兵，謂罪在大辟，及身爲不義而見戕者。若執干戈以衛社稷，可轉絶其兆域乎？曾子所謂「戰陳無勇」，謂臨陳退蹜，及先奔，不得概死敵者。居前，謂居左右以前，而近於中央耳。

注謂居王墓之前，處昭穆之中央，辭意似晦。

及葬，言鸞車象人。

孔子謂：「爲芻靈者善。」此象人，當即芻靈。後鄭及賈疏謂象人爲木偶，以破先鄭，誤矣。

正墓位，蹕墓域，守墓禁。

正墓位，預正之，使後之附葬者各以序也。凡事皆貴者至，然後蹕止行人，惟王之墓域，則設爲禁令，使行者自止，所謂「蹕墓域」也。若諸侯諸臣之附葬者，則有事時爲之蹕而已。

凡祭墓，爲尸。

以是知古無墓祭也。凡祭祖考，無以異姓爲尸者，以其氣不相屬也。以冢人爲尸，則祭墓地之示可知矣。

凡諸侯及諸臣葬于墓者，授之兆，爲之蹕，均其禁。

此王之子孫爲諸侯鄉大夫於畿内者。疏謂統同異姓，誤矣。外諸侯，則自有冢人。畿内異姓卿、大夫，則彼各有祖宗兆域，依昭穆而葬，墓大夫之所掌也。墓大夫職獨言令國民族葬，而不及卿、大夫者，卿、大夫之祖宗皆國民也，以貴而立廟，尚不敢自主其祭，而使宗子主之，況敢去先人之兆域而別葬哉？墓大夫職：正其位，掌其度數。則兼卿、大夫、士，而非獨庶人可知矣。變卿、大夫、士而曰「諸臣」者，兼王族之無爵者而言也。葬於墓者有多寡，故必臨時而後授之兆。塋域有廣狹，各爲之禁，而使不相侵，乃所以均之。

## 墓大夫

令國民族葬，而掌其禁令。正其位，掌其度數，使皆有私地域。

戴記：「絶族無移服，親者屬也。」故知以服内爲限，門祚有興衰，子姓有衆寡，必限以服内，然後域可增損，人無競心。

帥其屬而巡墓厲，居其中之室以守之。

古者死徙無出鄉，六鄉周迴王城，必使中士各守一鄉，而遂及公邑之墓地，直其方者，亦受節制而聽禁令焉。遂與公邑居中而守者，宜擇於其地之有司。都家則自設官，而遵用王朝之法，如都家、宗人、司馬之類。疏謂萬民各自守之，誤。

## 職喪

掌諸侯之喪及卿、大、夫士凡有爵者之喪，以國之喪禮莅其禁令，序其事。

曰「國之喪禮」者，自士以上，國皆致禮焉，與庶人異也。

凡國有司以王命有事焉，則詔贊主人。

宰夫職：「三公、六卿之喪，與職喪帥官有司而治之。凡諸大夫之喪，使其旅帥有司而治之。」宰夫使其旅，則職喪官中之士亦必莅焉。故王命有事，即使詔贊主人之禮事，但據此則所詔贊至諸大夫而止。此承上文兼「卿、大夫、士凡有爵者」，而不別白之，何也？王朝之士多，宰夫不能皆使其旅治其喪，故以公、卿、大夫爲限。若此職所掌禁令、序事，則凡有爵者皆不可得而遺也。且群士之喪，王命固不能徧及，而或出王族，或爲故舊婚姻，或有勤勞令聞，王特命有事焉，則宰夫自應特具其儀物。職喪自應詔贊其禮事，故不得以公、卿、大夫爲限耳。

# 周官析疑卷之二十一

## 大司樂

掌成均之灋，以治建國之學政，而合國之子弟焉。

治建者，國之學政。如樂德、樂語、樂舞、六行、六藝，則始建典時即宜具備。大司樂特治之而已，其弦誦之時、歌舞之節、教學之數，則大司樂建之而又治之也。曰「合國之子弟」者，王子弟、公卿大夫之適子、國子之倅、國之俊選皆造也。國子之教於虎門，國子之倅掌於諸子者，春秋合舞合聲皆入於成均。惟士庶子宿衛者，宫正教之道藝，宫伯行其秩叙，不復隸大司樂耳。疑王宫之士庶子即國子與其倅，始常入於成均者考其德行、道藝，上不足以任卿、大夫，而下不至與不帥教者等，故使宿衛於王宫，所以因材而任其力也。宿衛中職修而學進者，仍可備卿、大夫之選，宫正教之道藝，宫伯歲終則均叙，宰夫書其能者、良者以告於上是也。

凡有道者、有德者，使教焉，死則以爲樂祖，祭于瞽宗。

大司樂之屬，樂師教樂舞、樂儀之節，大胥、小胥正樂舞、樂縣之位，皆樂之粗迹耳。大師、小師審音播器，乃以教瞽矇。中、和、祇、庸、孝、友之德，興、道、諷、誦、言、語之義，非有道有德者，孰能陶冶而成之？大司成即道通德備，而學士至衆，一人之耳目、心力豈能徧喻哉？故凡有道者皆使從問以開通其心知，凡有德者皆使觀型以變化其氣質，學士之德行、道藝所恃以養成者端在於此，非有司之所能及也。故其職無高卑，其人無定數，或取諸士、大夫之休老者，則其德與道已久著矣，是鄉飲、鄉射禮所謂「先生」也。或以道德自重，隱居而不仕者，則所謂君子也。其傑出者，死則以爲樂祖，而祭於瞽宗，戴記所云釋奠於先師者是也。古者三公在朝，三老在學，從容無爲而所關於治教者甚大。太子入學而與群士齒，凡有道有德者皆所師承，習與知長，化與心成，於德性豈小補哉？

以樂德教國子：中、和、祇、庸、孝、友。

興賢能以進於王，要其學之成也，故必備六德、六行始學樂者，自養其德性則以中和爲先，而知、仁、聖、義不可遽求也。有父兄在，故以孝、友爲先，而睦、婣、任、恤不能徧及也。不敬則心不一，無恒則業不精，故合祇庸以爲六德焉。體中達和，所謂至德也；敬業有常，所謂敏德也；仁、孝、友弟，所謂孝德也：此養士之本，故與師氏之教同。

以樂語教國子：興、道、諷、誦、言、語。

以樂德教國子者，非謂樂有此六德，謂以樂教人所以養其六德也。以樂語教國子者，非謂樂之語有此六類，謂以樂教人欲其達此六語也。興者，引彼物以興此事，如春秋傳趙孟曰：「吾兄弟比以安，尨也可使毋吠」、穆叔曰「小國爲蘩，太國省穡而用之」是也。道者，述古而道其義，如「德正應和曰莫」[一]、「故能載周以至於今」之類是也。諷者，微吟。誦者，朗讀。此二者亦與肆業時之諷誦異，如雍門子微吟，春秋傳公使歌之遂誦之是也。言者，賦詩以自言其情。語者，賦詩以答人之意也。古之人不必親相語言也，以禮樂相示而已。觀春秋傳，列國君臣賦詩贈答，彼此各喻其意，而相應如響，惟其達於六語也。故曰：「不學詩，無以言。」同此一詩，分而用之，即可興可道，可諷可誦，可言可語。故知謂樂之語本有此六類，決不可通。

以樂舞教國子舞雲門、大卷、大咸、大磬、大夏、大濩、大武。

獨不及文王之樂者，六樂皆陳帝者之功德，故於正祭用之；二南所稱多后、夫人之事，故於祭畢而燕用之。而又用之閨門、鄉黨、邦國以化天下也，蓋以騶虞、采蘋、采蘩爲射節，而諸侯之

---

〔一〕「莫」，原作「類」，今據春秋左傳正義改。

射也，先行燕禮；卿、大夫、士之射也，先行鄉飲酒之禮。其合樂皆終於二南，則無地而不用，無人而不聞，視六樂之用尤切以徧矣。

以六律、六同、五聲、八音、六舞，大合樂以致鬼神示，以和邦國，以諧萬民，以安賓客，以説遠人，以作動物。

上經教樂語、樂舞乃分而教之。詠其聲者雖調律吕於絲絃，而未合諸八音之全；動其容者雖習於屈伸俯仰，而未應於鼓鍾之節會。故大合之以備用。用之祭祀，則可以致鬼、神、示，作動物；用之燕饗，則可以和邦國，安賓客，説遠人；用之閨門、鄉黨，則可以諧萬民。鄭注謂以冬至夏至作之，已不可通，而賈疏更覺支離。王氏詳説謂：此節以天地人之大祭祀言，分樂而序之，下數節以天地人之次祭祀言。非也。此節總言以聲與舞大合樂而治神人，下乃分列天神、地示、人鬼所用之樂耳。吕氏春秋言：黄帝以嶰谷之竹，斷兩節，取三寸九分，而吹之以爲黄鍾之宫。好異者多祖述之，不知傳記存者，言音律莫先於管子。管子曰：「凡將起五音凡首，主一而三之，四開以合九九，以生黄鍾小素之首，以成宫。」又曰：「凡聽宫聲，如牛鳴窌中。」則九九爲八十一，與宫聲之濁，昭昭然矣。」周語亦曰：「夫宫，音之主也。」「大不踰宫，細不過羽。」而自黄鍾第之以至無射。齊騶忌亦曰：「大絃濁以春温者，君也。」

司馬遷博考群書，而定黄鍾之管爲九寸，朱子宗之，而可以他説亂之乎？

乃奏黄鍾，歌大吕，舞雲門，以祀天神。

凡陽律言「奏」、陰律言「歌」者，陽律則尚陰，而樂器陰也；陰律則尚陽，而人聲陽也。陰陽和而後樂成。祀天之樂以陽律爲重，天主生物之始，故用黄鍾陽生之律，而合以陰之大吕。

乃奏大蔟，歌應鍾，舞咸池，以祭地示。

祭地之樂以陰律爲重，地主成物之終，故用應鍾陰成之律，而從陽之大蔟。

乃奏姑洗，歌南吕，舞大磬，以祀四望。

先鄭以四望爲日月星海。陳氏祥道以四望稱祀，遂據公羊注言：天子有方望，無所不通，中包日月、星辰、司中、司命。世儒或信焉。不知公羊氏本以三望爲大山河海。其曰：天子有方望，無所不通。謂天子於海内名山大川皆可有事，諸侯則僅得祭境内之山川耳。尚書「望於山川」、左傳「江、漢、睢、漳，楚之望也」、禮記「柴而望祀山川」，經傳、百家不可枚舉。即據周官典瑞職：四圭有邸以祀天，旅上帝；兩圭有邸，以祀地，旅四望；圭璧，以祀日月星辰。

文正相承，則欲以四望爲日月星辰，不可通矣。其意不過以天神之樂一而地示之樂三爲疑耳。不知神之在天者無聲無形，不可以分，而示之在地者有方有所，不容無别。故所用之樂各異，而禮亦然。大宗伯職：天神之祀、禋祀、實柴、槱燎同爲升煙之祭；而地示則血祭、貍沉、疈辜，求神制牲。典文各異矣。六樂所致地示三，而天神則一，義亦如此，如謂四望不得稱祀，則四圭祀天，兩圭祀地，天地對文，俱可稱祀，何獨於四望而疑之？古傳記於天神、地示、人鬼通稱祭，或通稱祀，惟周官分祀享祭，而典瑞職於地及四望、山川皆稱祀，司服於四望、山川亦然。諸儒之説，皆由未嘗詳考經傳之文耳。經於四瀆無明文，而參以諸職則見矣。典瑞職：兩圭有邸，以祀地，旅四望。則爲山川之祭可知矣。宗伯職：以血祭祭五嶽，以貍沈祭山林、川澤。此經既曰「以祀四望」，又曰「以祭山川」，則四望爲山川之大者明矣。下經四鎮、五嶽崩，於山並及四鎮，則與五嶽配之四瀆，祭列四望，而不得下比凡山川明矣。

乃奏夷則，歌小吕，舞大濩，以享先妣。

舊説周特立廟祀姜嫄，謂之閟宫，蓋諸侯不敢祖天子也。商頌推契之自出而舉有娀，義亦如此。

乃奏無射，歌夾鍾，舞大武，以享先祖。

注以先祖爲先王、先公，則外此更無所謂宗廟之祭矣。劉氏彝以爲后稷，而證以雝詩，言禘大祖。似爲得之，但指意尚未分明，辨見「黄鍾爲宫」節。

凡六樂者，一變而致羽物及川澤之示，再變而致赢物及山林之示，三變而致鱗物及丘陵之示，四變而致毛物及墳衍之示，五變而致介物及土示，六變而象物及天神。

象物，如史記樂書師曠鼓琴、白雲起、風雨隨之之類。

凡樂，圜鍾爲宫，黄鍾爲角，大蔟爲徵，姑洗爲羽，靁鼓、靁鼗，孤竹之管，雲和之琴瑟，雲門之舞，冬日至，于地上之圜丘奏之，若樂六變，則天神皆降，可得而禮矣。

鼓爲五音所由和，故首舉之。管與琴瑟，則堂上、堂下歌奏之節也。並舉之而先管者，以重人氣也。凡樂八音具備，此特舉其尤貴重者耳。管子曰商聲「如離群羊」，則其音最悲，非祭祀所宜，故其調不用。

凡樂，函鍾爲宫，大蔟爲角，姑洗爲徵，南吕爲羽，靈鼓靈鼗，孫竹之管，空桑之琴瑟，咸池之舞，夏日至，于澤中之方丘奏之，若樂八變，則地示皆出，可得而禮矣。

上言五變而致土示，此言八變而地示皆出，何也？上經列序五地，土示者，原隰之示耳。記曰：「大旅具矣，不足以饗帝。」則方澤之祭較之原隰之土示，其感召必有難易可知矣。

凡樂，黄鍾爲宫，大吕爲角，大蔟爲徵，應鍾爲羽，路鼓路鼗，陰竹之管，龍門之琴瑟，九德之歌，九磬之舞，于宗廟之中奏之，若樂九變，則人鬼可得而禮矣。

祀先祖與祀宗廟，歌奏及舞各異，何也？上經分樂而序之，天神、地示、四望、山川皆圜丘、方澤外之次祀，則先妣、先祖亦大祫時祫外之特祀也。故劉氏彝之説可從。然既作大武，乃用以禘祀，而不用於大祫與時祭，何也？「禮，不王不禘。」后稷始基，十五王而文始平之，至武王大統乃集，故特舉禘祀，以成功之樂，告於先祖，而大祫時祫，則舞九磬。九功之德，三代所同，而盡善盡美，莫如虞帝，故獨用之。蓋不敢以己之功德而薦於先王、先公，即不敢服衮冕以享先公之義也。己孤暴貴，不爲父作謚，雖衆車徒不敢以入宗子之門，皆由此義循而達之。此周公曲體武王之心，而成其德者也。或曰「先祖」，或曰「宗廟」，何也？大祫時祫皆升群廟之主入於稷廟，而獨舉於稷廟者，惟禘祀及戴記所稱特礿耳，故不曰「祖廟」，而曰「先祖」，以禘祀上兼帝嚳故也。曰「宗廟」，然後可該七廟之大祫時祫，此因事立文，所以曲當也。宗廟之舞武王既自嫌，何以不用象箾、南籥也？籥，文舞也。文王終守臣節，豈肯自比於歷代受命之君？故周公作樂，於伐崇遏密之武功皆不以入於舞節，而惟用籥舞歌二南，又所以曲體文王之心而成其德也。文武之舞歌備載周頌，大武、南籥既不用於宗廟，將焉用之？大武則禘祀而外，宜用於武廟之特礿。南籥則宗祀明堂而外，宜用於文廟之特礿。司服職：「享先公則鷩冕。」如無特礿，則絶無獨享先公之事。戴記所云有可徵信於經者，此類是也。至文武遞祧，則爲世室則四時之祭皆用焉。且古者賓、祭同樂，故四夏以享元侯，文王爲兩君相見之樂，則用爲聲教者溥矣。天之體動，故其感較速；地之體静，故其感較遲。然天地皆見在之氣，而人鬼則已屈之氣，故致之爲尤難也。

凡樂事，大祭祀，宿縣，遂以聲展之。

獨舉大祭祀者，眂瞭掌大師之縣，則凡事用樂以聲展者，皆大師而大司樂弗親也。疏謂實兼中小，誤。周官諸職於祭祀、賓客、師田、行役皆於職事中平序，惟此職每發凡以起之，蓋此職之大體有三，而序次亦以爲界，自篇首至教樂舞，成均設教之法也。自以六律、六同、五聲、八音大合樂以下，用樂以事神人及感通之效也。此下則大司樂躬親其事者，故以「凡樂事」起之。其於六樂再言「凡」者，一以見歌奏每調必備五聲、八音，一以見每變所致百物、神示之各異也。於圜丘、方澤、宗廟之樂皆言「凡」者，見凡天神、地示、人鬼之樂宫調樂器皆同，特所用之舞不得與圜丘、方澤禘祫同也。知然者，舞師山川用兵舞、社稷用帗舞、四方用羽舞、旱暵用皇舞、凡小祭祀皆不興舞，則次祭以下不得用圜丘、方澤禘祫之舞明矣。知宮調樂器皆同者，以類相求，則舍此別無可用。又經云天神、地示、人鬼皆降，則所用之同可知矣。

王出入，則令奏王夏；尸出入，則令奏肆夏；牲出入，則令奏昭夏。

獨令奏「三夏」者，祭祀之樂，大師令奏。舊說：歌有辭，奏無辭；儀禮笙六篇，皆有聲無辭。非也。燕禮下管新宮，而左傳宋公賦新宮，則有辭可知矣。大司樂「令奏騶虞」，則凡言「奏」者，皆非無辭可知矣。即以金奏肆夏之三言之，曰「三」，則各有篇章曲調明矣，而謂無辭可乎？

帥國子而舞。

大司樂帥國子而舞，非貴遊子弗弗用也。樂師帥學士而歌徹，則凡學士皆得與。大胥職：「凡祭祀之用樂者，以鼓徵學士。」則學士蓋兼國子與選俊。

王大食，三侑，皆令奏鍾鼓。

此經曰「王大食」，則膳夫職王日一舉乃少牢可知矣。曰「三侑，皆令奏鍾鼓」，則膳夫職乃始食以樂侑、卒食以樂徹，而侑不至於三可知矣。朔月月半之大食，然後大司樂侑，則每日恒食工師自供其職可知矣。

王師大獻，則令奏愷樂。

群儒據大司馬職，謂愷樂獻於社，不宜獻於祖。非也。曾子問：「古者師行以遷廟主行。」王制：「天子將出征，造乎禰，受命於祖。」則師有功必告於祖禰而奏愷明矣。獻於社，告於祖禰，令奏者皆大司樂也。

凡日月食，四鎮、五嶽崩，大傀異烖，諸侯薨，令去樂。

不及四瀆，何也？舉五嶽、四瀆，而不及四鎮，則疑四鎮不在列。舉四鎮、五嶽，則四瀆不待言矣。周官内官無三夫人，而於漿人致飲見之；六職無公孤，而於朝位見之。無通經不一見者，四瀆之名，必見於司空之篇，而今無考也。

大札、大凶、大烖、大臣死，凡國之大憂，令弛縣。

疏去樂據廟中而言，弛縣據路寢常縣之樂而言。非也。去樂者，屏而不作，其日暫也。弛縣者，日久也。知然者，諸侯之喪衆多，去樂不能久也。大臣則數少而情戚。春秋傳：知悼子未葬，杜蕢諫鼓鍾。雜記：君於卿、大夫，比卒哭不舉樂。是以弛縣。日月食，四鎮、五嶽崩，大傀異烖，變雖大一日之事也。大札、大凶、大憂，非可一日而弭也，則屏樂期有久暫必矣。侯國卿、大夫數少，故皆以卒哭爲期。此經所謂「大臣」，乃孤卿以上。注、疏兼大夫，亦未安。

此篇分樂、合樂及律吕配合之義，前儒推闡，多疑似影響之談。昔韓氏愈自言於經書惟求其意義之所歸，至於禮樂之名數，則未嘗一得其門户。朱子論祭祀無商音。宋徽宗强作徵調不成，必樂人辨得聲音，方可理會，但此别是一項，也不消理會。蓋周衰，疇人子弟分散，樂器度數及鏗鏘鼓舞無一存者，而欲鑿空造説，止自欺之學耳。故於前儒之説相沿既久及義意猶可窺尋者約略存之，以俟後學之參考，而不敢强爲之説，以附韓、朱二子闕疑、慎言之義云。

## 樂師

凡舞，有帗舞，有羽舞，有皇舞，有旄舞，有干舞，有人舞。

帗舞、羽舞、皇舞、旄舞、干舞、人舞，六者皆包大、小舞而言。而樂師所教，則主於小舞也。蓋人習其一謂之小舞，合衆小舞而大衍之，有綴兆、行列，有進退、止齊，而節之以聲音，以象功德，則謂之大舞。

教樂儀，行以肆夏，趨以采薺，車亦如之。

凡人行步及車行皆有徐有疾，而舞者行其綴兆亦有徐有疾，故教學舞者以行步之節，而命曰「樂儀」也。大學乃王大子春秋所有事教國子，則王大子已包其中。注、疏以王出入言，義尚可通。而世儒過爲掊擊，又或謂教王，非教國子，則謬也。至爲王，則無復教於成均之義矣。雖孺子王出入必有捧負導引者，按節以行，而非樂師之職矣。自士、大夫以至公、卿，平時行步，及在車或從王出入朝廟，其儀無二，故並於學小舞時教之。

環拜，以鍾鼓爲節。

朝位東西及南三面，環拜，謂群臣環列而拜也。

凡國之小事用樂者，令奏鍾鼓。

小事用樂，如玉藻進機、進羞，工乃升歌之類。樂師掌國學之政，以貳大司樂。王爲大子，春秋入學時，聞其教戒者也。小事用樂，使令奏鍾鼓，則恒舞於宫、酣歌於室之風何由而作哉？小師於小祭祀外別舉小樂事，而注謂小事用樂者即小祭祀，誤矣！

及徹，帥學士而歌徹，令相。

饗食諸侯，覆陳序樂事、令奏、令相如祭之儀者，明舞徹則不與也，蓋以舞仕者職之。

饗食諸侯，序其樂事，令奏鍾鼓，令相，如祭之儀。

上經掌其序事，總言「凡樂事」，且與治其樂政並舉。若如常例曰「饗食諸侯亦如之」，則似令奏鍾鼓以下六節皆同而不兼序樂，惟覆舉序樂、令奏、令相，然後知饗食之樂異於祭者，無來瞽、皋舞、歌徹三事，又以見惟賓祭樂節繁多，故其事宜序。若歌射節侑常膳，及進機、進羞之類，則無所用其序也。疏誤。和風翔曰：「内宗以樂徹，佐傳豆籩，賓客之饗食亦如之，則徹亦宜用樂，蓋學士不與，而工師職之。」

樂出入，令奏鍾鼓。

「九夏」惟禮事之大者用之，鍾師「以鍾鼓奏『九夏』」是也。其獨言「奏鍾鼓」者，奏鍾鼓而無樂歌，此經是也。或奏鍾鼓以節他樂，此經饗食諸侯，序其樂事，皆令奏鍾鼓是也。牲出入，祭祀之大節也，故奏昭夏。若樂器樂工，則但以鍾鼓聲其出入可矣。鍾師「以鍾鼓奏『九夏』」注云：「樂之大歌有九。」又曰：以文王鹿鳴言之，則「九夏」皆詩篇名，頌之族類也。樂崩亦從而亡，故頌不能具。韋昭注國語因之，前此則呂叔玉云肆夏、繁遏、渠，皆周頌也。杜子春據之，故知「九夏」皆有樂歌，行以肆夏，趨以采薺，行趨且異歌，況「九夏」之奏皆禮之大節乎？

凡軍大獻，教愷歌，遂倡之。

郊廟、朝廷、閨門、鄉黨之樂歌，皆工師所熟習也。兵者，凶事，聖人不得已而用之，故愷歌無庸預教必既捷，然後因事陳辭，以薦於廟社，故樂師旋以教瞽矇而爲之倡。先王務德教以養人心之和，具見於此。王氏昭禹、鄭氏鍔謂：大司樂王師大獻，令奏愷樂，爲王親征，此則命將出師。非也。曰「凡軍大獻」，則包王行及命將明矣！蓋大司樂掌令奏，樂師則教愷歌而倡之，事相承而各有所主也。

凡樂官，掌其政令，聽其治訟。

大司樂所掌乃師儒之簡任、樂德樂語之喻教、律吕之精微、禮事之重大，他不暇及，故所屬樂官政令治訟，皆樂師掌之。其職如六官之師，事與其長相成也。

## 大胥

掌學士之版，以待致諸子。

學士之版，合國子及鄉之選俊而言也。而所致惟諸子，何也？蓋國子入於成均之外，或在虎門，師氏、保氏教之。國子之倅，或宿衛於王宫，宫伯掌之；或修業於鄉學，諸子掌之。國子之在虎門，及國子之倅修業於鄉學者，春舍采合舞，秋頒學合聲，則並入大學，與衆學士比校，而大胥掌致之。注專以合舞言，義未備。

以六樂之會正舞位，以序出入舞者。

不曰「節」，而曰「會」者，舞之節必與聲會也。荀卿曰：「目不自見，耳不自聞也，而治俯仰、屈伸、進退、遲速莫不廉制。盡筋骨之力，以要鍾鼓之節，而靡有悖逆者。」蓋言舞與聲會之難也。入，入於綴兆也。出，退休也。凡奏樂合舞，人有定數，學士習舞，則更代而徧，故出入無常。

凡祭祀之用樂者，以鼓徵學士。

特舉祭祀，則燕饗之樂學士皆不與明矣。旄人職：「凡四方之以舞仕者屬焉。凡祭祀、賓客，舞其燕樂。」則雖祭祀，惟殷薦祖考之樂，學士舞之。至於燕樂，則舞者伶官也。自磬師至司干，中、下士凡六十人，以舞仕而兼通於音者，必多簡任焉。旄人之屬，舞散樂、夷樂，則燕樂之正舞之者必伶官内之中下士可知矣。公庭萬舞，賢者以自傷，故周公制禮，不使學士舞饗燕之樂爲其將爲公、卿、大夫之選，其志節不可不素礪也。觀樂師帥學士而歌徹，則大祭祀學士得與樂官之貳同歌。觀旄人職，則正祭畢，雖公、侯、孤、卿之獻酬，學士亦不可爲之屈而舞。

序宮中之事。

宮中之事，謂樂事也。祭祀、賓客，事在郊壇、廟寢，故特舉宮中之樂事，如王大食、恒食，皆以樂侑。記曰：「進機、進羞，工乃升歌。」比而次之，使樂有常度，工有定員，更番遞代，與小事用樂，必使樂師令奏鍾鼓同義。即此所以大爲之防也。王氏安石謂比國子宿衛宮中，而學道藝者，其事乃宫正、宫伯掌之，與樂官無與。歐陽謙之謂「宫」當作「官」。皆非也。凡諸官之長，必次第官中之事，惟大司樂所司皆德教禮事之大者，故樂師職「凡樂，掌其序事」，正官中之樂事也。而樂師之事亦甚殷，故宫中之樂事又使大胥專序之。

# 周官析疑卷之二十二

## 大師

掌六律、六同，以合陰陽之聲。陽聲：黄鍾、大蔟、姑洗、蕤賓、夷則、無射。陰聲：大吕、應鍾、南吕、函鍾、小吕、夾鍾。

天籟人聲，本有陰陽，而以律同之陰陽合之也。梅𣪊成曰：「上生、下生之術，即淮南所謂『倍而以三除之』『四而以三除之』者是也。商、羽、角、宫、徵者，相生之次也。上九者，言以九爲上也。必以九爲上，而以徵居之者，欲使宫得五爲中數也。蓋自五至一，爲五聲大小之次；自九至五，爲五聲相生之次，而宫之爲五不異也。置一而九三之，得一萬九千六百八十三算，以爲寸法，如寸法之數以爲實而以寸法約之，得一寸，又置十七萬七千一百四十七之實，而以寸法約之，則得九寸矣。此黄鍾之宫，上下相生之本，蓋音之始，數之始，而亦氣之始也。」自一而加之爲三，再加則三三爲九，三加則三九二十七，四加則九九八十一，故曰「四開以合九九」也。八十一宫聲之數，亦黄鍾之數，十二律還相爲宫，然黄鍾爲宫，正也。故以黄鍾之宫言之，三分八十一而益一，則一百八也，爲徵數；三分一百八而去一，則七十二也，爲商數；三分七十二而益一，則九十六也，爲羽數；三分九十六而去一，則六十四也，爲角數。上生言復其所，謂以本數上生也；下生言去其乘，謂以半數上生也。蓋宫、商用全，徵、羽用半也。如此則五聲皆上生，與諸家之説不同，然其數則一也。

教六詩：曰風，曰賦，曰比，曰興，曰雅，曰頌。

詩之起莫先於風謡。有風則已備賦、比、興之三體，由是有雅、頌之二部，故以爲序。注謂教瞽矇，蓋以主教學士者，大司樂也。不應又以屬大師不知大司樂掌建治國之學政，不能一一自教也。平時樂德、樂語，皆以屬有道、有德者，所謂樂語，即六詩也。詩以合樂，有道、有德者能知義理，識其大經，而要管弦之節會。察聲氣於細微，則非瞽師不能詳也。故又使學士受教於瞽師。如六代之舞，雖掌於大司樂，而必先以樂師之教小舞。詩書禮樂，有道、有德者日講所聞，而大可成又别有論説，分職聯事，義各有當也。注固失之，而群儒或謂此專以教國子言，亦非也。古之瞽師亦多有道、有德者，而大師出自瞽矇，故瞽矇亦在所必教，而所以教之者亦必以六德爲本焉。

以六德爲之本，以六律爲之音。

以中、和、祇、庸、孝、友爲詩教之本，使知凡播於樂歌者，皆以興起養成人之六德也。以六律爲詩之音，欲歌詩之應乎律，然後可比音而樂之也。　或疑瞽矇賤工，不當以六德爲教，失欲使之歌詩奏樂以和神人，乃以其藝也而賤之，使之不知其意，不平其心，精粗本末，判然兩途，此後世禮樂所以崩壞也。且大師下大夫之秩，不爲不尊。今日所教之瞽矇，即他日小師、大師之選。觀飲、射諸禮，歌畢則主人獻工，大師必爲之洗，所以待之者亦不輕矣。

大祭祀，帥瞽登歌，令奏擊拊。

觀小師職，則登歌擊拊所帥者，小師也。而與歌射節及廞之帥瞽同文，何也？豈登歌一唱而三歎，小師四人，或有喪疾事故，不得不以群瞽攝，小師職既有明文，故於此見其義與？

下管，播樂器，令奏鼓朄，大饗亦如之。

疏謂祭饗、賓射之鍾鼓，皆大祝令之。非也。大祝所令，獨逆牲、逆尸、侑尸之鍾鼓耳。樂事之鍾鼓，乃大司樂樂師令之。　李光坡曰：「虞書『戛擊鳴球，搏拊琴瑟以詠』，堂上之樂也；『下管鼗鼓』，堂下之樂也；其下言『笙鏞以間』，則間歌也；『簫韶九成』，則合樂也。儀禮雖鄉樂亦有升歌、笙入、間歌、合樂之四節，則此大祭祀，其備四節可知。經不言者，蓋間則歌管之迭作，合樂則歌管之並興而已，故言『登歌』『下管』，足以該之也。」

大喪，帥瞽而廞；作匱謚。

群王子、夫人、九嬪，大史賜謚；卿、大夫，小史賜謚。而大喪之謚，則大師作之，且帥群瞽而廞，何也？蓋古人謚以易名，苟失其實，是欺天地神明，不誠於君父，而見疑於天下後世也。故至於南郊稱天以誄之，非嗣王及公卿大臣所敢專也。大師及御瞽，自王爲世子入學之時，而性質、言動，聞之已詳矣。終王之身，自祭祀、朝會、饗射、師田，以至起居、飲食、出入、燕游，師與瞽常在側，且賤而無目，言無隱避，俾各陳王之行迹，而大師取衷焉。蓋天子至尊，所畏者惟天，所懼者惟天下萬世之公議。故定謚於南郊，以示天鑒之甚明；陳言於群瞽，以彰人心之公；是所以大爲之防而正君德也。曰作謚，義已備矣。而加「匱」者，記曰「卒哭而諱，生事畢而鬼事始」也。疑夏、殷以前皆卒哭始諱，至周則既殯即作謚而諱名，故以匱謚顯此義耳。不曰「既殯作謚」者，曰「既殯」，則其期寬；曰「匱」，則在殯之初，即諱名可知矣。

## 小師

掌教鼓鼗、柷、敔、塤、簫、管、弦、歌。

鼓當作樂器，注：出音爲鼓，以眡瞭、瞽矇二職所掌樂事皆自播鼗始耳。賈疏遂謂六鼓皆鼓人教之，不知鼓人所掌者，鄉遂之事，眡瞭不宜受教於鼓人，蓋六鼓音聲之節，鼓人自以教鄉遂之共聲樂者，小師自以教眡瞭，並行而不相悖也。李光坡曰：「八者之序，蓋自下而及上，自鞫以及精，匏與金石，則磬師、鍾師、笙師、鎛師掌之矣。鍾、鎛、笙、磬，其類不一，故各有專之者。」

大祭祀，登歌擊拊，下管擊應鼓，徹歌，大饗亦如之。

大師令奏擊拊，則大師令之，而小師乃擊之耳。注、疏似誤。

大喪，與廞。

小師佐大師以教群瞽，故陳王之行迹亦與焉，則作諡得與大師商論可知也。

凡小祭祀、小樂事，鼓𣫬。

大師職「令奏鼓𣫬」，亦大師令之，小師鼓之。

掌六樂聲音之節與其和。

六樂聲音之節，樂工皆能按焉。而其和與否，則非知音識微者不能辨也。故小師掌之。若大師聽軍聲而知吉凶，則非身備六德而神明於六律之音者不足以與於此。

## 瞽矇

掌播鼗、柷、敔、塤、簫、管、弦、歌。

瞽矇所播者止此，塤與簫管之孔可按，弦有徽可循，柷敔一聲，鼗可執而摇之。若他鼓及鍾磬，擊之必於其所，非無目者所能任也，故眂瞭掌之。

諷誦詩，世奠繫，鼓琴瑟。

大師作匱謚，書於世本者，小史之事，非瞽矇所能任也。歌詩或以琴瑟，於世繫無取焉。蓋王暇時，俾瞽矇誦詩以陳善敗，或道前世之昏明、定謚之美惡以爲法戒，或奏琴瑟之雅聲，皆所以養王和敬之心，而使匪僻無由入也。注並誤。

## 眡瞭

掌凡樂事播鼗，擊頌磬、笙磬。

瞽矇播鼗，眡瞭又播鼗，蓋所掌樂事，皆有以鼗爲節者。

掌大師之縣。

觀此，則知凡宿縣，皆小胥莅之，大胥展其器。惟大祭祀，則大司樂以聲展耳。

大喪，廞樂器，大旅亦如之。

凡瞽矇所掌者，眡瞭皆廞之，磬師、鍾師無廞器之文，而眡瞭擊笙磬、頌磬，且掌大師之縣豈廞之者亦眡瞭與？　大喪之樂器雖具而必估，大旅之樂器雖陳而不奏，故連類而及之。古者山崩川竭，水火大祲，皆以喪禮處之。祭祀，吉禮也。國有大故而旅，則凶事也。陳樂器而不奏，吉凶相半而取其中也。注謂旅非常事，及時乃興造其器。非也。有大故而禱祈，可俟興造之成而用之乎？蓋以凶事而用郊廟吉禮之樂器，非所安也，故别有大旅之樂器以待事。而事不常見，樂器久弛，故及時修整，亦可以云「廞」耳。此職承喪器而言「廞」，故笙師職復言「大旅，則陳之」，以著喪之樂器旋造，則及葬而藏大旅之樂器夙具，則及時而陳耳。

賓射，皆奏其鍾鼓。鼖、愷獻，亦如之。

賓射皆奏，則祭祀不必言矣。

## 典同

掌六律、六同之和，以辨天地、四方陰陽之聲，以爲樂器。

大師所掌者，制律以合聲；典同所掌者，依律辨聲，以爲衆器也。四方之聲，如管子及吕氏、月令所載。

凡爲樂器，以十有二律爲之數度，以十有二聲爲之齊量。

齊與食醫所和之齊同義，謂其分之所際也。蓋以十有二律之數爲衆器之度，以十有二聲之齊爲衆器之量，度必以律之數者，記所謂「百度得數而有常」也。中之所容雖同，而形之回窄弇侈異，則音亦異焉，故必以十有二聲爲之齊。

## 磬師

掌教擊磬，擊編鍾。

既設鍾師，而不使教擊編鍾，何也？石音難調，鍾爲聲律之綱，故編鍾並使磬師教之。金石之聲諧，則衆音皆可依之以爲準，而各得其齊量矣。詩曰：「既和且平，依我磬聲」；書言韶樂之盛，而總以「戛石、拊石」：皆此義也。

教縵樂、燕樂之鍾磬。及祭祀，奏縵樂。

六樂之外，别有縵樂、燕樂，何也？六樂及四望、山川，則其餘皆小祭祀耳。小祭祀或不興舞，則禮必略，疑獨用絲音以爲樂章，如笙詩之類，故謂之「縵樂」。燕樂則大祭祀饗食、射禮之終皆用之。古者絲音獨有琴瑟，而或曰「弦歌」，或曰「縵樂」，豈與人聲相和者曰「弦歌」，有聲無詩者曰「縵樂」與？祭祀、升歌、閒歌、合樂有定法，而復有縵樂者，蓋無算樂之後，或獨操縵，而不配以歌曲也。　李鍾僑曰：「縵樂用於祭祀，而不用於饗食，何也？大饗備樂徧舞，與大祭祀同，無所用之。」

## 鍾師

凡射，王奏騶虞，諸侯奏貍首，卿、大夫奏采蘋，士奏采蘩。

射節所奏，詳具射人職。此職似可不詳，然泛云凡射掌金奏，則似別有射之金奏，而不見其即以爲騶虞、貍首、采蘋、采蘩之歌節矣。猶六摯已具宗伯職，復見於射人，明以射而朝，則各有摯也。

## 笙師

掌教歈竽、笙、塤、籥、簫、篪、篴、管，舂牘、應雅，以教祴樂。

塤、簫、管，小師教之，復列是職，何也？凡樂之用人氣者，皆笙師教之，故使兼教三者，所以審音，不厭其詳也。小師所教，革木、絲音，他職不兼，何也？革木一聲，絲音絃度，顯然可按，惟人氣高下、疾徐，其辨甚微，教之尤不可以不審也。

大喪，廞其樂器；及葬，奉而藏之。

惟笙師、鎛師、籥師、司干職，有奉藏葬器之文，蓋笙師所掌，竹、匏、土、木之音備矣。鎛師掌金奏之鼓、金革之音備矣。籥師所掌，文舞之器備矣。司干所掌，武舞之器備矣。絲石宜磬師奉藏，蓋簡之殘，或傳寫遺失也。然大司樂「大喪莅廞樂器」，樂師「凡喪陳樂器」，而眡瞭廞之，則無二音之器獨缺之疑矣。眡瞭職無奉而藏之之文者，眡瞭卑賤，爲諸官廞之，而奉則非其事也。賈疏乃云文不具，誤矣。果爾，則諸職奉藏之文宜盡削，惟於眡瞭職「廞樂器」下增「及葬，奉而藏之」，豈不辭約而義明？乃詳其所不必詳，略其所不可略，以蓄疑端，經文不宜亂雜無章至此。

大旅，則陳之。

大旅之樂器，繫大喪之後，而惟見於眡瞭、笙師二職，何也？於眡瞭言「廞」，則凡樂器畢陳可知矣。於笙師復言「陳」，則陳而不奏可知矣。大旅陳而不奏，以喪禮處之之義也。笙師、鎛師、籥師、司干皆言奉而藏之，而典庸器不言，何也？其所廞筍簴也，鎛師既奉鍾磬，則並以筍簴往可知矣。以是知聖人作經，文不虚設而事畢該。

## 鎛師

掌金奏之鼓。

鍾師所掌者，金奏之節；鎛師所掌者，金奏之鼓節；而擊之者，則眂瞭。眂瞭職賓射皆奏其鍾鼓，鼜愷獻亦如之，是也。如二師自奏，則賓射鼜愷之鼓，既列職於鎛師，復列職於眂瞭，不可通矣。二師無教擊鍾、擊鎛之文者，磬師職曰「教擊磬、擊編鍾」，則特縣之鍾，鍾師教之；特縣之鎛，鎛師教之，不必言矣。郊廟、朝廷之樂事，鼓人不與，故金奏之鼓鎛師兼掌之，從所便也，猶金奏掌於鍾師、鎛師，而四金師田所用，則鼓人兼掌之。

凡祭祀，鼓其金奏之樂，饗食、賓射，亦如之。軍大獻，則鼓其愷樂。凡軍之夜三鼜，皆鼓之，守鼜亦如之。

鎛師所掌，即鼓人所教，而别爲二職，何也？鼓人所鼓神祀、社祭、鬼享、軍旅、田役之金奏，以及祭祀百物之神，皆用於鄉遂、都邑者，故屬地官鎛師所鼓祭祀、饗食、賓客、大獻，皆用於王朝者，故屬禮官，惟鼓、鼜二職並列，而鎛師大獻鼓愷樂守鼜，鼓人則無之，然後知鎛師所掌，乃王朝之事，其夜鼜惟王親在行則然。若鼓人，則凡軍旅通掌其鼓與鼜也。陳氏暘引樂志鼜鼓長丈二尺，破注，謂夜鼜即用鼖鼓。但鼓人職以鼖鼓鼓軍事，下言凡軍旅夜鼓鼜，軍動則鼓其衆，脉絡相聯，而不另列鼜鼓，所引樂志不過後代之制，未可據以破注也。

## 韎師

掌教韎樂。祭祀，則帥其屬而舞之。

東夷之俗於三方爲美，則其樂亦於諸方爲優。故其官特稱師，而祭祀、大饗皆舞之，不與諸方同。

大饗，亦如之。

明小賓客之饗食及燕射皆不用也。於大饗奏之，以示王化所被之遠、致此之難，蓋君與臣交警之。

## 旄人

掌教舞散樂，舞夷樂，凡四方之以舞仕者屬焉。

散樂，蓋五帝、三代之遺聲，不在六樂之内者，如樂記所稱「歌商」「歌齊」之類，及大史采風，取其善者而播諸樂府也。有聲歌，則亦宜有舞矣。肆散樂，所以昭美善之不遺；存夷樂，所以示德威之遠耀也。蓋祭祀、賓客，無算樂時或用之，九服土風不同，則舞亦各異，故四方願以其舞試者皆隸焉。

凡祭祀、賓客，舞其燕樂。

曰「其」，所以别於燕樂之正也，謂散樂、夷樂之附入燕樂者。

## 籥師

掌教國子舞羽龡籥。

樂師掌教國子小舞，則凡六樂中文舞、武舞具矣。籥師所教，獨舞羽耳。大師教六詩，以六律爲之音，則弦歌具矣。籥師所教，獨歈籥耳。籥師獨教羽舞，則帗舞、皇舞之類，皆舞人樂師教之明矣。獨教歈籥，則弦歌乃大師教之明矣。所以別設一官，以教二事者，國子藏、修、息、游，諸舞或不能周，而羽舞於燕居尤便也。琴瑟無時不御，而管音則歈籥尤雅也。陳氏暘乃謂籥師教文舞，而武舞不與；司干掌武舞，而文舞不與。乃無益之辨，且與經傳牴牾。

祭祀，則鼓羽籥之舞。賓客、饗食，則亦如之。

鼓無專掌。「九夏」之鼓，鍾師掌之，縵樂之鼙亦屬焉。金奏愷樂之鼓，鎛師掌之；夜鼜之鼓，鼓人、鎛師分掌之；祭祀、饗食樂事之鼓，大司樂、樂師、大師令之。故籥師所鼓，獨羽籥之舞。

## 籥章

掌土鼓、豳籥。

笙師所教已有籥，而別設籥師，以籥師所教者，國子；而笙師所教者，瞽矇、眂瞭也。既有籥師，而別設籥章，以管與聲樂及所用之事各異也。黄帝已制律管，而伊耆氏乃用葦籥，則其聲少變，其用尤廣可知矣。革木一聲，尚有其節。以土爲鼓，則聲尤質、節尤希可知矣。蓋逆暑迎寒，祈蠟賽禳，無地無人不有事焉，故特作鄉野士民易習通用之聲樂，而並不言所教之爲學士爲野人也。其官名籥章，何也？以歙豳兼風、雅、頌，校他樂歌爲繁，故但掌其章句，使人誦習卷歌之，則止歙葦籥，不若二南、雅、頌詩歌與律吕必一一相應。

凡國祈年于田祖，歙豳雅，擊土鼓，以樂田畯。

惟此言「國」，何也？祖迎於坎壇，爲六宗典祀，則逆暑迎寒。王當躬親之。若祈年祭蠟，則鄉遂縣畺之小吏，皆帥其民而報賽焉。籥章中士二人，下士四人，豈能越王都而徧共其事，故曰「凡國之祈年」，以示所共者，惟王躬親及公卿攝位之祈蠟耳。王氏安石以田畯爲司嗇，非也。司嗇乃后稷，不可以田畯當之。八蠟内有司嗇，又有農，農即田畯。蓋古之始耕田者，先嗇止一，而田畯隨地不同，猶國學舍菜之先聖先師也。

國祭蠟，則歙豳頌，擊土鼓，以息老物。

豳詩，王業之本，而不陳於宗廟，何也？所言乃田家之事，不可與六代之樂並，又不可與燕樂、縵樂、夷樂雜陳用，以逆暑迎寒，索饗萬物，協天時，勸民事，義精而教溥矣。二南，風教之原，故以爲燕樂，用之鄉黨、邦國以化天下。后、夫人即事於宗廟，故祭之末亦歌焉。

## 鞮鞻氏

掌四夷之樂與其聲歌。

韎師既掌東夷之舞，旄人又掌舞夷樂，則此職所掌四夷之樂爲聲歌明矣。而復曰「與其聲歌」，何也？其聲歌可比於樂者，則於無算樂用之，其不可以比於樂者，亦存而不廢。識其土風，列其善敗，以備觀省，如六服内之有方志，大師所陳之有變風耳！

## 典庸器

掌藏樂器、庸器。

樂器諸官分掌之，而復掌於此職者，如垂之和鍾、叔之離磬、女媧之笙簧及琴瑟、管籥，先王先公之手澤、口氣存焉，不可更用，又不敢棄置，則必藏而世守之。祭祀或與裳衣、宗器並陳。

大喪，廞筍簴。

筍簴蓋方廞時則縣之，入壙則去之，此職所以不言奉而藏也。戴記有鐘磬而無筍簴，或異代之制，或有而不縣與？

## 司干

祭祀，舞者既陳，則授舞器，既舞則受之。賓、饗亦如之。

司兵、司戈盾，祭祀皆授舞者兵，此職則授舞器，何也？五兵之外别有舞兵、舞器，如大舞之玉戚、桑林之旌夏是也。且羽舞中帗皇之屬皆包焉，干即盾也。既有司戈盾，而别設司干，何也？彼用之於戰陳，此用之爲禮器也。司兵授戟與二矛，司戈盾授戈殳而無盾，正以舞者之盾，司干授之耳。且武舞之干，不獨五兵有之，蓋五兵軍衆所執，如大舞之樂，象王者仗鉞秉旄，象軍帥者執玉戚，皆宜有干，則司干所掌，不獨五盾也。舞者既陳，然後授器，何也？六代之樂，舞器各殊，必行列既定，就而分授之，乃無舛誤。

# 周官析疑卷之二十三

## 大卜

掌三兆之灋：一曰玉兆，二曰瓦兆，三曰原兆。

玉之璺雖有紋可見，而體實未坼，龜灼而紋坼最細者似之。瓦則其坼較粗，原則大裂矣。疑取象命名之意如此。

以邦事作龜之八命：一曰征，二曰象，三曰與，四曰謀，五曰果，六曰至，七曰雨，八曰瘳。

此八者，雖曰「龜之八命」，實三易、三夢所同用，蓋此乃所占之事目也。觀下文可見。卜事莫大於立君，大封、大遷、大師、祭祀喪紀而八命中惟征可兼大師，他無列焉，何也？諸官及本職已有明文，無庸覆舉，而王者四征不庭。既不若祭祀、喪紀之有常，又不若立君大封、大遷之曠見，且中包時巡，及王所不親之小師，故特著之。見於詩、書、春秋傳者，惟立君大遷、大師祭祀之卜爲多，而喪卜大封無見焉。蓋宜詳於邦國禮，而其書已亡矣。至於肆師職之卜芟、卜稼、卜戒，春秋傳魯桓卜成季之生，懿氏卜妻敬仲，衛侯卜渾良夫見夢之類，皆包於凡小事中，而此八事則有關於邦之吉凶、利害，故特詳其目，而曰「以邦事作龜之八命」也。

以八命者贊三兆、三易、三夢之占，以觀國家之吉凶，以詔救政。

贊，如孔子贊易之贊，蓋掌三兆、三易、三夢者，各獻其占，而大卜則發揮其所以然之理而宣著之。

凡國大貞，卜立君，卜大封，則眡高作龜。

封國之始，必卜其土之所宜與策命之日。注未安。

凡小事，莅卜。

疏次卜事，謂大遷、大師；莅卜者，大宗伯；陳龜者，宜小宗伯。非也。小宗伯惟大貞，奉玉帛以詔號，不與卜事，肆師凡祭祀之卜日，宿爲期，詔相其禮。又嘗之日，莅卜來歲之芟，獮之日，莅卜來歲之戒社之日，莅卜來歲之稼，則贊卜事者，宜肆師也。蓋宗伯專掌莅卜，小事則大卜代之；卜師專掌眡高作龜，大事則大卜代之；其陳龜、貞龜、命龜，大卜所不親，疑肆師掌之。小事大卜莅卜，而肆師職又有莅卜之文，何也？嘗社之日，大宗伯莅事，獮則不與，故卜來歲之芟之戒之稼，莅者宜大卜，而三事又小事之尤重者，故肆師兼莅焉。猶祀大神、享大鬼、祭大示，宗伯帥執事而卜日，而祀五帝，大宰亦帥執事而卜日，蓋並帥之也。知小事而外，莅卜皆大宗伯者，宗伯職祀大神，享大鬼，祭大示，帥執事而卜日，則喪事大師、大遷、大封立君莅卜，不待言矣。

## 卜師

凡卜事，眡高，揚火以作龜，致其墨。

李光坡曰：「卜有龜焦者，有不食墨者，皆不待兆成而知其凶。墨，水也。燋契，火也。火過而陽，則焦；水過而陰，則不食墨。」

## 占人

掌占龜，以八簭占八頌，以八卦占簭之八故，以眡吉凶。

古者重卜，先簭而後卜，故簭人不必知卜，而卜必兼通於簭，既得八事之頌，猶恐於龜象未審，復以簭義參決其吉凶，是謂「以八簭占八頌」也。然簭辭之吉凶，各有其故，皆原於八卦之象與德，其或簭龜從違各異，則又恐簭人之占未審，故復以八卦之象與德究切其義，是謂「以八卦占簭之八故」也。不曰「占簭之故」而曰「八故」者，八卦之象與德因事而異，吉凶於八事各有所宜，各有所迕也。

## 簭人

七曰巫祠。

李光坡曰：「漢書郊祀志，晉巫所祀，有巫祠之名，亦其一徵。」

上春，相簭。凡國事，共簭。

龜人所掌，惟辨龜之名物，及藏龜、釁龜、奉龜而已。凡卜事非其職也，簭人相蓍、藏蓍、共著之外，併掌揲之之事，龜事繁，蓍事簡也。

## 占夢

一曰正夢，二曰噩夢，三曰思夢，四曰寤夢，五曰喜夢，六曰懼夢。

疾而迷，及寤而有夢，傳所傳秦穆公、趙簡子之夢是也。

季冬，聘王夢，獻吉夢于王，王拜而受之。

平時王夢，或占或不占。季冬則數將終，歲更始，王有夢，必發幣而占之，故曰「聘」也。聘禮以圭、幣自通，告神用圭、幣，故假以爲義。

## 大祝

掌六祝之辭，以事鬼、神、示，祈福祥，求永貞。

先王望祀不求其福，而周公之作祝辭乃以祈福祥、求永貞爲義，何也？天之命哲、命吉凶、命歷年，皆視人君之所服行，使王對越天地、宗廟、百神，凜然懼於不終，而知自求多福，在常守正道，則所以警王心，而輔正其德者多矣。

一曰順祝，二曰年祝，三曰吉祝，四曰化祝，五曰瑞祝，六曰筴祝。

年祝、瑞祝，歐陽氏謙之得之。順祝，天地、宗廟之常祝也。祭統：「備者，百順之名。」禮運：「禮時爲大，順次之。」天地之祭，宗廟之事，順也。年祝，祈年之祝也。吉祝，冠昏卜告，大師愷獻之祝也。化祝，天地有異裁，而祝其消化也。瑞祝，嘉祥見而告於天地、宗廟也。筴祝，册封諸侯而告於祖廟也。

掌六祈以同鬼、神、示：一曰類，二曰造，三曰禬，四曰禜，五曰攻，六曰説。

鬼神不與人同心，災厲乃見，故以祈禮同之。非時而祭上帝曰類。非時而祭祖禰曰造。攻，如救日伐鼓以兵之類。説，謂以辭責之，如變置社稷，必責以辭。大師、大會同之類造，後皆特見，此類造乃以同鬼、神、示，消灾變，所用之事異也。

作六辭，以通上下、親疏、遠近：一曰祠，二曰命，三曰誥，四曰會，五曰禱，六曰誄。

六祝之辭，典祀所常用也。此作六辭，因事而特告也。上下，天神、地示也。親疏，由禰至祧壇也。遠近，四望、五祀之類。祠與禱皆因事而特祭，祠以報福祥，禱以請憂病也。誥、會亦質神之辭。誥者，尚書「逸祝册，告周公其後」是也。會者，昭衆神而要言，春秋傳所謂「司慎、司盟，名山、名川，群神、群祀，先王、先公，七姓十二國之祖，明神殛之」是也。誄者，至於南郊，稱天而誄之。

辨九祭：一曰命祭，二曰衍祭，三曰炮祭，四曰周祭，五曰振祭，六曰擩祭，七曰絶祭，八曰繚祭，九曰共祭。

注謂「衍」當爲「延」，「炮」當作「包」，周猶徧也，義皆可通。古書以音近而譌，及同事而異名者甚多。男巫望衍，旁招以茅，則「衍」當爲「延」明矣。小記：「輕者包，重者特。」莊子周徧咸三者，異名而同實，其指一也。則字義本同，九祭尸賓並用賓客之命祭、延祭，見玉藻、曲禮。而祭祀亦有之。士虞禮祝命佐食綏祭，特牲饋食，尸坐，祝命綏祭是也。二佐食次第取敦實俎實以授尸，正延尸以祭耳。祭祀之兼祭，見特牲、少牢，而賓客亦有之。公食大夫禮，兼祭庶羞是也。賓客之徧祭，見曲禮。而少牢十一飯，所舉所祭，無不徧也。至振擩絶繚，尸賓同具，不待言矣。蓋祭者尸賓，而命祭、延祭，則贊尸賓之節會也。每物專祭，其常也，然或物微禮殺，亦有時而不祭惟尸賓之正禮，有兼祭，有徧祭，故特揭之。此四者，祭之正也。振擩絶繚，則曲詳其儀節也。自朝夕恒食而外，祭祀、賓客必有授祭者，故以命祭始而以共祭終焉。特牲、士虞及少牢禮舉幹、舉肩，言振祭而不言擩，是振原有不擩者。注專以肝之既擩復振言，似未盡。

辨九㩧：一曰稽首，二曰頓首，三曰空首，四曰振動，五曰吉㩧，六曰凶㩧，七曰奇㩧，八曰襃㩧，九曰肅㩧。

曰「振動」，則未嘗拜也。而序列稽首、頓首、空首之下，何也？奇、偶、吉、凶，乃前三拜之細目。肅拜，不過下首以爲恭而已。振動，則顔色變作，手足辟易，身體戰慄，非尊者有過越之施，無所用之，其禮最重，如聘禮，賓入門，公再拜，賓辟，賓致命，公當楣再拜，賓三退負序，辟與三退時必振動，以示不敢答拜而震懾，不寧更甚於答拜，故列於五拜之前也。注未指所施用，王氏應電謂應受其拜而不答者，不可通。

凡大禋祀，肆享、祭示，則執明水火而號祝。

經文有號先於祝者，先舉神號以祈降格，然後以祝辭通。如曾子問，君薨而世子生，祝造殯入廟先以噫歆之聲三，警神聽，而後以子生告也。有先祝而後號者，祝辭中始具神號，如少牢禮祝曰「孝孫某〔二〕，敢用柔毛剛鬛，嘉薦普淖，用薦歲事於皇祖伯某」是也。先號後祝者必大事，此經大禋祀、肆享、祭示及小祝大師釁祈，皆曰號祝是也。先祝後號者多小事，小祝侯禳禱

〔二〕「孫」，原作「子」，今據儀禮注疏改。

祠、甸祝、表貉、詛祝、盟詛、類造、攻説、禬禜，皆曰祝號是也。類祭有以小事而舉者，以詛祝掌之，則非天地、社稷、宗廟之類可知矣。蓋因事而舉，用其禮儀，皆可以名類，造則凡就而告焉者皆是也。

隋釁、逆牲、逆尸，令鍾鼓。

隋釁，交神之正禮，故先之；逆牲、逆尸，事神之始事，故後之。蓋令鐘鼓以禮之大小爲序，而非以事之先後爲序也。祭尸禮莫先於隋，牲事莫先於釁。李光坡曰：「逆尸乃逆牲，牲殺乃薦血。釁，薦血也。薦血之後，乃有膟膋隋於主前之禮，蓋以自下向上爲言之序。」

來瞽，令臯舞。

歌與舞必依祭節，故大祝告以樂入之節，而後樂師詔來瞽；大祝告以當舞之節，而後樂師臯舞也。

大喪，始崩，以肆鬯渳尸。

大渳，小宗伯、大祝皆掌之，然小宗伯職曰「大肆，以秬鬯渳」，則治其禮之辭也。此職曰「以秬鬯渳尸」，則親其事之辭也。又小祝以同官而贊渳，則親其事者非小宗伯益明矣。小宗伯職曰「大肆」，則當以陳尸及浴器言。此曰「以肆鬯渳尸」，則肆專言浴器。

付、練、祥，掌國事。

凡事，皆國事也。他職皆掌事，此獨曰「掌國事」者，未葬，宗廟之祭不行，既祔，主各返廟，時祭皆行，特嗣王不親，而大祝掌其事，故特稱「國事」以別之。喪三年不祭，惟祭天地、社稷，越紼而行事，則宗廟之祭及群祀嗣王不親明矣。曾子問：五祀既葬而行，祝畢獻。則祔以後七廟之祭畢舉可知矣。量人有宰祭之文，必宰攝也。王親祭，則掌事者冢宰、宗伯。宰攝，則祝掌事，示別也。五祀祝自獻，祀卑，故無攝主也。練祥以後，則凡祀王皆親之祝，自共其職事，而不得曰「掌國事」矣。

大師，宜于社，造于祖，設軍社，類上帝，國將有事于四望，及軍歸獻于社，則前祝。

前四事，皆君舉而祝從，惟至所征之地，將有事於四望，及軍歸獻社，則大祝獨前行致告也。曰「國將有事」者，君不親也。知然者，肆師職「有司將事於四望」〔二〕，則君不親明矣。下經

〔二〕「有司將事於四望」，見於小宗伯職而不見於肆師職，疑此處有誤。

「過大山川，則用事焉」，君親之也，故異文焉。小宗伯：「帥有司而立軍社，奉主車。」軍社則大祝立之，主車則肆師奉之，小宗伯帥之而已。用師之地，未必正當四望。小宗伯職「有司將事於四望」，謂大祝與肆師也。「祭兵於山川」，肆師爲位，則大祝前祝繼之以將事者，必肆師明矣。

## 小祝

掌小祭祀將事侯、禳、禱、祠之祝號，以祈福祥，順豐年，逆時雨，寧風旱，彌烖兵，遠辠疾。

賈疏以「將事」屬下句，非也。王所親，或公卿攝位，則祝自執其事而已。小祭祀，王或不親，公卿不攝，但使祝將之，故曰「將事」。若侯禳於畺及郊，則承王命以將事者乃肆師，小祝但掌其祝號耳。小宗伯職「有司將事於四望」，以王親在行，小宗伯掌師中之祭，故獨使大祝前往也。周官於侯、禳、禱、祀之事甚詳。蓋人心冥頑，惟遇疾病、烖危窮而反本，易警發其善心，故聖人以神道設教，使恐懼、修省以思救政，則所益多矣。豐禳之後，仍祈有年，是之謂順。旱則多風，以雲氣將族，風輒散之。風寧然後雨可降，旱可寧也。春秋傳：「若之何？憂猶未弭。」又：「欲弭諸侯之兵。」止息之義也。注讀彌爲敉，未安。

大祭祀，逆齍盛。

小宗伯逆齍，小祝又逆，何也？主逆者，小宗伯，而小祝先之。疑小宗伯逆於廟門，小祝則前逆於爨。猶喪之大涖，大祝掌事，而小宗伯又莅焉。百官府之戒具，小宰掌之，而宰夫贊之也。考其秩叙。饎人：「凡祭祀共盛。」則掌炊者，饎人也。舍人：「凡祭祀，共簠簋，實之，陳之。」則自爨奉齍，入廟，陳於西堂之上者，舍人也。天官世婦：帥女宫，爲粢盛。則以終后、夫人之春事。春秋傳所謂「三宫米而藏之御廩」是也。春官世婦：「帥六宫之人共粢盛。」先期則帥而共舂事，當祭則帥而共贊陳薦徹也。小宗伯、小祝既逆齍，然後肆師表之，而莅陳焉。知女宫之爲粢盛非炊者，婦人禮不下堂，無門外之事，而共其職者，有饎人也。特牲饋食禮：黍稷始陳於西堂。則舍人奉粢盛入廟，亦宜陳於西堂。少牢禮：設饌，祝神，主婦自東房執一金敦黍，設於室中。則西堂所陳，世婦宜獨取玉齍，設於房中。至后薦玉齍，則内、外宗自堂上傳簠簋於室中，俾后親薦，而九嬪贊焉。猶少牢禮婦贊者執敦黍、敦稷以授主婦，而次第設之也。小祝無緣得薦齍盛於神座前。疏誤。李光坡曰：「王氏昭禹、易氏祓皆謂齍盛輕於牲，故大祝迎牲，小祝逆盛。王氏又證以六官奉牲，六宫奉齍。皆非也。王親射牲，故六官奉之；后親羞齍，故六宫共之。事分内外，非有輕重，比類以求之，同是尸也。二祝同逆，而送者惟小祝，豈得謂送輕於逆乎？蓋大祝相尸禮方終，又當令徹，故各共一事耳。」

送逆尸，沃尸盥，贊隋，贊徹，贊奠。

尸以象神，逆尸不以卿貳，又不使大祝，何也？方迎尸時，六官之長貳各有禮事、牲事，大祝方有室事，兼令鍾鼓，故小祝領之。大祝職「相尸禮」蓋必既升，有室事堂事，而後相焉。自門庭以至於階，皆小祝道相，故廟門内之盥，亦小祝沃之。李光坡曰：「論禮之先後，則逆齍盛當在沃尸盥之後，贊奠當在贊隋之上。此或文錯，至上三者小祝專職，下三者則贊爲之，各以其類，不可以後先言矣。」

大喪，贊渳。

小宗伯、肆師、鬱人、鬯人、大祝、小祝，皆掌太喪之渳，而其文各異，何也？大喪兼王、后、世子，而鬯乃所以事天神、地示、人鬼，惟王主鬯，故喪浴用之，而后、世子不得用也。小宗伯職特言「王崩，大肆，以秬鬯渳」，明自王以外渳皆不得用鬯也。肆師職曰：「大喪，大渳以鬯，則築鬻。」明渳不以鬯，則雖大喪，不共築鬻也。鬱人職曰：「大喪之渳，共其肆器。」則知后、世子之渳不得用鬯，而得用鬱矣。鬯人職曰：「大喪之大渳，共其釁鬯。」則知非王之渳不得稱大，而釁尸不以鬯矣。大祝職曰：「大喪，始崩，以肆鬯渳尸。」則知所謂大喪，專指王，而不兼后、世子矣。世子不得稱崩。后之喪浴，女御掌之。此職曰「大喪，贊渳」，則知所謂大喪，兼世子而其湑亦大祝親之，小祝贊之，特不用鬯耳。大祝之特言崩與小宗伯同，以王之喪浴，大祝親其事，而小宗伯治其禮也。小祝不稱大湑，與鬱人同，明湑不以鬯不得稱大也。

及葬，設道齎之奠，分禱五祀。

生人行道必有齎，故於葬曰「道齎之奠」。分禱，謂遣人分祭。若以遣奠餘牲，則幾於慢矣。注誤。

有寇戎之事，則保郊，祀于社。

先鄭謂保守郊祭諸祀及社，於于字不可通。後鄭義亦未備。寇戎近郊，保其壇兆可矣。何暇舉祀？社在王宫，無庸言保，蓋將爲禦寇之師，宜告於社，而郊壇震驚，則寇退而祀焉，亦禮之可以義起者。

凡外内小祭祀、小喪紀、小會同、小軍旅，掌事焉。

小會同，謂殷頫。

## 喪祝

及朝，御匶。

曾子問：王崩，祝取群廟之主，藏於祖廟；卒哭成事而後，主各反其廟。疏以次朝七廟，廟各一宿。誤。

及祖，飾棺，乃載，遂御。

載與飾棺皆葬前一日事。下文及葬御匶，乃御以出宫，故注知此爲遣車之御也。載在飾棺之前，而倒言之者，與下「遂御」之文相承接，其義乃顯也。疏據既夕禮注，謂遂匠納車於階間。誤矣。彼大夫、士之禮耳。巾車職：「小喪，共匶路。」則天子之龍輴，共之者乃巾車明矣。即别有納者，亦不宜用遂匠，其匠師與？鄉師與匠師御匶治役，及窆執斧以莅匠師。

及葬，御匶。

劉氏彝謂：鄉師、遂師相代。不知鄉師及葬乃與匠師御匶而治役，遂師及窆抱磿，皆臨壙時也。

及壙，説載，除飾。小喪，亦如之。

周官於喪紀多獨舉大喪，故於喪祝職備舉大喪所有事，而繫以「小喪，亦如之」。以示凡喪紀事有必舉、物有必共者，皆通乎小喪，以爲他職獨舉大喪，而不及小喪之通例也。於末舉卿、大夫之喪，以見稱小喪者，事在王宫也。　諸職所列飯米、熬穀、茶葦、薪蒸、木材之類，皆統言喪事，以其物乃貴賤所通用也。衣服、含贈、渳釁、銘旌、窆器、樂器之類，尊卑有度，則多舉大喪，而不及其餘。蓋喪所必用，不疑於小喪之不共，而各有禮命，故其事不必詳也。相禮贊含贈莅斂屬引御柩序哭之類，亦多舉大喪，而共之者非一人，或别有所見，大宰、大喪贊含玉、贈玉，而小宰喪荒受其含襚、幣玉之事，則知大喪之外，贊含贈者皆小宰矣。大宗伯大喪爲上相，而小宗伯凡小禮，掌事如大宗伯之儀，則知小喪相禮者小宗伯矣。小宗伯莅大斂、小斂，而肆師凡國之小事，治其禮儀，而掌其事，如宗伯之禮，則知小喪莅斂者肆師矣。大喪大司徒屬鄉之六引，鄉師帥其民而至，遂治之，遂人屬遂之六紼，而遂師道野役，抱磿，則知大司徒所不親，鄉師、遂人、遂師各共其事矣。宫中序哭，世婦、内宗、外宗皆掌焉，則兼掌小喪不待言矣。惟大史職特舉小喪賜謚，以大師帥瞽而廞，作匶謚，非特見，則疑小喪賜謚者亦大師。巾車小喪共匶路，明群王子嬪婦皆得用輴。禮有獨伸不同於臣下也。觀此經，可徵既夕禮遂匠納車於階間，而注訓以柩路之非。　小宗伯大肆以秬鬯渳，不曰大喪，而曰王崩，明自王以外，渳皆不得用鬯也。掌蜃共闉壙之蜃不言喪，以非王后不得用也。成公二年左傳：宋文公葬用蜃炭。君子謂華元、樂舉於是乎不臣，譏用天子之禮也。

掌勝國邑之社稷之祝號。

勝國之社稷，禱祀行焉，且作其祝號，則記所稱「亡國之社屋之，不受天陽」，非禮意也。亳社北牖，特以別於時王之社鄉明焉耳。

凡卿、大夫之喪，掌事，而斂飾棺焉。

掌事，掌王朝弔臨、賵贈之事也。喪家之事，則所掌惟斂與飾棺，其他弗與。蓋二事各有爵等，而防其僭差，職喪所涖之禁令是也。賈疏乃謂自勸防以下皆掌之，誤矣。經於大喪之後，繼言「小喪，亦如之」，至卿、大夫之喪，則特舉斂與飾棺二事，正見不得如王宮之小喪，自勸防至御匶，壹與王、后、大子同耳。職喪於諸侯、卿、大夫、士之喪無不掌，以國之喪禮與禁令，凡有爵者無不徧也。宰夫及此職至大夫而止，王朝之士多，不能徧也。宰夫職不言諸侯，所治之喪至王官而止也。職喪與此職不言三公，等而上者，不必言也。

## 佃祝

舍奠于祖廟，禰亦如之。

時田皆爲祀享，故出舍奠於祖禰，而歸則否，以旋舉享礿、享蒸之正禮也。

師佃，致禽于虞中。

時田，則宜饁獸於郊，而不舍奠。師田，則宜舍奠於祖禰，而不饁獸。豈王巡狩、會同，歸至近佃，適值冬狩之期，遂因師衆以田，無暇更舉，故饁獸與舍奠，並行而不相悖與？若主師征伐，則雖歸值狩期，亦不暇田。蓋師有功，則宜獻愷；師不功，則奉主車而入，以喪禮處之，田狩自宜更舉也。

## 詛祝

掌盟、詛、類、造、攻、説、禬、禜之祝號。

類、造何以有詛？兵祭也。以所伐國之罪，昭告大神，且與同役者要言，俾用命而無二心，如春秋傳所載「墜命亡氏，踣其國家」之類，義近於詛，故詛祝作其辭。

作盟詛之載辭，以叙國之信用，以質邦國之劑信。

信用者，示所要之必用也。叙者，次其事之小大也。叙國之信用，如魯盟東門氏、叔孫僑如之類。質邦國之劑信，如成王賜周公、太公以盟之類。

## 男巫

冬堂贈，無方無算。

李光坡曰：「方者，如兆山川、丘陵等，各因其方，此不祥之氣，非可以方拘也。算者，秩祀之神，名號有數，不祥之氣，非可以數計也。」

## 女巫

旱暵，則舞雩。

婦人浴種饁田，與耕者同憂勤，舂、抌、簸、揉，親共爨饎，望歲不收，則計日而知老弱之饑殍矣。其哀誠最切，可以感鬼神，故使女巫舞雩與？

凡邦之大裁，歌哭而請。

邦有大裁，而使愚婦人歌哭而請，妖妄不經甚矣。班史載：莽好厭勝，及敗，憂不知所出。崔發言周禮及春秋左傳，國有大裁，則哭以厭之。莽乃率群臣會諸生、小民朝夕哭，甚悲哀，是乃劉歆死之月也。故發承莽之意，繼歆之事，而爲此議，因增竄女巫之文，削去二語，與男巫職立文正同。

## 馮相氏

掌十有二歲。

梅穀成曰：「太歲十二年一周，木星行天，亦十二年一周，有似太歲，是歲星因太歲而得名，而太歲究無與於歲星也。此節掌十有二歲，專屬太歲。後保章氏『以十有二歲之相』，專言歲星。」

冬、夏致日，春、秋致月。

梅穀成曰：「致日、致月，即虞書『敬致』之義也。日行出入於赤道，有北至、南至之殊；月行出入於黄道，有陰曆、陽曆之分。冬、夏致日，注義盡之矣。而致月必於春、秋者，蓋春、秋二分，當黄、赤二道之交，此時測月之弦望，可得陰、陽曆之真度，而氣之至不至可知矣。」

## 保章氏

掌天星，以志星辰、日月之變動，以觀天下之遷，辨其吉凶。

志日月、星辰之變動，察天象之順逆也。觀天下之遷，考人事之轉移也。必參以人事，然後吉凶可判。如鄭不復災，熒惑退度遠宋之類。先星辰於日月者，所掌天星也。致日、致月者，馮相氏；掌十煇之法者，眂祲。而保章氏兼掌其變動，何也？凡日月之變動，必以所歷分星之度爲占。

以五雲之物辨吉凶。水旱，降豐荒之祲象。

「辨吉凶」斷句，「水旱」斷句。辨吉凶，兼天災人禍。人禍之修救，則下經所云「救政」、「序事」具之矣[一]。若水旱，則必預降豐荒之祲象，使吏民得早爲之備。並降豐象者，知何方豐，何方凶，然後可移用其民而均其食也。注未安。

以十有二風察天地之和，命乖别之妖祥。

李光坡曰：「日月星辰居常而有變動，則天下之大異也。星土之妖祥，占在一國；歲之相，占在一歲；五雲之物，占在一時；十有二風，每月可占：蓋以大小、久近爲次。」

[一]「序」，原作「叙」，今據周禮注疏改。

凡此五物者，以詔救政，訪序事。

春秋傳，梁山崩，晉侯召伯宗，伯宗問於重人而得其禮，所謂訪敘事。

## 内史

掌王之八枋之灋，以詔王治：一曰爵，二曰禄，三曰廢，四曰置，五曰殺，六曰生，七曰予，八曰奪。

大宰、内史所掌八柄，其次第各異，何也？大宰職曰「以八柄詔王馭群臣」，言所以用此八柄之道也。故爵、禄之後，首曰「予，以馭其幸」，示不可假以爵禄也。次曰「置，以馭其行」，必論定而後官也。其當官不職者，則或宥以生，或奪其禄，或廢其身，或誥其過，乃用此八柄之次第也。内史職曰「掌王之八柄之法，以詔王治」，則守成法以待用而已。故爵、禄之後，繼以廢、置，用舍明，而後天位、天禄無曠也。廢、置之後，繼以生、殺、予、奪。賞罰行，而後所廢、所置競勸也。先生、殺而後予、奪者，輕重之倫也。此八柄自然之次第也。大宰所詔無殺者，古者刑不上大夫，所以示禮下之誠也。然曰「生，以馭其福」，則不宥以生者該此矣。内史所掌無誅者，古所謂誅，誥責、譴呵而已，非法之所及也。唐宋以後，有制詔已降，而宰相封還辭頭者，此正冢宰之本職也。有天子、宰相成謀，而給事中封駁者，此正内史之本職也。蓋古法蕩盡，一二人偶創行之，故衆以爲奇，史書其事，然下能言、上能聽者，不過千百之十一耳。周公列此爲典法，使爲人君者皆知爲政體之固然而坦乎不疑，爲人臣者各知爲職守所當然而無與分過也。

掌叙事之灋，受納訪，以詔王聽治。

内史掌納訪，而宰夫、大僕、御僕各掌復逆，其職之所以辨者，何也？諸職所謂「逆」，即群下所納之言也；所謂「復」，即王所訪之事也。大僕、御僕分掌之，以達於王，内史受之。以察其當否，然後以詔王治。所治之事下於宰夫，則使群吏奉行之。官事非聯，而實相首尾，其不關於冢宰，何也？凡治皆冢宰所贊，則内史所詔王必與冢宰參決可知矣。注謂叙事即小宰之六叙，非也。小宰以叙聽其情，乃群吏自以其情告於小宰。此所謂叙事之法，則所納訪之事，有大小、緩急，隨事斟酌，次第發命，無一定之叙。故不曰「叙事」，而曰「叙事之法」也。經於事之有定者，皆直言叙事。樂師凡樂掌其叙事，饗食諸侯，叙其樂事，大胥叙宫中之事是也。

凡命諸侯及孤、卿、大夫，則策命之。

不及士者，豈士卑且衆，王不能一一親命，或命而不以策與？詩曰：「韓侯受命，王親命之。」則命有不親者矣。王氏與之謂大夫出封，加命爲子、男，故得策命，不知大夫四命受器，自宜策命，非以出封故也。

凡四方之事書，内史讀之。

不曰「讀四方之事書」，而曰「凡四方之事書，内史讀之」者，曰「讀四方之事書」，則似内史自讀之。曰「凡四方之事書，内史讀之」，則知内史之讀爲王之聽之矣。

内史掌書王命，遂貳之。

覆舉内史見親其事，而非付之屬史也。小史職：「大祭祀，讀禮法，史以書叙昭穆之俎、簋。」則其屬史。王之命，内史親受而書之，且貳之，則矯假以爲不信者，孰敢萌其慮哉？漢唐以後，中使口銜天憲，以亂國常，則内史之職廢耳。徐念祖曰：「凡王之命皆書，且副寫藏之也。若專言上所書爵禄之命，則第言掌貳王命可矣。」

# 外史

掌書外令。

命乃王所黜陟、因革，政事之大者；令則發徵、期會、禁戒，政事之小者。

掌四方之志。

陳氏傅良謂古者侯國不得有史，非也。太史公表十二諸侯，惟據春秋，表六國，惟據秦記。惜史記獨藏周室，遭秦火而滅，則王綱未墜以前列國皆有史而達於外史可知矣。至六國僭王，安肯更達其國史於周？特秦得其圖籍而自滅之耳。若列國有史爲僭，則孔子不當據魯史以成春秋矣。

若以書使于四方，則書其令。

凡聘頫之常，不皆有書。或命以事，或有所訪詰，而後有書，故書其令，使後有考也。不覆舉外史，此令輕，異於王命之必内史親書也。不貳之，亦以所令輕也。虎賁職：「奉書以使於四方。」王氏詳説謂左史記事，右史記言，而以大史、内史當之。非也。大史職無記王動作之事。而内史掌八柄，以詔王治；執國法、國令，以考政事；受納訪，以詔王聽治。凡君舉之大，皆具於是矣。其他策命諸侯、卿、大夫，制禄、出賞賜，亦事之不可不籍者，然則記事者爲内史明矣。外史掌書外令，書使於四方之令，又掌四方之志，達書名於四方，則記言者爲外史明矣。大史稽天道，王之言動，宜奉若天道，故大史爲史官之長，而内史、外史左右於王，稱名之義宜取於此。

## 御史

掌邦國、都鄙及萬民之治令，以贊冢宰。

治令之出，冢宰贊王，復設御史以贊冢宰，惟恐有偏側缺失，得以補察也。以禮官之屬贊治官者，六典、八法、八則，大史與冢宰共建之，惟御史習其儀法，察其義類。又王之治法，史必書之也。

凡治者受灋令焉。

凡王之治令及冢宰所掌成法，施於邦國、都鄙、萬民者，皆御史布之，故凡治者受焉。

掌贊書。

五官法令，其長得自布書之者各官之史耳。惟治令必稟於王，然後下於六官、萬民、邦國，故御史贊書。　贊書，謂書凡治者所受之法令也，故置員多，其史至百有二十人。

## 巾車

王之五路：一曰玉路，錫，樊纓十有再就，建大常十有二斿，以祀。

此職及司常、大司馬皆曰「王建大常」，則諸侯以下不得建明矣。而大行人九斿、七斿、五斿，皆曰「建常」，何也？旗常者，徽幟之通稱也。故司常掌九旗之物名，而統之曰「常」。春秋傳：「三辰旗旂，昭其明也。」大常而外，無畫三辰者，而統之曰「旗」，則知旗、常可互稱，而大常則惟天子得建之矣。

金路，鉤，樊纓九就，建大旂，以賓，同姓以封。

玉路非諸侯所得乘。二王之後修其禮物，作賓王家，車服各從先代。觀詩歌白馬，則乘殷路可知。故金路以封同姓，魯、衛皆侯，則無公爵可知。注以同姓爲侯伯，是也。又言其畫服如上公。

蓋誤以上公爲金路，與同姓之侯伯同，因謂同姓侯伯，得攝用上公畫服。不知章服豈容逾越，司服職有明文。

革路，龍勒，條纓五就，建大白，以即戎，以封四衛。

司馬職：仲秋治兵，王載大常。與此異者，田獵爲祭祀，故建祭祀之旗物以表敬，非即戎比也。古者出軍，以喪禮處之，故將軍鑿凶門而出。

木路，前樊鵠纓，建大麾，以田，以封蕃國。

曰「同姓以封」、「異姓以封」，曰「以封四衛」、「以封蕃國」，何也？金路不獨以封同姓，如太公封齊，宜以金路。而同姓之封爲多。象路不獨以封異姓，如霍叔復位，蔡仲續封，宜以象路。而異姓之封爲多。故不得爲必然之辭。若革路，則惟以封四衛；木路，則惟以封蕃國也。

王后之五路：重翟，鍚面朱總；厭翟，勒面繢總；安車，彫面鷖總，皆有容蓋。

車蔽所指各異：王喪車之蔽，則車旁禦風塵者；后安車無蔽，則車前蔽也。知然者，以有容蓋也。朝王在宫中，故不設前蔽。

服車五乘：孤乘夏篆，卿乘夏縵，大夫乘墨車，士乘棧車，庶人乘役車。

考工記：「陳篆必正。」夏篆，以五采畫轂約也。夏縵，其冒絃具五采與？

凡賜闕之。

凡授車必會其入，賜則其人得私有之，故去其籍。

大喪，飾遣車，遂廞之，行之。

疏謂還以金革象飾之，非也。彼工官之事，巾車所掌，謂設障蔽耳。雜記：遣車四面有障。職中有工百人，乃爲容蓋、幄蔽之屬。

及葬，執蓋從車，持旌。

不曰「執蓋持旌從車」，而別起「持旌」之文於「執蓋」後者，明執蓋者後從而持旌者前導也。此柩車之旌也。既夕禮：「祝取銘置於茵。」至壙，茵先入，無持銘旌事。注誤。龔纓曰：「司常建廞車之旌，及葬亦如之，則在道不建，故巾車持之。」

小喪，共匱路與其飾。

疏：大喪謂王，小喪兼后與世子。非也。春秋傳，晉荀躒如周，葬穆后，叔向曰：王一歲而有三年之喪二焉。魯、齊歸薨。叔向曰：「君有大喪，國不廢蒐。」則后、世子不得爲小喪明矣。蓋謂群王子、三夫人以下，路車以賜諸侯，則群王子、夫人、嬪婦得稱匱路明矣。小喪共匱路，而王之龍輴無見焉，何也？其制宜具於冬官。言小喪，則大喪不待言矣。地官注、疏謂遂師所共，稍人所帥蜃車即王之匱路，引士喪禮「遂匠納車」爲證。謂天子至於士，匱路皆從遂來。以康成之勤經，於經文猶或遺忘，學者可勿戒而輕於立説乎？

## 典路

掌王及后之五路，辨其名物與其用説。

巾車通掌車政，典路第掌五路之名物、駕説，故分二職。疏謂：冬官造車訖，以授巾車，飾以金玉象，然後以王及后所乘入典路。説本無據，亦非事之理。以金玉象飾車，乃冬官之事也。

## 車僕

大射共三乏。

賓射、燕射，別無共乏者，則車僕兼共之明矣。而獨舉大射，何也？按司裘：「王大射，則共虎侯、熊侯、豹侯；諸侯，則共熊侯、豹侯。」是熊侯，諸侯所射；豹侯，卿、大夫、士所射也。惟大射，朝覲之諸侯，王朝卿、大夫、士皆與，乃張三侯，共三乏。若賓射，卿、大夫不與，則惟共虎侯、熊侯。燕射，諸侯不與，則惟共虎侯、豹侯，而乏亦如之也。司裘共侯所掌皮也，車僕共乏所掌革也。

## 司常

王建大常，諸侯建旂，孤、卿建旜，大夫、士建物，師都建旗，州里建旟，縣鄙建旐，道車載旞，斿車載旌。

大閱王乘戎車，建大常，而道車、斿車並從者，量人營軍壘，而量市朝，則王行雖信宿，不廢朝夕之朝。若以巡狩、會同而講武，則視四方之聽朝是也。如宣王會諸侯於東都，而田於甫草之類。

皆畫其象焉，官府各象其事，州里各象其名，家各象其號。

注云：「三者旌旗之細。」又云：「徽識之書，則云某某之事某某之名某某之號。」非也。蓋官府各有事，州里各有名，家各有號，并書於旌旗之上耳。所謂象者，即旌旗也。如孤、卿同建旜，大夫、士同建物，而所書則别之，曰某司徒之旜、某司空之旜、某大夫某士之物，所謂「官府各象其事」也。州里之吏同建旟，則書某州之旟、某里之旟，所謂「州里各象其名」也。如魯三家同建旗，則書季氏之旗、孟氏之旗，所謂「家各象其號」也。各象其事者，各書其事於象也。名號亦然。古文簡奥多如此。觀司馬職「王載大常，諸侯載旂，軍吏載旗，師都載旜，鄉遂載物，郊野載旐，百官載旟，各書其事與號焉」，則此經之義顯然矣。州里，鄉遂也，於鄉舉大，於遂舉細也。縣鄙，公邑也。知然者，司馬職：中夏教茇舍，曰「縣鄙各以其名」，而又曰「鄉以州名，野以邑名」。則縣鄙爲公邑明矣。建旐舉縣鄙而後不言者，各象其名如州里無疑也。

凡軍事，建旌旗；及致民，置旗，弊之。甸，亦如之。

以義揆之，似車上曰「建」，樹於地曰「置」，覲禮「上介奉其君之旗置於宫」是也。蓋致民宜樹旗於壇，不宜建於車也。但月令云：「司徒搢扑，北面誓之。」誓時亦不宜在車，而大司馬職「建旗於後表之中」，豈建、樹相對則義有別，而散文可通耶？

## 都宗人

掌都祭祀之禮。凡都祭祀，致福于國。

注王子弟立祖王之廟，蓋因左傳邑有先君之廟曰都。不知此春秋亂世之慝禮也。諸侯不得祖天子，大夫不得祖諸侯，乃三代達禮。至春秋，魯立文王之廟，鄭祖厲王，故强家僭擬，或有立先君之廟者。觀楚公子圍之横悖，尚云「圍布几筵，告於莊、共之廟而來」，則都家不得立祖王、先君之廟明矣。史記封禪書：「高世比德於九皇。」今注亦無六十四氏之説。康成或别有所據。而賈疏引史記以證所見，或唐時史記雜家之注與？

國有大故，則令禱祠；既祭，反命于國。

注以祭爲禱祠報賽，非也。報賽乃秋冬常祀，有大故，則王崩及寇戎、荒札，故徧禱於群神。

## 家宗人

國有大故，則令禱祠，反命。祭亦如之。

都宗人職：令禱祠，反命於國。而此於「反命」下，特起「祭亦如之」之文。注謂王又命祭，非也。禱，求也。祠，報也。無緣又命祭，蓋王國有大故，而命禱祠於都家者，以其域内有群神之壝也。上所謂都祭祀、家祭祀之禮，祖廟、社稷，五祀之常祀也。都家各以其時用事，不復待命於王。若群神之壝，則或主分星，或主山川，或主因國帝王、賢聖，非都家所得擅祀也。故不獨有故，禱祠即每歲常祭至期，必以王命令之，祭畢必反命於家，乃備言之者，於都言之，或疑家之禮有異也。於家言之，則都可知矣。猶都曰正都禮與其服，而家則條舉衣服、宫室、車旗也。有寇戎保神壝，則於都言之者，不先舉群神之壝，則不知其爲禱祠於群神也。

凡以神仕者，掌三辰之灋，以猶鬼、神、示之居，辨其名物。

此言以神仕都家者，蓋都宗人、家宗人，皆官於王朝，以制都家之祀事，其私邑必各有巫祝。若王朝以神仕者，則大祝、司巫之屬具矣！猶鬼、神、示之居，亦都家之鬼、神、示也。若國之神位，則小宗伯建之矣。都家之地，或爲分星所在，則其神也。山川、林麓，則其示也。因國之無主後者，則其鬼也。其壇兆所宜，必圖度而後定，所謂猶其居也。必掌三辰之法，然後可以猶鬼、神、示之居者。如春秋傳所載實沈爲參神，神降於莘，曰其至之日，亦其物。戊子，逢公以登，而知妖星爲告邑姜也。

以冬日至致天神、人鬼，以夏日至致地示、物鬽，以禬國之凶荒、民之札喪。

注謂：「致人鬼於祖廟，致物鬽於墠壇。」而不言天神、地示，蓋疑都家不得祭天神、地示也。又曰：用祭之明日。蓋疑二至正祭天地，無暇及其餘也。不知天子二至惟祭圜丘、方澤，其他鬼、神、示之祭時地各異，惟都家冬日至致天神、人鬼，夏日至致地示、物鬽，則所謂天神、地示、人鬼，乃其地之分星、山川因國而附以物鬽耳，則無不得祭之疑矣。王子弟之守其采地者，自可以時舉。即公、卿、大夫有職事於王朝，亦可使其官臣及家老攝也。其禮惟都家有之，何也？鄉遂地近且狹，則統於王朝，大祝可以時致祭，故所頒祭號有邦國、都鄙，而無鄉遂、公邑，蓋以鄉遂群吏但有社、禜、酺、蠟，亦其徵也。公邑大不過縣鄙，山川、分星因國，包略甚廣。王既命都家以祀，則公邑之在稍、縣、畺者，有司亦不得特舉明矣。

李光坡曰：「宗伯掌邦禮，雖兼治神人，而事神爲重。故其設官先後，皆以神事次之，小宗伯立鬼、神、示之位，肆師掌其玉帛、牲牷，所以貳大宗伯也。祭莫先於祼，故首以鬱人、鬯人。

司尊彝「鋪筵設同几，爲依神也」，故次之。陳其宗器，故天府次之。禮神以玉，故典瑞又次之。祭有尊卑，服有等差，故次司服。先雞人於司尊彝者，明論祠蒸嘗，欲及時事也。先典命於司服者，古者於禘發爵賜服，所謂『祭有十倫』，此其一也。次典祀守祧，未祭守之，當祭巡之也。次世婦至外宗，贊王后内事也。祭以追遠，喪以慎終，故冢人至職喪次之。禮交動乎上，樂交應乎下，故大司樂至司干二十官次之。貞之夢卜以知其情，故有大卜八官。假於祝巫以薦其信，故有祝巫八官。然後有大史四官，詳於天道；内史三官，謹於人治，而莫不有祭祀之聯事。祭必乘大路，載大常，故繼以自巾車至司常四職。都宗人、家宗人，祭有賜禽，有事命禱，故附見焉。雖其間名分之嚴、教育之方、凶賓軍嘉之禮，莫不備舉，而無非推仁、孝、誠、敬之心，以及於天下，默契天親之理，以順其秩叙、命討之公。此天道之至教、聖人之至德也。」

# 周官析疑卷之二十五

## 夏官司馬第四

惟王建國，辨方正位，體國經野，設官分職，以爲民極。乃立夏官司馬，使帥其屬而掌邦政，以佐王平邦國。

夏於時爲火，於卦爲離。離爲甲胄，爲戈兵。離上之象曰：「王用出征。」詩曰：「如火烈烈，則莫我敢遏。」蓋非威明之極，不能用兵以正天下，故司馬爲夏官。凡國事無非政，而獨於司馬言政者，張皇六師，然後禮樂、征伐自天子出，而政行於天下也。張自超曰：「或謂軍政莫重於馬，故夏官主兵而曰司馬。非也。春秋以前，未有謂士卒爲兵者，蓋兵民本未分也。六經而外，三傳、國語、國策稱師、稱衆、稱士、稱卒，未有稱兵者。稱兵自漢初始。其稱兵皆以器言，夏官之屬，別有司兵，正與師安得以此爲號哉？所以稱司馬者，凡車多以馬駕，而兵車亦在其中，猶地官別設司民，而正與師稱司徒，則包四民而兼農民之合伍者。必如是，然後義周而名當也。惟不曰司軍制軍，則以兵爲凶器，而不願民之見兵，意亦寓焉耳。」書傳：殷稱圻父，亦稱司馬，牧誓司徒、司馬、司空是也。至成王訓官，始定其名曰司馬，而酒誥云「圻父薄違」，小雅仍稱圻父，蓋文誥非命官之比，故通用先代之稱。

政官之屬：大司馬，卿一人。小司馬，中大夫二人。軍司馬，下大夫四人。輿司馬，上士八人。行司馬，中士十有六人，旅下士三十有二人。府六人，史十有六人，胥三十有二人，徒三百有二十人。

治、教、禮、刑四官之考旅，皆有官中常行之職業，惟兵則戢而時動，雖百年不用，不可一日不戒也。故軍司馬以下，設輿司馬以閑輿衛，而教以磬控驟馳之節；設行司馬以整戎行，而教之以步伐止齊之數。使習之於平時，而試之以蒐狩，所謂本强而精神可以折衝也。畿内之兵，既更番而試之，六服之國亦各用王朝之法，以蒐乘簡卒，則諸侯之師皆可以從王朝司馬之法，所以六軍同力，如臂指之相使也。楚之强也，卒乘戢睦，日夜無懈，隨會憂其難支。晉之衰也，公乘無人，卒列無長，叔向歎其不競。觀此則知周公整軍經武之法，雖百世不可易矣。輿司馬之爵高，其任重也。行司馬之數倍，其徒多也。六師之作，每軍輿司馬宜各一人，行司馬各二人，旅下士之居者行者，亦各聽於二司馬，而職文既逸，無可稽矣。大司馬掌軍政之大者，其小治，則軍司馬聽之。唐時節鎮設行軍司馬祖此。天、地、春、秋四官之考，通治官中之事，而夏官則分職，何也？以戰，則車驟徒趨，車馳徒走，各有節。以田，則險野人爲主；易野，車爲主：各有法。其事既異，則其職不得不分。職專，然後平時之教練易精，臨事之指揮乃便也。

凡制軍，萬有二千五百人爲軍。王六軍，大國三軍，次國二軍，小國一軍。軍將皆命卿。二千有五百人爲師，師帥皆中大夫。五百人爲旅，旅帥皆下大夫。百人爲卒，卒長皆上士。二十五人爲兩，兩司馬皆中士。五人爲伍，伍皆有長。

地官比長下士，而伍長不言下士，何也？平時掌五家之治，必校行能而賜爵焉。軍旅專取壯勇，伍長未必即比長之爲士者，又自六鄉以外，五家之長本非士也。

司勳。

官中大夫、士而外，首列司勳，非信賞必罰，不可以用師，而民之死生聽於將，覆軍之法重，則有功者之賞，不可以不先也。王功、國功、民功、事功、治功五者並列職於司馬之屬，何也？王功、國功之體大征伐雖包其中，而不足特舉也。民功、事功、治功既成，則本强而内外順治，有不戰戰必克矣！所謂「善爲國者不師」也。賞功之典，非治、教、禮、刑之所及，故惟列於政官爲宜。

掌疆。

疆界所以正封守，禁侵奪，王政之大也。先王知後世强衆相陵，必自紊其疆界始，故設官掌之。至春秋時大國兼地數圻，則王政不綱，掌疆之職不能復脩矣。

候人。

注以候人爲候迎賓客之官，蓋據國語「敵國賓至」、「候人爲導」之文。此職無候迎賓客事，而詩稱「彼候人兮，荷戈與祋」〔二〕。候迎賓客，非軍事，無所用戈、殳。蓋候人本主境上候望，而有方治來者，亦帥之送之。若大賓客，自有掌訝與訝士迎送，非候人之職矣。諸侯不備官，候人或兼攝掌訝之職，故國語云然。

挈壺氏。

〔二〕「祋」，原誤作「祋」，今據毛詩正義改。

挈壺氏隸夏官，軍行必載行漏也。

服不氏。

四官皆各養一牲，而羊人、馬質並設於夏官，復列服不、射鳥、羅氏、掌畜四職，何也？四官事紛，惟兵則不得已而後用。官中事簡，而國事所用馬與羊最多。羅氏所掌，羽物實繁，掌畜所養，事類雜冗，故並設於夏官，射鳥氏則因射而及之。又所射乃鳥中膳羞者，與羅氏掌畜爲類，故別之於庭氏之射夭鳥。設官分職之宜、講事處物之當即此可見。論官職，則射人之下，當次以司士、諸子，以服不氏同有事於射，故與射鳥氏四官並附焉。

羅氏。

服不氏贊張侯，射鳥氏兼爲射人取矢，故次射人。羅氏掌羅鳥而繼之者，從其類也。

司士。

司士隸夏官，以司馬論辨官材，習察其人，然後用之各當也。

諸子。

入成均者必適子，其餘皆掌於諸子，故其職曰「掌國子之倅」。疏誤。

虎賁氏。

虎賁氏不言徒，而曰「虎士」，蓋勇而有志行者。

旅賁氏。

旅賁氏掌執戈盾、夾王車而趨，其地尤近，職尤親，故皆以命士爲之，且世職焉。蓋必材武過人、忠義素厲，而後得與此選。後世逆亂，多由禁旅。使宿衛皆世臣、良士，姦凶豈能相煽哉？虎賁氏掌先後王而趨以卒伍。其趨者，虎士也，徒之强力者也。虎賁之外，更設旅賁，夾王車而趨，乃任官之士强力而篤於忠義者，故夾王車之左右，視先後者尤親且近矣。曰「旅賁」，示可以任心膂之寄也。疏以衆訓，則莫衆於虎士，而旅賁則少。或曰：以爲下士而曰旅也。

節服氏。

春官司服，辨所用以共其物而已，故特設此職，使常侍左右。凡王登車、下車、易服、弛服之節，及風雨、寒温，皆在視而得其宜，所以謹儀法而王躬是保也。司服惟辨禮度，其事簡，故設官止二人。此職朝夕無間，必八人乃可以更番遞代。其不以類從司服，而屬夏官，以與諸僕聯事。凡王有行，無不從也。

隸僕。

凡國中之勞辱事，皆罪隸共之。王寢之埽除、糞洒，不可使盜賊之子，故以徒代隸，而因以隸名官，謂此僕所掌者隸事也。疏謂與賤者同稱，則司隸中亦有下士，何獨於隸僕則爲賤稱乎？

司甲。

甲之成也難，收藏亦不易，故官中之士及府、史、胥、徒視司兵、司戈盾以倍也。

司戈盾。

五兵、五盾，既有司兵以掌之，而又設司戈盾之職，何也？司兵事繁，大小輿帥及甲士之五兵皆以司馬之法頒焉，故王之侍衛别使司戈盾授之。府、史皆半於司兵，其事簡也。無胥而徒亦少，以士、大夫之戈盾皆親授之，無所用胥徒也。若甲士，則莅焉而使胥徒授之可矣！故司兵有胥而徒特多。

槀人。

司兵、司戈盾惟辨其物以頒之，而司弓矢則别設繕人、槀人，何也？王親征，不過杖鉞、秉旄而已，五兵不親執也，射則時有事焉，設當祭祀、會同、禮射，而弓撥矢鉤，則無以觀示群下，故特設繕人，掌王所用，以詔其儀而贊其事也。五兵、盾、甲皆成於爲兵器之工官，而後輸焉，而小大之齊、煅鍊之方，惟工師能辨，士、大夫不能參也。矢則其用最多，事最要而理甚微，同是幹、角、筋、膠、絲漆，而下工以不足。同是冬析幹，春液角，夏治筋，秋合三材，寒奠體，冰析濬，而拙者不能爲良，且必視人之志慮、血氣，以爲安危。故特設槀人、齎工，使獻素、獻成試之用，書其等，乘其事，以異其饗，而上下其食，又糾之以誅賞。匪是不能使工皆競勸，而用無不利也。

道右。

戎右以中大夫，齊右以下大夫，道右以士者，右取其武，故戎右宜尊。賓祭尚嚴，故次之。朝夕視朝，武非所尚也。右以戎兼田，以祀兼賓，而僕各異者，右主捍衛，其事可兼賓祀、師田，車行異節，必各有專僕而後事可閑也。

戎僕。

大僕下大夫，戎僕則中大夫，何也？大僕平時朝夕王所，以謹儀法，其在軍惟贊主鼓，而不共御事，蓋王親即戎，乘危歷險，馬或駭輿，咎莫大焉。必久更戎事，智略過人，不惟進退驟馳保無傾覆，且艱難倉卒可輔王以發大命，然後能勝其任。故慎簡六官之貳、衆職之長以充之，而不取之於群僕也。戎右以中大夫，其義略同，但中大夫二人之外，復設上士二人，蓋戎田兼事，上士乃田車之右耳。

田僕。

田僕數多，以王田，道車、斿車並從也。

廋人。

「廋」，疑當作「庾」。庾，露積也。菽粟宜有蓋藏，芻禾恒多露積，馬之皁惟芻秣是視。庾人掌十有二閑之政教以皁馬，每閑二人，所掌必芻秣也。左傳有庾皮。後周庾信自述受姓之始曰：「掌庾承周。」而五官中别無掌庾、庾人，則「庾」譌而爲「廋」明矣。

圉師。

校人職自圉人以上，圉師、趣馬、馭夫並分良駑之數，而序官不載，何也？經文已明，特於圉人所分揭其數，而其上可放而凖矣。

土方氏。

土方氏、形方氏及山師、川師、邍師所役皆司徒之事，而以屬司馬者，示有不稟職方之度，而侵敗王略者則九伐隨之。　大司徒以土圭土其地，而制其域，正此職所掌。

邍師。

五等之國，及附庸外，八州皆有閒田。諸侯削地，則歸於閒田，故特設原師以掌之。　地官虞衡所主，畿内之山川也；夏官山、川、原師所主，九州之山川、原野也。原師官、府、胥、徒獨倍者〔一〕，平原較山林、川澤爲多也。

家司馬，各使其臣，以正于公司馬。

或疑此當爲家司馬職之文，都司馬職後「家司馬亦如之」當繫於此。非也。家地甚狹，大夫不具官，安能設上、中、下士？府、史、胥、徒一同於都司馬乎？臣，謂家之邑宰也。家司馬不别設官吏，即其家臣也。其所以異於家宗人、家士者，祭則王朝有事焉，刑必決於王官，兵賦有定，其數又少，則使其地有司帥以聽於王官，而家司馬掌其徵令可矣。注以卿入家，與載師職小都任縣地異。非也。家賦少，故王朝不特設官，三公官不必備，食采者卿爲多，而賦兵又衆，自當入都司馬，而不入於家。

〔一〕「官府」，似爲「府史」之誤。

# 周官析疑卷之二十六

大司馬之職，掌建邦國之九灋，以佐王平邦國。

大宰建六典，司徒建土地之圖，宗伯建三禮，司寇建三典，皆曰「邦」。獨九灋之建曰「邦國」者，四官所建皆王邦之典，而侯國兼用之。九灋則專爲侯國設也。

制畿封國，以正邦國。

邦國有違言，多由邊境鄰接。經界水道之争，或中間隙地，彼此皆欲得之。如春秋傳彌作等六邑，宋、鄭盟而不有之類。故制畿封國時，必使無犬牙相入及川防相礙者，乃所以絶其争奪之源。司馬之屬，特設形方氏掌制邦國之地域，正其封疆，無有華離之地，蓋爲此也。八州之内皆有閒田，屬於王官。諸侯之削地歸於閒田，其加地進律，則以王命取於閒田以與之，皆所以息争端，定衆志，故曰「以正邦國」。

設儀辨位，以等邦國。

設儀辨位，本大宗伯主之，大行人辨之，小行人協之，司儀詔之，又列於九灋之中，而大司馬並掌焉。合諸侯之六耦，則以屬大司馬，與覲禮享畢侯氏出而肉袒請刑同義。蓋嚴於禮法，乃所以銷兵刑於未萌也。

施貢分職，以任邦國。

分職，謂王巡狩、征伐，小大之國各有所承之職事，春秋傳所謂「各脩舊職」[一]，如衛取於有閻之土以共王職是也。

簡稽鄉民，以用邦國。

用，謂用以征伐、田役也。縣師掌邦國之地域，辨其夫家、人民、田萊之數，及其六畜、車輦之稽，將有軍旅、會同、田役之戒，則受法於司馬，以作其衆庶。故大司馬據以簡稽而用之，大宗伯之軍禮五，此兼其三。大封則定於制畿封國之初，大均則寓於施貢分職之内，蓋平常無事，恤其財力以厚其生，然後一旦用之，皆知戮力於王事也。獨言「鄉民」者，周制六鄉家一人，

[一]「脩」，春秋左氏傳作「復」。

已足充六軍之數，而侯國之三軍、二軍、一軍亦以鄉爲準。其有征伐，則六鄉之士更番調發，軍帥師帥將之，以爲一軍之主，而遂與公邑采地亦更番簡擇，以從鄉衆，而足萬有二千五百之數。春秋時軍法猶如此，欒范以其族夾公行是也。蓋大師、大田、大役，國君必親，命卿必從，所用輿帥必鄉吏之夙能附衆者，所起徒役必鄉民之與吏相親、服其教練者。然後以遂及都邑之吏，帥其衆而附焉，是以用無不宜，教無不習。管子作内政以寄軍令，公帥五鄉，高子帥五鄉，國子帥五鄉，有教士三萬人，蓋猶用周公遺法耳。

均守、平則，以安邦國。

均守、平則，所以正邦國之都家也。八則以治都鄙。管仲曰：「有天子之二守國、高在。」欒盈曰：「陪臣盈得罪於王之守臣。」三卿、二卿、一卿，所守地邑多寡各居其君之十一，是之謂均。爵有尊卑，而八則無同異，是之謂平。守均而則平，則上下和睦，而國無不安矣。

比小事大，以和邦國。

九法之中，大司馬專之者，制軍詰禁而已。司馬之屬與諸官聯事者三：制畿封國，地官、冬官之事，而土方氏、形方氏與之聯；施貢、分職，地官之事，而職方氏與之聯；均守、平則，地官、天官之事，而司險、掌固、匡人與之聯。凡此乃大司馬掌其法，而他官承其事者也。他官執其總，而大司馬與焉者二，簡稽鄉民，縣師主之，而受法於司馬，設儀、辨位，統於春官、秋官，而惟大射，大司馬合諸侯之耦是也。至於建牧、立監，乃大宰專職，司馬無與焉。比小事大，進賢興功，則天子巡狩考職，所以勸懲群侯，運動四海之操柄，而皆列職於司馬，何也？蓋不能四征不庭，則威命不能服衆，而恩禮亦不足以感人，五官之典皆廢置於無用矣，周之東遷以後是也。周公作立政，則曰「其克詰爾戎兵，以陟禹之迹」。周頌時邁亦曰：「薄言震之，莫不震疊。」與此經之義更相表裏，乃聖人仁育義正，運用天理之實心實事，與後世之耀威而黷武者異矣。

馮弱犯寡，則眚之。

眚，病之也。如貶其爵命，薄其恩禮，披其附庸之類與削異。野荒民散，不能自治其國邑，故削之。馮弱犯寡，必雄傑、驕蹇之侯也。病之使不能張，則自戢矣。

負固不服，則侵之。

王師自出，則宜曰討、曰伐。侵者，鄰敵相掩之辭也。深則罙入其阻，淺則掠其邊疆，蓋負固者必險遠之國。若會同、討伐，而據險逆命，必曠日而勤民。故委之方伯、連帥，使壤地鄰接之國俟間而乘之，出其不意，以聲王討。即不能應時戡定，而四鄰交侵，王無宥命，勢窮力屈，自不得不悔禍而服義矣。不服，如朝覲愆期、職貢不入之類。注謂不事大國，非也。其然，則秋官掌交諭以九牧之維、九禮之親可矣。更不從，亦不過威讓，甚則降班；侵之非義也。

放弑其君，則殘之。

賊殺其親，罪有輕重，用罰非一，故統之曰「正」。放弑其君，則非徒殺之，必裂其支體，如齊人轘高渠彌之類，故曰「殘」。

犯令陵政，則杜之。

杜與壇相近而有輕重，蓋陵其鄰國，猶未敢犯王朝之政令也。壇，猶放也。周公囚蔡叔於郭鄰，以車七乘，雖禁其出入，而尚得以私屬自隨，與鄰里往來。杜則限隔内外，不得復與人通，與獄城類矣，所以杜其犯上作亂之萌也。注謂不使與鄰國交通，則似不絕其位，而罰轉輕於壇。群儒不能辨注之誤，反疑九伐之輕重失倫，蔽亦甚矣！

外内亂，鳥獸行，則滅之。

春秋於世子亦書弑其君，則賊殺其親乃謂戕。其戚屬者雖正其罪，誅止於身。其子姓果賢，猶可繼世也。滅則舍亂人之類，殄其世嗣。或先世有元德、顯功，則存其宗社而建置族姓可也。惡莫大於放弑其君，殘其身且瀦其宫，則滅不待言矣。

正月之吉，始和布政於邦國、都鄙，乃縣政象之灋于象魏，使萬民觀政象，挾日而斂之。

政職主軍旅、會同、田役所賦車徒之數，而職方氏所謂「制其職，各以其所能；制其貢，各以其所有」者亦附焉。

凡令賦，以地與民制之。上地食者參之二，其民可用者家三人；中地食者半，其民可用者二家五人；下地食者參之一，其民可用者家二人。

「上地」以下，已見小司徒及遂人，而覆舉之，蓋畜衆者司徒，而徵兵者司馬，或略焉，則可任與施舍之數不分明矣。曰「凡令賦」，見此職所言乃傳所稱「㪟賦」、「賦輿」之賦，與九賦異也。所令乃六服群侯之軍賦。若畿内軍賦，則大司徒令之矣。大司徒職：「凡大軍旅、大田役，以旗致萬民，而治其徒庶之政令。」曰「凡」，則畿内鄉遂、公邑、家稍、縣都無異法可知矣。侯國制畿施職，制地令賦，已具於司徒，而復列於司馬者，必司馬董正之，然後疆埸不犯，而政令無壅也。其後召虎南征，疆土是徹，乃率由周公之典法耳。周官之法，車輦、馬牛、兵器、旗物，民自具之。有事征伐，則遺人、委人共其道路之資糧，别無所謂軍用。自康成以賦爲給軍用者，胡氏安國遂謂：田以出粟，取之農夫；賦以出兵，取之商賈。雜税遂爲亂國邪臣、興利者所假託。故削之而辨其非，使後世知凡此類皆説經者之誤也。

中春，教振旅，司馬以旗致民，平列陳，如戰之陳。

春時方寒，以教茇舍，則難露宿，治兵大閲更非其時，惟教振旅爲宜。列陳曰「平」者，篇末大喪平士、大夫，都家、鄉遂之吏，其爵命與王朝士、大夫同，而班次則有升降，前後必平之，使各就其列也，四時之田，王子弟侍從之臣皆高爵，其列陳也，一循軍禮，所攝軍將之事也，則從軍將之班。所任師帥、旅帥之事也，則從師旅之班，不以爵等之高下參錯相紊，是之謂平。若專列六軍之將佐輿帥，則止曰列陳如戰之陳可矣。

辨鼓、鐸、鐲、鐃之用，王執路鼓，諸侯執賁鼓，軍將執晉鼓，師帥執提，旅帥執鼙，卒長執鐃，兩司馬執鐸，公司馬執鐲。

古者田狩，禮辭皆稱宗祧，故割牲必先以射，王執路鼓，義取於乾豆也。軍事賁鼓，而不使軍帥執之者，天子九伐多用方伯、連帥之師，故以賁鼓屬諸侯，教以敵王所愾也。晉者，進也。聞鼓聲而進，聞金聲而退，出師之律也。以金奏之鼓屬主將，所以示師行之節制與？鐃以止進，使卒長執之，何也？其聲可達於四兩也。若旅帥以上執之，則所轄廣而不可以遠聞矣。鐸以通鼓，使兩司馬執之，何也？四表僅二百五十步，六軍分左右而陳，去中軍有甚遠者矣。惟二十五人之長，排列甚近，相次而傳鐸，則同時可立達矣。鐲以節鼓，使公司馬執之，何也？以爲車行徒步之節，必伍長執之，檢察乃便也。以節車徒，而鼓人職曰節鼓，何也？車徒既行，鼓聲不絶，其行之疾徐異，則鳴鐲之節亦異。如車徒皆行，鼓聲三而一鐲，則車驟徒趨，鼓聲再而一鐲，鳴鐲以爲鼓聲疏數之節，故又以爲節鼓也。四金獨無錞，康成以爲用於樂而不用於軍，是也。馬氏貴與乃據國語鳴錞于，以爲軍行亦用之。吴夫差之軍政，豈可以紊周公之典法哉？仲春列王及諸侯所執之鼓，仲秋列所載之旗，而仲夏辨號名，仲冬教大閲，惟言群吏，蓋盛暑、隆寒不宜以武事煩尊者，且官徒殷衆，勞費甚大，故冬、夏之田王及諸侯皆不與也。况仲冬大閲六軍之車徒備陳，三時之軍事具舉，若王出而諸侯麇至，則畿内之車徒不能畢陳，吏士之校試不能詳辨矣。至於茇舍之禮，主草宿以辨夜事，以宗廟百神之主無故而草宿於曠野，不惟體非宜，事亦可駭。如張帷宫，陳邸案，秉荆薪，則與幽昏蕭草之義相反矣。

或以國之大閱司常頒旗物，王建大常爲王親狩之徵。非也。其職曰及國之大閱，以春蒐、秋獮，及王巡狩、征伐，而簡車徒，舉大閱，則皆可以包之，不可據爲冬狩之證。車攻之詩首曰「駕言行狩」，而後曰「于苗」，故朱子以苗爲狩獵之通名。宣王南征北伐，即以夏會諸侯，發大命，而因爲苗田，亦六月出師之類，萬無與諸侯草宿之理。若果行此，篇中必宜一語及之。而可據此以紊成周之舊典乎？夏苗、冬狩，天子諸侯不與，乃以事理之實推之，知其必不可行，非獨以此經文爲據也。蓋圜丘、方澤之祭必於仲月，其致齊、散齊必與宗廟之祭異期，使日至在望前，廟祭尚可於是月畢事。如在望後，則夏礿必逾午月，冬烝必逾子月矣。時祭卜日蓋爲此。尚得率諸侯以苗狩乎？因此意古者夏宗、冬遇必以孟月：蓋盛夏，則農功方急，水旱不齊，救政宜預；隆冬，則諸祀備舉，百政皆會，新令始和。必朝王之後，次第耑歸，國事始可不廢，可會聚王都浹月，以待從田助祭乎？呂氏、月令冬夏迎氣之祭，諸侯皆不與，必周之舊典。蓋迎氣非前月之末，即孟月之初，諸侯已朝者既歸，來朝者尚未至也。覲禮之末，有率諸侯禮日於南門外，禮月與四瀆於西門外之文。會同而祀方明，然後舉之，則冬、夏宗廟之祭不留諸侯以即事明矣。注謂：王不執賁鼓，尚之於諸侯。固失之。後儒謂：諸侯不敢煩天子，故代王執。亦非也。常武之詩曰：「王謂尹氏，命程伯休父。」則王雖親征，不過監臨侯、伯，與六事之人無躬列行陳，執枹鼓與群下弛逐之義，況時田教戰乎？路鼓之執，蓋以令諸侯軍將之鼓而爲之倡耳。　諸侯乃朝覲而適遇時祀者，故與於蒐獮近畿之國；亦或因王事來會，春秋傳衛取相之東土，以會王之東蒐是也。

以教坐作進退、疾徐、疏數之節。

王氏應電謂：旗居卒間以分地，遠則疏，近則數。非也。既曰「居卒間」，則遠近畫一而無疏數矣。蓋圍初合時，車徒行列皆疏；漸進則所圍漸狹，而行列自漸密耳。

遂以蒐田，有司表貉，誓民，鼓，遂圍禁，火弊，獻禽以祭社。

於春舉社，則秋報可知矣。於秋舉方，則春祈可知矣。小雅：「以社以方。」疏謂皆秋報也。大雅「方社不莫」承「祈年」之後，必春祈也。月令「仲春命民社」文次「祈穀」之後，可與大雅相證。於夏舉礿，於冬舉烝，則春以祠、秋以嘗視此矣。

群吏撰車徒，讀書契，辨號名之用，帥以門名，縣鄙各以其名，家以號名，鄉以州名，野以邑名，百官各象其事，以辨軍之夜事。其他皆如振旅。

三時之田皆終日而畢事，惟教茇舍必前期而至，以事在宿夜故也。自上文「如振旅之陳」，及

「撰車徒，讀書契」，皆前期一日始至禁屯之事也。自「辨號名」至「軍之夜事」，皆夜宿茇舍、部署六軍之事也。其他皆如振旅，則謂列陳時，坐作、進退、疾徐、疏數之教亦不廢耳。蓋車徒、書契、司徒之屬，鄉遂、公邑、家稍、縣都之吏，歲時校比詳矣。而司馬則未知其虛實、息耗，三時之田，終日而畢，無暇及此，而夏苗之前日則寬然有餘，故使司馬之群吏與司徒之群吏會校其書契，以數擇其車徒，然後一旦徵發如燭照，而數計帥以門名以下，乃正教茇舍之夜事也。安營之法，必四正四隅，各有部分，周迴相應，軍將及師帥、旅帥各有幄幕，隊長、士卒則依車乘以當營壘。詩曰：「敦彼獨宿，亦在車下。」設有寇警，主帥發命以備偏隅；或設伏迎敵昏黑中，惟用號名然後可按徽識以調將士，而行者、守者皆按部而不亂，故不曰「辨號名」，而曰「辨號名之用」也。荀卿所謂「行如戰」，詩所謂「如山之苞，如川之流」，皆由此道耳。鄉以州名，野以邑名，與司常職於鄉舉州，於遂舉里同，皆偏舉細大以包其中也。二十五家之里宰，即以邑名，而有徽識者師行野宿，設昏夜而有調遣，百人之隊必留其半以守營壘，非各以五伍之長統之不可也。縣鄙之名起於遂，而此職及司常皆以名公邑者，又以見公邑必至五百家以上，其長乃帥衆以從師田也。象，即謂徽識。象其事，謂各書所掌之事於徽識也。辨夜事必於仲夏，人可露處而衣裝約也。古者車戰必以晝，見於傳記，皆曰詰朝相見。而夜事必辨者，爲固壘相持，及師行野宿之備耳。至春秋之末，宋子罕始宵軍鄭、衛，戰國、秦、漢以後，始數用之而得志焉。可以觀世變矣。周官於鄉遂、公邑、家稍、縣都皆曰「野」，其文自判也。鄉師職歲時巡國及野，而賙萬民之囏阸。鄉大夫職：「國中自七尺以及六十，野自六尺以及六十有五，皆征之。」則野爲六鄉可知矣。縣正職：「若將用野民師田、行役移執事，則帥而至。」則野爲六遂可知矣。遂人職：「大喪帥六遂之役而致之。」又曰：「凡事致野役。」則野兼公邑可知矣。鄉遂、公邑之賦貢，徵之者，閭師、遂人、遂師，則縣師徵野之賦貢，獨家稍、縣都可知矣。六遂之獄訟，遂士掌之；都家之獄訟，方士掌之，則縣士掌野，爲通掌公邑之獄訟可知矣。野閭氏比國郊及野之道路、宿息、井樹，則野兼六遂、公邑、家稍、縣都可知矣。凡稱野者，皆可以是推之。鍾晼曰：「此節注義蒙混者甚多，無庸深辨，而大體舛謬，無若帥兼軍帥、師帥、旅帥至伍長，及門謂在門所樹者，卒長即不可以帥名，況每下者乎？凡制戎行，至百夫而有隊長，即卒長也，所統四兩。苟有調移，命其卒長以下於兩司馬可矣。伍長之門，不宜有所樹。伍長之號名不可勝辨，且亦無事於辨，其謂鄙師至鄰長，州長至比長，皆辨號名，蔽與此同。又謂縣鄙爲縣正、鄙師，野爲公邑，不知縣正、鄙師雖列官於六遂，而公邑、都家之采地，亦至五百家而爲鄙，二千五百家而爲縣，此野之通制也。他職雖有以野爲公邑者，而此職與司常職皆於鄉舉大，於遂舉細，以包其中，則二職中所謂縣、鄙者，並指公邑，昭昭然矣。」

遂以苗田，如蒐之灋。車弊，獻禽以享礿。

夜事既畢，昧旦而興，不過表貉圍禁，可終朝而畢矣。蓋仲夏日炎，使將士被甲荷戈，馳驟窮日，則人怠馬煩，而軍容爲之不肅矣。故教以茇舍，凡坐作、驟趨、馳走、擊刺之節，皆於前日畢之，而苗以車田。取物甚希，禮成而人不勞，事舉而時不費。凡此類皆聖人以仁體事，所以曲成乎萬物也。舊説禴、祠、烝、嘗皆以孟月，非也。仲夏苗田，獻禽以享礿；仲冬大閲，獻禽以享烝，則以仲月明矣。詳考五官，不獨舉孟仲及季者，爲夏正無疑。即統言春夏秋冬，其事亦未有可附於周正者。則舊説之誤決矣。時田以致享，必有生得之禽，而止用爲乾豆，何也？先王不貴異物，故鼎俎所登，惟牲體、魚、臘。其餘水陸珍異，以實豆籩，乃可夙具而備物。春秋傳所謂「惟君用鮮」者，亦惟用之於醢、醬、菹、䶄而已。蓋時田之後，尚有散齊、致齊之期，則以鮮物爲菹䶄，尚可逮事也。

辨旗物之用，王載大常，諸侯載旂，軍吏載旗，師都載旜，鄉遂載物，郊野載旐，百官載旟，各書其事與其號焉。其他皆如振旅。

治兵所載旗物與可常所建互異，何也？旜與物，無事時所建也，故王朝孤、卿、大夫、士建之。熊虎之旗、鳥隼之旟、龜蛇之旐，軍旅所建也，故師都、鄉遂、公邑之吏合卒伍，簡車輦、兵器建之。及司馬治兵，則師都、鄉遂之吏有莅衆而不列陳者，故所建異也。師都之長，孤、卿也。軍吏，亦孤、卿也。既有軍史，復有師都，而所載各異，何也？孤、卿之長師都而爲軍吏者，既載旗矣。其王子弟及退居采地之孤、卿，則載旜也。鄉遂之吏，如州長、縣正各帥其民，而致者既列陳而作旗矣。其鄉師、遂師、遂大夫、黨正之屬，掌政令、刑禁，而不帥車徒，以驟趨於行陳者，則載物也。惟此所謂「郊野」，即司常職所謂「縣鄙」，而所建、所載皆旐，蓋公邑之吏帥民而致，皆身列陳故旗物無異耳。知然者，縣師掌邦國、都鄙、稍田、郊里之地域，有會同、軍旅、田役，則受法於司馬，使各帥其車徒而至，鄉之帥而至者州長，遂之帥而至者縣正，則公邑之帥而至者必其吏也。鄉遂之吏有不列陳者，故所載異；公邑之吏無不列陳者，故所載同也。然則鄉遂之吏列陳者安載，載旗也。知然者，大閲群吏以旗物各帥其民而致，則鄉遂之吏必仍載旟與公邑之吏載旐同矣。其曰「群吏作旗」、「群吏弊旗」，即謂旟旐也。惟或載旟，或載旐，故以旗包之也。百官亦載旟，何也？蓋與司常互文以見義，司常見孤、卿、大夫、士，從王而不與圍禁者建旜與物，此見百官從王而與圍禁者亦載旟也。百官，即孤、卿、大夫、士。猶司常見師、都、州、里之吏主兵者，建旗與旟，此見師都、鄉遂之吏不主兵者載旜與物也。州里，即鄉遂。茇舍治兵，稱名各異，何也？茇舍家以號名，鄉以州名，野以邑名，則野爲遂明矣。故縣鄙爲公邑，治兵鄉遂載物，則郊野必公邑也。其或曰「縣鄙」，或曰「郊野」，何也？縣士掌公邑，故公邑謂之「縣」，而地在四鄙。其曰「郊野」，又以見四郊宅田、士田、賈田、官田、牛田、賞田、牧田，亦隨在設公邑以統之也。治兵列師都，而不及大夫有采者，於百官包之也。茇舍，則以家包孤、卿、大夫、王子弟也。列縣鄙於家之前者，公邑也。先公邑與家而後鄉遂者，茇舍之禮辨號名以習夜事，遠者難辨，故先之。近者易辨，故後之也。　經文鄉遂載物，而謂列陳者仍載旗，何也？以覈其事實而知之也。六卿莅其私邑，曰師都；監六鄉，曰鄉大夫，而治兵則爲軍吏。鄉大夫既爲軍吏，則載旗矣。州長、縣正以旗物各帥其民而致，則必載平時所建之旟矣。其載物者，獨鄉遂之吏不列陳者耳。猶司士所掌朝位，三公北面，孤東面，卿、大夫西面，而周制常以六卿兼公、孤，則卿之兼公者必北面矣。兼孤者必東面矣，其西面者獨不兼公、孤之卿耳。鄉師於四時之田，所治者，政令、刑禁、争訟也。遂師所掌者，禁令、賞罰也。遂大夫所掌無軍事，黨正以法治師田、行役之政事，此四職者皆莅衆，而不列陳，則所載旗物必别於列陳者可知矣。惟鄉師職巡前後之屯，而戮其犯命者，近於軍事。然曰巡前後之屯，則不與圍禁明矣，蓋仍治其徒庶之政令耳。

遂以獮田，如蒐田之灋，羅弊致禽以祀祊。

曲禮：天子祭四方。注謂祭五官之神，以上有五帝之郊，下有山川之祀，則舍五官之神，方祀無可屬也。至此經祀方，與小雅「以社以方」、大雅「方社不莫」，則與曲禮所謂「方祀」異。蓋五官之神宜附於四郊迎氣之祭，或舉於郊之明日，不宜以仲秋並舉也。此經與大雅雖言天子之方祀，亦不得以五官之神當之，況小雅所稱乃卿、大夫之事乎？諸侯方祀各主其方，而不得相假，況鄉遂、公邑之社方，安得越祀五官，而四方皆備哉？蓋號物之數萬，而不越乎飛、潛、動、植。飛、潛、動、植，並生於山林、川澤、丘陵、墳衍、原隰之中，則報成萬物，主祭五土之示明矣。惟其爲五土之示，則自王畿侯國以及大都、小邑，無地不可以舉四方之祀矣。變文曰「致禽」，以物成而獲多，故屬而比之，然後取其上殺以獻也。於秋冬曰「致禽」，則春夏獻禽之約可知矣。於冬特舉饁獸，則秋猶未敢備取，而不足以供四郊群神之饁可知矣。春猶兼祠與社，而夏惟享礿，則取禽之約無若苗田者。

# 周官析疑卷之二十七

中冬，教大閲。前期，群吏戒衆庶脩戰灋。虞人萊所田之野，爲表，百步則一，爲三表，又五十步爲一表[二]。

田法、戰法之詳，至仲冬始見者，雖各脩於其地，亦必待築場、納稼之後，乃可徧簡車徒，稽人畜、旗物、軍器也。行於三時，則奪農功而無地以陳車馬矣。四表相距僅二百五十步，以表太遠則費時多，而田狩將不及事也。禁圍前後之屯亦僅百步，則知鄉遂、都家、公邑之車徒皆前期各習於其地，而赴禁圍者甚少矣。鄉師：「前期，出田法於州里。」大司馬：前期命修戰法，鼓鐸，號名旗物之辨。凡畿内有籍者無漏焉，使及期徧陳於禁圍，則一鄉一遂之車徒亦不足以容矣。古之軍政所以事習而民不煩者，恃有先期分教之法也。春秋傳：魯人大蒐，自根牟至於商衛，革車千乘。合魯東西封略而言，則知非盡陳於所蒐之地矣。

[二] 「又」，原作「後」，今據周禮注疏改。

乃陳車徒如戰之陳，皆坐。群吏聽誓于陳前，斬牲以左右徇陳，曰「不用命者，斬之」。車徒當陳於後表之北。記曰：「司徒搢扑，北面誓之。」惟陳於後表之北，故誓必北面。誓畢，然後司馬南面令鼓，而車徒以次而前也。注以群吏爲諸軍帥，似兼主將。以義揆之，必王親誓師；或大司馬主兵，傳王之誓命，然後軍帥宜聽。若時田，司徒誓命，大司馬與軍帥皆莅焉。聽誓者，特師帥以下，且其辭曰「不用命者，斬之」。田以習戰，軍帥制命，不宜以不用誓之。按尚書，王親出征，誓辭王自發之，則大司馬會討，亦宜親述王之誓命。士師帥其屬而禁逆軍旅者，與犯師禁者，五戒首軍旅之誓，則發誓命時，士師宜莅焉。春蒐之禮，有司表貉誓民。表貉者，肆師也。士師掌田役之禁，則誓民者必士師矣。斬牲以左右狗陳，乃師田之所同，共其事者皆小子也。王氏應電乃以爲條狼氏，誤矣。條狼氏：「凡誓，執鞭以趨於前。」惟誓師各就其人而以軍法命之。小子則刲羊以誓，而不命其人，職事各殊，豈可混乎？

中軍以鼙令鼓，鼓人皆三鼓，司馬振鐸，群吏作旗，車徒皆作；鼓行，鳴鐲，車徒皆行，及表乃止；三鼓，摝鐸，群吏弊旗，車徒皆坐。

六軍三三而居一偏，則中軍不宜在六軍之内。王親田，則王莅而大司馬贊焉。王不與，則司馬主之，其六軍之帥宜各閱其屬，每軍各立四表，如中軍之式，諸侯師都之吏，則各帥其屬，分隸六軍、分班鱗次而進，中軍不徧閲也。蓋古者兵車一乘，用士七十五人，而大閲之表相去僅百步，必單乘如墻而進，始能容其驟趨、馳走，而及表而止，乃得截然齊一。雖各閲其屬，分班鱗次，猶恐難徧，況以中軍徧閲六軍乎？非分班以進，則每軍萬人，車徒平列，遠者當在三數里之外。其坐作、進退、發刺之節，雖本軍耳目不能徧及也。大閲時，疑徧閲六軍之士，而車不盡閲。魯頌：「公車千乘，公徒三萬。」以法考之，三萬人僅充三百餘乘之用。天子萬乘，若盡閲之，則無地以陳，無人以供。魯人大蒐，盡陳革車，以三桓變舊制，分公室，各自爲軍，恐數有虚冒，故備陳而數之也。先王之世不料民而知其多寡，況車數乎？蓋鄉遂之吏幾時校登車輦，其法已悉矣。司徒職「惟田竭作」，蓋謂更番而教之，雖大閲，豈能盡試鄉遂、都鄙正羨之卒？謂之大者，惟此備六軍之數。若三時之田，雖六軍不必備也。軍帥執晉鼓，而中軍以鼙令鼓，何也？王親用師，大司馬巡陳視事而賞罰，不爲六軍之將，則教戰亦贊王而不偏主一軍可知矣。大僕職，凡軍旅、田役贊王鼓，則王先擊路鼓，而後司馬以鼙令可知矣。王不與，則司馬自主中軍，而以鼙令。樂記鼓鼙之聲讙，讙以立動，動以進衆，鼙小而其聲尤讙，故以令鼓，中軍以進群帥，旅帥以進卒伍，故執鼙以相應和，卒長以下則執金矣。

鼓戒三闋，車三發，徒三刺。

群吏致民於後表之中，陳而皆坐，尚未行也。故至第一表，曰「車徒皆行」；由第一表至第二表，象師之進，故曰「鼓進」；由第二表至第三表，則極矣。象伐國之附其城，對敵之薄其陳，故車發徒刺而鼓退也。凡此坐作、進退、發刺之節，四時所同，而獨於大閱言之者，民事至冬而畢，然後車徒可詳簡也。

乃鼓退，鳴鐃且却，及表乃止，坐作如初。

大閱事畢，則鳴鐃而却可矣。復鼓之而後退，何也？鼓以作氣，兵事以嚴終，故復鼓以示氣無衰竭耳。

遂以狩田，以旌爲左右和之門，群吏各帥其車徒以叙和出。

和之義當爲面，爲角。國策：「見棺之前和。」凡物皆得稱。注：「軍門曰和。」經曰：「左右和之門。」則不得以和爲門明矣。以叙和出，以次第出左右兩和門也。

左右陳車徒，有司平之。旗居卒間以分地，前後有屯百步，有司巡其前後。險野，人爲主；易野，車爲主。

車徒既出軍門而趨圍禁，則左右陳之。有司平其行列，每百人爲卒，則植旗其間，以分所占之地必廣狹如一。古者天子不合圍，故六軍分爲二陳，而驅逆之車當旁，禁地之前後，各有屯百步，以待田畢屯車徒，而後各獻其所獲也。「險野，人爲主」，謂列陳用徒，而以車承其闕也。險則高下偏仄，車不可行，其間平地，乃以車承其闕。「易野，車爲主」，謂列陳用車，而以徒承其闕也。

中軍以鼖令鼓，鼓人皆三鼓，群司馬振鐸，車徒皆作。遂鼓行，徒銜枚而進。大獸公之，小禽私之，獲者取左耳。

上經曰「司馬振鐸」，此曰「群司馬」，何也？教戰列陳，三三而居一偏，用鐸通鼓，以次相傳。彼振則此止，故第言振鐸者爲兩司馬，義已盡矣。此則併六軍而趨圍禁，衆鐸齊鳴，非加「群」字，不足以顯此義也。

及所弊，鼓皆駴，車徒皆譟。徒乃弊，致禽饁獸于郊，入獻禽以享烝。

車徒皆行，獨言徒弊者，車至所止之地，則排列不行，徒乃進而逐獸，終事而後徒弊也。苗田曰車弊，疑夏物未成，又暑不宜臘，取物少，故車射而徒不刺，冬則物成，乾豆具焉。選徒衆多，守取無擇，故車徒並列，而以徒爲主也。月令：孟夏，毋大田獵，則少取可知。其曰驅獸毋害五穀者，令農自驅。先儒以訓苗田之義，非也。獮有違禁，豈能驅田中之獸？假而獮於隴間，則車徒轥踏，視田獸之害稼倍蓰無算矣。禽獸之害於國稼者，薙氏春令爲阱擭、秋杜塞之。戰法、田法，春舉其綱，冬詳其目。大閲司馬建旗於後表之中，至不用命斬之，即春蒐以旗致民，平列陳，如戰之陳也。中軍以鼙令鼓至鳴鐃且卻，坐作如初，即春蒐所教坐作、進退、疾徐、疏數之節也。以旌爲左右和之門，至車徒皆譟，即春蒐表貉誓民，鼓遂圍禁也。前期修戰法，乃四時所同，而於冬乃出之，則三時專辨其一，而大閲備舉其全，具其矣。先王寓兵於農，正羨之卒，必無一人不教，然後本强而精神可以折衝，事習而比户皆能守禦，又必歲時從其有司，以試於司馬，然後居常自厲而無怠心，公邑、都家之民，分四時更番以從蒐狩，數歲而徧，未見其煩擾也。按經文號名旗鼓，備列縣畺，地官又曰惟田與追胥竭作。而陳氏汲乃云司馬所教惟鄉遂，餘皆不與。謬矣！狩田徒弊，正與火弊、車弊、羅弊相對，且以徒爲主，又與守取衆獸之義相應。而王氏應電乃云冬亦兼用火羅，皆昧事理，悖經義，故略舉一二，以見義例焉。

及師，大合軍，以行禁令，以救無辜，伐有罪。

下特舉「大師」，則此謂司馬奉王命以征伐也。行禁令，因伐有罪，而明王禁於群侯也。注謂王巡守會同，誤。

及致，建大常，比軍衆，誅後至者。

稍人帥衆而致於大司馬，王親征，則邦國亦以師從。凡帥衆而致者，大司馬皆以致於王，故建大常。注謂致民者鄉師，非也。役，則鄉師致之。軍事，則正治其徒役，戮其犯命者，而不致也。

及戰，巡陳，眡事而賞罰。

觀此，則大司馬不任軍帥而兼督六軍吏士。春秋傳：晉軍帥及佐之外，别立司馬。蓋其遺法。

若師有功，則左執律，右秉鉞，以先愷樂獻于社。

律者，軍法之書也。易曰：「師出以律。」兵事以嚴終，故既勝，猶執律、秉鉞也。國語：黄池之會，夫差列陳，十行之帥挾經秉枹，一軍之將挾經秉枹。師帥所挾者，律之目；軍帥所挾者，律之綱也。若律管，則抱之者太師，非司馬所執。或疑古用竹簡，不可執。非也。太史執簡記，奉諱惡，雖用簡，所書要約，何不可執乎？六軍之帥必各帥其屬以振旅，而司馬獨先，亦不爲軍帥之徵。小宗伯立軍社，奉主車，蓋駐軍然後立社，在途所奉惟主車也。此經師有功，則先愷樂獻於社」；「師不功，則厭而奉主車」：本截然爲二事。傳記亦無言主車兼社主者。世儒溺於舊聞，或據此爲師行載社主之徵。云師行若無社主，則每日立社，不勝其煩。蓋誤據曾子問「每舍奠焉」之文。不知所言乃廟主，與社無涉也，即此可爲所奉無社主之徵。

若師不功，則厭而奉主車。王弔勞士庶子，則相。

兵凶戰危，故雖王師九伐，必具死敗之禮，厭而奉主車，及相弔勞，皆使大司馬親之，俾無事則職思其憂，消患於未形，有事則謀出萬全，敬敵而無曠也。雖師有功，將士必有死傷，士、庶子之弔勞，王猶親之，則每上者不必言矣。

若大射，則合諸侯之六耦。

疏謂：賓射亦六耦，但不用諸侯。蓋誤以賓射爲燕射也。經於諸侯曰「大賓」，因其朝覲、會同而與之射，故謂之賓射，所以別於王臣之燕射也。此獨舉大射者，明諸侯、公、孤、卿、大夫、士咸與，而司馬所合，獨諸侯之六耦耳。

大祭祀、饗食，羞牲魚，授其祭。

注謂牲魚即魚牲，蓋疑小子職羞羊、肆羊殽肉豆，大司馬不宜又羞羊牲。不知各舉一節以互相備，周官通例也。奉牲、羞肆，大祭祀，大司徒、大司寇掌之；小祭祀，小司徒、小司寇掌之。大司馬宜奉羊牲，羞其肆，而變文曰「羞牲魚」者，牲與魚遞進，而以次羞之。羞牲，則奉牲不待言矣。常祀牲不用馬，且於下喪祭特見之，則所羞之牲爲羊明矣。大司馬所羞惟肆，而小子則兼殽與肉豆，其事並行而不相悖也。肆一也，而二職同羞之，蓋小子進設於奠所，然後大司馬進薦於尸賓而授其祭也。以大司徒、大司寇之奉牲，知大司馬亦奉牲而文略也。以大司馬之授祭，與兼饗食知大司徒、大司寇亦授祭兼饗食而小祭祀、小賓客二官之貳亦如之也。以是推之，士師奉犬牲，則鄉師之羞牛牲，疑亦類祟祈彌，而非常祀。夏官特設小子，以貳羊人。觀小子職，則牛犬之肆殽豆肉，亦宜牛人、犬人羞之。餘見小子、羊人職。

小司馬之職掌。

小司馬職闕，以諸官例之，所專掌必論辨官材也。蓋師之職，皆以貳其正，然必有專掌之事，爲正之所不能兼者，如小宰之建宮刑，小司徒之建教法，小宗伯之建神位，小司寇之掌大訊，是也。國子選俊，並升於司馬，司士治之；庶子之脩業於鄉學者，諸子治之，而大司馬職不及論辨官材，則小司馬專之必矣。

## 司勳

凡有功者，銘書于王之大常，祭于大烝，司勳詔之。

大行人三等侯國皆曰「建常」，疑諸侯在國，對其臣民，亦得稱大常，如路寢、象魏之類，故特標「王之大常」，以別於使有勳者自銘其常也。蓋請於君，書於彝鼎，以告其祖宗可也。自銘其功於旂常，則非無成代終，示民不恌之義矣。

大功，司勳藏其貳。

内史職：王有賞賜，贊爲之，以方出之。六等之勳當賜地者，司勳議其功之所稱，以上於王。王使内史爲之辭，書於方以下司勳。惟大功銘於大常者，則以詔司常；祭於大烝者，則以詔典祀。王之命辭，其正則二官藏之，而司勳藏其貳。若功小無祭與銘之命，而惟賜之田，則司勳藏其正矣。注謂「功書藏於天府」，於經無據。

掌賞地之政令。

凡頒賞地，三之一食，其二即使兼治之，而不復置公有司。蓋地有華離，則經界易淆；邑太褊狹，則發徵易擾。既使兼治其二，則貨賄、粟米征輸之期與留以待用之地，師田、行役車徒之數及帥而致之之人王朝之政令，必及焉。群儒或謂即下經賞之輕重視功，彼乃賞之規條，非賞地之政令也。或謂制其疆界，則未賞時所營度非既受後之政令也。

凡頒賞地，參之一食，惟加田無國正。

三之一食，二入於公也。都家各有采地，有功而頒賞，則於四郊，以便資給王都之家衆也。郊里之委積，以待賓客，又以恤其地之囏阨，非二入於公不足以周事。其不頒以三之一，而使兼領其二，何也？其地間廁於卿田，必各因地形以成邑聚，然後無或華離而經界明、吏治便。古者量地以制邑，度地以居民。地邑民居必參相得。周官小司徒大比六鄉四郊之吏，則知載師所任宅田、賞田之類，皆各區爲邑，而使吏治之。加田，疑即孟子、王制所謂「圭田」也。凡受田禄者皆有之，非以有勳而賞，以祀其先，而爲數又少，故無征。若如注所云，既賞而又加賜，則加田仍賞田耳。

## 馬質

掌質馬。馬量三物，一曰戎馬，二曰田馬，三曰駑馬，皆有物賈。

校人辨馬之六物，而馬質所量惟三者，惟師田雜役，官吏受馬於有司，故量其賈，有死而更，或止更其物之法。種馬、齊馬、道馬非群下所得用，無所庸其量也。

凡受馬于有司者，書其齒毛與其賈，馬死，則旬之内更，旬之外入馬耳，以其物更，其外否。

賈以齒毛而定，旬之内更者，量齒毛而責以生時之賈也。以其物更者，以既死之皮筋、肉物爲之直也。入馬耳，乃旬内、旬外之所同。以物更者，且入耳以防抵僞，則以全賈更者，不待言矣。嚴其罰於受馬之始，俾謹視其馬之性質，而養之得其宜，則調馴而不至暴疾矣。

馬及行，則以任齊其行。

古者任載皆牛車，或人輦馬所駕，惟乘車、戎車、田車，所謂「以任齊其行」者，先以長短、高下，度其相稱之車，以齊兩服之任，强力相方，然後引以兩驂，視其疾徐之相應。又時其勞逸而調習之，然後前却、左右，登迤、下坂，無不如志，不專以力之强弱也。群儒皆謂以力之强弱，爲任之輕重，乃後世單騎任載之事，而以言古法，誤矣。

若有馬訟，則聽之。

民間牛馬之賣債，質人掌之。此訟則師田、行役，卒隸有争及官買不得其平，或稽其賈，與同受馬於有司，馬死傷當償，而以過失相推者。注謂賣買相負，誤。

## 量人

掌建國之灋，以分國爲九州，營國城郭，營后宫，量市朝道巷門渠。造都邑亦如之。

以分國爲九州者，周更定九州，析冀以爲幽、并，并徐於青，而豫州之撓西至華山，則虞夏以來建國，必有舊屬於此，而新屬於彼者，故曰「分」也。凡建國，大司徒制其域，封人封其四疆而已，城郭、后宫、市朝、道巷、門渠之細，非王官所能及也，其國自有匠人營之，而掌於量人，封人中士四人，下士八人，以有出疆之職也。量人下士二人，兼供軍旅、喪祭之役，豈能徧營六服之國邑哉？詩載召伯營申，及於寢廟，乃宣王特厚元舅，非封國常制。注以后爲王與諸侯，蓋以先舉后宫，而後及王朝爲疑。不知王之路寢與后宫相連，先王宫而後及市朝，由内以及外也。凡攻位之始，必先定内宫址基，然後准之以爲前朝後市、左祖右社之位。至營作，則先宗廟而後居室，事理固然耳。

營軍之壘舍，量其市、朝、州、涂、軍社之所里。

軍有朝者，或王親在行，或主兵者三公及諸侯入爲卿士者。國語，季氏有内外朝，戴記大夫有私朝。疑皆僭禮，記者習而不察耳。里所以定分界，蓋量市朝、州涂、軍社之所届也。詩「瞻仰昊天，云如何里」，亦當訓届。軍社與朝、市、州、涂同量，則立社於所至之地，而非奉社主以行，明矣。若社主在車，與遷廟之主同，則經文當曰「祖社」，不應舉社而遺祖。

凡宰祭，與鬱人受斝歷而皆飲之。

王宅憂，則宗廟之祭必冢宰攝，尚書伊尹祀於先王是也。王平時有喪疾，則宗伯攝事，群儒必謂宗伯可攝，冢宰不可攝。或引禮器謂宰祭即制祭，説尤謬悠，詳見鬱人職。

# 小子

掌祭祀羞羊肆、羊殽、肉豆。

或以我將詩「維羊維牛，維天其右之」，疑祀天亦用羊，遂謂此經祭祀兼内外神，以破賈疏。非也。郊用特牲，見於書傳者甚多，我將乃祀帝於明堂，以文王配，故有羊耳。此經明曰羊肆、羊殽、肉豆，則非所用以祀天者，其爲宗廟之祭何疑？醢人豆實無羊肉，然生民之詩，「卬盛於豆」，承「載燔載烈」，戴記「觴酒豆肉」，考工記「食一豆肉」，則肉固可爲豆實，禮文殘缺，不得專據醢人，而謂古無是禮也。

祭祀，贊羞，受徹焉。

牛人、犬人皆專官行事，而羊人之外，别設小子職，何也？非重禮不用大牢，而犬之用尤希，惟羊則次祀、小祀、小賓客皆用焉。飾牲祭登首，其事甚繁，復使供社稷五祀之祈珥，衅邦器軍器、師田狗陳、贊羞受徹，則日有不暇給矣。故别設小子以分其職。觀此可知先王無曠庶官之義。

## 羊人

祭祀，割羊牲，登其首。

既曰「凡祭祀」，又覆舉「祭祀」，何也？正祭不用羔，如開冰小祭，則無升首之禮。故再言祭祀，明升首之爲正祭也。三牲皆升首，獨於羊人言之，何也？牛人：「共牛牲之互與其盆簝。」則割而升其首，自屬牛人之職，故獨舉共互與盆簝以相備焉。於牛言升首，或疑羊之不必然於羊言之，則豕可知矣。牛人、羊人等既主割牲，而内外饔又掌祭祀之割亨，何也？掌牲者升首，饔人則體解以納亨也。大祭祀司士又率其屬而割牲，何也？其文上承「賜爵而呼昭穆」，繼以「羞俎豆」，則所割乃屬衆賓、衆兄弟之脅俎耳。詳見本職。

凡祈珥，共其羊牲。

群儒争以祈珥爲祭祀，破鄭注，不過以下文别言釁耳。不知刉衈乃社稷、宫廟始成之釁，不害下文爲釁器物也。小子職「珥於社稷、祈於五祀」之後，亦别「釁邦器及軍器」，義與此同。此職於祭祀外，别舉祈珥，正明供羊牲以釁而無事於升首耳。

賓客，共其灋羊。

牛人備舉牢禮、積膳、饗食、賓射之牛，其法具列於掌客，故言「法羊」以該之，而軍事、喪事之列於牛人職者，此職亦以法共可知矣。

凡沈辜、侯禳、釁、積，共其羊牲。

牛人但言「享牛、求牛」，而此職特舉「沈辜、侯禳」，則知非典祀重禮不用大牢矣。蓋享牛者，四時之典祀也。求牛者，如大師類於上帝，宜於冢土，天地大烖類社稷宗廟也。典祀自五嶽四瀆而外，山川沈埋止用少牢。管子曰：「山高而不崩，則祈羊至矣。淵深而不涸，則沈玉極矣。」亦不用大牢之證。此聖人所以紀百神，愛天物也。釁鍾以牛，戰國之慝禮耳。小子掌釁社稷、五祀、邦器、軍器皆以羊，則釁無用牛之禮明矣。釁之外別有積，疑即小子職所謂師田斬牲徇陳，使血漬於地也。若積柴之祀，則不宜列諸毀事之後。注似誤。

若牧人無牲，則受布于司馬，使其賈買牲而共之。

司馬無布，而云「受布于司馬」，以是知五官應用泉布、貨賄，有司不得私授受，必諸官之正，以達於冢宰，頒於大府致於官中，而後有司分受焉。所以杜侵漁、防抵冒也。或以巫馬入其布於校人，疑凡長官皆有存貯之布。非也。巫馬以馬疾受財於校人，故馬死之粥布入焉，以備馬疾之費也。職金受入征，入於爲兵器之府，受罰金入於司兵，以事相首尾，故使用金者各會於大府，考於司會，以省賫送出納之煩耳。其餘財物之入，未有不歸於大府者；財用之出，未有不須於大府者。故其職曰：「凡官府都鄙之吏及執事者受財用焉。」〔二〕又曰：「凡邦之賦用取具焉。」故知司馬乃臨事取布於大府，以給牧人。若六官之長皆有貯布，則政無本統，抵冒百出，而難稽矣。掌牲之官，惟馬質、羊人有賈，蓋小祭祀、小賓客，所用羊牲爲多，而馬質有賈，則以馬死或宜更其價，或以其物更耳。

〔二〕「者」，原脱，今據周禮補。

# 周官析疑卷之二十八

## 司爟

季春出火，民咸從之；季秋内火，民亦如之。

戴記：「季春出火，爲焚也。」[一]左傳：「火未出，而作火以鑄刑器。」先儒據此，遂謂季春出火以陶冶，季秋内之。其實不然。夏月土潤溽暑，以燒石則粉解，以陶器則燥裂。伐薪爲炭，陶成百物，皆宜於冬、春。且冰以火出而畢賦，所以解鬱蒸，救時疾也。而又布火以助盛陽，於天時、人事俱不相應。蓋季春始煥，野則出火於窑，家則出火於室，而不用季秋始肅，然後内而用之耳。雍、并、幽、冀之地，民俗卧必以火，始季秋，春盡乃止。此經曰「民咸從之」、「民亦如之」，則謂室居所用之火，而非野外之陶冶明矣。

[一]「焚」，原作「田」，今據禮記改。

## 掌固

掌脩城郭、溝池、樹渠之固。

注：「樹，謂枳棘之屬有刺者。」樹之有刺者，以樊垣墻爲便耳。土各有宜，城郭、溝渠，凡樹之成林者皆可以爲阻固。蓋内有蔽，則敵恫疑；依以設守，攻者難入。故春秋傳：伐國而勝，乃得焚刊其竹木。秦漢以後，塞上樹榆、柳，蓋古法之遺。

設其飾器，分其財用，均其稍食，任其萬民，用其材器。

公、卿、大夫之子家有田禄，萬民計口授田，俾各守其地之阻固以自衛，而財用、稍食國猶頒焉。所以厚下安宅，而其效至於民忘其勞、民忘其死也。財用曰分，視地守之劇易而有多寡也；稍食曰均，計功力之多少以爲差等也。古者民之衣食、菑患纖悉皆君爲計處，而民以材器給國事如於其家，此國維所以固、仁義之利所以長也。

凡守者受灋焉，以通守政，有移甲與其役財用，唯是得通，與國有司帥之，以贊其不足者。

通守政，即均人所謂「均地守」，使劇易相通而得其平。此平時之守法也。至移甲役財用，則其地猝有警，掌固必以達於司馬，使國中有司持符節以徼之他境，故與帥而贊之。舊説國有司即掌固，或謂司甲役財用者，皆非也。周官移用其民者二：遂人移用其民，以救其時事，所以禦天災而食無不足也；掌固移甲役財用，所以捍人患而兵無不足也。然非教化有素，而信孚於民亦徒法耳。後世習於游惰，則子弟而怠耕；溺於功利，則將吏而外市。安能使救人之事而盡其力，固人之守而致其死哉？

若造都邑，則治其固，與其守瀍。

不及邦國，何也？其國自有掌固治之。

凡國都之竟有溝樹之固，郊亦如之。民皆有職焉。

自國至遠郊，百里之内，溝樹凡三重，地愈近，則阻固之設愈數也。凡郭外曰郊，都之郭外亦宜有溝樹。凡此類皆所謂「地職」也。

## 司險

設國之五溝、五涂，而樹之林，以爲阻固，皆有守禁，而達其道路。

五溝、五涂，遂人所治也。而於司險復曰「設」者，凡井田溝涂之設，一以盡地利，一以爲阻固，故必使遂人與司險共議其形勢之錯連、水流之輸委、道路之支湊，猶邦之六典，大宰建之，而大史亦與共建。疏謂非遂人田間之溝涂，誤矣。不言「都邑」者，曰「國之五溝、五涂」，則通乎畿内矣。於掌固言「都邑」者，守法之詳，皆具於掌固也。不言「邦國」者，溝涂之細非王官所能遥制也。其國自有司險設之。易曰：「王公設險以守其國。」山川、丘陵之險天作地成，非人力所能設也。周公設司險、掌固之官，所恃惟溝、樹耳。每見山澤豪民居阻溝、樹，盜賊即不敢犯。苟城邑要塞多設溝、樹，則居者有以自固，而戎馬失其利，此爲民長慮者所宜先務也。

國有故，則藩塞阻路而止行者，以其屬守之，唯有節者達之。

掌固所掌城郭、溝池、樹渠之阻固，所在皆有之，非其屬所能偏守也。故惟頒其守於士、庶子、衆庶，司險所掌乃要害之道。故國有故，則以其屬守之。蓋以其屬下士，監臨士、庶子、衆庶，而嚴其守法耳。疏以其屬爲胥徒，誤。

## 候人

各掌其方之道治，與其禁令，以設候人。

候人上士六人，下士十有二人，必每方各以三人掌之，其六人則掌達於朝，或軍行則從也。

## 環人

掌致師，察軍慝，環四方之故，巡邦國，搏諜賊，訟敵國，揚軍旅，降圍邑。

環，謂環伺四面，或有掩襲、衝突之變故也。察軍慝，察己國之姦人爲敵間者。搏諜賊，執敵之爲諜者。凡外諜必有内姦與表裏，故兼察之。巡邦國，謂從王敵愾之邦國也。此職所列，皆臨敵時事：前五者先爲不可勝，後三者蓋欲不戰而屈人之師。

## 挈壺氏

凡喪，縣壺以代哭者。

官代哭者，使嗣君知己當哭無停聲，而哀敬之心不可以瞬息弛置也。使小大之臣知事君猶事父，而忠誠宜自竭也。

## 射人

掌國之三公、孤、卿、大夫之位，三公北面，孤東面，卿、大夫西面。其摯，三公執璧，孤執皮帛，卿執羔，大夫鴈。

或疑王宜下堂而揖群臣，與燕禮同。不知燕在堂上，故下堂而揖。朝在門外，門阿以南之堂，豈能容三公九卿之朝位？況群臣乎？以義測之，諸臣宜先正位於庭中，王乃出門，降階，南面而立；大夫、庶士有所欲言，皆得出位自達於王；王視朝而入，乃聽政於路寢之堂；六官各進所屬之治，王與三公坐論之，大夫、庶士皆待事於門外之直廬。考之經傳，尚書顧命王出在應門之內，即路門之外，正所謂「治朝」也。群侯始見嗣王，王發大命，公、卿進戒皆在庭中，則每日視朝之禮可知矣。在禮君過卿位而後登車，入則未至卿位而下車。考工記曰「朝市一夫」，則三朝皆在庭中，而王無立於堂上之禮可知矣。戰國策：臣見王之獨立於庭也[一]。亦三朝在庭中之徵。蓋王必日見群臣，然後堂、廉不隔而情畢通，必退與大臣參決，然後事緒備詳而政有統耳。此獨言三公、孤、卿、大夫之位與摯，蓋燕射也。朝與燕射之位各異，故注謂將射始入見君之位，群儒多掊擊之。但非爲射而見，則朝位已具司士職，無庸覆舉，且常朝不宜有摯。邦國禮亡，或諸侯之燕與射，君既登席而後納卿、大夫，天子則始入以常朝之位見，既見而後入燕於寢。其賓射則既見而後設賓主之位以射於朝，義無不可。不得以經傳無明文而謂必無是禮也。三公在畿内，禮殺於出封之上公，不可以執桓圭，又不可下同於侯、伯而執信圭、躬圭，故執璧不嫌與子、男同。射禮大射爲重，賓射次之，燕射又次之。觀大射用虎侯、熊侯、豹侯，而賓射惟用五采之侯三，燕射惟用獸侯，又大射在郊之射宫，而燕射於寢，此可以見其等差也。凡將射必先行燕禮，諸侯之大射先燕，則天子之大射可推，又況賓射先之以燕，不待言矣。

[一]「庭」，战國策作「廟朝」。

若有國事，則掌其戒令，詔相其事。掌其治達。

注謂王有祭祀，諸侯當助薦獻。非也。小行人職簡錯於象胥者，於喪紀、軍旅、會同外別舉王之大事作諸侯，則王有祭祀，作諸侯者乃小行人明矣。此職國事，謂國中之射事耳。如鄉大夫以鄉射之禮五物詢衆庶，諸子秋合國子之倅於射宫，或王有喪疾，不得主祭，而使諸臣會射以擇士，皆國之重典也。射人自宜掌其戒命，詔相其事。所謂「治達」者，以五物詢衆庶，則有所稱舉；合射以考藝，則有所進退；將祭而擇士，則别其事任，以其事爲王所不親，故必以所治達焉。凡祭祀皆大祝所掌，而祔、練、祥獨曰「掌國事」，明喪期内宗廟之祭嗣王不親也。王之射事，皆射人所掌，而又曰「若有國事」，謂王所不親之射事也。首言燕射之位，歲時必舉之常禮也。次言賓射之位，或舉或否無常也。次及國中之射事，王雖不親，射人亦掌其戒治、教令也。大射之禮於後乃特詳之，示賓射、燕射皆用其法儀。

以射灋治射儀。

凡器物之陳、等威之辨、先後左右之序、升降出入之節，皆法也。而循法而執其事者各有儀，故曰「以射法治射儀」。射人執法儀之總，則自大射大司馬合諸侯之六耦外，餘皆射人合耦可知矣。

王以六耦，射三侯，三獲三容，樂以騶虞，九節五正。諸侯以四耦，射二侯，二獲二容，樂以貍首，七節三正。孤、卿、大夫以三耦，射一侯，一獲一容，樂以采蘋，五節二正。士以三耦，射豻侯，一獲一容，樂以采蘋五節二正。

鄉射注謂選於弟子，備三耦以爲初射，經不言何人爲之，而正射者不在列，則舍弟子別無可充。以是推之，初射王之六耦、諸侯之四耦其取諸士、庶子之未受職者與？諸子會同，賓客作，群子從其使觀禮，並以備誘射之耦與？據鄉射、大射禮，正射之耦無數，但此經云王以六耦射三侯，而大司馬掌合諸侯之六耦，則是王之大射，初以六耦先之，而正射之耦亦皆以六與？諸侯之六耦，特舉大射，豈時祭有期，諸侯並留以待事，始能具六耦？若賓射諸侯不能備六耦，而與孤、卿、大夫合，則射人兼主之，此云諸侯四耦，而大射儀止三耦，豈與諸侯賓射則君自爲耦，合臣下而爲四，國中大射，則惟具三耦與？春秋傳亦云公臣不能具三耦。

若王大射，則以貍步張三侯。

惟大射張侯用貍步者，選賢以執祀事，專取其容體比於禮節，比於樂而不以及遠爲賢也。

祭祀，則贊射牲，相孤、卿、大夫之灋儀。

賈疏備引戴記，謂諸侯親割，天子亦然。非也。内饔掌宗廟之割亨，外饔掌外祭祀之割亨，羊人祭祀割羊牲，登其首，則始殺者，牛人、羊人之屬；豚解體解者，内、外饔。王惟射牲，無親割之事也。楚語：天子禘郊之事，必自射其牲，王后必舂其粢；諸侯宗廟之事，必自射其牛，刲羊擊豕，夫人必自舂其盛，則諸侯乃刲羊擊豕。天子三牲，皆有射而無割明矣。戴記所稱皆曰「君夫人」，而無言王后者，正周禮王不親割之徵。立尸以象神，祝以事神，故相尸者必祝。禮莫重於祭，王躬是飭，故詔相王禮者必大、小宗伯，射以習禮樂，司徒大學所升之士，並司士論辨之，故掌其戒令，詔相其法事者。必司士，會同、朝覲、賓客、軍旅孤卿大夫無事不與射人俱，故因使相祭祀之法儀其於卿、大夫，凡有爵者之材行知之悉矣。故凡從王及掌事者，亦射人作之設官分職之意，皆可以此類推。

會同、朝覲，作大夫介。

射人作擯介，習察其德器與容儀也。會同、朝覲，大宗伯爲上相。故所不惟介，下喪事作卿、大夫，知其才力所稱也。

大師，令有爵者乘王之倅車。

卿、大夫自有軍行，不惟六軍將佐輿帥自有戎車，即從王者自當乘其服車，而以革車從。惟士則棧車不可以即戎，故使乘王之倅車，亦所以體事而稱物也。

## 服不氏

掌養猛獸而教擾之。

猛獸而設官以養之，何也？冥氏、穴氏所攻，或并得其稚獸，必養而長之，俟其既成，而後取其皮、骨、爪、牙以備器用。教擾者，納之圈檻，時其饑飽，達其怒心之謂也。凡此類，亦聖人所以盡物之性。

## 掌畜

歲時貢鳥物，共膳獻之鳥。

注以鳥物爲鶚、鷹之屬，蓋疑家禽不宜歲時致貢，不知掌畜所養無野鳥，貢以歲時，以便膳獻耳。蓋王、后、世子之膳，以及內宮、外內朝冗食者之公膳，賓客之禽獻，若每事每日而取，掌畜不勝其擾，且無以辨其物之時與嘉，故分四時貢其既成而當於用者，膳羞、秩賜則頒之於庖人，賓客、禽獻則掌之以有司，而屬於掌客，然後物可先期以辨，事可應時而集。至於祭祀之卵鳥，則臨祭然後共之。以鳥必時卵而後膚革充盈，此聖人察物之詳也。王氏安石謂鳥物爲翠臀羽翮，不知畜鳥之羽翮無可以飾其車旗、衣服者，況翠臀乎？

## 司士

掌群臣之版，以治其政令，歲登下其損益之數，辨其年歲與其貴賤，周知邦國、都家、縣鄙之數，卿、大夫、士庶子之數，以詔王治。

在朝之群臣，其損益可歲登下。若邦國之卿、大夫、士，都家、縣鄙之小吏，則辟除、廢置各由其君長數可周知，而損益、登下則不能偏記也。故別言之，獨舉縣鄙，則鄉之州長、遂之遂大夫皆王官朝命可知矣。州長、遂大夫爵與六官之貳等，自無其長自辟除之義。不辨其年歲，則用之或非所任，六十不與服戎，七十不與賓客之事是也。爵列有經，而復辨其貴賤者，如小宰、司會、遂人、州長，並中大夫，其表著之位必有辨矣。邦國、都家、縣鄙之吏，會同、軍旅、田役之等威亦然。王氏應電謂邦國句「之數」二字衍文，非也。同曰「都家」，而卿、大夫之有無則異；同曰「縣鄙」，而公邑、采邑必不能如六遂之縣鄙。地域夫家截然齊一，且都家、縣鄙或設或裁，或分或併，歲有損益，則官吏之多寡各殊。故必先周知邦國、都家、縣鄙之數，而後能詳卿、大夫、士庶子之數也。專言以功過黜陟者，則曰歲登下其數可矣。其曰「損益之數」，或事劇而益其員，或事少而損於其故也。每歲正月，和而布之者，此類皆是。

以德詔爵，以功詔禄，以能詔事，以久奠食。

教士以司徒，而爵與事皆詔於司士者，司馬論辨官材，然後文武各當其任也。詔事、奠食，蓋諸官未命之士與鄉遂群士，其長所自選署者。有德則宜授以爵，未有有德而不能其職者也。其能者必有功，乃授以正禄，有禄則有爵矣。上三句乃詔王治之目也。三者既定，則奠食自有常法，以授地官司禄頒之，而不復瑣瑣詔王矣。

正朝儀之位，辨其貴賤之等。王南鄉；三公北面東上；孤東面北上；卿、大夫西面北上；王族故士、虎士在路門之右，南面東上；大僕、大右、大僕從者在路門之左，南面西上。

從王者皆南面，王出則目送王，王入則面向王也。蓋以擁衛，宜左右各迤而南，而身稍向王。

司士擯，孤卿特揖，大夫以其等旅揖，士旁三揖。

不見士位，以朝士職有明文，在孤、卿、大夫之後也。古者公、孤多以六卿兼攝，孤與卿、大夫既分東西，則群士各從其長，故每旁皆三揖。注據燕禮及大射，謂群士東面，王西南鄉揖之。非也。燕與大射，公即位於阼階，故卿、大夫已上皆北面，士西方東面，而虚其東，以臣無背君而立之義也。王南面視朝，孤與卿、大夫位分東西，群士何故偏聚於西哉？

王還揖門左，揖門右。大僕前。

門左，揖大僕大右群僕也。門右，揖王族故士、虎士也。此數官之位，逼介路門左右，王始出，未揖公卿，不得先揖卑者，故還入門而後揖之。大僕前，即大僕職所謂「入亦如之」。蓋前正王治事於路寢之位也。春秋傳：王揖而入。蓋楚猶用周禮。

掌國中之士治。

曰「掌國中之士治」者，獨升於司馬之士，故不及鄉遂、都鄙也。於群臣之版，則通掌之；於邦國、都家、縣鄙之數，卿、大夫、士庶子之數，則周知之，而士治則獨掌國中也。此特舉士治，則上經詔王治，乃以德詔爵、以功詔禄之秩序，而不兼卿、大夫之治可知矣。卿、大夫之治蓋冢宰詔王。疏未安。

凡祭祀，掌士之戒令，詔相其灋事。

祀五帝及大神示享先王，百官之戒誓、具修，皆冢宰掌之。凡祭祀之戒具，小宰掌之。司士所掌，獨士之升於司馬以待辨者之戒令耳。射人相卿、大夫之灋儀，則司士所詔相宜兼上、中、下士。

及賜爵，呼昭穆而進之。帥其屬而割牲，羞俎豆。

「割牲，羞俎豆」，承上文「賜爵，呼昭穆而進之」，則所割、所羞乃同姓、異姓、庶姓助祭者賜爵時之牲俎及豆也。少牢禮有雍正、雍府，亦猶王朝内、外饔割制牲體也。其有司馬，亦猶五官之正貳各帥其屬，牛人、羊人、小子之類。羞，牲體肉物也。但大夫不能備官，故儐尸時尸與主人之冢脅俎湆、魚俎。司士羞之，王朝之司士則惟共群下賜爵之俎豆耳。注謂割牲制體，疏以豚解體解釋之，非也。祭祀之豚解，則内、外饔掌其割亨，其從獻燔脯，制於量人，無爲又使司士割之羞之，以是知其爲賜爵之薦俎也。且曰「帥其屬」，正以賜爵之薦俎多，割與羞非一人所能供也。少牢下篇云：衆賓拜受爵，薦俎設於其位。下云：洗獻衆兄弟，如衆賓儀。

其皆有薦俎可知。俎即牲俎，薦謂脯醢、一籩一豆。此經直言豆，亦有籩可知。經言「昭穆」，何以知兼異姓、庶姓也？少牢人臣之禮，故先賓而後兄弟。周之宗盟，異姓爲後。舉昭穆，則凡賜爵者皆視此矣。惟二王之後，及非二王後而爲長賓、次賓者，宜在同姓之上，而與尸侑王、后之俎，次第先設，然非司士之事也。

凡會同，作士從。

會同、朝覲，凡有爵者皆射人作之，則司士所作惟未命之士審矣。蓋卿、大夫、士之各共其職者，其治令、戒具，小宰掌之。射人所作，則不與執事，而德容、辭氣爲優者，並使從王，以爲國華，備時使也。士則使之觀禮習儀而豫教焉。

大喪，作士掌事。作六軍之士執披。

喪之治令、戒具，小宰掌之，而射人復作卿、大夫掌事，司士作士掌事，何也？同居是職而材性獨有所宜，故事各有所諳，惟司馬之屬論辨官材，知之爲審也。蓋射人、司士分作之，而後小宰總戒之。曰「六軍之士」，謂比長以上也。引以挽輴，六鄉任之，紼以舉柩，六遂任之，披以持柩而防傾側，其任尤重，故作有爵者以承事焉。六軍中比長萬有五千，擇取千人，不得爲多。而楊氏恪乃謂合鄉遂爲千人，引紼披皆用之，未嘗求以事理之實也。諸侯升正柩五百人，則天子負引執紼執披者自宜各千人，蓋役必番代，王禮多用天數。如左右披各六，以四番計，每披執者僅二十人耳。

國有故，則致士而頒其守。

國有大事，王宮之士、庶子則宮伯作之，國子則諸子帥而致之大子，群士則司士致而頒其守，鄉邑之士、庶子則掌固頒其守。古者國之守政，士無不與焉，以其識義理而能爲民之倡，且未仕而已，教以與國同憂也。

凡邦國，三歲則稽士任，而進退其爵禄。

邦國之士任，司士何所據以稽？以是知王朝之治，六事各爲聯，而所以治邦國者則合六官之事以爲聯也。蓋匡人達法則，以匡邦國，而觀其慝，則邦國之士能守天子之法，則與過越縱弛者可稽矣。縣師掌邦國之地域，而辨其夫家、人民、田萊之數及其六畜車輦之稽，則能牧天子之黎庶與貪、殘、耗、敗者可稽矣。司會受邦國之會，以周知四國之治，則能守天子之式法與靡冒侵牟者可稽矣。訝士掌四方之獄訟，則能守天子之刑章與昏墨頗纇者可稽矣。其有軍旅、會同、田役之事，則帥衆而至者方略、材武可稽矣。其有朝覲、會同、聘頫之事，則承事而來者動作、禮義、威儀、辭命可稽矣。大宰以六典待邦國之治，大史又以六典逆之，内史讀四方之事書，則在國之百司治辨罷庸者皆可稽矣。掌訝作事，王之大事諸侯，次事卿，次事大夫，次事士，下事庶子，則從君之群吏敏肅、駑散者又可稽矣。考之者非一事，察之者非一人，所以進退爵禄而無不當其所任也。大司馬既以九法平邦國，又以九伐之法正邦國之君，其國之群臣、官守、民治、財用、兵刑、進退、廢置一稟於王官，故能以天下爲一家，而無敢反側，以聽王命也。王及冢宰之廢置，司會每歲而一詔之，而三歲稽士任，進退其爵禄，乃掌於司士，何也？司會考財用之計，其爲廢置也。微而更張不可以不速，司士則徧考所任治教、禮政、刑事，能其官者績必久而後成，廢其事者迹必久而後著也。侯國之卿，命於天子，故司士稽其任而進退之。其曰「士任」者，侯國卿、大夫入天子之國曰某士，春秋傳晉士起歸時事於宰旅是也。此職所謂士有二類，一六官上、中、下士，一升於司馬以待論辨而未命官之士也。掌國中之士治，蓋未命之士所治即論辨官材之事也。會同、賓客作士以從，則非已命之士各共其事者可知矣。蓋士、庶子未出學者，會同、賓客，諸子作以從，故升於司馬之士，司士作以從也。適四方爲介，大喪令哭無去守者，則六官之士也。有守，則各有職司，未命之士無承使四方之義，故知其别如此。有守者哭無去守，則未命之士會哭於士、庶子之列可知矣。諸子職大喪正群子之服位，不曰「國子」，而曰「群子」者，蓋兼師氏、保氏、大司樂所教國子，宫中宿衛、士、庶子及士之升於司馬者。　記稱司馬論辨官材，其事於此職見之，惟國子俊選並升於司馬。司馬論其賢者以告於王，故司士擯焉。而膳其摯也，以德詔爵，以功詔禄，以能詔事，即記所謂「論定然後官之，任官然後爵之，位定然後禄之」也。蓋地官師氏、保氏、鄉大夫、州長之屬，春官大司樂、樂正之屬，所以教士者，惟養其德，厲其行，勗以道藝而已。人之材性剛柔、敏鈍、文質不齊，必司馬論辨官材，然後緩急各相其宜，而文武各得其任。然使素不相習，直待其升於司馬，然後論之，辨之，則惡從而得其實哉？故設諸子之官，凡國子之學於成均虎門，國子之倅之脩業於鄉學者，國有大事，則帥之而致於大子；有甲兵之事，則合其卒伍；會同、賓客，作以從王而掌固頒城郭、溝池之守政，又以士、庶子爲衆庶之倡。則士雖未仕，而已狃習於國家之政事；雖未升於司馬，而司馬之屬已熟察其材之所宜、性之所近矣。所以論辨官材、審知灼見而無誤也。

# 周官析疑卷之二十九

## 諸子

掌國子之倅。

公、卿、大夫、元士之適子入於成均者，謂之國子。諸子所掌蓋其衆子，爲國子之副貳者，故曰「國子之倅」也。下經「春合諸學，秋合諸射」，則非國子之常在成均者明矣。

大喪，正群子之服位。會同、賓客，作群子從。

曰「群子」，兼國子與其倅也。知然者，師氏、保氏、大司樂之屬，别無正國子服位，作國子以從之文也。

凡國之政事，國子存遊倅，使之脩德學道，春合諸學，秋合諸射，以考其藝而進退之。

凡國之政事，謂力役、社田、追胥之類。「國子」，當爲「諸子」，文誤也。曰「遊倅」者，以其無職事，而優游於庠序，以學道藝也。凡國之政事存遊倅者，國子則司馬弗正，國正不及，其倅則國正不及，而甲兵之事猶聽於司馬，掌固頒士、庶子之職與其守是也。進退之者，進則與國子選俊，同升於大學，以待辨材授官，退則仍歸於鄉學。或隸於宮正、宮伯以宿衛也，知國子之倅平時不肄業於大學者，此職曰「春合諸學，秋合諸射」，以考其藝而進退之。大胥職曰：掌學士之版，以待致諸子。春入學舍菜合舞，秋頒學合聲，則平時脩德學道於家塾、鄉學可知矣。

周官掌士、庶子之治教者不一：天官則宮正、宮伯也，地官則師氏、保氏也，春官則大司樂、樂師、大胥、小胥也，夏官則諸子也、掌固也，其職之分、事之聯各有義焉。宮正、宮伯所掌，獨宿衛之士、庶子也。師氏、保氏所掌，王同姓及公、卿之適子也。其職曰「以教國子弟」，則王之同姓也；曰「凡國之貴遊子弟學焉」，則大夫、士之子與者蓋鮮矣。大司樂、樂師、大胥、小胥，則國子、國子之倅及國之選俊皆隸焉。其曰「國子」者，公、卿、大夫、元士之適子也；其曰「學士」者，兼國之選俊也；其曰「以待致諸子」者，致國子之學於師氏、保氏者及其倅也。諸子所掌，獨國子之倅者，其適子或學於師氏、保氏，或入於成均也，諸子掌國子之倅，而國有大事，則帥國子而致於大子，有甲兵之事，則治以軍法者，師氏、保氏、大司樂、樂師，所掌者國子之教也。使帥而共祀事、治甲兵則褻矣。故別以屬諸子也，師氏、保氏會同、喪紀，王舉必從，而正國子服位，作國子以從，則屬之諸子者，其職兼詔王媺，諫王惡，則無暇及乎其餘矣。

## 司右

掌群右之政令。

三右皆朝夕王所，身自執事，並無府、史、胥、徒。所謂「政令」者，即下文「合車之卒伍，比其乘，屬其右」是也。若戎右乃中大夫，齊右下大夫，無以上士令之之義。

凡軍旅、會同，合其車之卒伍，而比其乘，屬其右。

凡兵車皆有右，而乘者有貴賤，所當有劇易，則右之材力亦宜有差等，故必比次其乘以屬其右，然後用各稱其材也。合車之卒伍，則不惟王之倅車，即師帥、旅帥之右亦司右屬之可知矣。卒長以下之車右，則宜擇於卒伍中勇力而習於其長者，非戎右所及也。

凡國之勇力之士能用五兵者屬焉，掌其政令。

司士、諸子論辨學校之士，此則論辨武力之士，故三職相次。若如注説，則當以冠群右。平時則試以五兵之用，而皆相其能，然後有事可比，其乘而定其所屬，再言「掌其政令」者，前所言用之之政令，此則教之之政令也。

## 節服氏

掌祭祀、朝覲衮冕，六人維王之大常。諸侯則四人，其服亦如之。

王祭祀、賓客之服，大僕正之；燕服，小臣正之。復設節服氏，蓋朝夕王所，而時視衣服之節適者列職無此，文義已見於命官也。獨列祭祀、朝覲之維大常、郊祀之從尸車者，見從王而供別役，惟此三事，其餘會同、師田、視朝、巡狩、燕饗、弔臨、視學、養老諸禮事及燕出入，皆不供他事而惟節服是司也。節服氏掌王生時衣服，而王之復别屬夏采、祭僕、隸僕餘喪紀亦弗與焉，與膳夫、内饗不供喪紀之鼎俎而别屬外饗同義。蓋羞服以養生，古人雖無忌諱，而分職則各有所主。「其服亦如之」，疑注語而誤録爲經文也。蓋注家誤以「衮冕六人」爲句，而疑諸侯四人，何以不言所服？妄綴此語，而不知義不可通。衮冕惟上公加命乃有之，諸侯不得服也。況以諸侯之下士而服之乎？古者軍旅同服，或以防姦宄。祭祀、朝覲無故而亂法服之常，義無所取。

郊祀，裘冕二人，執戈，送逆尸，從車。

享先公鷩冕，而郊祀可裘冕者，大裘質而無文，非衮之比。觀此，則上經應以「衮冕」斷句益明矣。

## 方相氏

掌蒙熊皮，黄金四目，玄衣朱裳，執戈揚盾，帥百隸而時難，以索室毆疫。大喪，先匶，及墓，入壙，以戈擊四隅，毆方良。

「玄衣朱裳，執戈揚盾」，以毆疫可也。而「蒙熊皮，黄金四目」，則怪誕而可駭。大喪先匶，宜也。而卜得吉兆，先王體魄之所安也。乃入壙以戈，擊四隅，毆方良，不亦悖乎？蓋莽好厭勝，如遣使負鷩持幢，與令武士入高廟，拔劍四面提擊，正與二事相類。故歆增竄此文，以示聖人之法固如是其多怪變耳。削去「蒙熊皮，黄金四目」、「入壙，以戈擊四隅，毆方良」，則職中辭義相承，完善無疵。

## 大僕

掌諸侯之復逆。

周官復逆，大僕與小臣、御僕分掌之，以三官朝夕王所，旋至而立達也。以天子耳目之司寄之畢散，且分職徑達，而不關於其長，何也？聖人立法本無猜防群下之心，惟出以至公而盡萬物之理，故姦弊亦無由生。章邯在軍，使司馬欣請事，而丞相高不納；霍山領尚書，上書言其家者，屏不奏：權重而職專故也。

王眂朝，則前正位而退。

司士正朝儀之位，統上下而言之。此職正位而退，則不兼群下，以職首正王之服位而知之也。以司士職知大僕之退，在路門之左；以此職知司士職大僕前，乃正王内朝之位：經文辭簡而義明類如此。

建路鼓于大寢之門外，而掌其政。以待達窮者與遽令，聞鼓聲，則速逆御僕與御庶子。

御僕下士十有二人，而別言「御庶子」者，其直日御於王所者，則曰「御僕」；分守路鼓者，則曰「御庶子」。蓋大僕與御僕常在大寢之門内，而御庶子在門外，故大僕聞鼓聲，則速御僕使迎受御庶子之所達，速御庶子使迎問鼓者所欲達也。肺石所達窮民，乃不能自直於鄉里之吏者，故朝士以達於司寇也。路寢所達窮者，則吏士枉抑於長官及獄訟不能自直於司寇者，而大僕以達於王也。王制司寇以獄之成質於王，王命三公參聽之。先王任人不疑，惟於刑獄則惟恐其有蔽壅而多方以求達民隱如此。康成謂即肺石所達窮民，非也。立於肺石，士聽其辭，以告於上，而罪其長，則事無不直者矣。方道章曰：「曰『窮民』，乃小民之孤窮者。曰『窮』者，則庶官、庶吏皆在其中。」

祭祀、賓客、喪紀，正王之服位，詔灋儀，贊王牲事。

大僕贊王牲事與大宰同，何也？大僕相儀，而大宰察其不如法也。蓋大宰凡事贊王，而大僕朝夕正王之儀位。祭禮莫重於牲事，故五官之正貳皆各奉一牲，而大宰、大僕則凡王之牲事皆贊。射人職曰「祭祀則贊射牲」，大宰、大僕贊王牲事而不舉射，何也？射人所贊惟射牲，大宰、大僕則凡薦血燔膋薦腥薦肆時，王之儀法皆贊。曰「贊王牲事」，則射在其中。舉射，則不足以該牲事。

王出入，則自左馭而前驅。

曰「前驅」，則非出入於宮庭也。古者無騎，自士已上皆乘車，而士尚可徒行，虎賁、旅賁前後左右於王以趨是也。古者五十爲大夫，筋力向衰，雖庶人年至亦不爲甸徒，以難趨走也。虎賁氏趨以卒伍者，宜爲群士下大夫二人，則一前一後乘佐車以敎率之。大僕不可徒行，故乘車以道引，以乘王之倅車，故不敢曠左，以職主於御，故居左而自馭也。大僕不御王車者，以大馭齊僕、道僕、戎僕、田僕分掌之也。記曰：「乘君之乘車，不敢曠左；左必式。」則自大僕而外，乘王之倅車固有不自馭者矣。

縣喪首服之瀍于宮門。

小宗伯所縣，男子之衰冠也，故縣於大寢之門外，以示臣民。大僕所縣，婦人之首服也，故縣於宮門。男子之衰冠，縣其式可也。婦人首服之式，縣之則褻矣。故不曰「式」，而曰「法」，蓋第書其所用之物材與長短、廣狹之數，而不縣其式也。古者祭設同几，而無女尸，義亦如此。

掌三公、孤、卿之弔勞。

大僕掌公、卿之弔勞，小臣掌士、大夫之弔勞，皆不言王，蓋親弔則掌相其法儀，而有故則奉使而往也。

## 小臣

小祭祀、賓客、饗食、賓射掌事，如大僕之灋。

賓射承饗食之後，因燕而射也。不曰「饗食燕」，而曰「賓射」，又因此見饗食無射法也。如大僕之法，即正王服位、詔儀法、贊牲事、贊弓矢之類。

## 祭僕

凡祭祀，王之所不與，則賜之禽，都家亦如之。

王所不與，謂四郊之外，郊野、甸稍、縣畺、山川因國前哲令德之祀，都家則王之懿親尊屬，故皆賜禽。

凡祭祀致福者，展而受之。

致福於王，當斷自大夫已上。士則所祭爲王之懿親尊屬，然後得致與？

## 御僕

掌群吏之逆及庶民之復，與其弔勞。

注、疏謂群吏，府、史已下，非也。諸侯之復逆，大僕掌之；三公、孤、卿之復逆，小臣掌之，則御僕所掌，大夫、庶子之復逆也。經所稱「群吏」，惟小司寇外朝之位，對「群臣」而言。謂府、史，外此皆大夫、士也。蓋非常之變，專詢萬民，故府、史亦與焉。若平時，則府、史已下縱有建白，亦各達於其長耳。士、大夫之弔勞，既掌於小臣，則此職弔勞專承庶民而言，其或府、史、胥、徒有死國政者，亦於庶民之弔勞包之。

## 隸僕

掌五寢之埽除、糞洒之事。

黄氏度謂「五」當爲「王」；王氏與之謂守祧掌寢廟脩除，此當爲王之小寢：皆非也。宫人掌六寢之脩。守祧職曰：「其廟，則有司脩除之。」正謂隸僕耳。

大喪，復于小寢、大寢。

五官中無復於王寢者，劉氏敞謂此王之小寢、大寢，是也。而云古者神人不參，并以五寢爲王寢，則顯與經悖。上經祭祀修寢，承五寢之埽除而言，則爲五廟之寢明矣。大喪夏采既復於大祖，則此職大寢爲王之路寢明矣。但君子以齋終，既遷於路寢，不宜復就燕寢而復。且隸僕亦不宜使入嬪婦叙御之所，豈小寢中有爲王五服喪期所出次者，故於是焉復，而非嬪婦叙御之寢與？

## 弁師

掌王之五冕，皆玄冕，朱裏，延，紐。

注大裘之冕無旒，故不聯數。非也。郊特牲：「戴冕，璪十有二旒，則天數也。」衮冕以九爲節，則大裘之冕備天數不必言矣。玄冕無旒，故不數耳。旒以蔽目，無用一旒之義，且衣無章，則冕宜無旒。經文王之五冕皆玄冕、朱裏、延紐。據文義，亦不數玄冕之辭。先儒多據戴記，謂郊亦服衮。非也。祀天尚質，不宜服衮。衮、裘字形相類。「被衮以象天」，蓋「裘」字之誤。大裘黑，象天之色也。

諸侯之繅斿九就，瑉玉三采，其餘如王之事。

上經第曰「繅」，此曰「繅斿」，上經玉有數，此無數，則所謂「繅斿九就」者，繅以行列言，斿以所綴玉數言也。既曰「繅斿九就」，又曰「繅斿皆就」者，見斿所綴玉皆如其繅之就，以爲下經諸侯及其孤、卿之通例，而王官亦各如其命數也。故上經繅十有二不言皆，而玉十有二言皆，以示惟王之諸冕，繅有殺而玉無殺耳。於諸侯言玉瑱，則玉可知矣。

## 司兵

掌五兵、五盾，各辨其物與其等，以待軍事。

此職所頒授廞建惟兵，而曰「掌五兵、五盾」者，車步異便，險易異形，攻守異勢，所用兵有長短，則盾亦異焉。故兼掌而辨所用，然後可戈盾可頒授建設也。物謂良苦，等謂長短、輕重，上士、中士、下士所服之等也。如王之旅賁故士所受，虎士所執，貳車、乘車所建，必其物之尤良者，故辨以待之，而司戈盾亦曰「掌戈盾之物」也。

及授兵，從司馬之灋以頒之。及其受兵輸，亦如之；及其用兵，亦如之。

司馬之法，謂兵器良苦之等，缺失備用之數，授受之所，共事之人皆是也。注謂師、旅、卒、兩人數所用多少，失之矣。用兵，注謂出給守衛，亦非也。出給守衛，當在授兵之列。謂之「用」者，其諸弓矢、斧鉞之賜及斬殺罪人之兵，臨用而後出給者與？

## 司戈盾

祭祀，授旅賁殳、故士戈盾；授舞者兵亦如之。

戈殳，司兵之所掌也。而復列是職者，盾所以衛，豈擊刺之戈、殳司兵授之，擁衛之戈、殳則與盾而並授與？　司兵授舞者兵，此職於其時止授戈盾也。

軍旅、會同，授貳車戈盾，建乘車之戈盾，授旅賁及虎士戈盾。

授旅賁者惟殳，授故士、虎士者惟戈，何也？近衛王者惟用短兵。司兵職：「建車之五兵。」則長戟二矛已建於乘車、貳車之上矣！不言受兵輸，與司兵互見也。此職有府，則盾與殳、戈不宜復輸於司兵。　兵車及旅賁、虎士之戈，皆以爲衛也，故司戈盾掌之。古書每以干戈並稱。春秋傳：「狄卒皆抽戈盾冒之，以入於衛師。」豈非一衛一刺相備而不相離者與？

及舍，設藩盾。

此職獨無大喪廞藏之文，以戈則司兵廞之，盾則司干廞之也。

## 司弓矢

中春虧弓弩，中秋獻矢箙。

稾人：弓、弩、矢、箙皆春獻素，秋獻成。此中春始獻弓弩，何也？稾人所掌，幹材也。秋合三材，則弓弩之形制成矣。故書其等而入功於司弓矢。矢箙既成，則工事無所加，故遂獻之。弓之形制既成，而寒奠體，冰析灂，春被弦，功乃訖，故至中春始獻之也。稾人職所謂「獻」者，工獻於稾人也。此所謂「獻」者，獻於王也。弓弩之工未訖，稾人已試之而行誅賞，何也？形制既成，則可被弦而試之矣！繼槃施漆，既試而後終事焉耳。

凡矢，枉矢、絜矢利火射，用諸守城、車戰；殺矢、鏃矢用諸近射、田獵；矰矢、茀矢用諸弋射；恒矢、痺矢用諸散射。

鄭注：恒矢之屬軒輖中，又謂前後訂，其行平。非是。辨見考工記矢人。

天子之弓合九而成規，諸侯合七而成規，大夫合五而成規，士合三而成規；句者謂之弊弓。

注、疏之説，諸儒多病之。康成之蔽，蓋由必以規爲圓，以句對直，而不知弛弓雖甚勾，必不能合三而圓，而規之義亦不必定爲圓也。周語規方千里。注：規，畫也。戴記：「其規爲有如此者。」注：規，度也。揚雄法言：蕭規曹隨。説文：規，有法度也。不聞皆以圓訓。按考工記：凡爲弓，以形體之短長，分爲上中下三制，又必因其君之躬，志慮、血氣，九合而成規，謂既度其形體，又度其志慮、血氣而審擬六材之齊量以合之，合之至於九，然後規制可定耳。遞降以至於士，猶必三合。若不三合，則必句弊而不可用矣。每見弊弓久不用，則或句於近簫之兩端。或句於隈，皆由其合材之始，未嘗再三審度耳。築氏爲削，合六而成規，詳見考工記解。

澤，共射椹質之弓矢。

大射以貍步張三侯，不以及遠爲賢也。此用椹質，豈合士於澤宮以考藝，則并校其力之强弱與？

大射、燕射，共弓矢如數并夾。

獨言「大射、燕射」者，射者多，無定數，必如數而共弓矢。若賓射惟諸侯與，耦數有定，所共弓矢亦有定，故不言也。

凡師役、會同，頒弓弩各以其物，從授兵甲之儀。

弓矢有利攻守者，有利車戰、野戰者，有利射豻侯、鳥獸者，有利射甲革、椹質者。師則或攻或守，或車戰或野戰；役則田獵；會同則射豻侯、甲革，故各以其物頒之。司兵授兵從司馬之法，故頒弓矢從授兵之儀也。

田弋，充籠箙矢。

平居無禮射之事，所佩矢有數，不必滿箙。軍旅則籠箙之外多備以防匱乏，詩「交韔二弓」、「束矢其搜」是也。惟王之乘車及田弋，則充其籠箙而止。

## 稾人

書其等以饗工。乘其事，試其弓弩，以上下其食而誅賞。

書其等者，材有良苦，必使上工爲其良，下工爲其苦也。乘其事者，工有敏鈍，敏者所作必多，鈍者所作必少也。饗工但以其等之大凡，至試其弓弩，則良苦之中又各有巧拙，多少之中又各有堅瑕，或上工而偶有疏失，或下工而時得精堅，必辨之至晰，而後食可上下耳。

## 戎右

詔贊王鼓。

軍旅、田役，贊王鼓者，大僕也。戎右衛王，兼持馬推車，恐無暇助王擊鼓，蓋詔王鼓兼詔大僕贊也。凡王鼓，大僕皆贊，獨軍事別使戎右詔贊者，師之耳目在右御，御心一於馬，察敵之可而作士之氣惟右專之，故使詔焉。觀長勺之戰，公將鼓而曹沫止之，齊師三鼓，沫曰「可矣」，則詔君鼓者宜車右。駁者別有戎僕，蓋駟乘而居鼓下。

## 齊右

凡有牲事，則前馬。

不曰「王式」，而曰「凡牲事」者，齊行不出朝廟、宫庭，舍牲事無式也。於道右曰「王式則下前馬」，而此不言「下」者，王乘則持馬，行則陪乘，齊右之職也。有牲事則王式而車不行，右已下持馬，不必更言下矣。

## 道右

詔王之車儀。

車儀獨道右詔者，朝夕燕出入之儀既習，則祭祀、會同、賓客加謹焉耳。惟戎車之儀異常，如玉藻「戎容暨暨」之類。故戎僕别掌之。

## 大馭

掌馭玉路以祀。及犯軷，王自左；，馭馭下祝。

右下持馬，故王自馭。

凡馭路，行以肆夏，趨以采薺。凡馭路儀，以鸞和爲節。

工歌肆夏，則路行緩，而鸞和之鳴疏；工歌采薺，則路行疾，而鸞和之鳴數。故馭者既知肆夏、采薺，爲行趨之大略；又必審聽鸞和之節，然後車馬之儀與工歌相應也。

## 戎僕

犯軷，如玉路之儀。凡巡守及兵車之會亦如之。

郊壇至近，且犯軷，則以田以鄙，國外會同，皆犯軷可知。獨言巡守及兵車之會，舉遠也。巡守乘革車，與朝覲、會同異者，王出畿，則武衛宜嚴也。

掌凡戎車之儀。

注謂衆兵車，易氏被遂以步伐止齊之儀實之，非也。其然，則上文所掌倅車之政具矣。儀與政不同，戎僕身在王車，安能偏察衆車之儀？蓋掌王凡在戎車之儀耳。行道、按壘、禱戰、誓師、鼓進、受愷各有儀法，故以「凡」該之，道右掌詔王車儀，在師中，則戎右之任重且繁，故使戎僕掌之。

## 道僕

掌馭象路，以朝夕、燕出入，其灋儀如齊車。掌貳車之政令。

曰「朝夕燕出入」者，謂朝夕視朝，及或以燕遊出入也。大馭齊僕，無掌副車之文，蓋祭祀、饗食皆在廟，無所用副車也。朝夕視朝，亦不宜有副車，此掌貳車之政令，豈謂燕出入與？郊祀宜有副車，而不言者，王出宫，則副車必從，不待言也。

## 田僕

掌馭田路，以田以鄙。

以鄙，省耕斂也，蓋以鄉遂爲限。

令獲者植旌，及獻比禽。

比禽，謂比次所獻禽，種物各相從，且别其上殺、中殺、下殺也。

# 周官析疑卷之三十

## 校人

凡頒良馬而養乘之：乘馬一師四圉，三乘爲皁，皁一趣馬；三皁爲繫，繫一馭夫；六繫爲廏，廏一僕夫；六廏成校，校有左右。駑馬三良馬之數；麗馬一圉，八麗一師；八師一趣馬，八趣馬一馭夫。

養之事，如良馬師圉校多，芻秣異等之類。乘之事，如齊道、戎田，德力毛足，各有所宜之類。注謂趣馬下士，馭夫中士，則僕夫上士，疏以序官有馭夫、趣馬、圉師而無僕夫，因疑校人所屬，別有僕夫，而文闕。後儒又謂即五路之僕，似俱未安。大馭、戎僕各二人，皆中大夫，與小宰、小司馬爵同。即齊僕下大夫二人，亦不宜下兼廏馬。以事理推之，道僕、田僕，上士皆十有二人，更番代御，無事之日多，故左右二校各以六人兼攝，與天官內司服、縫人職之女御，即取諸御叙於王之燕寢者略同。經不特文以見其爲道僕、田僕，何也？序官馭夫與二僕相次，而列於校人之前，則僕夫即道僕、田僕，亦可見矣。蓋有事則道僕、田僕御王車，馭夫御貳車，無事則分掌廄繫其職同也。若趣馬則專掌芻養之節，故列校人之後，而爲官中之屬。注謂校有左右，則良馬每種四百三十六匹，不知此計兩廄所容馬數耳。非謂每種數必齊同也，蓋物雖有五，而用之則止四事。若齊道、戎田，各有定數，而分二廄，則種馬一類，安所用之哉以事理推之？王之齊路、道路及副車、從車出入宫庭，更番駕脱，數不過百，至玉路惟共郊祀，則其用尤稀。三者必以種馬之德優者充之，其餘皆以供戎田之用耳。田以習戎，自軍帥及親者、貴者之車，皆宜用種馬，使更番調習。至於軍旅、會同、巡狩，則四路皆從，加以戎路、廣車、闕車、蘋車、輕車之萃，其數當十倍於齊馬、道馬。春秋傳：楚之游闕從在師中者四十乘。由是觀之，齊馬、道馬並駕玉路者，合之尚不足以充二廄，其餘種馬各分散於戎馬、田馬諸廄之中以領之。而六校十二廄，皆良馬也。注謂六馬各一廄，則駑三倍，非二廄所能容，而於經文别言駑馬而無僕夫，亦不可通矣。注以一種之數三之，爲千二百九十六匹，本無可疑。而群儒多謂駑馬宜三倍於五種之數，非也。古者軍旅之馬皆丘甸自具。卿、大夫兵車各有定賦，良馬五物，惟以駕王之乘車、貳車、從車耳。其任載則有牛車，有人輦，駑馬所共，不過畿内小吏單騎及役車之用耳。取於千二百九十六匹之中，綽有餘裕矣。三倍於五種，何所用之哉？古今事實不同，不可不究也。

天子十有二閑，馬六種；邦國六閑，馬四種；家四閑，馬二種。

舊説諸侯有齊馬、道馬、田馬，大夫有田馬，各一閑，其駑馬皆分爲三，但諸侯不應竟無種馬、戎馬，特所畜不多，故合種馬、齊馬爲一種，戎馬、田馬爲一種，家則良駑各一種耳。初試爲大夫者，畜馬止一乘，等而上之，雖十倍，止四十四耳。百乘之家，據其采地所出言之，私家安得有馬至八百六十四匹之多也？況大夫出聘、私覿之馬，公家具之。經特言天子邦國與家等殺之大概耳。

凡馬，特居四之一。

陳氏謂牝牡雜，則不可以駕，此謂養馬時。不知牝牡共槽棧，亦蹄齧不可養。惟注三牝一牡，欲其乘之一性相似爲近。然果爾，則經文當曰「凡馬乘匹，牡居四之一」，其義乃著。以近代之法證之，民間所畜多牝馬，其牡駒則扇九而存一以爲特，以非扇雖單騎亦難控制也。況欲服之驂之而齊其任乎？先王愛物之政，則扇三而存一。對扇而言，故不曰「牡」，而曰「特」也。所存之特既少，則通淫時，以一特將三牝，義亦可以該矣。見於詩者，戎車、田車、使車皆用四牡，則玉路、齊路、道路可知。漢時閭閻聚會，不乘字牝，則國馬雖駑，亦無取牝之義。疑十二閑皆牡馬也，其牧地所畜之馬則宜數倍於此。取爲犧牲，則地官之牧人掌之。犧牲亦不用牝。以禮賓客，及國使之幣馬，則旋以庾人所教之駣補之。若公馬止於十二閑所畜，則每歲幣馬必耗其半，或三之一矣。且遊牝時，三倍於特之牝，將於何取之哉？

夏祭先牧，頒馬攻特。

攻特之説，先鄭得之。若縶維使不得乘匹，則春執駒是也。扇馬必於爲駒時，謂氣血易長而不傷，既乘匹而後扇，則有不能全活者，而性不若駒之良；竟不扇，則終不可乘用。故廋人攻其爲駒者，而校人於通淫後并攻其特。

秋祭馬社，臧僕；冬祭馬步，獻馬，講馭夫。

臧僕，謂即於馭夫内，書其善者，以補道僕、田僕之闕。至齊僕，必上士清直久著，乃升爲下大夫。大馭戎右，則才德出衆，然後任焉。

飾幣馬。

諸侯來朝，王賜車服，必以馬從，又或加賜有馬，而以幣將，皆校人飾之也。疏據覲禮，王勞侯氏以璧，謂王家遺人無庭實，非也。覲禮最略，未至王郊以前，禮皆闕，必已見於春朝、夏宗也。賜車服之後繼之曰「重賜無數」，安知重賜中無馬與？幣以前見於春朝、夏宗，而無庸覆舉乎？經云「幣馬」，乃據覲禮所未詳，而斷爲有幣而無馬，固矣。

凡將事于四海、山川，則飾黄駒。

大宗伯職：玉及牲幣，各仿其方之色。疑止據四望、五嶽、四鎮、四瀆之正祭而言。若行過山川，及崩竭而有祈禱，其地或在偏隅，間於二方，故並用黄駒，以地之色統之與？

凡軍事，物馬而頒之。

文不承毛馬之後者，自飾幣馬至共幣馬，皆齊色也。詩曰：「路車乘黄。」書曰：「布乘黄朱。」是幣馬必齊色也。詩曰：「駟鐵孔阜。」又曰：「四黄既駕。」是田馬亦齊色也。遣車之馬以芻靈，則同色不待言矣。六月之詩曰：「比物四驪。」謂物既比而色又齊，見馬之盛也。牧野之師用四騵，蓋君所乘，其餘則皆齊力。

等馭夫之禄、宫中之稍食。

「宫」，當作「官」，字誤也。他職有府、史，此更有師、圉之屬，故以官中該之。與秋官士師掌官中之政令同義，不得爲宫。若春官小胥序宫中之事，則義不得爲官。詳見本職。

## 趣馬

掌贊正良馬。

同曰「良馬」，而其性質血氣於五路各有所宜，用非其宜，則當正之趣馬朝夕拊馴，知之審矣。故校人辨六馬，必使贊正焉，所以下無匿情，事無遺便也。

## 牧師

凡田事，贊焚萊。

山虞、澤虞職無焚萊之文，而蒐田有火弊，則焚萊者虞人可知矣。曰「凡田事」者，王時田而外，甸、稍、縣、都宜蒐獸之地，應不禁其焚萊，牧師通掌畿内之牧地，具知其宜焚之處，故凡田者皆受令於山澤之虞，而又使牧師贊焉。野人若無所稟而焚萊，則司爟有罰矣。

# 廋人

掌十有二閑之政教，以阜馬，佚特、教駣、攻駒。

先王制禮，馬將乘匹，則佚之而不任；人將娶妻，則止於外而不使：皆所以盡人物之性。

正校人員選。

廋人下士，而使正校人員選者，每閑二人，則趣馬、馭夫、僕夫，才智可以相長，性質各有所宜，知之審矣！與趣馬之得贊正良馬同義。或疑廋人所正惟師圉，趣馬以上之員選，不宜轉使廋人正之；且謂漢以刺史察郡守，明以御史糾督撫，乃後世防姦之術，非先王禮意。然詳考五官，如司士詔爵詔禄，内史以八枋詔王治，司會掌典、法、則以逆邦國、都鄙、官府之治，宰夫掌百官府之徵令，上及正與師小司徒頒教法，鄉大夫以六卿承而受之，當官行法不問尊卑，政教之所以無壅，黜陟之所以不枉，實由於此，何獨於廋人之正員選而疑之？

## 圉師

射則充椹質，茨牆則翦闔。

以其習於莝草，故使充椹質，習於爲庌，故使翦闔，椹質宜以木爲之，而空其中，以知草實焉。蓋古者射有襄尺井儀，必以草充質，然後矢之貫質者始能如樹。群儒謂盤草爲質，非也。甲革、椹質，取貫堅也。而以草盤，則義不可通。

## 職方氏

掌天下之圖，以掌天下之地。辨其邦國、都鄙、四夷、八蠻、七閩、九貉、五戎、六狄之人民，與其財用，九穀、六畜之數要，周知其利害。

山師、川師所辨之利害，謂設險之要害也。土訓、誦訓所道地慝、方慝，謂惡物污俗之害也。知其害則利可興，開道通津，則疆圉之利也。除惡革污，則禮俗之利也。職方通掌九畿，必周知之，然後封守可定，政教可頒。

東南曰揚州，其山鎮曰會稽，其澤藪曰具區，其川三江，其浸五湖，其利金、錫、竹、箭，其民二男五女，其畜宜鳥獸，其穀宜稻。

周起西北，去東南絶遠，故首列之，以志風教之所暨也。吴楚有道後服，無禮先强，終周之世爲禍災於中夏，故職方所記，以險遠爲先。　鎮者，其山高大，爲一州之望，若能鎮壓之也。水瀰漫而灘淺、草盛者曰「藪」；窪下而鍾水，可以爲陂灌溉者曰「浸」。會稽在浙江紹興府東南，具區即禹貢震澤，今所稱太湖也。三江，岷江、松江、浙江也。岷江雖發源於梁州，而入揚州之界，則合安、池、宣、昇、潤、真諸州之水而環其北，松江合嘉、湖、蘇、常諸州之水居其中，浙江合衢、徽、嚴、杭諸州之水在其南。揚州之川，未有大於此者。五湖無考，既列具區，則以太湖旁五湖當之。非也。　九州男女之數，所以皆可凡數者。司民自生齒以上皆書於版，而諸侯歲獻民數，則按籍可稽矣！所以具列於職方者，男女偏多、偏少之地，所以差其徵役，紀其作業者，政教不得而同也。

正南曰荆州，其山鎮曰衡山，其澤藪曰雲夢，其川江、漢，其浸潁、湛，其利丹、銀、齒、革，其民一男三女，其畜宜鳥獸，其穀宜稻。

顧景范曰：「衡山在湖廣衡州府衡山縣西，雲夢在湖廣德安府城南，江水發源四川成都府茂州西北之岷山，歷梁、荆、揚三州，至今南直揚州府海門縣東入海，漢水發源陝西漢中府沔縣西嶓冢山。至湖廣漢陽府城東北入江，潁水發源河南府登封縣東陽乾山，至南直鳳陽府潁州潁上縣入淮，湛未詳。今河南汝州境内有湛水，潁湛本在禹貢豫州之域。」

河南曰豫州，其山鎮曰華山，其澤藪曰圃田，其川滎、雒，其浸波、溠，其利林、漆、絲、枲，其民二男三女，其畜宜六擾，其穀宜五種。

「潁」、「溠」二字，疑傳寫互譌。豫州當曰「潁波」，荆州當曰「湛溠」。鄭注似不可破。

正東曰青州，其山鎮曰沂山，其澤藪曰望諸，其川淮、泗，其浸沂、沭，其利蒲、魚，其民二男二女，其畜宜雞、狗，其穀宜稻、麥。

顧景范曰：「沂山在青州府臨朐縣南，孟諸在河南歸德府虞城縣，禹貢屬豫州，淮水發源河南南陽府唐縣東南桐柏山，至江南淮安府安東縣東北入海，泗水出兖州府泗水縣東陪尾山，至江南淮安府清河縣南入淮，今名南清河，沂水出青州府莒州沂水縣西北雕厓山，至淮安府邳州南入泗，沭水出臨朐縣沂山，至淮安府安東縣西入淮。」

河南曰兗州，其山鎮曰岱山，其澤藪曰大野，其川河、泲，其浸盧、濰，其利蒲、魚，其民二男三女，其畜宜六擾，其穀宜四種。

顧景范曰：「岱，泰山也。在濟南府泰安州北，大野在兗州府濟寧州鉅野縣東，河從西域崑崙山，至陝西西寧衛積石山，乃入中國，歷雍、豫、冀、兗四州之域，東北入海，今從東南合淮入海，濟水發源河南懷慶府濟源縣西王屋山，至山東濟南府濱州利津縣東入海，亦曰大清河，盧水在濟南府長清縣西廢盧縣境，濰水出青州府莒州西北箕屋山，至萊州府濰縣東北入海，禹貢屬青州。」

正西曰雍州，其山鎮曰嶽山，其澤藪曰弦蒲，其川涇、汭，其浸渭、洛，其利玉石，其民三男二女，其畜宜牛馬，其穀宜黍稷。

顧景范曰：「嶽山在陝西鳳翔府隴州南，弦蒲在隴州西，涇水出陝西平涼府城西南笄頭山，至西安府高陵縣西南入渭，汭水出弦蒲藪東北，歷平涼府境，至西安府邠州長武縣而合於涇，渭水出陝西臨洮府渭源縣西鳥鼠山，至西安府華州華陰縣北入大河，洛水出慶陽府城東北廢洛源縣，南流合漆、沮二水，至西安府同州朝邑縣南入渭。通典曰：洛即漆、沮也。」

東北曰幽州，其山鎮曰醫無閭，其澤藪曰貕養，其川河、泲，其浸菑、時，其利魚、鹽，其民一男三女，其畜宜四擾，其穀宜三種。

顧景范曰：「醫無閭山在遼東廣寧衛西，貕養在山東登州府萊陽縣，在禹貢宜屬青州，菑水在濟南府淄川縣東南，時水在青州府臨朐縣西。」

河内曰冀州，其山鎮曰霍山，其澤藪曰揚紆，其川漳，其浸汾、潞，其利松柏，其民五男三女，其畜宜牛羊，其穀宜黍稷。

顧景范曰：「霍山在今山西平陽府霍州東南之三十里，爾雅秦有揚紆，此屬冀州未詳。漳水有二，濁漳出山西潞安府長子縣西發鳩山，清漳出太原府平定州樂平縣西南少山，至河南彰德府臨漳縣西合焉。其下流復分爲二，或從北直河間府獻縣合滹沱河，或從山東東昌府館陶縣合衛水。汾水出太原府静樂縣北管涔山，至平陽府蒲州滎河縣西入大河潞水，闞駰曰即濁漳也。今潞安府城西南二十里，濁漳經焉，土人猶呼爲潞水。通典曰：潞河在密雲縣。即今北直順天府境白河也。」春秋傳載晉所兼國曰狄、揚、韓、魏，又曰邘、晉、應、韓，武之穆也。揚爲晉所兼，豈邘亦在冀州之域，以音同而誤紆與？

正北曰并州，其山鎮曰恒山，其澤藪曰昭餘祁，其川虖池、嘔夷，其浸淶、易，其利布帛，其民二男三女，其畜宜五擾，其穀宜五種。

顧景范曰：「恒山在北直真定府定州曲陽縣西北，昭餘祁在太原府祁縣東，虖池水出太原代州繁畤縣東北秦戲山。至北直河間府静海縣北小直沽入海，嘔夷水出山西大同府蔚州靈丘縣西北高是山，一名唐河，至北直保定府安州北，合於易水。淶水在保定府易州淶水縣東北，亦名北易水。易水在保定府安州城北，名南易水。」　群儒謂周分梁州以入雍豫，蓋據禹貢華陽黑水惟梁州，而職方華爲豫鎮。其實非也。雍、梁西境，並以黑水爲界。雍州東境際河，故於梁州舉華陽，以示二州南北以華山爲界耳。蓋梁之北境，遥與華山之南相對，非其地直接華山也。王氏應電謂梁州未歸化者甚衆，故周公以共職貢者分屬荆、雍、豫三州，而不及以政教者不入職方。亦非也。周南德化，首被荆、梁，而雍、梁接壤服屬尤親。牧野之師庸蜀、盧、濮皆從，故以附王畿而爲枝輔，與虞夏都冀，遂併營幽於冀同義耳。　職方列舉九州所利之物産，與禹貢有無、多寡不同，何也？禹貢詳邦國之貢物，而職方則閭閻所利賴，四民所恃以爲生，其義各異也。

凡邦國，小大相維。王設其牧，制其職，各以其所能；制其貢，各以其所有。

相維，如相朝、相聘、相賸、相弔，救烖恤患，及奉王命以討有罪之類。　觀此經，則大行人六服所貢，各主一物，乃入見時所貢，而非歲貢之常可知矣。

王殷國亦如之。

注：王不巡守，則六服盡朝，謂之殷國。據上經曰「王將巡守」，此曰「王殷國亦如之」，似巡守與殷國爲二事耳。不知王將巡守，則戒於四方，先期之事也；王之所行，先道而巡戒令，在途之事也。既至方岳而殷國，則亦如先期之戒令辭事相承。即此可徵殷國即巡守時事，鄭氏偶未達耳。

## 土方氏

以辨土宜、土化之灋，而授任地者。

土宜、土化之灋，皆以土之淺深、剛柔、燥濕，風氣之寒燠而異，故土方氏辨之。

## 懷方氏

掌來遠方之民，致方貢，致遠物，而送逆之，達之以節。

疏：方貢謂六服諸侯，非也。九服之貢，皆大行人致之。此曰「來遠方之民」，則非貢使明矣。蕃國之民，以貨物交易者。或貢其方物，亦不拒也。政職以聚百物，故設此官。

## 合方氏

除其怨惡，同其好善。

李光坡曰：「此官皆柔遠人之事。除其怨惡者，禁土著豪强爲商旅患。同其好善者，彼此地産交相好善，則貿遷者利其息。故其文承通財利、同數器、壹度量之後也。上懷方氏來遠方之民，此官達其道路，以濟其不通也；懷方氏致遠物，此官爲之均調，使樂往來也。」

## 訓方氏

正歲則布而訓四方，而觀新物。

四方之政事有得失，上下之志有異同，既以告於王，則必褒嘉而飭正之，故正歲布以爲訓也。觀新物，則利於民用者，可使四方仿效之，所謂「無者使有，利者使阜」也。若作無益、割有益，則禁絶之，所謂「靡者使微，害者使亡」也。　司徒之屬有誦訓，而復設此職者，誦訓所掌，獨其國故事。此則周知其國政、人心、俗尚，而使王知所以紀其政教也。誦訓所掌獨巡守之事，而此則布訓於四方也。惟此職所誦四方之傳道，即誦訓所道「方志」，蓋此職采而達之，而後誦訓道之。司徒所布於邦國者，教典之常也。此所布之訓則因其國政、人心、俗尚之，有偏而矯革化誘之者。

## 形方氏

掌制邦國之地域，而正其封疆，無有華離之地。

華，析也。離，麗也。地勢應屬此國，而披於他國，則在此爲華，在彼爲離，而統攝難，争端起矣，故正之。

使小國事大國，大國比小國。

諸侯不和多起於疆埸之争，故事大比小，政教多方，而獨繫此職之末。

## 山師

掌山林之名，辨其物與其利害，而頒之于邦國，使致其珍異之物。

名山、大澤不以頒，其餘山林、川澤仍頒之於邦國，特使王官遥掌之，而致其珍異之物耳。原師掌辨丘陵、墳衍、原隰之名物，乃以建國邑，與山師、川師之職異，故不言所致之物。又原隰皆穀土，無珍異之可致也。　珍異之物，或爲常貢，可充祭祀之好羞者。或非常之物，如玉足以庇嘉穀，珠足禦火災，及藥物可療疾病者，不可必得有則致之，非貴異物而以爲玩好也。

## 邍師

掌四方之地名，辨其丘陵、墳衍〔二〕、邍隰之名物之可以封邑者。

封，建國也。邑，制都鄙也。五土獨掌其三者，丘陵、墳衍皆有穀土，可計賦以建國邑、山林、川澤之小者，則因其封域，計其穀土，相其形勢，而頒之以爲阻固焉。　山師、川師、邍師與地

〔二〕「墳」，原作「檳」，今據周禮注疏改。

官虞衡、閭師之職同，而事之所主則異：閭師所掌者任地；而遼師則封國建邑，以辨其疆圍；虞衡所掌者，作山澤之材；而山師、川師則辨利害，以爲設險守國之本。蓋五物、九等國邑、封域雖總於司徒，而制畿、封國則司馬之職，故特設職方、形方以專掌之，而山師、川師佐焉。邦畿之外，五地土壤，達於四海，閭師不能悉辨也。故設遼師，與山師、川師、司險掌固聯事，而聽於職方，以定城郭、溝涂、樹渠之分界也。

## 匡人

掌達灋則，匡邦國而觀其慝，使無敢反側，以聽王命。

法則，冢宰所建，而使司馬之屬達之，且觀其慝，所以警不聽命者。達法則遂足以匡邦國者，使其國之臣皆稟王朝之法；都鄙之吏皆守王朝之則，諸侯雖欲反側而勢不能行矣。

## 撢人

掌誦王志，道國之政事，以巡天下之邦國而語之；使萬民和説而正王面。

正王面，所謂四面而内鄉也。匡人達法，則而邦國之臣皆凜承乎王吏；撢人誦王志，而天下之民皆内鄉於京師：此先王養諸侯而兵不試之道也。齊魯之衰，民不知君，而陪臣各固其私，以成篡奪之漸，則知止邪於未形，周官之所慮遠矣！

## 都司馬

以國灋掌其政學，以聽國司馬。

政若諸子、宫伯掌固之所掌，學若大司樂之所掌，是即所謂「國法」也。都家、士、庶子之政學，一以王國教胄子之法治之，以聽國司馬者，有軍事則聽於諸子，有守政則聽於掌固也。

家司馬亦如之。

此謂家司馬，雖以家臣爲之，而平時掌戒、令、政、學，用國法，有事聽於國司馬，一與都司馬同也。或以春官序官家宗人如都宗人之數例之，謂此職之文與序官各使其臣以聽於國司馬互錯。求以事理之實，決不可通。蓋都家、宗廟、社稷及都邑四時之常祀，與天神、地示、人鬼、物魅之特祀於冬、夏日至者神示，謂分星、山川之祀。人鬼，謂因國前哲之祀。皆同。故上士二人，中士四人，不得與都異。若夫士、庶子、衆庶甲兵之數，則雖卿之小都，視家衆亦四倍焉。故上士、中士外，增設下士八人，正以所統者衆耳。若移職文於序官，則土地、人民僅四分之一，而官徒則同，不惟無所用之，且將何以供億乎？移序官各使其臣以聽於國司馬於本職，則戒令、政學不能該，而各使其臣義亦無所着。序官所以云爾者，正以見地狹人少，故王朝不别設官，而各使其家臣領之。與都宗人異耳。

李光坡曰：「大司馬掌邦政，以兵事爲主，故凡兵甲車馬之政、隸御僕從之官、九州邦國之形勝阨塞要害皆屬焉。兵事以賞罰爲主，故首司勳。兵莫重於馬，故馬質次之。政莫重於地，故量人次之。次以小子羊人者，祭祀之事也。繼以司爟者，火政兵事之要也。設險守固制勝於未形，故掌固、司險次之。候望譏察，籲勺群慝，故掌疆、候人、環人又次之。挈壺氏三軍之耳目，故又次之。射以武事而備禮樂，自天子以至庶人皆習焉，故射人次之。服不氏、射鳥氏、羅氏掌畜，皆因射而及之也。司馬辨論官材，司士佐之，六官之師旅得其人，則六軍之將帥得其任。諸子之治國子，司右之治戎右，皆此意也。自是以下至圉人數十職，則詳衛王之政，虎賁、旅賁夾衛王車，節服以衛王車而及之也。方相氏以衛室神而連類及之也。大僕、小臣、祭僕、御僕、隸僕，王之出入起居，皆擁衛於前後左右，故次之。王車有五路，乘車之冕弁各有宜，故弁師次之。車中甲、兵、戈盾、弓矢具，故司甲、司兵、司戈盾、司弓矢、繕人、槀人次之。戎右、齊右、道右爲車右者，所謂勇士也。大馭、戎僕、齊僕、道僕、田僕、馭夫御車者，所謂僕夫也。馬以駕車，校人、趣馬、巫馬、牧師、廋人、圉師、圉人皆馬官也。不次於馬質之後者，馬質專掌買馬以備軍馬之乏。凡馬之政教皆校人司之也。職方、土方、懷方、合方、訓方、形方以及山師、川師、邍師、匡人、撢人，皆所以周知天下之土地形勢，山川、林澤、原野之險易，而施訓道匡正之法，所以銷兵於未形，止亂於未萌也。都、家司馬以國法掌其政學，以聽於國司馬，故以是終焉。」

# 周官析疑卷之三十一

## 秋官司寇第五

刑官之屬。

遂士、縣士、方士皆別設官，而鄉士即用司寇之屬士者，所受國中之獄訟，其治在國中也。諸官皆上士八人，中士十有六人，以給官中之事，而司寇之屬士獨兼受國中之獄訟者，諸官之事紛，秋官則所掌惟獄訟，而四郊之獄訟，鄉師聽之，而後達於鄉士；遂之獄訟，遂大夫、遂師聽之，而後達於遂士；公邑、都家之獄訟，守士者聽之，而後達於縣士、方士，其獄辭皆已定矣。其上達，則士師察其辭，小司寇附其法，大司寇斷而行其令，故司寇之屬士雖使兼受國中之獄訟，而不患其不暇給也。四官之事，有司分治之，使官中之士兼之，則侵官也，則離局也。司寇聽獄訟，群士司刑皆在，各麗其法，獻其議。雖他人所上獄訟，亦公聽而共成之，則雖使兼受國中之獄訟，而非侵官無離局也。且四郊之獄訟，鄉師聽之，必內達於鄉士者，以獄之成必取決於司寇也。國中之獄訟無外訴於鄉師之理，故使司寇之屬士受之。觀此類，則聖人精義致用之學見矣。

遂士。

疏謂遂士兼主六遂中公邑之獄訟，非也。其職曰：「各掌其遂之民數，而糾其戒令。」則不兼公邑明矣。上獄訟於國，司寇聽其成，書其成，與聽獄訟者至都家始有異文，則甸、稍、縣、都之公邑並掌於縣士可知矣。縣士職與鄉士、遂士無異文，以其爲王朝之吏，而所掌公邑耳。遂之士倍於鄉，何也？鄉地近，耳目真，遂則稍遠，而獄訟之達也遲，所以聽其辭而察之者，尤不可以不詳。六鄉、六遂各七萬五千家，其争訟不附於刑，有地治者自斷之，則達於司寇者宜無多，而鄉設上士八人，遂設中士十有六人，以主聽而辨察焉，蓋惟恐不得其情也。

縣士。

家、稍、縣、都之公邑大不過縣，故掌四等公邑之獄訟者，以縣名官，宅田、士田等在鄉郊者，亦宜爲公邑，而知不掌於縣士者，四郊地陿，其爲邑也微，且其田多公、卿、大夫、士以及庶人役國事者受之，其有獄訟，必近就國中，而取決於鄉士明矣。公邑之貢賦，載師執其總，而遂人令之，遂師征之，以入於大府。師役，則遂人令之，邑長致之，遂人帥之，以聽於司徒。功事，則遂大夫戒之，歲終令會政致事於小司徒，以達於治官獄訟，則主縣士以達於司寇。知縣師所徵野之賦貢惟家、稍、縣、都者，以九賦有家、稍、縣、都而無公邑，則知統於邦甸。又鄉遂、公邑之貢賦掌之者，乃閭師、遂人、遂師也。知縣士所掌獄訟，兼六遂中公邑者，以遂大夫雖兼掌凡爲邑者之政令、功事，而所聽惟遂之治訟也。知遂人、遂師職所謂「野」乃公邑者，以遂人職既曰大喪致六遂之役，而又曰「凡事致野役」也。

方士。

自甸、稍至縣、畺，皆有公邑，其獄訟紛綸，故縣士四倍於鄉士，三倍於遂士。都家至衆，而方士數較少者，都家之長各與其士定議附法，方士受其成而已。

職金。

秋於五行爲金，其用斬刈、鐫刻爲多，故屬秋官。

掌囚。

掌囚僅用司圜下士之數，徒亦減四之一，而無胥。蓋拘囚以待刑殺，棲止有定，耳目易周。若罷民則施以職事，所以稽其業緒，糾其争鬭，防其遁逸者，尤不可以不詳。故士有加徒有加，而又有胥以董其徒，惟恐其不能改而致屏遠方，或出圜土而入於大辟也。

罪隸。

古者罪人不孥，而盜賊之子女不宥，以姦宄之人或不顧父母兄弟，而皆知愛其妻子故以是累其心，又使其妻子畏懼警戒而毋動於惡也。

貉隸。

四翟之隸皆慕義而來，願留中夏者，故因其能而各任以事。謂之「隸」者，王宫宿衛宫伯所掌士庶子也。旅賁，皆命士也。虎賁所掌，謂之「虎士」，必粗知道藝而有異於胥徒者，故於司隸所掌稱隸以别之。春秋傳，人有十等，隸班在六，非甚賤也。盜賊之子，亦使班於四隸者，非其身之惡也；不使列於齊民者，恐其習爲匪僻也。

布憲。

大司寇布刑於邦國、都鄙，與大宰、司徒、司馬同，而特設布憲，以表懸於四方邦國，何也？治教政之有更易者，以簡書布於君長，有司承令布治、施教、敷政，則不患幽隱之不達矣。獄情萬變，刑章有因事而增減者，有隨時而輕重者。自漢唐至元明，刑律常有增設。若官吏知之而民氓不聞，則陷入者多矣。故使王官持旌節以表懸，所以宣播道路，聳四方之觀聽也。若小司寇所謂「宣布於四方，憲刑禁」者，則專指畿内而言。蓋曰「群士」，則爲鄉士、遂士、縣士、方士明矣。此職曰「誥四方邦國及其都鄙」，則爲畿外可知。畿内地近，仲冬以後，刑獄尚有不宜留者，故夏之正月始布懸之。布憲則自侯衛達於四海，故四方分出，以子月巡行，至寅月表懸始徧也。

禁殺戮。

下士二人，豈能司察畿内之私相殺戮者？其職曰「以告而誅之」，蓋既立專司，則怨家及守涂地之人皆得以告也。其不以有地治者掌之，何也？有地治者專司治教，所聽不過其地之民訟地訟，必附於刑而後歸於士。此職所掌，傷人見血，攘獄遏訟，皆大違法禁。以刑官掌之，則輕者誅罰，重者即歸於士，然後姦民畏法而不敢輕犯耳。

禁暴氏。

職所列皆禁於未然之前，使欲爲淫非者不得逞，故官名「禁暴」。

野廬氏。

國野之道，廬宿候館委積，皆隸於地官，而刑官掌其幾禁，蓋守涂地者，雖得宵人，必歸於士，而後可正其罪。以刑官掌之，則隨時隨地可以搏執、撻戮，而禁令無壅矣。凡事物之禁，皆屬刑官，職此之由。

司寤氏。

盜賊、姦宄多乘夜竊發，故以刑官司寤。王畿至廣，而所設僅下士二人、徒八人者，守涂地者各有夜士干掫，司寤氏不過詔之以禁禦耳。人皆寐而獨寤，分時以令干掫，然後閭閻得安寢也。

司烜氏。

易曰「日以晅之」，荀本作「烜」。取火於日，故以「司烜」名官，不必易爲熤。秋氣最清，取水於月，當秋倍明潔。凡祭祀明水之用爲多，故屬秋官，而並掌夫遂，以共明火也。明水可積日而取之以待用。若祭之日，夫適沈陰，必不能取火於日。豈亦當秋陽正烈之日，傳火於荆薪，畜之以待更然，故於司爟之外别設此職，而禋祀五帝之明水火必大司寇奉之與？

條狼氏。

韓愈文有荒不除，義遵注、疏，但此職掌王公之趨辟、師中之誓命絶無道除不蠲之義。蓋令野脩道者遂人，巡道脩者遂師，則除不蠲，乃彼二職事也。當以鄭氏鍔之説爲正。注所謂「狼扈道上」，亦可通，乃賈疏失其意耳。春秋傳「扈民無淫」注：「扈，止也。」古者雖君出，不預止行者，偪近而後辟之。狼戾之人或慢止道上，而不肯早辟，故使八人先路，執鞭以辟之。

冥氏。

猛獸且晝多伏藏，設弧張，爲阱獲，每以暮夜昏冥之時而得之，故以名其官。

穴氏。

害人之物莫酷於猛獸，故首冥氏，以攫噬莫之能避也。蠱毒次之，其發較遲，而死傷則一也。穴氏又次之，雖摯獸而伏藏，遭之者尚希，翨氏已下，則無關於軀命矣。

薙氏。

柞氏、薙氏通言攻木殺草之法，蓋掌苑囿、山林及公家園圃之官，而使民取法焉。知然者，以掌凡攻木殺草之政令也。陳氏汲專主苑囿，義已不該，而謂山林自有虞衡掌此，則誤矣。二職絶無柞、薙之事，薙氏下士僅二人，而柞氏八人，正以兼掌山林、園圃，攻木之事繁多耳。

翦氏。

蠹物雖無傷於人而害甚廣，故先之；貍蟲雖螫人而遇者希，故後之。

銜枚氏。

大刑以征伐，銜枚氏所掌，本軍旅、田役，而旁及道路之嚻譁，故屬秋官。大祭祀，謂郊壇亦禁道喧也。

伊耆氏。

戴記伊耆氏始爲蠟，制葦籥、土鼓，亦猶隸首造數、容成造曆、蒼頡作書之類耳。

大行人。

賓客之事，而掌以刑官之屬，何也？鄉飲酒義：「天地嚴凝之氣，始於西南，而盛於西北。」賓者，以義接人者也。又古者天子之於諸侯，迎送、揖讓皆以賓主之禮。和之過，則慮其無辨，故以刑官掌之。詩曰：「彼交匪紓，天子所予。」又曰：「彼交匪敖，萬福來求。」蓋必其道各盡，而後君臣之恩義可常保也。

掌訝。

設官之數與訝士同，以賓客四面而至，送逆之事必偕也。府、史、胥、徒則省半焉，蓋以訝士兼受四方之獄訟。

掌交。

小行人辨五物，各爲一書，以反命於王，則巡觀侯國而究察之明矣。而復設掌交以巡邦國，何也？掌交積日累月，以得其禮俗、政事、利害、順逆、饑穰、苦樂、悖逆、和親之迹，然後小行人之出，可周諮詢度，按實而別其類也。小行人四人，二人留治官中事。當巡行之歲，二人分出所至之國，淹留不過旬日，非平日具得其事迹，安能倉猝而立定乎？

掌察。

掌交之末，備列九稅、九禮、九牧、九禁、九戎之論，則所以馭邦國者畢矣。掌察以下七官，皆馭都家之法也。其職曰「掌察四方」，謂王畿四面之都鄙各以二人掌察也。（方士掌都家獄訟，亦每方四人。）蓋官中之刑獄，則層累而察之者精矣。其禁令，則分掌而察之者詳矣。賓客之禮事，無所用其察。至於六服之國，治教、禮政、刑事之大者，則王及六官之長貳察之；其民情、土俗之小者，則行夫、小行人察之，無爲別設一官。且其事紛放，亦非中士八人所能坐察也。所察宜主官吏之賢愚、禄爵之當否，蓋都家之賦貢，則掌貨賄之所司；祭祀、禮俗、刑賞、田役，則朝大夫之政令，都則、家則之職守具矣。

掌貨賄。

此掌都家列於九賦之貨賄也。蓋天官之勾稽、供具，地官之政教、禁令，施則於都家，使遵守之無所用王官，而其農田之所入，或留爲委積，以待賑發；（見遺人職。）或輸於王朝，以待九式。（見大府職。）其餘職之貨賄、財物，亦或輸王朝，或留本邑，宰夫所考群都、縣鄙之財用是也。其存貯也，則有燥濕、朽蠹之虞；其出用也，則有調發、轉移之節。故每方各設下士四人以掌之，以備或留而鈎考，或出而巡視也。司貨賄宜屬地官，而設於秋官，何也？貨賄出納，乾沒抵冒，姦蠹易生，以刑官之屬掌之，隨時糾結捕治，所以懾威姦宄。

朝大夫。

此職府、史之下，有庶子而無胥，何也？世禄之家鮮克由禮。其有敕令事故，非胥、徒所能呼召也，故即用都家之庶子供胥之役。庶子列府、史下而别無胥，故知供胥之役。蓋以胥掌事，恐都家之子弟或有拒違；以都家之庶子爲之，則細民奉法惟謹矣。朝大夫朝夕聽事於王朝，故庶子從而治叙焉。其徵令，則使徒達之。都家之司馬，掌士、庶子車馬、兵甲之戒令，而設胥如他職，何也？軍政也，師都且親帥焉，豈慮其玩忽乎？傳曰：盡小者大。治周官者當於此類求之。

都則。

八則雖頒，而遵守之誠、奉行之善不可以不辨也，故設職於都家以考之。朝大夫必朝夕王朝，而後可聽事以達政令。都則必分置於其國，家亦式焉，而後可守典以覈僭差，事各有宜也。

都士。

治職、教職絶無治都家之官，以治、教二典王畿侯國所通行也。禮樂、征伐、威福必自天子出，不惟諸侯擅命，必加九伐，即卿、大夫之私邑，亦必使王官掌之。故春官則設都宗人、家宗人，夏官則設都司馬、家司馬，而獄訟放紛，既設方士於王朝，又設都士、家士，與有地守者共治之，所以謹其操柄，以防冒濫也。刑官之屬設於都家者，較禮職、政職爲多，然列職八而闕者蓋五焉。其故何也？都家之禮樂、刑政，皆以王官掌之，乃聖王安上全下之至德要道，而衰世之人情不便也。是故諸侯放恣，封域并兼，經界改易，惡民之疾其暴亂也。宮室崇侈，車服僭逾，恐民之議其悖傲也。而司空之職亡，軍制擅增，車徒毁列，惡民之怨其殘逞也。而小司馬、輿司馬、行司馬之職闕。逮至齊、晉、魯、衛、宋、鄭，皆有强家逆臣，貢賦自專，刑威自斷，惡民之知有君也，而掌察、掌貨賄、都則、都士、家士之職闕，惟方士之上獄訟、朝大夫之達政令，則田氏未篡、三晉未分已前，亦不能盡廢其故常。且君不能專決，而於己無害也，故二職之籍猶未去耳。禮職之無闕，何也？禮之大經迹難盡泯，所惡於害己者，乃條理之精詳而不可逾越者耳。禮典所載，皆大經也。其條理之精詳者，則具在司空之籍矣。群司馬之職亡，而大司馬班爵禄之籍亦亡，而孟子猶聞其略，比類以觀，則知惡其害己而去其籍，乃百世不易之定論矣。秋官卿、大夫、上士共三十三人，而中士、下士四百有二人，蓋位卑，則不敢怙勢以枉人職分，乃易於悉心以體物也。王氏與之謂：先王議事以制，不爲刑辟，無取乎書契之藏，秋官之府不宜多至七百餘人。非也。惟獄訟之要不得不詳具而久藏。蓋上下比罪，不可無考於前；聽斷失中，尚或有反於後。故都家獄訟之成，士師並書其聽獄訟者，而況司盟之載書，司約之約劑，大司寇所獻之民數，士師所掌合聯之簡稽荒辨之法，大小行人、司儀、掌客所掌賓客之禮籍，小行人所獻六服邦國之事書，視五官已倍加。且朝大夫、都則、都士每國而有之，府安得不再倍於諸職哉？聖人制法，非求以事理之實不可妄議也。

# 周官析疑卷之三十二

大司寇之職：掌建邦之三典，以佐王刑邦國、詰四方。

刑邦國，即下經用三典於三等之國，蓋以刑邦國之民。若諸侯之不率者，則九伐施焉，非五刑所及也。既曰「刑邦國」，又曰「詰四方」，蓋詰四方邦國之用刑，而不率三典者，大宰以刑典詰邦國，即此義也。

三曰刑亂國用重典。

如酒誥「群飲，汝勿逸。盡執拘以歸於周，予其殺」是也。加刑於新國、平國、亂國之上者，明制在王朝布刑於邦國之時，即別異輕重而酌其中也。如無畫一之法以限之，即邦國諸侯驕暴、昏懦者或徇私任性以爲輕重。群儒謂刑邦國之諸侯，誤矣。

以五刑糾萬民。

糾有約束之義，示以所尚，而不用命者刑隨之，則如木之從繩，而無不可矯正矣。

四曰官刑，上能糾職。

大宰官刑以糾邦治，則所糾乃有位者，司寇官刑以糾萬民，則所糾乃庶人在官者。

五曰國刑，上願糾暴。

曰「野」、曰「鄉」、曰「國」，非以地别之，以事别之也。水土力役之政，野刑也，故曰「上功糾力」。不孝、不友、不睦、不婣、不任、不恤，鄉刑也，故曰「上德糾孝」。吏之作姦、民之爲暴、勢家之滅義，國刑也，故曰「上願糾暴」。雖國中、野外之人所犯鄉刑也，則以鄉刑弊之，餘刑皆然。

劉氏彝謂國刑爲典禮之刑，蓋據注以暴爲恭。不知義亦不可通，蓋變禮易樂，革制度、衣服，則九伐之所施也。亂名改作，殺無赦者也。至於祭祀、賓客，序事以賢。即小有過差，不宜遂麗於刑。且禮典不可云尚願，失禮而有訶責，不可以爲國刑。群儒以五刑附治、教、禮、政、事五典，義皆穿鑿難通。王氏應電專以市言國刑，非也。糾之者，市官之外，禁殺、戮禁、暴萍氏等官皆有事焉。

凡害人者，寘之圜土而施職事焉，以明刑恥之。

民罷於作業，則必放僻邪侈，而有害於人。寘之圜土，欲其困而悔也。施以職事，欲其勞而思也。

其能改者，反于中國，不齒三年。其不能改而出圜土者，殺。使知改，則終可安其生；不改，則無所逃其死。姦宄之民舍此無以革其心，雖周公制法，亦不得不出於此。反其鄉里，而曰「中國」者，使終不改，則當屏之遠方也。

以兩造禁民訟，入束矢于朝，然後聽之。

注：造，至也。不至則是自服不直，非也。無論所訟虚實，未有被訟而不自質辯者。果自知不直而不至，爲吏者當致其人，平其事，而後可以息争，未有置而不聽者。蓋造者，作事之端；兩造者，各陳其致争之由也。書曰「兩造具備」，則不可以至訓明矣。曰「禁民訟」者，或事端微細，或曲直顯然，則立使解散，而不復致於朝也。陳從王曰：訟獄者多挾一偏之情，與其證佐以求伸。及各陳其事由，各出其約劑，則虚誣難揜，立可解散。故必合兩造、兩劑，然後聽之，而不主先入之言，徇一人之私，則將不敢挾其一偏而致訟獄，故曰以曰禁。

以兩劑禁民獄，入鈞金，三日乃致於朝，然後聽之。

訟，是非可立決者也。兩造具備，則曲直可判矣。獄，遲久而後決者也。或負財物，或背昏姻，其約劑有真僞，佐證有存亡，未可以一言而決。必致於獄，然後其罪可定。故所入加重，又緩其期，然後聽之。舊説以罪相證，非也。以罪相證，無緣有兩劑。若官司所守，彼此争執，則各於其長訴之，附於刑而後歸於士。臨川吴氏謂：「必入束矢、鈞金，則貧者無所赴愬。」未通考周官獄訟之法故也。國中之獄訟，鄉師聽之；六遂之獄訟，遂師、遂大夫聽之；公邑之獄訟，爲邑者聽之；市及門關之獄訟，市師及質人聽之。附於刑而後歸於士，都家之獄訟，都家之士與其長成之，大者方士達之，小者方士主之，又有肺石以達惸、獨、老、幼，尚慮其無所赴愬乎？其造於大司寇而求伸者，必事久變生。情有詐僞，辭無佐證，雖具兩造而無所徵，雖執兩劑而未可憑，如書所謂「單辭」、記所謂「有旨無簡」者是也。古之聽獄訟者意論輕重之序，而刑故無小，辨法而不信則刑之，辟藏而不信則刑之，故使入矢以明直，入金以示信，重與之要而不肯息，則視常法必有加焉。所以使不直不信者，懼罪之重而私伏，故曰「以禁民訟」，以禁民獄也。其或聽之而終不得其情，則又有盟詛之法，而徵之以鄉里，臨之以鬼神，蓋聖人親歷情僞之變，法有所窮，不得已而立法外之法，以警人心、明天理。吴氏不究其端委，而勇於立異，過矣。方道章曰：「以兩造禁民訟，以兩劑禁民獄，謂兩造、兩劑之不具者禁之，使不得訟獄也。若兩造、兩劑具備，則有地治者與質人、司約立聽而立斷之，非大司寇所職也。」

以嘉石平罷民，凡萬民之有罪過而未麗于灋而害于州里者，桎梏而坐諸嘉石，役諸司空。

張自超曰：「此曰『未麗於法』，則圜土之罷民，爲已麗於法者可知矣。圜土之罷民曰『害人』，是實有被其害之人，此曰『害於州里』，則頑嚚、酗肆爲州里所患苦耳。」

重罪，旬有三日坐，朞役；其次九日坐，九月役；其次七日坐，七月役；其次五日坐，五月役；其下罪三日坐，三月役；使州里任之，則宥而舍之。

五家以近相保，此更遠及二千五百家之州，何也？五家相保，使糾察於平時也。其過失、邪惡尚未形，故曰「有罪奇衺，則相及」。嘉石、圜土之罷民則過失、邪惡已成矣。懼其暫求自脱而不能悛，非比偶之民所能制也，故使其有司任之。閭胥、里宰實掌撻罰，任之而不改，則鞭朴加焉。傲很怙終，可復於州長而投竄之，故不曰「保」，而曰「任」，蓋使有地治者任其責耳。必如此，然後邪惡之民無遁情。若以任爲相保之義，則二十五家之里且不能相保，況二千五百家之衆哉？曰「州里」者，於鄉舉大，於遂舉細也。

以肺石達窮民，凡遠近惸、獨、老、幼之欲有復于上而其長弗達者，立于肺石三日，士聽其辭，以告于王而罪其長。

斷獄、弊訟者，大司寇也，乃散見於群士，而本職無列焉，何也？圜土、嘉石，所以禁於獄訟未成之先，而閉其徑塗，鈞金、束矢，所以謹於疑獄、疑訟，而防其變詐。肺石以達窮民，又所以警有地治者與職聽之士而懲其枉橈也。蓋使民無訟，其本原固在於「皇建有極」，「章志、貞教」，而止惡於未萌，明清於單辭，董正諸司，乃大司寇之職，至於職斷不失，則群有司之事耳。此本職無一言及於獄訟之義與？

正月之吉，始和布刑于邦國、都鄙，乃縣刑象之灋于象魏，使萬民觀刑象，挾日而斂之。

刑典每歲和布，不惟科條有增損，即諸侯之國有由新而爲故、既亂而復平、先平而後亂者，其典之輕重必隨時變易，乃得其中也。

凡邦之大盟約，莅其盟書而登之于天府；大史、内史、司會及六官皆受其貳而藏之。

邦之大盟約有或背之，則征討必行，六官皆有事焉。故並藏其貳，又使邦人及諸侯，知所約之必不可犯也。

凡諸侯之獄訟，以邦典定之。凡卿、大夫之獄訟，以邦灋斷之。凡庶民之獄訟，以邦成弊之。

此侯國有争訟，非九伐之法所及也，故以邦典定之。如疆埸之争，則所犯教典、政典也；昏姻相負，則所犯禮典也；川防之閉縱，則所犯事典也：本無輕重一定之法，必隨事而酌定之。卿、大夫之獄訟，以八法斷之者，官職之不舉、官聯之不會、官常之不脩、官成之不守、官法之不遵、官刑之不當、官計之不實，國有常刑也。若卿、大夫而有土地、財物之訟，亦當以八成弊之。

王氏應電曰：「或謂邦典即大司寇『建邦之三典』，邦法即小司寇之『八辟麗邦法』，邦成即士師『掌士之八成』。此似是而實非也。三典以刑邦國之民，非所施於諸侯。八議通乎上下，豈止於卿、大夫？八成以斷庶民之獄者爲多，而士師之八成則以除姦慝，而非以斷獄訟。不若舊説爲安。」

大祭祀，奉犬牲。若禋祀五帝，則戒之日，莅誓百官，戒于百族。

既總言「大祭祀」，又特舉「禋祀五帝」，豈凡祭祀之戒誓大宰、小宰掌之，司寇不莅，惟祀五帝，即事於郊野，其事尤嚴，故兼使刑官之長莅之與？小司寇及士師職皆特舉「祀五帝」，蓋刑官之正貳及考皆從，而蹕者又其屬。聖人慮事之詳如此。

及納享，前王，祭之日亦如之。

此職及太宰皆納享後繼言「祭之日」，則納享非謂享牲也。按特牲饋食禮，祭之前夕，宗人視壺濯及豆籩，然後視牲，舉獸尾告備，舉鼎、鼏告絜。請期牲與鼎同時而告，次日乃殺牲，則納享爲納享牲之鼎、鑊明矣。蓋祭前一夕之事終於納享。曰「納享，前王」，則知視濯、視牲，王皆親之矣。太宰納享、贊王牲事在視滌濯之後，而小宗伯省牲在視滌濯之前，何也？小宗伯乃省牲，非視也。蓋「毛六牲，辨其名物而頒於五官，使共奉之」，小宗伯之職也。前期小宗伯省其當否。祭之前夕，王出視牲，然後五官共奉之，舉獸尾以告備，舉鼎、鼏以告絜耳。

大軍旅，莅戮于社。

觀此，則知古之軍法，雖臨陣對敵有不用命者，亦執而歸於士師，使群士聽其情、傅其罪，然後司寇莅戮於軍社也。蓋大宗伯不與軍事，大司馬巡眂六軍而不帥師，則大司寇必爲軍帥，而戰之日不得莅戮於社明矣。將在軍，雖君命不受，而不得專戮，何也？軍刑至重，恐倉卒中或過出無心，或情有抵冒，故必歸於士師，明徵其辭而後司寇莅戮。先王以哀敬之心制刑辟，惟恐其或有枉橈也。凡軍旅，鄉師「戮其犯命者」。所治者，徒役、輂輦。其犯命者，戮不過鞭朴。士師「禁逆軍旅與犯師禁者而戮之」，則附於五刑者皆掌焉。至大司寇、小司寇所莅，則必斬殺之刑，其餘刑則士師莅之也。蓋凡斬殺、刑戮乃掌戮專職，而士師又曰「戮之」，則從司寇以莅大辟，而餘刑則自莅可知矣。春秋時，軍帥亦不事刑殺，而聽於司馬。牽之戰，韓厥將斬人，郤克將救之，是也。至唐李光弼河陽之戰，群帥少却，即趣左右取其首，乃危急存亡之秋，非此不能使人致死。功雖奇，非常法也。漢唐以降，軍帥權重，得先斬而後聞，積威所劫，雖挾以叛逆，不敢不從。然後知軍刑必歸於司寇，政有本統，乃萬世無弊之道也。此亦古者軍將即用六卿之證。若王不親行，則小司寇莅焉。

## 小司寇

掌外朝之政，以致萬民而詢焉，一曰詢國危，二曰詢國遷，三曰詢立君。

司徒掌萬民，而使刑官致之者，三者皆國之變事，以刑官莅之，則進而陳其憸謀、退而動以浮言者不禁而自戢矣。其不以大司寇，何也？其職擯而叙進，以傳語，王與六卿並聽之，秋官之長不得獨失其列而爲擯也。

其位：王南鄉，三公及州長、百姓北面，群臣西面，群吏東面。小司寇擯以叙進而問焉，以衆輔志而弊謀。

臣莫尊於三公，故北面以答王。親民之官莫尊於州長，故帥百姓而位三公之後。若鄉大夫，則六卿也。雖監臨六鄉，而不與民治，宜西面以帥群臣。觀此而鄉大夫以六卿攝，鄉老以三公攝，益明矣。使别設鄉大夫而非六卿，即帥百姓者宜鄉大夫，而不宜以州長。注、疏乃謂鄉大夫在公後，義不可通。

以五刑聽萬民之獄訟，附於刑，用情訊之，；至於旬乃弊之，讀書則用灋。

群士、士師所議，既附於刑，小司寇復用情訊之，記所謂「悉其聰明、致其忠愛以盡之」也。書者，所書犯法之由，即獄辭也。讀之而囚無不服，衆以爲宜，然後法可用。

凡命夫命婦，不躬坐獄訟。

注引春秋傳「王叔之宰與伯輿之大夫坐獄於王庭」，明國君不坐獄訟，使其臣代之。若大夫自有獄訟，亦不躬坐，當使其屬若子弟代之也。

凡王之同族有罪，不即市。

掌囚、掌戮職，凡有爵者，皆刑殺於甸師氏。而小司寇及甸師職，獨舉王之同族，何也？其法本爲同族設，而有爵者視焉，故司寇、甸師職第舉其法之所自始，而掌囚、掌戮職乃並詳其事之所兼及也。

以五聲聽獄訟，求民情。

吕刑「惟貌有稽」以色包耳目、辭氣，此以聲包色氣、耳目也。蓋或貌變，或聲變，則餘必從之。聲以辭言，而辭不足以盡聲。不直而巧辨者，辭雖不屈，而聲必有異，則聲聽乃色氣、耳目之樞紐也。

以八辟麗邦灋，附刑罰。

邦法中本無此八議之法，故以麗之。既曰「麗邦法」，又曰「附刑罰」者，以八等人之刑應末減者著於邦法之中，弊罪時，得權衡其彼此之輕重、低昂，而附之於刑罰也。

三曰議賢之辟。

賢而罹於法者，如僨軍、喪邑之類，或阨於事勢，而非其罪也。

聽民之所刺宥，以施上服，下服之刑。

三訊並用，而要以民爲斷者，所訊取於民，乃其情之實也。蓋民之所共白而以爲可宥者，末減可也。其不可宥者，則權其情罪之輕重，而施上服、下服之刑，即吕刑所謂「上刑適輕下服，下刑適重上服」也。司刺言「三刺」、「三宥」、「三赦」，而此不言赦者，凡宥必酌於民言，若幼弱、老旄、惷愚之應赦者，不必訊於民而後得其情也。

及大比，登民數，自生齒以上登於天府。内史、司會、冢宰貳之，以制國用。

周官「登於天府」者四。民數則冢宰、司會貳之者，以制國用也。内史貳之者，執國法、國令之貳，以逆會計也。賢能之書獨内史貳之者，以詔王廢置、爵禄也。盟約之書六官皆貳者，邦之大盟約若有畔者，則禮樂、征伐不行於天下，六官皆有責也。大史、内史、司會復貳之者，大史掌約劑，内史掌八柄，其有會同、征伐，則財用、計要，司會之所職也。獄訟之登不書其貳者，自鄉遂、都鄙之吏達於群士，群士達於士師，小司寇訊而弊之，大司寇聽之，士師受中而致於下，書之者不一而足矣。第登中於天府，以示罪皆天討，而無事復書其貳也。三年則天道凶豐之數，至此齊矣。公私出入之經，上下可較量矣。民之少者則已壯，未老者則及老矣。故大比之，而凡受田、歸田之令，或征或舍之差，耕三餘一之法，民數有稽，則國用可制也。

古者四民之中，農居八九，其餘男女、貴賤，無一人不在九職所任之中，故計民數，即可以制財用。後世遊民衆多。凡賦皆出於田，故陸贄論兩税之弊，謂先王制賦，以丁夫爲本，不以務穡增其税，不以輟稼減其租，則播種多；不以植産厚其徵，不以流寓免其調，則地著固；不以飭勵重其役，不以窳怠蠲其庸，則功力勤。自明以來，百工之役、丁夫之役皆歸田畝，而千百萬游民終其身無一日庸於公，無絲粟入於國，於先王懲游惰、恤農重穀之道若背馳矣。

凡禋祀五帝，實鑊水，納亨亦如之。

注以實鑊水在納亨之前，謂洗解牲體。似未安。蓋鑊非一，或以爓水，或以亨牲，此實鑊水，蓋爓水之鑊，以備王與尸之盥，及沃牲去毛之用。二事必異鑊。及納亨，則所實惟亨牲之鑊耳。割牲事褻，故使內、外饔執之，而小司寇實水以致敬焉。益鑊水者，士師。其職曰「祀五帝」，則沃尸及王盥洎鑊水，則不得專主亨牲明矣。謂洗解牲體，則失之愈遠。牲去毛以熱湯，既體解，則實於鑊而後加水。

大賓客，前王而辟。

朝覲、會同，大司寇前王，此不曰「朝覲、會同」，而曰「大賓客」，何也？蓋正舉朝覲、會同之禮，其事特重，且或舉於嶽狩及會師之地，故必大司寇親之。小司寇前王，則饗食、燕飲行於廟及寢者，故以賓客言之。

凡國之大事，使其屬蹕。

大司寇職：凡邦之大事，使其屬蹕。小司寇職：凡國之大事，使其屬蹕。何也？曰「國」，則事在國中；曰「邦」，則通乎畿内也。賓客而外，凡視學、養老、告朔、弔臨蹕於國中者，皆小司寇命焉。朝覲、會同而外，凡用事四郊、省耕、省斂以及巡狩、征伐王親在行，蹕於畿内者，皆大司寇命焉，故並以凡該之。

孟冬祀司民，獻民數于王。王拜受之，以圖國用而進退之。

民之夫家、老幼、鰥寡，鄉師、遂師、鄉大夫、遂大夫既以歲時登之，稽之，而復設司民於秋官，以登其數。至獻數於王，則不以司徒而以司寇者，必服教不罹於刑，然後爲天民之良，王始得而有之也。王氏應電謂：上經大比登民數一節當移屬於此。非也。司民定祀於孟冬，故三年大比之民數亦於是日獻，而此所獻則每歲之民數耳。三年大比，息耗之數多，可定國用之大凡，故曰「制每歲而計之」；則息耗之數少，故曰「以圖國用而進退之」。且上經言「制國用」，並未及「祀司民」，何爲移屬於此哉？

歲終，則令群士計獄弊訟，登中于天府。

獄已成辭而附於罪者，歲終則總計其數。訟之可立決者，則遂斷之也。王氏應電謂：下經命其屬入會乃致事，當繫於此，而以小司徒比證。非也。小司徒考治成，正要會，一時之事耳。而此職，則非一時之事也。獄訟弊於夏正之十月，則民得役公旬、營私室，以終歲事。而自群士之外凡所屬群吏，必至夏正之正月，然後一歲之事始畢而可致也。蓋天、地二官所考之治成、所受之要會，其事大抵相連，故可同時而考之、受之。秋官之事紛雜而各不相蒙，故於歲終專弊獄訟，於正歲乃會庶事，所以專一而致其詳耳。

正歲，帥其屬而觀刑象，令以木鐸，曰：「不用灋者，國有常刑！」

小宰職曰「觀治象之法」，見不獨懸其象，并書其法也。小司徒職曰「觀教法之象」，互文以備其義也。此職曰「觀刑象」，義具於前，則文可省也。小宰、小司徒職曰「徇以木鐸」，此變文曰「令」，何也？曰「徇」者，義主於警其人；曰「令」者，義主於達其語也。天官之屬皆在國中，地官之屬鄉大夫即六卿都鄙之長，則王子弟、公、卿、大夫也。遂及公邑吏雖不在國中，而總其事者有載師、閭師、縣師、均人、土均之屬，皆親觀教法，故義主於警，其人秋官之屬自鄉士而外，治在郊野、都鄙，勢不得盡去其治所而觀象於國中，故義主於達其語也。曰「令」，則可以該徇；曰「徇」，則不可以該令。

令群士，乃宣布于四方，憲刑禁。

大司寇既縣刑象於象魏，小司寇復令布縣，何也？縣於象魏，以示國中之民及民之有事於國中者而不能徧也。故正歲，小司寇又令群吏「宣布於四方」，而各縣於所治之地，與大司徒正月縣教象於象魏，而小司徒正歲又「令群吏憲禁令」同。惟小宰無正歲復縣之文，蓋治象之法皆不出於宫庭及國中。既帥群吏以觀之，又布於邦國、都鄙，則官守其法，民從其令，無事更表縣於其地矣。若刑之科條、教之禁令，必家諭而户曉，安得不表縣於其地，而使親民之吏更爲宣布哉？小宰獨以宫刑、憲禁於王宫，亦此義也。小司馬及司空之篇雖亡，而依類以測之，則師田之禁令皆及時而後行。小司馬宜無正歲憲禁之事，司空掌城郭、溝池、道路，作宫室、車旗、衣服，無時無事不有禁令，義當表縣。知然者，以禮典一成而不變，則春官並無和、布、縣、觀之法也。

乃命其屬入會，乃致事。

惟地官、秋官有入會、致事之文者，惟二官用財紛雜而纖細，必各會之以入於冢宰。若禮官、政官所用之財，則各有經式，冢宰、司徒之屬共之，不必其官自會也。惟二官之職事積日累月而成其案牘，或因於前其得失，有考於後，故歲終致之，而後冢宰聽焉。若禮事、軍事，則時過而事畢無可致也。　士師職正要會在歲終，憲禁令在正歲，則此經宜在「登中於天府」之下，錯簡也。

# 周官析疑卷之三十三

## 士師

掌國之五禁之灋，以左右刑罰。

曰「五禁之法」者，其法掌於士師，而遵法而施禁者，則六官之司旅也。備爲之禁，使民知少有傾側，則陷於刑罰，而謹凜以協於中，是謂「左右刑罰」也。

一曰宮禁。

曰「宮禁」，則凡事在宮中者皆具焉，不獨閽人所掌也。如宮正比次舍，則去守者有禁矣。糾德行，則奇衺者有禁矣。稽功緒，則淫怠者有禁矣。秋官禁暴氏司奚、隸之聚，而出入犯禁者有戮，又其顯著者也。至宮中之火禁，則宮正脩之；國中及軍旅，則司烜氏掌之；國失火野焚萊，則司爟掌之。蓋一事而通乎五禁焉。萍氏之幾酒、謹酒亦然，餘可類推。

二曰官禁。

朝士職「慢朝、錯立族談」，乃官禁之行於宫中者；司市命夫過市之罰，乃官禁之行於國中者。至宫正職所謂「去守」，宰夫職所謂「失財、用物、辟名」，則入於官刑，非禁之所及也。

三曰國禁。

凡司市所禁，皆國禁也，而郊野、都邑亦用之。司門幾出入不物，及財物犯禁者，其法聯於關市。戴記王制、郊特牲及月令所列法禁，皆可以是推之。

四曰野禁。

山虞、澤虞、林衡、川衡、卝人、迹人、囿人所禁，專行於野者也。野廬氏、蜡氏、萍氏、脩閭氏所掌，野禁爲多，而賓客、祭祀之禁則通乎國中。司隸守王宫之厲禁，而兼及野舍，餘可類推。

五曰軍禁。

銜枚氏禁無囂，本軍禁也。而通乎野之田役，禁嘂呼、歎鳴、歌哭於道者，本野禁也，而通乎國中。至尚書費誓所稱，春秋傳侵官、失官、離局亂行，乃軍禁之大者，而不見於經。豈四司馬之職亡，而今無考與？

皆以木鐸徇之于朝，書而縣于門閭。

刑則大司寇縣於象魏，使群士縣於所治而已；禁則書而縣於門閭，使婦人、孺子皆若耳提而面命焉。所以犯禁而麗於刑者寡也，猶司徒之教法，令群吏縣於所治之國而已。而辨穜稑之種與其所宜地，則使司稼縣於邑閭，皆聖人知周萬物之明法也。

以五戒先後刑罰，毋使罪麗于民。

以誓言之，費誓則戒之於先，秦誓則以戒於後；以誥言之，大誥則戒之於先，多士、多方則以戒於後：故曰「以先後刑罰」。

四曰糾，用諸國中。

祀五帝，大宰掌百官之誓，小宰掌七事之戒具以令百官府，五官之貳，正歲各帥其屬而觀所縣之法，所以糾庶官也。邦有大事，宫伯作上庶子，大司樂合國之子弟，春入學合舞，秋頒學合聲，所以糾庶士也。小司寇致萬民而大詢，所以糾庶民也。皆國中之事，野外亦有糾，而專言

「國中」，舉其大者多者。

五曰憲，用諸都鄙。

對國中而言，則都謂小都、大都，鄙謂鄉郊、公邑、甸稍也。小司徒令群吏憲禁令，小司寇令群士宣布於四方，憲刑禁，蓋通鄉郊、公邑、甸稍、縣都皆縣之，誓用於軍旅者，賞罰用命不用命，必出矢言，使知必行也。誥用於會同者，宣諭以禮義，然後衆志可通也。禁用於田役者，田矜能而艷利，役惜力而冒功，最易犯令也。國中用糾者，其民聚，可合致而申警之也。都鄙用憲者，其地遠必分布而表縣之也。曰「用之於」者，以事言也；曰「用諸」者，以地言也。

掌鄉合州、黨、族、閭、比之聯與其民人之什伍，使之相安、相受，以比追胥之事，以施刑罰、慶賞。

族師之法，八閭爲聯，止於二族，而此經並舉州黨，何也？五族爲黨，黨之奇族有合於别黨者矣。五黨爲州，州之奇黨有合於他州者矣。至於鄉而數無奇零、聯無外合，故曰「鄉合州、黨、族、閭比之聯」也。族師職曰「相保、相受」者，所以教相受之人，使之相保而篤於恩義也。此職曰「相安、相受」者，所以糾所受之人使之相安，而止其衺惡也。族師合聯，軍政也，故刑罰、慶賞，合八閭而相及相共。此職言「追胥之事」，則相及、相共者多寡無定數，故第曰「以施刑罰、慶賞」，而不限以八間也。三代盛時，諸侯軌道，兵革不試，故坐作、擊刺寓於四時之田，慶賞、刑罰寓於追胥之比。蓋軍政不可以無警而弛，民氣不可使久安而怠也。

掌官中之政令。

諸官之司惟此曰「掌官中之政令」，何也？宰夫所掌，則通六官之事。鄉師分掌其鄉。肆師則掌禮事之小者，以佐宗伯。惟士師，則獄訟之上，察其辭以詔司寇；獄訟之成，致其令以付群士。凡官中之政令無不待之以定、由之以達者，故特文以著之。

掌士之八成。

曰「士之八成」，所以别於小宰之八成也。八者舊獄載在刑書，具有成法，群士守之，如春秋傳魯盟，臧紇召外史掌惡臣而問盟首是也。

一曰邦汋。

春秋傳：鄭伯來乞盟，蓋汋也。注：汋血而與之。爾雅：井一有水一無水曰瀱汋。集韻：汋，挹取也。其諸聚斂、掊克之臣浚民之生以虧邦本者，故列於邦賊邦諜之上與？

六曰爲邦盜。

注據春秋書盜竊寶玉、大弓，故以竊寶藏解之。但如竊邑外畔、殺國之大臣懿親及凡竊財貨者，皆盜也。

若邦凶荒，則以荒辯之瀍治之。

其歲之祲有等差，其地之民有衆寡，其民之困有淺深，其財之用有多寡，其事之施有緩急，故曰「荒辯之法」。

令移民、通財、糾守、緩刑。

移民通財，地官所掌，而又使刑官令之者，移民則慮有顛越不恭、暫遇姦宄者，通財而使刑官董之，則富者知必償而無匿財矣。

王燕出入，則前驅而辟。

燕出入，偶以遊讌出入也。恐奄寺或導以邪僻，及姦宄刑人竊發，故使刑官糾之，且示王不當數遊讌也。若宮中燕出入必從，則無暇理邦之刑禁矣。或以燕爲燕諸侯，則下經諸侯爲賓，蹕於王宮，已該朝覲及燕饗。蹕以禁止行者，辟則開道而使辟於旁，故官中、廟中則辟，王燕出入則辟。

祀五帝，則沃尸及王盥，洎鑊水。

小祝職：大祭祀，沃尸盥。小臣職：大祭祀，沃王盥。鬱人職：凡祼事，沃盥而祀五帝之沃盥，獨以士師共之，其鑊水則小司寇實之，士師增之。豈非以即事於郊野，刑官之正貳及司皆前後左右於王，以致其嚴而因使共近王之職事與？張子曰：節服氏郊祀有尸，不害爲稷尸。用此推之，凡有尸者，皆人鬼也。此經祀五帝有尸，五人帝之尸也。社稷有尸，社與稷之尸也。春秋傳：晉祀夏郊，董伯爲尸，鯀之尸也。虞夏傳：舜入唐郊，丹朱爲尸，嚳之尸也。儀禮：周公祭泰山，以太公爲尸。古者嶽瀆配公侯。國語：山川之靈足以紀綱天下，其守爲神。汪芒氏之君，守封偶之山者也。春秋傳：臺駘，汾神也。則亦爲人鬼之尸明矣。五祀有尸，行神則世傳爲黄帝之子，中霤門并户竈必始爲是者也。若迎猫、迎虎，則或以木禺芻靈，記亦未言以人爲尸。由是言之，非人鬼無尸決矣！

大師，帥其屬而禁逆軍旅者與犯師禁者，而戮之。

其屬，鄉士、遂士、縣士、方士、訝士也。旅帥卒長，即鄉遂、公邑、都家、邦國之有地治者。群士，即平時斷獄、弊訟之監司也。必與群士偕，然後無事而申禁，則其令明；有罪而傅刑，則其議當。

正歲，帥其屬而憲禁令于國，及郊野。

士師先令正要會，然後小司寇命入會，小司寇令群士憲刑禁，則士師帥而憲之。易刑禁爲禁令者，刑則大司寇所布，而小司寇令群士縣之者也。

## 鄉士

掌國中。各掌其鄉之民數而糾戒之。

掌國中，其治所在國中也。四郊之獄訟，鄉師聽之，而後達於鄉士。國中之獄訟，則鄉士自受之。國中四郊之民數，則並掌而糾戒之。　鄉士八人，注謂四人各主三鄉，恐未安。豈二人主國中，而六人各主一鄉，中士則四人主國中，而十二人分主六鄉與？

辨其獄訟，異其死刑之罪而要之。

既曰「聽其獄訟」，又曰「辨其獄訟」者，聽之以探其情，辨之以附於法也。凡争訟之附於刑者歸於士，則不附於刑者鄉師、遂大夫之屬已聽斷使解散矣。其附於刑者士又聽之，察之，辨之，旬而後政於司寇，其死刑則又别異其要，加審慎也。職聽於朝者，司寇弊訟斷獄，群士皆在，各麗其法，獻其議。而主六鄉之獄訟者，則鄉士也。遂士已下皆然。春秋傳：使王叔之宰與伯輿合要，王叔氏不能舉其契。

司寇聽之，斷其獄、弊其訟于朝；群士、司刑皆在，各麗其灋以議獄訟。

遂士縣士，治在郊野，而曰「群士、司刑皆在」，何也？遂士、縣士各以所治職聽於朝，方士各以所治上於國，則不期而會者日無虚矣。

獄訟成，士師受中；協日刑殺，肆之三日。

古者司寇行戮，君爲不舉，故必累犯法者，同日而刑殺也。

大祭祀、大喪紀、大軍旅、大賓客，則各掌其鄉之禁令。

大祭祀，喪者不哭，不敢凶服，禁也。汜埽反道，鄉爲田燭，令也。大賓客誅相翔者，暴賓客者，禁也。守涂地者聚欜，令也。餘可類推。

## 遂士

掌四郊。各掌其遂之民數，而糾其戒令。

遂士掌遂之獄訟，而治所則在四郊也。遠郊乃六鄉之地，而遂士居之者，近於遂，則民隱可聞。不遠於國中，則獄訟易達也。鄉士各掌其鄉之民數而糾戒之者，鄉大夫不與民治，故鄉士自糾戒也。遂士、縣士，則各掌其民數而糾其戒令。蓋戒令其民，遂大夫公邑吏之職也，遂士、縣士特糾之耳。

獄訟成，士師受中；協日就郊而刑殺，各于其遂肆之三日。

刑殺於郊者，就遂士之治所也。肆各於其遂者，與衆棄之，以懲其未也。

若欲免之，則王令三公會其期。

斷獄訟，惟刑官咸在，公、卿、大夫不與，必王有欲免之人，乃令會其期。

## 縣士

掌野。各掌其縣之民數，糾其戒令而聽其獄訟，察其辭。辨其獄訟，異其死刑之罪而要之，三旬而職聽于朝。

此職掌公邑之獄訟，縣師掌稍、縣、都之賦貢，而皆以縣名官，明公邑都家邑雖大，不得過二十五百家也。知此職所掌，惟稍縣畺公邑之獄訟者，甸之賦貢役事，皆兼掌於遂吏，遂師於徵遂之財征外，别入野職、野賦，遂人於致六遂之喪役外，凡事致野役，遂大夫於令爲邑者，會政致事外，戒凡爲邑者之功事，皆以兼公邑故也。稍縣畺公邑之獄訟，並以三旬而上，則甸之公邑以二旬爲期，而兼掌於遂士明矣。縣畺公邑去王都遠矣。而期以三旬，蓋惟恐保伍地傳，牽連而失業也。秦漢以後，大州、壯縣以數百里之獄訟，而決於一人。惟大盜、死刑，功令尚有限期。其餘户婚、田土之訟，有頓於州縣，逾時經歲而不決者矣，況郡守監司乎？是以前賢謂一州一縣之獄訟，非分其任、限以期，不可治也。

協日刑殺，各就其縣肆之三日。

公邑去縣士治所，或三數百里，刑殺於縣士之治所，而肆之於其邑，不勝其擾矣。遂之刑殺就郊，而肆之各於其遂，以遂本近於郊耳。此職曰「各就其縣」，「肆之三日」，明就其邑而刑殺，因肆之，與遂之刑殺就郊異也。其不曰「邑」而曰「縣」者，公邑本以縣名，春官司常，夏官大司馬，皆以縣鄙名公邑。但二十五家已上，皆得名邑。言邑，則疑各就其閭里。言縣，然後知所就乃邑宰之治所耳。

若邦有大役，聚衆庶，則各掌其縣之禁令。

不曰「邦有大事」，而曰「邦有大役」，何也？大祭祀、大喪紀自六遂無及焉。惟賓客、軍旅所道經，則通乎畿内。然其入也，必近王都，而後禮事繁；其出也，逾鄉遂，則事益簡。野廬氏掌道治，遺人、委人共委積、薪芻，公邑、都家不過埽除道路，守涂者聚欜而已。故自縣士而下不復言邦之大事，蓋賓客、軍旅所經，無所爲聚衆庶之事也。惟役事則公邑與鄉遂略同，而諸官無明文，故於此特見之，其不言致衆與役所致，何也？遂人職：「若起野役，則令各帥其所治之民而至，以遂之大旗致之。」則致衆者，遂人也。又曰：「凡事致野役，而師田作野民，帥而至，掌其政治禁令。」則致役於司徒者，亦遂人也。遂人職惟大喪稱六遂之役，則野役兼公邑明矣。縣士蓋兼掌其禁令耳，以其爲刑官之屬，故獨掌禁令而政治不與焉。

## 方士

掌都家。聽其獄訟之辭，辨其死刑之罪而要之，三月而上獄訟于國。

不言掌其民數者，其數自有都士、家士掌之。康成謂民不純屬王，非也。小司徒稽國中及四郊、都鄙、夫家九比之數，司民歲登下其死生，則刑殺所減之民數，鄉士、遂士、縣士歲以致於司民，而都家之士亦歲致於其長，而以達於司民可知矣。　鄉士、遂士、縣士皆聽其獄訟，察其辭者，鄉遂、公邑之吏雖以獄辭上，而未成議附法也。故親聽其獄訟，而察其所上之辭，都家之獄訟則已成議附法矣。故第聽其獄訟之辭而不復親聽其獄訟也。死刑之罪，獨曰「辨」者，以未嘗親聽其獄訟，辨之尤不可以不審也。　易氏祓謂第上獄訟於國，不必職聽。非也。群士、司刑皆在，而方士反不在乎？蓋都士、家士隨時而上獄訟之辭於方士，方士聽之。苟有未當，必復下於都家，核察而明辨之。必的然無疑，乃上於國也。縣士所掌公邑在縣畺者，亦限以三旬，而方士所掌在稍地者，寬以三月，正以不親聽獄訟而聽其辭，必遠其期，乃有往復駁議之隙耳。

司寇聽其成于朝，群士、司刑皆在，各麗其灋以議獄訟。獄訟成，士師受中，書其獄訟之成與其聽獄訟者。

不曰「聽獄訟」，而曰「聽其成」者，鄉師、遂大夫、遂師職皆曰「聽其治訟」，蓋以獄情直達於士，而不自附其法也。都家各有士以掌獄訟，必與其君定議附法，而後上於國，故變文言「成」，所以別於鄉遂、公邑之未成者。都家之獄訟，蓋質其成而犯者不與之俱，故方士第聽其辭，司寇第聽其成，書其成而已。蓋民訟以地比正之，慮牽連佐證者因此失業也。方士不言職聽於朝，何也？司寇聽其成，蓋獨聽方士所上之獄辭，而未嘗聽其獄訟也，則方士不得曰職聽於朝明矣。不言刑殺及肆之地，何也？曰「書其刑殺之成與其聽獄訟者」，則各就都家邑宰之治所可知也。不言方士之治所，何也？曰凡都家之士所上治則聽之，則方士待其治於國中，不待言矣。

凡都家之大事，聚衆庶，則各掌其方之禁令。

不舉邦事，而曰「都家之大事」，何也？專地與民，雖王朝徵役，亦止爲都家之大事，而其長又自有祭祀、喪紀、城郭溝池浚築之役，故以都家之大事包之。

以時脩其縣灋，若歲終，則省之而誅賞焉。

此縣師職之錯簡也。都家各有邑宰，其上有五大夫、兩卿，以佐其長，脩法而省之，以行誅賞，長及兩卿之事耳。不宜以屬方士。方士所掌，不過都士、家士所上獄訟之辭，其他土地人民之數、賦貢師役之稽、承祀興賢之典、讀法施禁講禮厲俗之宜，皆不與聞，何由遥制而脩之省之，以獨斷其誅賞乎？惟公邑，則其地狹，其吏微，無專制之長官，故賦貢役事，則兼攝於遂師、遂大夫，獄訟則兼攝於縣士，軍政則兼攝於縣師，而縣師掌地域、夫家、田萊、畜器以作衆庶，則賦貢、役事之達於遂師、遂大夫，一切治教之施於邑宰者皆可省之，而得其概矣。故使縣師脩縣法，省吏治，而行誅賞焉。

凡都家之上所上治，則主之。

都家所上獄訟之小事，不附罪者，方士自主聽斷。注謂告於司寇聽平之，非也。既曰「三月而上其獄訟於國，司寇聽其成」，而復設此文，何義哉？蓋鄉師、遂師、遂大夫公邑之吏，皆王官也，故獄訟之小者俾得自決。都家小獄訟雖其君與士共成之，而必取決於王官，然後政有本統。或謂：上治，猶上計，不專指小事；主之，謂據所上治廉察都家士之能否。益誤矣。計群吏之治者，冢宰也。獄訟之當否，司寇聽其成。書其名以待考覈，則非方士所得主明矣。

# 訝士

掌四方之獄訟，諭罪刑于邦國。

春秋以殺大夫爲亂王法，則士民之死刑皆邦國所專決也。設倒行逆施，以賊賢害民，何以制之？故設訝士，以掌四方之獄訟，使司政、典獄者有所忌也。然六服廣遠，王官遥制，無由得其情實，故據其所上獄辭而察之。其有刑罪不相附者，則諭之使更平反焉。

凡四方之有治于士者，造焉。

有治於士，宜兼士民枉橈而訴於王朝者。注專指邦國之吏讞疑辨事，尚未該。

四方有亂獄，則往而成之。

必往而成之者，就其地，然後可以刺群言，得情實也。

有治則贊之。

刑官中言「治」，皆指獄訟。群儒以爲有朝享之事，爲通於王。此大、小行人之職，與訝士無涉也。蓋其國之僕隸輿臺，有過失爭訟者，以在王都，不敢擅自治，故以聞於訝士，而訝士佐治之。

凡邦之大事，聚衆庶，則讀其誓禁。

邦之大事，不獨軍旅，大役、時田皆聚衆庶。誓禁不及賓客，恐其徒有犯者，故使訝士讀而爲之備。

## 朝士

掌建邦外朝之灋。左九棘，孤、卿、大夫位焉，群士在其後；右九棘，公、侯、伯、子、男位焉，群吏在其後；面三槐，三公位焉，州長衆庶在其後。

射人、小司寇、朝士所掌朝位各異，互備也。射人所掌，因射而朝之位也。孤、卿、大夫列於左右，故諸侯來朝而與射者，從三公北面以答王，群士卑不在列，小司寇所掌，大詢於國民之位也，故群臣、群吏分列左右，而州長及百姓從三公而面王，朝士所掌，則其事宜與外諸侯定謀者，群士從孤、卿、大夫之後，群吏從公、侯、伯、子、男之後，内外之别也。蓋必各舉其一，而法乃備，義乃明。

帥其屬而以鞭呼、趨且辟。禁慢朝、錯立族談者。

以鞭呼、趨且辟，所施於庶民、徒隸也。慢朝、錯立族談，惟此職見之，亦以有群吏、萬民。若司士、大僕所掌常朝，則禁地肅清，儀皆素習，無所用此禁矣。　祭祀、朝覲、喪紀皆宜呼辟，不獨大詢爲然。

凡得獲貨賄、人民、六畜者，委于朝，告于士，旬而舉之：大者公之，小者庶民私之。

大者公之，官收之以待求索也。若雞豚、劍帶之細，過時而不索，則失者已棄置矣。故使得者私之。曰「庶民私之」者，設士、大夫得獲，亦不私而貯於官也。

凡士之治有期日：國中一旬，郊二旬，野三旬，都三月，邦國朞。期内之治聽，期外不聽。

獄辭朝上即夕可斷，而群士職「聽於朝」，必各限以期日者，不惟容其辨察，乃懼或枉橈，聽其人赴訴而自申列也。若過期而後至，則恐别生變詐，而事端無窮，故以不治絶之。

凡民同貨財者，令以國灋行之；犯令者，刑罰之。

同貨財，即士師職所謂凶荒令民通財也。天灾流行，令民同貨財以相濟，而以國法行之爲責，其償與息則富者樂於出財，而民常不困矣。犯令，謂多取息，與能償而過期不償者，士師令之，朝士又令之，犯者加刑罰焉，所以使出者無顧惜，而貸者不敢背也。先鄭謂司市爲節以遺之。凡商賈皆以節行，不必同貨財也。

凡屬責者，以其地傅而聽其辭。

此謂身亡，而親屬執傅別以責者，蓋或妻子輭弱，或族屬疏遠，欺其不知，故抵冒也。若轉責使人歸之，則必别有契約佐證，而無從抵冒矣。地傅，謂傅别有土人佐證者。小司徒聽民訟，所該者廣，獨以其地附近之人正之，不必有傅别，故曰「地比」。

凡盜賊軍鄉邑及家人，殺之無罪。

春秋傳：鄭祭足、原繁、洩駕以三軍軍其前，使曼伯與子元潛軍軍其後，又羅與盧戎兩軍之，又鄭子罕宵軍之，並以攻爲義，不曰「剽掠」而曰「軍」者，聚徒有兵，異於刦請之盜。

凡報仇讎者，書于士，殺之無罪。

若仇在本國，既書於士，則有司者當治之。比閭之法相保相受，有辠奇衺則相及在本國，必無逃隱。不宜聽其私殺矣。蓋仇在異國，將往報之，先言其情於本國之士，士覈得其實而書之。他日殺仇於異國，而自首其情，則異國之士得訊於本國而釋其罪，此王禁也。通天下而統於王，故有此法。

若邦凶荒、札喪、寇戎之故，則令邦國、都家、縣鄙慮刑貶。

貶，謂刑從末減也。札喪，以札而死亡者衆也。蓋荒札則比屋皆然，鄉鄰族姻莫能相救，其罪不至死而附於刑者。或一人繫獄，舉家無告，則無罪而死於荒札者多矣。寇戎相逼，不能守禦，則其禍更烈。故或降其等，或緩其期，俟既定而後弊獄焉。其曰「慮」者，刑罪中有情不可恕，或并無家累，及不能守禦者，必使親民之吏殫心以究圖之，非概行寬釋也。

惟呼、趨且辟，及禁慢朝，舉委朝之人民、器物，爲朝士本職，其餘諸士聽治之期，收責同貨之令，禦寇、復讎之法，荒札、寇戎、刑貶之慮，乃刑章之凡，非外朝之法也。其不列職於士師，而於朝士，何也？凡獄之成，皆聽於朝，司寇、士師、群士無日不有事焉。國中鄉遂、公邑、都家、邦國之吏民，無日不有事焉，故以朝士掌之。俾有司惕然於耳目之衆著，而無私徇也；俾吏民曉然於憲典之有常，而無妄干也。

# 周官析疑卷之三十四

## 司民

掌登萬民之數。自生齒以上，皆書于版。辨其國中與其都鄙及其郊野，異其男女。歲登下其死生。

重民命，司寇獻數之本義也，而大宰之制國用，大計群吏，必據此爲根柢，以制財用，則知其都數足矣。以考吏治，則疆邑區分殷耗各殊，辨之不可以不悉也。必異其男女者，九州風土別異，所生男女或相倍半。知其數，則所以作其配偶、任以作業者，政教必有調劑。如多男之地，則課以耕牧；多女之地，則導以蠶桑之類。故三年大比，内史則據之以贊大宰考吏治，司會則據之以贊大宰制國用。而職方氏所以具知九州男女多寡之數，亦由積年較比而得其詳也。

及三年大比，以萬民之數詔司寇。司寇及孟冬祀司民之日，獻其數于王；王拜受之，登于天府；内史、司會、冢宰貳之，以贊王治。

王拜受者，一則賢能之書，一則萬民之數。蓋國非民不立，民非賢不治；民爲萬物之靈，而賢能尤萬民之秀。王所受於天地、祖宗者，莫重於此，故拜而登於天府。小司寇職曰「内史、司會、冢宰貳之，以制國用」者，以民數之殷耗而制國用之多少也。此職曰「以贊王治」者，以民數之殷耗而考政治之得失也。李鍾僑曰：「漢文帝一歲斷獄數百，而武帝時乃數萬。周公置司民於秋官，而獻民數以司寇，使王知生齒不可耗於刑殺，而使民遠罪，宜有道也。」

## 司刑

掌五刑之灋，以麗萬民之罪。

罪之重，至大辟而止矣。惟盗賊則不止於殺，而奴其妻子，惟七十與未齔者不爲奴，故別見於司厲而不列於司刑，以示盗賊而外更無從坐之法也。蓋非耄與悼，任其天屬爲邪惡而不能匡，其將入於盗賊也。不以告於鄰里，使收教於圜土，而共私其姦利，則罪固宜有所分矣。

# 司刺

掌三刺、三宥、三赦之灋，以贊司寇聽獄訟。

宥，謂流放，尚書「流宥五州」，春秋傳鄭放游楚於吳，子産曰「宥女以遠」是也。春秋「刺公子偃」，小司寇「聽民之所刺宥」，則當以刺爲殺。此經曰「三訊」，又曰「以此三法者求民情，斷民中，而施上服下服之罪，然後刑殺」，則不宜以殺爲義。

壹刺曰訊群臣，再刺曰訊群吏，三刺曰訊萬民。

三訊而後決者，非惟慮其失入，亦慮其失出也。三刺，蓋以情罪之可疑，及群士、司刑所議之不齊者訊也。群儒多謂訊之而皆曰可殺則殺之，否則釋之。非也。以萬民爲本，參以群臣、群吏之說，而折以情理之中，或從其多，或從其少，不必群臣、群吏、萬民皆同辭也。下經云「然後刑殺」，則四刑之疑者亦用三刺，亦不宜獨以殺言。「三訊」之文凡再見者，司刺先汎訊之；其有所建白者，小司寇又親訊也。

壹宥曰不識，再宥曰過失，三宥曰遺忘。

李光坡曰：「不識者，僻陋之人，未識國法，非下文生而惷愚者比。」

壹赦曰幼弱，再赦曰老旄，三赦曰惷愚。

幼弱、老旄連坐而惡非己作者爲多，如司厲所謂七十及未齔者是也。惷愚則懵然無知，或爲姦人、盜賊所誑誘指使，情本可矜，舜典所謂「眚灾肆赦」，易所謂「赦過」，皆此類耳。管夷吾以赦爲奔馬之委轡，蓋自周有亂政，五刑皆贖，諸侯放肆，徇私從欲，縱姦宄以賊無辜，故極言其害。而秦漢已後，識治體者，皆以赦爲戒也。

以此三灋者求民情，斷民中。

三剌，所以求民情也。三宥、三赦亦曰以求民情者，求其情而不在可宥、可赦之列，然後罪無所疑，而中可斷，刑可施。　求民情，求所犯之情也。斷民中，則於群臣、群吏、萬民所復之參差不齊者，而斷以理之中，即中庸所謂執兩端而用中也。

## 司約

掌邦國及萬民之約劑。治神之約爲上，治民之約次之，治地之約次之，治功之約次之，治器之約次之，治摯之約次之。

六約據注、疏皆典、法、則之所頒也，不宜有約劑。約劑者，兩相争而質成於上者也。故書於宗彝、丹圖，而有訟則辟藏。神、民、地，邦國之約也。治神之約，如山川爲兩國之望，而巡狩、柴望，所共犧牲、玉帛之賦不齊。治民之約，如兩國接壤，而相要毋受逋亡，毋掠邊鄙，故達其約於王室也。治地之約，如春秋傳鄭、宋之間有隙地，爲成而虚之，或江河移徙，壤地或進或蹙，而定其疆植者。功、器、摯，萬民之約也。功，功役也，如洫、澮、畛、涂，比邑共之，而功役不齊。地所産器，比邑皆上供，而爲數不齊，故達其約於官府也。治摯之約，如昏姻既入幣，以死喪遷徙易期，恐後有變，而預聞於官。六者，皆事之變也。若典、法、則之常，則何約劑之有？不分邦國、萬民而統言之者，治神之小者，萬民或有之；治功之大者，邦國或有之。

凡大約劑書于宗彝，小約劑書于丹圖。

此經所謂「宗彝」與尚書異，蓋宗廟之典册也。約劑至衆，非六彝所能備載。且有訟則辟藏，數啓宗廟而視祭器，非義所安也。其義與鼎之有銘異。銘祖考之功德於祭器，宜也。邦國、萬民之約劑而書於天子之祭器，何義乎？況祭器有定數，而約劑日增，將因約劑而別增祭器乎？其不可通明矣。丹圖如春秋傳「著於丹書」之類，亦册籍也。

## 司盟

掌盟載之灋。

盟者，載其所要之辭於策謂之載書。

凡邦國有疑會同，則掌其盟約之載及其禮儀，北面詔明神，既盟，則貳之。

貳在司盟，故云「載在盟府」，其正則與牲俱埋矣。王氏昭禹謂其正則藏於天府。天府並無此文，安得以臆揣乎？

盟萬民之犯命者，詛其不信者亦如之。

萬民犯命必國之大事，如甯武子宛濮之盟，以國人多直元咺而貳於衛侯，子産請焚載書，以安反側也。詛其不信者，則事微而人亦無多。

凡民之有約劑者，其貳在司盟；有獄訟者，則使之盟詛。凡盟詛，各以其地域之衆庶，共其牲而致焉；既盟，則爲司盟共祈酒脯。

司約辟藏，不信者服墨刑，而此則使之盟詛，何也？司約所謂「不信」者，所訟與約劑不符者也。其或約劑符，而歷年久遠，情事別有變詐，而無質證，則使要言於神以懼之。又使其地域之衆庶共牲與酒脯，則或有知其實而相質證者，且使爲變詐者懼不見直於鄉里，而他日不相保受也。

## 職金

掌受士之金罰、貨罰，入于司兵。

所受入征之金錫，入於爲兵器之府者，鑄造之用多，非入征不能充。金罰、貨罰，則入於司兵者。繕脩之齎少，則罰金與貨可給也。既以金罰、貨罰入於司兵，而槀人、齎工不受財於司兵，何也？五兵、五盾之繕脩自當受齎於司兵。司弓矢別職而不屬於司兵，則直受於職金可也。觀職金所受曰「金罰」，則知鈞金之入不直然後罰之直，則仍反之其人。

旅于上帝，則共其金版。

汲冢周書大聚篇：武王聞周公之言，乃召昆吾，冶而銘之金版。以類相推，豈國有大災，旅於上帝，其責己懲艾之辭，亦鏤於金版，而垂後戒與？汲冢雖周末僞書，而稱用金版以鐫銘，必於古有傳。

## 司厲

掌盜賊之任器、貨賄。辨其物，皆有數量，賈而揭之，入于司兵。

盜賊之貨賄宜反之失者，而以入司兵，何也？若應時追獲，具有主名，自宜反之其人，或竄伏他邦，越歲逾時而後得之，其所掠之物，已變易爲他貨賄。必一一推究，而求其人以反之，則牽連糾詰，滋蔓無窮。近世功令，盜賊所掠貨賄，紀有主名，懸示以招。而其人終不敢認取，蓋懼有司、胥吏推譏要索，廢時失業也。周官之法，盡萬物之情戀，而歸於便民，非聖人不能制，於此可見。

凡有爵者與七十者與未齔者，皆不爲奴。

身有爵，不宜有爲盜賊者，其諸戚屬有如士師職所謂「邦賊」「邦盜」者與？書傳凡降畔亦以盜賊之法治之，其父兄、子弟有爵者實不知情，或爲所迫脅，可從末減。有爵者，雖戚屬爲大惡，宜連坐，猶不爲奴。先王以廉恥厲士、大夫之節行如此。

## 犬人

掌犬牲。凡祭祀，共犬牲，用牷物，伏、瘞亦如之。

充人所芻者，牛羊也。犬則槀人豢之，臨祭犬人共之。易氏説誤。

凡相犬、牽犬者屬焉，掌其政治。

此職賈徒倍於羊人，疏謂兼田犬是也。但牽田犬，非十有六人所能共，相犬者亦不僅官中之賈。經曰「凡相犬、牽犬者屬焉」，則别有共其事者明矣。王氏説未安。

## 司圜

凡圜土之刑人也，不虧體；其罰人也，不虧財。

不虧體，疑即掌戮職所謂「髡」，謂既改而髮仍可蓄也。惟髡，故無冠飾。

## 掌囚

凡有爵者與王之同族，奉而適甸師氏，以待刑殺。

王族適甸師氏，示刑殺可質諸七廟也；有爵者適甸師氏，示刑殺可質諸天地百神也。

## 掌戮

凡殺其親者，焚之；殺王之親者，辜之。

焚酷於辜，殺王之親，其律尚輕於殺其親者。聖人立法，所以仁至而義盡也。今律不孝、不弟列逆叛之前，義亦如此。

凡殺人者，踣諸市，肆之三日。刑盜於市。凡罪之麗於灋者，亦如之。

不曰「盜亦如之」，而曰「刑盜於市」者，劫請攘竊之盜，無傷於人，刑或止於刖劓也。上言「凡殺人者」，則殺人之盜，已具其中。　首舉賊諜，外此雖斬殺不磔也。次及焚辜，裂其體而不磔，如牲之䟽辜也。殺人者與盜，則惟斬殺而已。　李光坡曰：「殺就市，宮就蠶室，餘刑就屏處，所謂五服三就也。若盜則刑亦於市，異於平人之犯罪者。」

惟王之同族與有爵者，殺之于甸師氏。凡軍旅、田役，斬殺、刑戮亦如之。

軍旅則有斬殺，田役則有刑戮也。田以習軍旅，故鄉師巡前後之屯，而戮其犯命者。春秋傳：孟諸之田，楚申舟抶宋公之僕。是也。役亦有刑戮者，如壞隄防以災民，倡訛言以驚衆之類是也。經統言「斬殺、刑戮」者，軍旅之小罪，亦有刑戮；田役而作姦犯科，惑衆害民，亦或斬殺以徇也。　殺人刑盜，既曰「凡罪之麗於法者亦如之」，此又特起「亦如之」之文，專指王之同族與有爵者而言也。蓋古者大田、大役皆大司馬莅衆屬植，以軍法部勒徒庶，恐疑在師中則戮於社。田役之刑各徇其地，故特著其亦於甸師氏也。易氏袚謂軍旅、田役之斬殺亦掌戮司之，則無待於重言。歐陽氏謙之謂亦踣於市、刑於市，則更謬矣。

墨者使守門，劓者使守關，宫者使守内，刖者使守囿，髡者使守積。先鄭以髡者爲司圜所收罷民，似記所謂「公族無宫刑」，蓋議獄時不當以宫，而降從劓刖耳。其不冠飾而墨幪，疑即爲其髡也。蓋能改者反其州里，不能改而出圜土者殺，其罪不可通。而又不能改者，州里莫任，將焉置之？則長髡而使之守積宜矣。反於州里者，髮仍可至殺。其罪輕者，則但加明刑而無髡法與？

## 司隸

邦有祭祀、賓客、喪紀之事，則役其煩辱之事。

下經别列四翟之隸所共職事，則上所列諸事皆役罪隸明矣。蓋以四翟之隸，而爲百官積任器，役祭祀、賓客、喪紀之事，則非其所習。遠人觀德，而使役煩辱事，體亦不宜。且四翟之服事於王朝者，其數不應衆多，以役國中庶事，兼搏盗賊，掌囚執人，則力有不暇給。惟罪隸則百二十人之外，實繁有徒，以力則能給，以事則易習，而體亦宜之。曰「帥其民」，正以見罪隸之爲國民而别於四翟，又以包百二十人以外之徒衆也。

## 罪隸

掌役百官府與凡有守者，掌使令之小事。

凡有守者，即墨者守門、髡者守積之類，蓋彼既不得去守，則宜有聽其役者。

其守王宫與其厲禁者，如蠻隸之事。

盜賊之子，其類姦宄，又親戚爲戮，不宜俾守王宫與野舍，故司隸通掌五隸，而守王宫與其厲禁。獨舉四翟之隸，此爲閩隸下錯簡無疑。

## 閩隸

掌子則取隸焉。

舊説俱不可通，疑此本罪隸之文，而二職互譌也。古者官人不世，則罪人亦不宜世。以盜賊極惡，故男女從坐。然取爲隸者及子而止，則易世而後能爲農工者聽之矣。假而罪隸之苗裔，遂世世爲奴，則其族蕃滋，而隸員有限，將焉用之？必舊入者脱藉，新犯者繫焉，然後罰無重苛，而人樂遷善。取隸及子而止，則隸所帥之餘民，亦止於子不待言矣。

## 貉隸

掌役服不氏，而養獸，而教擾之。掌與獸言。

與鳥獸言，即所謂「教擾之」也。能言之鳥必人與之言而調習之，猛獸媚養己者，命以起、伏、動、躍則應焉，蓋久而習於人言耳。

閩隸所養，非畜鳥也；貉隸所養，非常獸也。珍禽、奇獸不育於國，乃列職以養之，何也？一切禁之，則側媚之臣轉得居爲奇貨，以啗其上。故列於六職，以示其物爲無奇；掌於裔隸，以示其役爲甚賤：正所以止邪於未形也。

## 布憲

掌憲邦之刑禁。正月之吉，執旌節以宣布于四方；而憲邦之刑禁以詰四方邦國及其都鄙，達于四海。

再言「憲邦之刑禁」者，上所言懸於畿内，下所言懸於四方也。大司寇懸刑象於象魏，布刑典於邦國、都鄙。小司寇又兼大司寇之五刑、士師之五禁，而宣布表縣之。士師又帥其屬而憲禁令於國及郊野，復設布憲之官，以申嚴大司寇之刑典。小司寇、士師之禁令，蓋先王明罰敕法，欲吏遵民喻，而不厭其詳如此。

## 禁殺戮

掌司斬殺戮者、凡傷人見血而不以告者、攘獄者、遏訟者，以告而誅之。

鄉野、公邑、都家守士之吏，層累而相督察，殺人者死，傷人者刑，政有常經，似無庸别設此職。蓋周公建典，承商辛之弊俗，脅權相滅，無辜籲天，不得不多爲之防，使有所懼而不敢逞。且六官之典通行於海内，楚、粤、蜀、閩阻深僻隩之區互相讎殺，而不告於官，雖近代猶然。則此職之設慮事詳，憂民遠矣。職司斬殺戮，而所告無斬殺戮，何也？傷人見血者必告，則相殺不待言矣。攘獄遏訟，乃鬭傷、殺伐之漸，嚴此三者，乃所以禁殺戮也。其既相殺戮者，則以歸於士，而罪在大辟，亦不待言矣。

## 禁暴氏

掌禁庶民之亂暴力正者、撟誣犯禁者、作言語而不信者，以告而誅之。

正者，使人慴伏而從己也。亂暴之民，以力求正，而不依於理法，戰國、秦、漢任俠姦人是也。

## 野廬氏

凡道路之舟車轚互者，叙而行之。

春秋昭公八年：「蒐於紅。」穀梁傳：「御轚者不得入。」范注：「轚挂則不得入門。」又國策：「車轂擊。」

掌凡道禁。

國野之道，廬宿、路室、候館之委積，地官遺人掌之，而不使兼掌道路之禁令，何也？凡民之有罪過者，可使有司治之，附於刑而後歸於士。若道路宵晨，暫遇姦宄，非刑官之屬巡察監視、隨縛而刑之不足以肅也。

邦之大師，則令埽道路，且以幾禁行作不時者、不物者。

國之大事，既脩除道路，復特言大師埽道路者，脩除特平治之埽，則凡餘糧之栖畝、芻薪之露積、雞豚之布路者，一切埽清之，以絶寇攘、争奪之端也。

## 蠟氏

凡國之大祭祀，令州里除不蠲，禁刑者、任人及凶服者，以及郊野；大師、大賓客亦如之。

任人，雖歸州里，三年不齒，服飾尚異於平民，故與刑人同禁。

## 雍氏

掌溝瀆澮池之禁，凡害於國稼者。

曰「國稼」者，溝瀆、澮池本以利通國之稼也。

禁山之爲苑、澤之沈者。

澤地水至則陷，未至既過，皆可耕種。若規爲洿池，則其地永沈没矣。故同於山之爲苑而禁之，以作無益害有益也。溝澮、山澤並掌於地官，而復設此職以掌其禁令，何也？地官教民以興其利。利之所在，或專且争。故使刑官之屬董之，又所以靖民而去其害也。

## 萍氏

幾酒，謹酒。

詩曰：「無酒酤我。」蓋惟大夫以上，祭祀乃及時命爲酒，則士庶人祭祀、冠、婚，力或不能自造，亦不禁市沽，但宜有限量耳。幾酒，蓋苛察其無事而漫作者；謹酒，則戒毖其因事多作及市沽而溢於禮事所宜用者與？

## 司寤氏

掌夜時。以星分夜，以詔夜士夜禁。

夜之長短不同，而星出之早晚亦異。月令每月記昏旦中星，以正時，亦以分夜也。農民行旅，見某星至某方，則知爲某時，不惟昏且所見。

禦晨行者，禁宵行者、夜游者。

晨則門關已啓，故見行者而禦之。宵則遮閉以禁遏而已。

## 司烜氏

中春以木鐸脩火禁于國中。軍旅，脩火禁。

南方，火位也，故司爟通掌四時改火、出納火之令，職主於市火之利，而不掌火禁。其曰「國失火，野焚萊，則有刑罰焉」，蓋因布令而及之，使民知避其害，非火禁也。火禁，如用火之地，救火之法，以及夏毋燒灰、昆蟲未蟄不以火田之類。以刑官之屬掌之，使民不敢犯也。軍旅之火禁，以刑官脩之者，非軍刑所及也。司烜掌明火，故並共墳燭、庭燎，以爲刑官之屬，故并爲屋誅之竄焉。

邦若屋誅，則爲明竄焉。

古者教化彰明，士、大夫相厲以禮，有爵者及王之同族，而罪在大辟，乃罕見之事，故曰「邦若屋誅」，以示非常刑也。所以爲明竁者，播於衆兆，使知王乃不得已而行天討，又使親者、貴者知身被刑僇，且遺羞於子孫，則人自懼矣。冢人職：「凡死於兵者，不入兆域。」正爲此也。蓋不惟王族，及公、卿、大夫之兆域，不宜有此，以污辱其先人；即庶人清門，亦用爲恥，故使其子姓、親戚別葬之，而有司爲明竁以示懲焉。

## 條狼氏

凡誓，執鞭以趨于前，且命之。

士師五戒，一曰誓，用之於軍旅。此注兼祭祀，非也。祭祀之誓戒，無所用殺轘之刑，且大宰掌之，大司徒涖之，非條狼氏所及也。朝士「帥其屬而以鞭呼、趨且辟」，與此職異文，何也？朝士所掌外朝也，故呼百官使就位，又辟胥徒、萬民，使無擁雜。此職掌王出入，則身執鞭以趨，而辟止行者耳。故於誓亦執鞭以趨於前。

誓僕右曰「殺」，誓馭曰「車轘」，誓大夫曰「敢不關，鞭五百」，誓師曰「三百」，誓邦之大史曰

「殺」，誓小史曰「墨」。

僕右不用命，則敗績，故其法重。既曰「僕右」，又曰「馭」，蓋制馭一軍者即軍帥也。發命不衷，出謀不審，則以國予敵，故其刑更重於僕右，大夫則師帥、旅帥也。事有當關白而不關者，則鞭之、鞭作宮刑故也。師，謂百夫之長，族師、鄙師以下衆士也，故其法未減於大夫，誓邦之大史曰殺，小史曰墨，乃劉歆所增竄，詳見總辨。春秋傳晉、楚之君在行，其出謀發命者，皆主將，則大夫以下皆關於主帥。至周官之法，無問王在師與否，掌其戒令，及戰巡陳眂事而賞罰者，皆大司馬，則所關者，大司馬及本軍之帥也。邲之戰，楚子及三帥皆聽於令尹孫叔敖，乃古遺法。先鄭之失，後鄭已辨之，而賈疏又失其義。疏以大僕贊王鼓，故謂馭乃御車者，不知僕右謂戎僕戎右也。御者瞬息心不在焉，則車且駭，敵且及矣。何暇贊王鼓哉？大僕與王同車，宜居鼓下，而法亦宜輕於僕右。

# 周官析疑卷之三十五

## 脩閭氏

掌比國中宿互、欜者與其國粥，而比其追胥者而賞罰之。凡吏、士皆有常餼。而宿衛守互、擊欜者，中夜巡徼。閔其勞，故官與穀米，使爲粥，以共夜事。脩閭氏巡而比之，因比其追胥者，以行賞罰也。

禁徑逾者與以兵革趨行者，與馳騁於國中者。

脩閭氏與野廬氏同掌道治，而所禁各異，何也？國中有徑逾而無横行，在野則逐捕盜賊，及行旅自衛，兵革不可禁，道路寬廣，而行人稀，且有風雨之急而投廬宿，馳騁不可禁。曲禮：「入國不馳，則國外可馳。」

邦有故，則令守其閭互，唯執節者不幾。

閭亦有互，王政之周於守禦如此。

## 冥氏

掌設弧張。爲阱擭以攻猛獸，以靈鼓敺之。

楚辭九章：「設張辟。」注：辟謂機矢，張謂罻羅。即此經所謂「弧張」也。

## 庶氏

凡敺蠱，則令之比之。

此官僅下士一人，故人有能敺蠱者，則令之而比次其術之高下。

## 穴氏

掌攻蟄獸，各以其物火之。以時獻其珍異皮革。

蟄獸猝不易得，各以其物火之，蓋物性各有所畏，故令觸其煙熖而不能藏也。

## 翨氏

掌攻猛鳥，各以其物爲媒而掎之。以時獻其羽翮。

摯獸、猛鳥，特設官以攻之者，非獨慮其害於人，亦所以安衆鳥獸，而使之生息、蕃滋也。

## 柞氏

掌攻草木及林麓。

柞氏攻木，薙氏攻草，皆主苑囿之官。若畿内林麓欲化爲穀土，或以奠民居，則第掌其政令。下經「凡攻木者，掌其政令」是也。

夏日至，令刊陽木而火之。冬日至，令剥陰木而水之。

此示人以攻草木、林麓之法也。凡草木，陰陽和則滋生，陰陽極則敗絶。夏火盛，而又火之以絶其陰；，冬水盛，而又水之以絶其陽，則萌蘖不生，根株腐爛，而土可化矣。

若欲其化也，則春秋變其水火。

既以水火絶其萌芽矣，俟其火氣之既得而水之，俟其水氣之既浹而火之，又所以使之相劑、相成，故土和美而可種植也。

## 薙氏

掌殺草。春始生而萌之，夏日至而夷之，秋繩而芟之，冬日至而耜之。

夏草盛，聚其族而刈之，故曰「夷」。秋百穀皆熟，恐以薙草傷穎實，故引繩以遮列，而後芟其甽中之草也。冬則耜以反其土，草根在上，則春不復生。

## 硩蔟氏

以方書十日之號、十有二辰之號、十有二月之號、十有二歲之號、二十有八星之號，縣其巢上，則去之。

此劉歆所增竄，詳見總辨。

## 翦氏

凡庶蠱之事。

庶氏掌除毒蠱，蠱之病人者；此職庶蠱，蠱之病群物者。

## 蟈氏

掌去鼃、黽，焚牡蘜。以灰洒之，則死。以其煙被之，則凡水蟲無聲。

或以灰灑之，或以煙被之者，郊廟、朝廷、學校，嚴閟之地，乃絶其類。若會同、師田所暫止，則使之無聲可矣！曰「水蟲」，不獨鼃、黽也。

## 壺涿氏

若欲殺其神，則以牡橭午貫象齒而沈之，則其神死，淵爲陵。

此劉歆所增竄，詳見總辨。

## 庭氏

掌射國中之夭鳥。若不見其鳥獸，則以救日之弓與救月之矢射之。

專言「國中」者，若山林、田野，則不必禦也。曰「鳥獸」者，既不見其形，則不辨其爲鳥與獸也。

若神也，則以太陰之弓與枉矢射之。

「若神也」以下，劉歆所增竄。

## 銜枚氏

國之大祭祀，令禁無囂。

命凡執事者若郊祀，則扈從及道所經，皆令焉。注「主」字疑誤。

禁嘂呼歎嗚于國中者、行歌哭于國中之道者。

國中之道，謂廣路、通衢。若巷歌、巷哭，固不禁也。野涂無禁，以不能徧禁也。

## 伊耆氏

軍旅，授有爵者杖。

將軍杖鉞，群帥皆執兵，其有事於軍中而不親甲兵者，如小宗伯、肆師、大師、大史、小史、師氏之類，則不論其年齒，皆授以杖，用以別於即戎者，軍中自主將至公司馬，皆各有所統之人、所司之局，故不任軍事，則別之曰「有爵者」。觀此益知無誓大史、小史以墨殺之理。

# 大行人

掌大賓之禮及大客之儀，以親諸侯。春朝諸侯而圖天下之事，秋覲以比邦國之功，夏宗以陳天下之謨，冬遇以協諸侯之慮。

春者，事之方始。秋則功可以成。夏則事既始而功未成，故使陳其謀猷。冬則此歲既終，而來歲更始，百事皆宜計慮也。　諸侯至以春，則用朝禮。一歲之中，其國應行之大事，如遷國邑，治川防，建國卿，及有罪廢黜之類，則以告於王，而方嶽中應行之事，王亦以詢其來朝者，故曰以「圖天下之事」也。至夏則農功方殷，其國内之事無可圖者，而方嶽中有未協之事情，四方有未定之事故，則各效其謀，以聽王之采擇焉，故曰「以陳天下之謨」。至秋則農收略定，職貢可差，獄訟多成，庶政可考，故曰「以比邦國之功」。至冬則來歲之宜，皆可預計。如諸侯慮凶荒，則王爲之議賙委；諸侯慮寇戎，則王爲之籌備禦。不獨王與之協，且使方嶽鄰封皆與之協，故曰「以協諸侯之慮」也。然分四時以制法，亦舉其大略，非截然各不可通。先舉春、秋而後及冬、夏者，夏暑雨，冬祁寒，宗遇者必少，惟春朝、秋覲爲多。大司馬職：惟春振旅，秋治兵，列諸侯之旗鼓。月令：惟春秋迎氣，列叙諸侯，冬夏則無之。且於季夏特著不可以合諸侯。又因此可見宗之禮從朝、遇之禮從覲也。見鄭注。

時會以發四方之禁，殷同以施天下之政。

春秋傳曰：「有事而會。」若一州之中，有犯王禁者，則必召其方伯、連帥，以聲討而發禁焉。曰「四方」者，不論何方，非偏發四方之禁也。施政即十有二歲王巡狩殷國所施削黜、流討、加地、進律諸大政也。施典於邦國，每歲正月，又和而布之，舍巡守，別無特施於天下之政。注謂王不巡狩，則六服盡朝，尚恐未安。先王卜征五年，而歲習其祥。祥習，則行；不習，則增修德而改卜。是巡狩雖以十有二年爲期，而是年不行，次年可改卜也。既可改卜，何爲偏召天下之諸侯，多此勞擾？如謂六服殷同，可俟十有二年之後，則更無是理。其或王既篤老，或嗣王冲幼，又或王方在疚，兼大親衰疾，不可久違，必酌徵州伯、卒正、連帥之忠誠夙著、威望久彰者，州各數人，以定議而發命焉，如舜攝位而咨十有二牧之類。其餘五等諸侯，皆仍其朝、覲、宗、遇之常期，尚或可通。經每連言「大朝覲、會同」，蓋或以來朝者衆而舉之，或於常朝之外，因事而特舉，其因巡守而會同者，即十有二歲之殷國，周頌裒時之對是也。

時聘以結諸侯之好，殷頫以除邦國之慝。

邦國有交相惡者當衆聘，其國卿皆在，故諭使解除。注謂諸侯使大夫時聘，王親以禮見之。非也。易氏祓已辨其誤，但所引鄭游吉語，於經義無當。蓋靈王之喪，晉侯宜行，而使段印往，不可以爲時聘之證。按春秋傳，晉鞏朔獻捷於周，王使詰之曰：「不使命卿鎮撫王室。」則是不命之卿不得上聘王朝，況大夫乎？小行人：「凡四方之使者，大客則擯，小客則受其幣而聽其辭。」則小國之卿，王所親見者鮮矣。下經凡諸侯之卿，其禮各下其君二等，以下及其大夫、士亦如之，謂列國相聘，與從卿而聘於王朝之大夫、士牢積皆遞降耳。

以九儀辨諸侯之命，等諸臣之爵，以同邦國之禮而待其賓客。

此與典命之文互備。以典命見分土惟三，而列爵五，則儀亦五，如圭璧之異制、朝位之有差是也。以此經見儀雖五而命則三，故饔食、饔積惟分三等。

其朝位，賓主之間九十步，立當車軹；擯者五人。

陳氏傅良、易氏祓謂王行四十五步以迎賓，賓四十五步以朝王。非也。經言公「立當車軹」，注推之以爲王立宜當軫，則賓主皆立於其所，然後陳擯、傳辭。諸侯趨而進，或近王數武，而王乃少前以就之耳。

廟中將幣，三享。王禮再祼而酢。

張自超曰：「聘禮受圭之後，繼以三享，中無間事，覿禮亦然。將幣即受圭，三享即受享，乃一時之事，並在廟中。車迎之法或見於朝宗，而今無考耳。」

擯者三人。

服物采章，諸侯之所服也。牢禮饗食，王所以禮賓也，非各用其命數不可，惟擯者之數，則用其半，以示在天子所，則有所屈也。

凡大國之孤，執皮帛以繼小國之君。出入三積，不問，壹勞。朝位，當車前。不交擯，廟中無相。以酒禮之。其他皆眡小國之君。

天子旅見諸侯，故有此禮，蓋六服之國未能同時而至，一日之內，交擯將幣三享禮賓，成禮亦不能多人，故時其衆寡而旅見焉。然後館舍可以遞容，饔積可以間致，訝勞可以徐周，此朝、覲、宗、遇所以必不可不旅見也。魯，侯國，而旅見滕、薛之君，故春秋並書以志非禮。

凡諸侯之卿，其禮各下其君二等以下；及其大夫、士，皆如之。

注謂諸侯之卿朝位步數，亦下其君二等。恐未安。諸侯來朝，天子以車迎，故有朝位步數。

大宗伯、小宗伯、肆師三職惟有大賓之禮事，則國卿入聘、王親饗燕者必甚稀矣。惟聘享正禮必積至衆多，而後王一莅焉。其位不過序立於門之内外及中庭耳。安得有七十步、五十步、三十步之車位哉？小行人職：大客則擯，小客則受其幣而聽其辭。則雖聘享，王亦不親矣。六服聘頫之事，日月無虚。若朝位交擯幣享王禮，一如其君而下二等，不惟王不能堪，而王國之公、卿、大夫、士亦日有不暇給矣。諸公三饗三食，故惟公之孤尚得與饗食。侯伯再饗再食。下二等，則無饗食，而惟致饔積可知矣。

邦畿方千里。其外方五百里謂之侯服，歲壹見，其貢祀物。又其外方五百里謂之甸服，二歲壹見，其貢嬪物。又其外方五百里謂之男服，三歲壹見，其貢器物。又其外方五百里謂之采服，四歲壹見，其貢服物。又其外方五百里謂之衛服，五歲壹見，其貢材物。又其外方五百里謂之要服，六歲壹見，其貢貨物。

舊説虞夏之制，天子巡守之明年，諸侯各以其方歲見，四載而徧。此經注其朝貢之歲，四方各四分趨四時而來。皆非也。果爾，則或一歲而空一方之諸侯，或一歲而空一服之諸侯，其國或大喪、大札，水旱、寇戎，將棄而不理乎？竊意周制侯服最近，故每歲一見而徧；甸服地較遠，分國較多，兩歲中各以其時其事一見而徧；男、采、衛、要地愈遠，分國愈多，則期愈寬，所以順人情、便國事也。虞夏之制，亦大率類此。成王之崩，事在旬日，而康王之立，大保率西方諸侯入應門左，畢公率東方諸侯入應門右，則六服皆有朝者可知矣。舜典曰覲四岳群牧，班瑞於群后，則非一方之諸侯可知矣。尚書六年五服一朝，言六年中五服皆朝以徧，非謂僅一朝也。其不言六服者，以徧朝爲言，故侯服每歲一朝者不數也。與周禮本可通。春秋傳叔向所言，乃雜舉古制及文、襄之憲令耳。

九州之外謂之蕃國，世壹見，各以其所貴寶爲贄。

於九州外之蕃國曰「世一見」，則夷、鎮二服不在九州内者，朝聘之禮聽其自致而無定期可知矣。六服之國具列常貢，則夷、鎮二服聽其朝聘而不責以常貢可知矣。

七歲屬象胥、諭言語、協辭命，九歲屬瞽史、諭書名、聽聲音。

辭，如致福、告喪及自通於尊長、儕輩之禮辭。命，謂稱於君大夫，自稱稱人所舉之號名，如曲禮、少儀所記是也。象胥、瞽史，亦王使至其國而屬諭之。注謂皆聚於天子之宮，未安。

十有二歲王巡守、殷國。

小行人職適四方、達六節、成六瑞，則前王而巡者，其小行人與？觀此經十有二歲，與尚書周官正合。注謂十二歲王不巡守而後殷同，非也。

## 小行人

掌邦國賓客之禮籍，以待四方之使者。

大行人曰「禮儀」、小行人則曰「禮籍」者，書曰：「享多儀，百辟來王。」大行人辨其位，正其等，協其儀，賓而見之，所尤謹者儀也。小行人各以其國之籍禮之，則不過按故籍，以時饗食致飧積而已。禮籍即司儀、掌客所列。二官既分掌其事，而小行人復通掌其籍者，以使適四方，協九儀賓客之禮，其籍已豫具也。

令諸侯春入貢，秋獻功，王親受，之各以其國之籍禮之。

職貢雖有常，而必時其歲之豐凶以爲贏縮，故往歲之貢至春而後入之。月令制諸侯貢職之數以季秋，蓋農收備入，而後其數可定也。功，謂治國事之狀。至秋則歲功成，刑獄決，凡治之狀可按驗矣，故獻之。入貢獻功，將命必國卿也。故王親受之，即下文所云「大客則擯」也。

凡諸侯入王，則逆勞于畿。及郊勞、眡館、將幣，爲承而擯。

大宗伯惟將幣爲上擯，則郊勞。　館宜使他卿，故小行人爲承而擯，擯者三人，則嗇夫爲末擯，見覲禮。必擯者五人，然後肆師佐小行人承，而更以士充其數。　國語：卿出郊勞，覲禮王賜侯氏命諸公奉篋服，則郊勞宜使卿，覲禮第舉皮弁而不目其人，必已見於朝宗之禮也。疏云：使大行人，蓋據覲禮鄭注，而鄭注亦未知何據。

凡四方之使者，大客則擯，小客則受其幣而聽其辭。

大客，謂大國次國孤、卿之命於王朝者。　小客，謂小國之卿也。　若蕃國之使臣，則協其禮，傳其辭言。　凡其出入送逆之禮節、幣帛、辭令，而賓相之者，象胥之職也。　行人何與焉？惟其爲小國之使臣，然後有言欲達，則以幣將之。　若蕃國之君，雖入朝，有摯而無幣，況使臣乎？以是知王朝於諸侯之聘使，惟致饔積而無饗食也。　蓋惟大客有所欲言，王乃親見，而小行人擯之；小客雖有言，不見也。　千百八國，歲時聘問，旬日無虚，即使公、卿、大夫饗食亦日不暇給，尚何暇治王朝之政，共朝覲、宗遇之大禮乎？故專掌於小行人，而列職者四人，俾交相代而無滯壅也。　大行人兼掌大客之儀，而謂王朝於聘使無饗食之禮，何也？儀之所包甚廣，小行人司儀之擯相、掌客之陳數，皆大行人所總領也。　公之孤比於小國之君，亦得一饗義亦可包，而其事甚希，上公以外之聘使則概不得與。

使適四方，協九儀賓客之禮。朝、覲、宗、遇、會、同，君之禮也。存、頫、省、聘、問，臣之禮也。賓客來享、來王，不患儀之不協。其邦交，則恐以地之僻遠、國之彊弱，有過恭、過汰而違王度者，故使小行人適四方以協之，所以消患於未萌也。觀春秋中列國會盟之次、朝聘之數，則王迹既熄，九儀不協之明徵也。

達天下之六節：山國用虎節，土國用人節澤，國用龍節，皆以金爲之。道路用旌節，門關用符節，都鄙用管節，皆以竹爲之。

無玉節者，此所達惟使節，邦國所守非所及也。都鄙用管節者，別於畿内之都鄙。蓋節等異，則節自不得而同也。無貨賄之璽節者，國中所用亦非行人所及也。賈氏引司關職，謂貨賄同用符節。非也。司關掌國貨之節，以聯門市，即璽節也。果同用符節，則璽節何所用乎？

成六瑞：王用瑱圭，公用桓圭，侯用信圭，伯用躬圭，子用穀璧，男用蒲璧。

此適四方之事，而首舉「王用瑱圭」者，典瑞職「瑱圭以徵守」，則亦應使邦國知其形制也。

若國札喪，則令賻補之。若國凶荒，則令賙委之。若國師役，則令槁襘之。若國有福事，則令慶賀之。若國有禍裁，則令哀弔之。凡此五物者，治其事故。

此五者，其四大宗伯所掌凶禮，其一嘉禮也。復列於此者，設所至之國有此，則令鄰國供具，而後以復於王，故其文次於使適四方之後也。蓋凶荒之賙委、師役之槁襘必待奏請，則緩不及事。即適遇其國札喪、禍裁、福事，亦必於常禮有加禮意乃洽。且札喪、禍裁、福事之小者，或不敢以聞於王朝，而王使適遇之，則不得爲弗聞也者而過之也。治其事故者，酌財用多少之宜、施行緩急之節以及興發調移之法也。　或曰：治其事者，行此五者之事宜；治其故者，慶賀哀弔，或致辭，或兼幣玉貨財。若賻補、賙委、稾襘，則或取於閒田所儲偫，或取於同州鄰接之國，以當其職貢也。　小行人所至之地，適有師役，則所令止於槁襘。若出師起役之令，則大司馬布之。或遭圍敗，則依襘禮而命行之。蓋救患、分災不宜遲緩，故不待奏請期報。若寇亂，則所以恤之者多方，必王及六官詳議之，非行人所得專令也。

及其萬民之利害爲一書，其禮俗、政事、教治、刑禁之逆順爲一書，其悖逆、暴亂、作慝、猶犯令者爲一書，其札喪、凶荒、厄貧爲一書，其康樂、和親、安平爲一書。凡此五物者，每國辨異之，以反命于王，以周知天下之故。

天子省方，所以清問萬民之利害也。知其利害，然後可聚所欲、去所惡，而諸侯之功罪率以是爲準矣。虞書及王制所列巡守黜陟之大政，無出下四書之外者，惟札喪、凶荒出於時變，而其君臣所以處此，必有辨矣。至於厄貧，則萬民之利害，平時漫不省憂可知。故五者皆所以定諸侯之功罪也。

十有二歲，王巡守殷國，故十有一歲小行人使適四方，無國不到，所以實察諸侯之治狀也。王所至之國，其君臣皆有事焉。殷同於方嶽，五等之國及附庸畢集，惟恐或愆於儀，故首協九儀賓客之禮。行人出王畿，即當達所經道路之節，故達六節次之。王至方嶽，首輯五瑞，故成六瑞次之。諸侯各用享於王，故合六幣次之。凡行人過賓之國，有吉凶事故，必加禮焉。以示王與天下同其憂樂，故令賻補以下五事次之。王之巡守將施加地、進律及削、絀、流、討諸大政，故以萬民之利害以下五書終焉。王在方嶽，未能偏至群侯之國而察其治狀之實也，故先期使小行人「每國別異之，以反命於王，以周知天下之故」〔二〕。聖人制法，凡事必既其實而不徒以其名，所以能周知萬物而道濟天下也。

〔二〕「天」，原作「大」，今據周禮注疏改。

# 周官析疑卷之三十六

## 司儀

將合諸侯，則令爲壇三成，宫，旁一門。

凡朝覲，諸侯將幣，王禮諸侯，皆於廟，無所爲壇。儀禮覲禮既終，附載爲壇帥諸侯以朝日，反祀方明，乃此經所謂「合諸侯」，大宰職所謂「大朝覲、會同」也。鄭氏鍔、易氏祓見覲禮稱諸侯覲於天子，爲宫方三百步，遂謂凡朝覲皆有壇，不知饗禮乃歸以前覲禮之本文也。饗之，禮之，而歸其國，則覲事終矣。復言諸侯覲於天子，爲宫云云，乃記者更端，略舉祀方明之禮。事不具，文不屬。蓋會同之禮已亡，姑述所聞以附於後耳。

及其擯之，各以其禮：公于上等，侯、伯于中等，子、男于下等。其將幣亦如之，其禮亦如之。詳諸侯諸臣之相爲賓，而略天子之禮諸侯，第曰「擯之，各以其禮」者，其禮已具大、小行人職也。群儒破注義，謂將幣與禮賓仍在廟。非也。惟諸侯衆至，廟不能容，必爲壇而見，然後受幣與禮賓可同日而畢事耳。亦如之，謂自將幣致享及祼賓皆各於其等也。若既見之後，仍一一將幣於廟而禮之，不惟曠日彌久，廢時失事，無取於爲壇而見所云亦如之者又何所指哉？

王燕，則諸侯毛。

獨舉燕禮者，饗食已見大行人。燕示慈惠，尚齒而不序爵，禮尚相變也。故於司儀著之。行人不言燕者，饗食正禮，在廟必一舉，燕則王加厚然後親焉。賓客職，三饗、三食、三燕弗酌，則以幣致之諸侯相爲賓且然，天子可知。惟會同無廟中饗食，必衆燕於壇宫，犧象不出門，謂諸侯無故而相饗於野外耳。會同受玉、禮賓皆於壇壝宫，則就此衆燕可矣。

凡諸公相爲賓：主國五積，三問，皆三辭，拜受，皆旅擯，再勞，三辭，三揖，登，拜受，拜送。

不言王禮諸侯之儀，而言諸侯之相爲賓，何也？言王禮諸侯，或疑相爲賓之有同異；言相爲賓，則王禮不待言矣。蓋各以其等爲之數，無可增損也。且於其上揭王燕諸侯則毛，則饗食、饔積、送逆、登降、揖讓、辭受之儀，各以其等數，而壹同於相爲賓可知矣。諸侯之邦交，於大行人之終略見其凡。其禮儀則詳於司儀，其共具則詳於掌客，義各有當也。大、小行人所掌，皆天子所以禮諸侯也。其鄰國相爲賓、相爲客之儀物，於行人見之，則義不安；不於司儀及掌客具之，則無其所矣。

及將幣，交擯。

此諸公相賓，下經諸公之臣相爲國客，疏皆以將幣爲用圭璋，則大行人職之廟中將幣三享，亦爲正行朝禮受玉可推。

及出，車送，三請三進，再拜；賓三還三辭，告辟。

主君出送，以車從，備賓退，乘以入且若將遠送，故賓辭也。及三辭，則賓告辟，以主君將拜，驅而辟之，不欲見主人之拜也。主君再拜，當在賓告辟後，而序於前，見賓告辟時，主君即拜，而賓已辟，然後主賓之敬皆曲盡而各得其安也。如繫再拜於告辟之後，則似主人亦不欲賓見其拜矣。　入時自大門外步行入廟，故三揖三讓也。出時亦步行至大門外送，升車而別。

致饔餼，還圭，饗食，致贈，郊送，皆如將幣之儀。

注謂六禮惟饗食速賓，其餘主君親往。非也。冠禮之賓，儕輩也。鄉飲酒之賓，鄉大夫所治部民也。主人猶親速，況敵體之國君乎？

賓之拜禮，拜饔餼，拜饗食。

主君親郊勞致館，而拜禮不及，何也？二禮以拜其來朝之辱也賓入將幣，則已拜主君之辱矣。此正禮之相答，故不數也。不言拜還圭者，還圭與致饔餼同時也。不拜致贈與郊送者，亦答其來朝之正禮也。賓入辭而主君出贈送，則遂行矣。

賓繼主君，皆如主國之禮。

此總言賓答主人之節。繼，謂隨而答其禮也。主君郊勞致館，賓隨將幣而入享；主君致饔餼，隨而拜其賜；主君速饗食，隨而拜其勤，如主國之禮，謂弁服、擯介、進止、揖讓、登降、交拜、辭請、還辟之類。注所謂儐主君之幣玉，亦在其中。

則三積，皆三辭，拜受。

注謂侯伯之臣不致積，據聘禮無「致積」之文。然此經曰凡侯、伯、子、男之臣「相爲客而相禮，其儀亦如之」，則不應無積可知矣。王氏詳説謂有積無問，異於國君；下經問君大夫，則問聘者亦在其中。非也。大行人掌客職之問，承饗食、饔餼之問，而問以脩脯也。此職所謂問，則始見聘使，而問君、大夫無恙，混爲一事可乎？

及大夫郊勞，旅擯，三辭，拜辱；，三讓，登，聽命；，下拜，登受；，賓使者，如初之儀；，及退，拜送。

使者亦三辭而後拜受也。

及將幣，旅擯，三辭，拜逆，客辟，三揖，每門止一相，及廟，唯君相入，三讓，客登，拜，客三辟，授幣，下，出，每事如初之儀。

聘禮：公皮弁，迎賓於大門内，賓入門左，公再拜，客辟，不答拜，即此拜逆客辟也。公揖入，每門每曲揖，此以三揖約之也。及廟門，公揖入，立於中庭，賓執圭，入門左，三揖，至於階，三讓，即此三讓也。公升二等，賓升西階西，東面致命，公當楣再拜，賓三退負序，即此客登，拜，客三辟也。公受玉於中堂與東楹之間，賓降出，即此「授幣，下，出」也。不敢拜，送幣者奉君命以將事，不敢當君也。故私面、私獻皆再拜稽首。

及禮，私面，私獻。

王氏詳説謂私覿私面之幣，皆己物，而以聘禮證之。非也。内府職：凡適四方使者，共其所受之物而奉之。校人職：凡國之使者，共其幣馬。則凡幣物皆官給之明矣。即以聘禮言之，宰書幣，命宰夫官具。特言官者，正以明私覿、私面之幣物皆官給耳。既返國，正使公幣、私幣皆陳，上介陳公幣，群介不陳。蓋正使卿也，故陳之以示體國之義，得君命而後以私幣歸。上介已下，則不敢徧陳以煩君之命耳。乃用此以爲私覿、私面幣皆己物之徵，則義更淺狹而不可通矣。

出，及中門之外，問君；客再拜，對；君拜，客辟而對；君問大夫，客對；君勞客，客再拜稽首；君答拜，客趨辟。

必出中門而後問君、大夫者，諸侯相爲賓，則主君郊勞；今郊勞不親，故出廟而後問，示不敢即安。若欲就客而問之也，既曰「再拜，對」，又曰「辟而對」者，前對問不恙，後對或別問君之所爲也。後曰「君答拜」，前第曰「君拜」者，非答客也。聞其君之起居不恙，則如親見而拜以致敬也。或謂廟中禮敬，不可及其餘，故出門而後問。非也。私面、私獻皆於廟，而反不可問君、大夫乎？

致饔餼，如勞之禮。饔食，還圭，如將幣之儀。

注謂饗食亦君不親，而使大夫以幣致者。非也。所以如將幣之儀，而異於郊勞者，正爲君親饗食，故與將幣見君之儀同耳。若大夫致之，則當如郊勞之禮矣。還圭主君弗親，而亦如將幣之儀者，將幣以圭，則還圭者，兩國相答之正禮也。雖大夫致之，若主君之臨，而已不敢答禮焉，故聘禮迎於門外而不拜，猶將幣時，主君拜至，客辟而不敢答拜，異於郊勞之拜辱也。聽命，受圭，負右房而立，猶授幣不拜而下，異於郊勞之聽命下拜登受也。其儀與將幣不同，而曰「如將幣之儀」，謂不敢答禮如親見主君，而受命耳。郊勞曰「禮」者，有儐使者之幣，故兼儀與物而言之。王氏志長謂還圭主君親之，亦無稽之談。聘禮有明文，豈得臆爲之説？

君館客，客辟，介受命，遂送，客從拜辱于朝。

使者將返，主君乃就客館送之，所以答聘享之正禮也，故主君再拜者四。若使者出迎而不敢答拜，是安受之也。既出迎而辟猶不辟也，故賓辟於内，俟主君既退，而後從拜於朝。

明日，客拜禮賜。

聘禮之終，所以言三拜乘禽者，以主君之饔餼、饗食。夫人之歸禮，明日，客皆拜賜，所未拜者惟曰賜之乘禽耳。故於廟辭而總拜焉，此曰「禮賜」，自不得遺禮而專言賜，且賜亦不止於乘禽。凡致禮所將之幣，及饗食燕之酬幣、侑幣皆是也。

凡侯、伯、子、男之臣，以其國之爵相爲客而相禮，其儀亦如之。

諸侯之臣相爲國客，具詳司儀，何也？大、小行人掌客所司，皆王朝賓客之事也。故圭璧、車服、常纓、祼酢、饗食、牢積之綱維，於大行人舉之；禮籍、貢獻、郊勞、眡館、承擯、受幣、聽辭之節目，於小行人具之。牢禮、饔餼、飲食之等數，於掌客詳之，而凡介、行人、宰、史之飧饔餼備具焉。以皆王官之所共也，王朝於聘使，既無饗食之禮，則三職中無可列者司儀通掌九儀，則諸侯之臣相爲國客，舍此無可見者矣。而公之孤執皮帛以繼小國之君者，當得一饗，其禮終無所見也。故於掌客職著諸公三饗、三食、三燕，諸侯再饗、再食、再燕，以與大行人凡諸侯之卿其禮各下其君二等相參，則惟公之孤尚得比小國之君而有饗亦可推矣。經文之簡嚴而精密如此。

凡四方之賓客，禮儀、辭命、餼牢、賜獻以二等從其爵而上下之。

上經言同等之國君相朝，卿、大夫相聘之禮，而未及大小之國相朝、相聘者，故統舉「四方之賓客」，而以「從其爵而上下」包之。

凡行人之儀。

司儀掌擯相之禮，以詔儀容、辭令、揖讓之節，故行人受儀法焉。

## 行夫

掌邦國傳遽之小事、媺惡而無禮者。

不曰「吉凶」，而曰「媺惡」者，如王小有問勞，雖媺而不得謂之吉；小有弔慰，雖惡而不得謂之凶。蓋但以言辭慶恤而無禮幣者與？

居于其國，則掌行人之勞辱事焉；使則介之。

勞辱之事，非行夫所可自執，當徵役於所居之國，而行人不自徵，何也？王朝特遣之使，居其國久，則有司使隸聽事，必有常經，不待賓之徵令。行人周流方嶽，居日甚少，則勞辱事亦甚稀。間一有之，則使行夫徵於其國之有司可矣。使注兼大行人，非也。小行人四人，平時皆不爲聘使。司士職，作士適四方爲介，爲卿、大夫聘問之介也。此曰「使則介之」者，惟十有一年，小行人使適四方，以協禮事，則行夫爲之介耳。居於其國，謂介行人而居所適之國也。使則介之，宜列居於其國之前，而倒其文，何也？明居其國，則以屬士而掌長官之事至奉書將命時，則遂爲之介，別無他職之士與之俱也。

## 環人

掌送逆邦國之通賓客，以路節達諸四方。舍則授館，令聚欜；有任器，則令環之。凡門關無幾，送逆及疆。

逆賓於疆，及宿令欜，歸送亦如之，掌訝之職也。而又設環人者，所以待過賓於王畿而之列國者，故曰「通賓客」，又曰「以路節達諸四方」，又曰「門關無幾，送逆及疆」，則非止而有事者明矣。曰「環人」者，環四境而待過賓，以達之於四方也。

## 象胥

凡國之大喪，詔相國客之禮儀而正其位。凡軍旅、會同，受國客之幣而賓禮之。凡作事：王之大事，諸侯；次事，卿；次事，大夫；次事，上士；下事庶子。

此下三節，皆小行人錯簡。蓋貳之職事常與正相差，大喪，大行人詔相諸侯之禮，則詔相國客，必小行人也。凡諸侯之王事，大行人辨其位，正其等，協其禮，賓而見之，則軍旅、會同，受國客幣而賓禮之，必小行人也。小行人職主國客，且使適四方，無國不到，於諸侯之望，卿、大夫、士庶子之選知之必詳，故有王事則主作之。王有事於畿外，軍旅則有各守其疆而不調發者，會同則有以喪疾不能朝於王所者，各使國卿問王起居，故受其幣。卿、大夫、士、庶子，皆諸侯之從者。若王朝之卿、大夫、士，則贊王命，而戒之者冢宰。王朝之士、庶子，作之者諸子，無爲復別設官以掌之。

## 掌客

王合諸侯而饗禮，則具十有二牢，庶具百物備；諸侯長，十有再獻。

大合諸侯，則其長必二王之後也，故備天子儀物，示賓而不臣。

王巡守、殷國，則國君膳以牲犢，令百官百牲皆具，從者三公眡上公之禮，卿眡侯、伯之禮，大夫眡子、男之禮，士眡諸侯之卿禮，庶子壹眡其大夫之禮。

觀此經，則知王巡守至方嶽，合諸侯而考禮度，布政教，乃殷同之正禮，宗伯職「殷見曰同」，大行人職「殷同以施天下之政」，正謂此也。蓋一歲而徧於四嶽，則天下之政盡施矣。注所云王不巡守而徧召六服之諸侯，或王冲幼、篤老，喪疾頻仍，間一有之，乃事之變，而禮必有異。注乃限以十二歲當時巡之年，誤矣。詳見大行人職。群儒多不用注義，謂王至方嶽而合諸侯，主國始共具，蓋以涂所經過，令百官、百牲皆具，疑太煩擾耳。不知王巡守而過諸侯之國都，自當舍其祖廟，即經其四鄙，惟帷宮、旌幕，王官可自具耳。飧牽、委積，不以令守國者，將焉取之？且名曰「百牲」，然牛、羊、豕而外，亦不過魚臘、乘禽，及陸産、水物，合之爲百品耳。周語：鄰使過賓，百官各以物至。況王巡守君親監之，百官尚有不各共其職事者乎？凡此類，乃好以私意小知妄立異説，而不求之事理之實也。

上公五積，皆眂飧牽。

積用飧之牢，以爲禮也。生而致之，一夕遷次，不盡用也。始至則飧，熟腥並陳；嗣致饔餼，飧牽並陳，固是禮有大小，亦順事之宜以適賓耳。司儀職既詳相爲賓之儀，而此職第言上公五積，侯、伯四積，子、男三積，牢禮、饔獻、飲食皆以爵等爲之數，而不辨致禮者爲王朝、爲鄰國，則上下同之明矣。

三問皆脩。群介、行人、宰、史皆有牢。

注謂：君用脩，臣用牢，非禮，疑有脱誤。非也。問皆以脩，不聞有牢，大國之孤尚不問，則餘可知矣。蓋二句各言一事，群介、行人、宰、史皆有牢，乃承上經「致積」而言，惟上公有加禮，故從者積皆有牢。侯、伯已下之從者，則皆共積，而不盡有牢矣。下經凡介、行人、宰、史皆有飧饔餼，惟上公曰爲之牢禮之陳數，侯、伯、子、男則第曰「爲之禮」，正以皆有禮而不盡有牢耳。積出入皆致，於禮爲輕，故獨於上公之從者舉例，飧饔餼皆以爵等，則積亦視之可知矣。其義蓋互相備。

三饗、三食、三燕。

掌客獨詳諸侯相爲賓之禮，何也？積飧、饔餼壹視其爵等，以爲陳數，不容有異。上公五積三問，侯、伯四積再問，子、男三積一問，已見於大行人職，則天子所以禮諸侯，不異於諸侯之相禮明矣。惟饗食燕，則侯國可行，而王朝决不能行，蓋諸侯世相朝，雖同方嶽，其事甚稀，故可致其渥洽。若六服群辟，朝覲、宗遇，絡繹來庭，天子隨時旅見，即一饗、一食、一燕，亦旬日無虚矣。故行人第列饗禮九獻、食禮九舉，而燕亦不之及也。若會同衆至，則受享、禮賓皆於壇，同日而畢事，惟燕禮可舉於國中。或即於壇，饗食各以幣致，蓋王燕諸侯毛，則可以同日而畢事也。　大行人惟言饗食，司儀及掌客始兼言燕者，大行人掌大賓之禮及大客之儀，以親諸侯，惟饗食爲待諸侯之正禮，燕則王所以親公、卿、大夫，而兼用於群侯，司儀通掌九儀，掌客專掌四方賓客之供具，則於燕不得獨遺矣。　注引聘禮，不過證以幣致耳。賈氏公彦遂謂饗食嚴而燕褻，故無幣致之禮。覲禮疏又云燕亦以幣致，自相牴牾。聘禮所以不言燕者，蓋饗、燕皆有酬幣，言饗幣，則燕如之耳。

凡介、行人、宰、史，皆有飧、饔餼，以其爵等爲之牢禮之陳數。

注謂若以命數，則參差難等，止以卿、大夫、士爲差。非也。曰「以其爵等」，則各以三等之國，卿、大夫爵之相當者爲等，明矣。三等之國，皆曰「以其爵等」，正爲卿、大夫、士之爵同而其等各異也。若惟以爵而不辨其等，則總之曰皆以爵爲之陳數，其義乃明，而其文三見於辭爲贅，而義轉難通矣。群士之等難差，則各量其所用之物以致之，是則可云殺小禮耳。若如注説，子、男之卿陳數與君同，則紊大禮矣。朝覲饗食，所以正君臣之位，明尊卑之等也。不宜有此瀆亂不經之禮。　經於大牢、特牛必特見之，上公之群介、行人、宰、史曰有牢，是羊豕必具也。其下曰「有飧、饔餼」，則惟特豕耳。蓋不惟禮有隆殺，物生之數本有多寡也。

夫人致禮。

此亦惟侯國之禮則然，蓋世一朝，其事至稀，故夫人於壺漿、籩豆之外，致膳、致饗、致食，壹與主君同。若王后行此，則日不暇給，而理亦非宜，故見於天官者，惟酒正掌后致飲於賓客之禮，所具者壺漿，寺人職喪紀、賓客、祭祀之事，帥女宫而致於有司，所具者不過壺漿、籩豆，内宰致禮，惟此而已。宰夫掌賓客、牢禮、委積、膳獻、飲食，外饔掌賓客之飧饔，饗食，而無一語及后、夫人，則絶無膳獻、饗食之禮可知矣。至大行人職，后從王而再祼者惟上公，蓋二王之後，以敵體待之，伯、侯一祼，則后不與矣，況別致膳與饗食乎？

侯、伯四積，皆視飧牽。

自侯、伯已下，不復言群介、行人、宰、史之牢，何也？見於經者，惟二王之後稱上公，故從者之積，牲牢備具。若侯、伯已下之從者，道積皆有牢，不獨物力難周，奔走執事者亦日不暇給矣。司儀職諸公之臣相爲國客，言「三積」而不言「牢」，則其餘使臣之積，不過量所應用以致之，必有牲餼而不備牢禮可知矣。

凡諸侯之卿、大夫、士爲國客，則如其介之禮以待之。

王賓諸侯，諸侯相爲賓，大行人掌客各見其半，以示上下同之。而諸臣從君而爲介，特聘而爲使，王朝及主國，所以禮之亦同，以飧饔、牢積之數，壹以其人之爵命爲準故也。

凡禮賓客，國新殺禮，凶荒殺禮，札喪殺禮，禍烖殺禮，在野在外殺禮。

在野，如會同爲壇於國外，受饗禮賓，皆於壇，有燕而無饗食是也。以是推之，則巡守殷國，其主國亦惟王官共億，而群侯來會者，禮必從殺可知矣。

賓客有喪，惟芻稍之受。

注：飧饔餼正禮，主人致之則受。非也。君有喪，臣從服，喪食上下同之。賓受之則無用，主人致之則不誠，非遭主國之喪之比也。

遭主國之喪，不受饗食，受牲禮。

禮不當受，則主人不以熟致，非致而不受也。

## 掌訝

若將有國賓客至，則戒官脩委積，與士逆賓于疆，爲前驅而入。

必與訝士俱，以設有暴客者，可即時詰搏，且訝士掌侯國之獄訟。既入王畿，即賓客之從者，目有鬬争，亦不敢自治，而歸於訝士也。

及宿，則令聚欜。及委，則致積。

國賓客將至，往逆時已關於野廬氏矣。及身經其地，又申令守涂地之人使聚欜耳。應致積之地其積早委焉，掌訝逆賓於疆，爲前驅而入，則隨地可致，故以屬之。

凡賓客之治，令訝，訝治之。

注謂賓客之治，爲正貢賦，理國事。非也。邦國之貢，冢宰致之；其典，冢宰施之。地法，司徒頒之；禮事，宗伯令之；獄訟，司寇定之；役事，司空戒之，而又使司馬兼董焉。非訝士所得治明矣。訝士掌四方之獄訟，邦有賓客，則誅戮暴客者。客出入則導之，有治則贊之。蓋或賓客之僕隸、廝輿與邦人有争，或賓客之屬自犯法禁，其在王朝，皆不敢自治，而以歸於掌訝，掌訝使訝士治之。訝士職曰「有治則贊之」，即贊掌訝也。晉人執宋仲幾於京師，春秋以爲非常而志之，則周之舊典可知矣。

凡賓客，諸侯有卿訝，卿有大夫訝，大夫有士訝，士皆有訝。

不曰「則」，而曰「有」者，大國之君有卿訝，而小國之君可以大夫訝；大國之卿有大夫訝，而小國之卿可以士訝。若小國之大夫及列國之士，則雖有訝者，而非命士矣。知然者，列國之士，天子無使命士往訝之義也。司士職，會同、賓客，作士從，諸子職，會同、賓客，作群子從，則訝列國之士者，其諸王朝未授職之士與庶子與？

凡訝者，賓客至而往，詔相其事，而掌其治令。

凡訝者，謂上所云卿、大夫、士，皆待賓至國而後往，非若掌訝之逆於疆也。掌訝惟至於朝，詔其位而已。此訝者則詔相其禮事，掌訝及退爲之前驅而已。若賓有治，王有令於賓，則此訝者通掌之。

## 掌交

掌以節與幣巡邦國之諸侯及其萬民之所聚者，道王之德意、志慮，使咸知王之好惡，辟行之。

萬民所聚，謂其國之大都會也。四海九州，山陬海澨，掌交何能徧至？惟於民聚之地道王之德意，然後可樹之風聲，播傳幽隱。

使和諸侯之好，達萬民之說。

說，論說也。蓋或自言其利害，或議政事之得失，有不能達於王及國君者，皆爲達之，是之謂士傳言。

掌邦國之通事而結其交好，以諭九稅之利、九禮之親、九牧之維、九禁之難、九戎之威。

注：通事，謂朝覲、聘問。非也。朝覲、聘問，禮有常經，無爲別設官以掌之，蓋非朝聘之期而鄰國有事欲相通，則因王官之巡行而達其意也，其事如通防交糴、聯婚姻、詰逋逃之類。九稅，司徒所掌也。九禮，宗伯所頒也。九牧，冢宰所建也。九禁、九戎，司馬所專也。而使刑官之屬諭之者，蓋邦國不能率由典常，則刑禁及之。刑禁不能施，則兵戎詰之，與司馬九法兼

備五官之職，其義略同。冬官雖亡，而見於尚書者，曰居四民，時地利，其法惟始立國用之。建國之後，未有無故而變冬官之法者，故不之及也。

## 朝大夫

國有政令，則令其朝大夫。

上文國事故，乃天子所施爲，故日聽之，以告其君長，使知王之所好惡辟行之也，此政令則施於都家者。

凡都家之治於國者。

方士職曰：凡都家之士所上治則主之，則此職所謂治，乃請事而非獄訟可知矣。此職曰治於國，則掌訝職，凡賓客之治令訝，訝治之，乃治賓客之從者，與邦人之争訟，而非賓客以事請可知矣。

李光坡曰：「自大司寇、小司寇、士師三長官而下，畿内之獄訟，鄉士、遂士、縣士、方士主之，六服之獄訟，訝士主之。次以朝士者，斷獄、弊訟皆於外朝也。次以司民者，見民者天之所司、王之所敬，刑罰不可以不中也。獄訟既弊，有五刑以麗其辟，故次司刑。有刺宥以議其輕重，故次司刺，有大亂獄，則故府之藏可覆視，故次司約。有疑獄不決，則質之明神，故次司盟。於是罪輕而贖刑者，則職金受其入；罪重而孥戮者，則司厲執其法；稍重而未麗於法者，則司圜收教；已麗於法，則囚而刑殺。故掌囚掌戮次之，從坐者恕其死。因任以事，故司隸罪隸又次之。蠻閩夷貉之隸，或得之征伐，亦以類附焉，繼犬人於司厲者，司厲治盜，犬能逐盜者也。雖然，刑非得已也。禁於未發，則民安而上不煩，故布憲申禁於天下，禁殺戮、禁暴氏、司禁於國中，野廬氏、蠟氏、雍氏、萍氏、司寤氏，所以使行者無害，死者有主，陸走者無險阻，水浮者不沈溺，時其宵晝，行止以節，皆道路之禁也。司烜氏、條狼氏、脩閭氏，皆祭祀、軍旅之禁也。自冥氏至庭氏十二職，草木、鳥獸爲民害者驅而除之，義之盡也。繼以銜枚氏、司囂者，無端歌哭，雜氣妖聲，不祥也。於是刑事盡矣。次以伊耆氏者，秋養耆老故也。次以大行人等官者，賓位於西北，天地之義氣屬秋也。朱子曰：凡諸侯朝覲、會同，禮畢則降而肉袒請刑，司寇主刑，故屬焉。賓客見王則有儀，故司儀次之。而行夫掌小事，環人主送逆，象胥掌四夷國使，以類附焉。賓客朝見，有饔飱、牢禮之歸，故掌客次之。賓客自來至去皆有訝，故掌訝終焉。掌交，所以諭王志於天下之邦國也。掌交已下，所以達王事於畿内之都家也。」

# 考工記析疑

徐到穩　整理

# 整理説明

考工記析疑四卷，成於康熙六十年（一七二一）。據蘇惇元撰望溪先生年譜，康熙五十年，方苞開始潛心三禮；康熙五十一年，著禮記析疑；康熙五十二年，著周官辨、喪禮或問；康熙五十九年，周官集注成；康熙六十年，周官析疑成。年譜未載考工記析疑的成書時間，很可能是將考工記析疑視爲周官析疑的一部分。

四庫全書總目、鄭堂讀書記、八千卷樓書目等清代各大書目及中國古籍善本書目、中國古籍總目等現代各大書目都視考工記析疑與周官析疑同屬一種書，這種看法是有問題的。方苞撰周官集注有十二卷，其中第十一卷、十二卷是對考工記的集注。需要注意的是，周官集注重在彙集諸家之説，而周官析疑、考工記析疑更多體現個人的看法。且周官析疑、考工記析疑成書在周官集注之後，更可體現方苞「晚年定論」。在嘉慶年間纔刻全的抗希堂十六種中，考工記析疑與周官析疑也被視爲同屬一種書。但是「十六種」是方氏後人的看法，並非方苞自己的看法。雖然周官析疑、考工記析疑常常被刊刻在一起，但是我們應當視其爲兩種書，否則没法解釋爲什麽方苞起了兩個名字，没法解釋爲什麽考工記析疑的卷一至四是獨立的（不是周官析疑的卷三十七至四十)，没法解釋考工記析疑的卷一開端有一段案語(周官析疑各卷開端都没有一段案語)。方苞將考工記析疑與周官析疑分開有更複雜的背景。漢武帝求遺書，得周官五篇，司空職亡。漢河間獻王以考工記補入，名曰「冬官」，於是周官、考工記合爲一書。這種做法受到歷代不少學者的質疑。宋代開始對考工記專門研究，其中以王安石、林希逸爲代表，如王安石周官新義十六卷、考工記解二卷，林希逸考工記集解二卷。明代王應電周禮傳十卷，黜考工記不録。清代萬斯大周官辨非一卷，也没有考工記的部分。王安石、林希逸、王應電、萬斯大禮學對方苞的影響是較明顯的。另外，考工記析疑卷首一段案語中還記載了張自超的一句話：「記言『秦』『鄭』是東周語，『淮北』『濟』『汶』皆齊魯間地，『終古』『戚速』『椑茭』，注以爲齊語。其周末齊魯間曉工事而工文辭者爲之與？」方苞没有評論這句話，不過從全書慣例可以看出，方苞對這句話是非常認同的。方苞將周官視爲周公致太平之書，但没有將考工記視爲周公致太平之書，這一點也是非常重要的。

考工記析疑將考工記中文義有疑難者掇出解釋。或釋古制，或析其説之所以然，或析其行文等。考工記析疑引用了張自超、李光墺、鍾晼、顧陳垿、李光型、李光坡、劉捷、李鍾僑、梅瑴成等九人的觀點，很可能是方苞與這九人時常討論考工記中的疑難，這九人對方苞很有啓發，於是方苞記下他們的話。

考工記析疑的影響與價值是不容易看出來的。四庫館臣將周官析疑與考工記析疑視爲同一種書，列在四庫全書存目。他們對周官析疑大加批判，但没有涉及考工記析疑。清代中後期的主流禮學家（如江永、戴震、程瑶田、黄以周、孫詒讓等），幾乎都不評價考工記析疑。清經解及清經解續編没有採入方苞一部作品。考工記析疑被後代忽視是難以否定的，但值得注意的是，考工記析疑中探討的問題往往繼續被學者探討。如張自超考工記是周末齊魯間人所作的觀點，對禮學大師江永有直接的影響。現代學者普遍贊同考工記是春秋末期齊國人所作這一觀點，並將這觀點溯源至江永，却不知考工記析疑對張自超觀點的記載纔是真正的源頭。另外，現代學者普遍認爲程瑶田將目驗與實驗、考古實物與文獻對照方法的運用到考工記研究中，是王國維「二重證據法」的重要源頭，却不知考工記析疑中方苞及其朋友們已經運用目驗與實驗、考古實物與文獻對照方法了。因此，考工記析疑的影響與價值有待於進一步探討。

考工記析疑的清代版本有：乾隆刻本（嘉慶時被收入桐城方氏抗希堂十六種）、光緒桐城方望溪先生全書活字印本。此次整理以乾隆刻本爲底本。

整理者

二〇一八年二月

# 目録

# 考工記析疑卷之一

## 冬官

冬官名「司空」者，四時之有冬，積於空虛不用之地，而度地，居民，立城邑，治溝洫、川梁，於農事既畢爲宜。司空者，蓋主於空虛不用之時而使民有興事任力之實用也。冬日之閉凍也不固，則春夏之長草木也不茂，此天道之以虛爲實也；事典不立，則三時之利不能盡，四民之業無所基，此聖人之以虛爲實也。故官以「司空」名，而其職則曰「以富邦國，以養萬民，以生百物」。司空之職居四民，時地利，工事其末耳。今其大經大法無一存者，蓋諸侯惡其害己，而皆去其籍。惟百工造作之法自古相沿。意者故府亦有其籍，以其爲民生所習用，工師所世守，故猶可傳述。然觀匠人營國爲溝洫，僅具高潤、廣袤之度，而所以建立城邑，分處四民，因山川形勢以辨非牧、別疆潦、規偃豬、町原防者，無一及焉，則工事中有關於大經大法者亦不存矣！蓋記者僅得之工師之傳述，而未見故府之典籍故也。張自超曰：「記言『秦』『鄭』，是東周語。『淮北』『濟』『汶』，皆齊魯間地。『終古』『戚速』『椑茭』，注以爲齊語。其周末齊魯間曉工事而工文辭者爲之與？」李光墺曰：「考工雖言治器粗迹，而每有盡性至命之文。」

# 記

國有六職，百工與居一焉。

王公所任，天職也，與士、大夫共之。農、工、商亦謂之職者，各有所守之業，以服事其上；一失其職，則生養不遂而教治以傾矣！女史掌王后之禮職，内命婦亦皆有職，而況外命婦及農、工、商、賈之婦女乎？先王之世貴賤男女無一人而無職，禮樂、政刑無非所以警其職者，故自上以下莫敢淫心舍力，此正德、利用、厚生之根本也。大宰九職不出農、工、商三者。虞衡所掌即守山澤之農。園圃、藪牧，農之類也。閒民，則農民之不受田者。臣妾，則士、大夫之家臬也。司徒所增職事三：學藝者，士也；世事者，賤技末藝，世善其事；服事者，不能爲農、工、商而給役於官，其無職者則罰及焉。不勤其職，則謂之罷民，而刑施焉。自春秋、戰國而四民之外有倡優，秦漢以後有僧、道士，農與兵分，士失所學，工作奇技淫巧，商致難得無益之物，民之無職者十四三，有職而失其所以爲職者又半焉。凡先王所以正德、利用、厚生之道，變亂毁壞幾盡矣！

或坐而論道。或作而行之。或審曲面埶，以飭五材，以辨民器。或通四方之珍異以資之。或飭力以長地財。或治絲麻以成之。

周官所云「珍異」，多指食物。此記所指，則玉、石、丹、漆、金、錫之類耳。蓋民生日用必需之物，隨地而有之，商賈所通，不過四方之珍異，且錦文、珠玉用之各有等差，是以民勤於本業，惟土物是愛，商賈無奇赢，而逐末者少，乃經國之大猷也。後世無物不轉販，半無益於民用，而滋其淫侈。土利之所以不博，民生之所以不厚，風俗之所以衰敝，恒必由之。資，借也，濟也。借懋遷以濟民用之不足也。

張自超曰：「先儒謂：作記者欲見工事非賤，故以列於六職。非也。國有四民，乃天之所爲，非人之所設也。無農、工、商，則無以生養；無士，則無以治教，而生養不得遂。先王之世，四民之外無民，六職之外無事，所以無一事之不脩、一民之不得其所也。四民之外有民，六職之外有事，而欲生養之不匱、治教之大行，難矣！」

坐而論道，謂之王公。作而行之，謂之士大夫。審曲面埶，以飭五材，以辨民器，謂之百工。通四方之珍異以責之，謂之商旅。飭力以長地材，謂之農夫。治絲麻以成之，謂之婦功。

春秋五等之君，葬皆稱公，儀禮有公食大夫禮，一國之政決於君，故注以公爲諸侯。其不言三公，以三公論道經邦，舉王，則與三公坐論在其中矣。

知者創物。巧者述之，守之世，謂之工。

必知周萬物而後能創，伏羲、神農、黄帝、堯、舜是也。巧者，官司之長，如工倕、殳、斨、伯與之類，能知聖人之意，循而達之，以究盡製作之理。工則世守其成法而已。輪人記所云「巧者和之」，則工之巧者耳。

百工之事，皆聖人之所作也。

易大傳：網罟、耒耜、衣裳、舟車、門柝、杵臼、弧矢、棺槨、宫室、書契之作，或出於上古之聖人，或出於中古及後世之聖人。

橘逾淮而北爲枳，鸜鵒不逾濟，貉逾汶則死：此地氣然也。鄭之刀、宋之斤、魯之削、吴粤之劍，遷乎其地而弗能爲良，地氣然也。

橘不可逾淮者，氣感之而化也；鸜鵒不逾濟者，氣迫之不可居也；貉逾汶而死者，氣觸之而皝也。陰符經曰「禽之制在氣」，是已。若鄭刀、宋斤等器，豈天下之金不如五國之剛，天下之工不如五國之能乎？即鄭與宋、魯與粵彼此相易，亦不復善者，蓋淬金之水不同，則鋒鍔自異，原出於地氣清濁也。如今各島夷之洋刀，有久堅、入耎、吹毛、截竹之不同，皆地氣使然。

天有時以生，有時以殺；草木有時以生，有時以死；石有時以泐；水有時以凝，有時以澤：此天時也。

石有時以泐，謂盛夏時易解散，不可燒爲灰也。若久而剥落，則不可謂天時使。然楚辭及莊子皆謂金石以旱暵而流，疑寓言，非實事也。澤，潤澤也。冰將解，必先見潤澤，然後化而爲水。

攻木之工：輪、輿、弓、廬、匠、車、梓。攻金之工：築、冶、鳧、㮚、段、桃。攻皮之工：函、鮑、韗、韋、裘。設色之工：畫、繢、鍾、筐、㡛。刮摩之工：玉、楖、雕、矢、磬。摶埴之工：陶、旊。

諸工當各有官統之，未可謂工即爲官也。

戈柲六尺有六寸，既建而迆，崇於軫四尺，謂之二等。

戈，短兵，可弛而建之；其餘長兵，則建而不弛，故下皆直言崇之數，而無弛之分也。五兵何以皆建？古者兵車容三人：中御；左挾弓矢；右雖主擊刺，亦時下推車持輪，不常持兵。且車戰相持惟利弓矢，必輅而相及，車轂錯，然後短兵接焉，故建於車之右方，隨其所宜，取而用之爲便耳！左傳：楚人教晉人脱扃。杜注：「扃，車上兵闌。」兵闌可脱，當在輢之外，賈疏所云「以鐵圍範」者是也。其建之，則短者在前，長者在後與？

酋矛常有四尺，崇于戟四尺，謂之六等。

酋矛、夷矛皆刺兵，非句兵也。後人因詩「二矛重喬」，意其爲句，不知喬所以縣英，鄭箋謂矛矜室題是也。不言夷矛，以并軫高爲六等，已備也。廬人備載夷矛之度，而曰「六建既備，車不反覆」，鄭風、魯頌皆言「二矛」，則夷矛亦建。意者守國之兵乃建之與？

車謂之六等之數。

上文曰「車有六等之數」，嫌車之制有六等，故申明之，見後五等雖非車之數，而人在車中，戈、殳、戟、矛建於車上，故并謂之車之等數也。

凡察車之道，欲其樸屬而微至：不樸屬，無以爲完久也；不微至，無以爲戚速也。

屬者，附著無間也。凡工粗，必待膠漆、塗飾而後無間。方其爲樸而已無間，則固可知。微至，先鄭以爲至地者少，似未安。行山之輪侔，則至地者豈能少乎？蓋言其功之細緻：功細緻，則行戚速矣。

## 輪人

斬三材必以其時。

李光墺曰：「三材不記何木者，轂、輻、牙所宜之木尚多，但斬之必以其時，則可以得其木之性而用其長。傳云『山有木，工則度之』，是也。鄭云：『今時轂用雜榆，輻以檀，牙以橿。』」

輪敝，三材不失職，謂之完。

用之敝而見其完，乃知材美、工巧，故築氏爲削，亦曰「敝盡而無惡」。

望而眡其輪，欲其幎爾而下迆也。進而眡之，欲其微至也。無所取之，取諸圜也。

望，遠視。進，迫近。曰「望而視」者，稍遠而視之，所以別於甚遠也。曰「下地」，見牙之内面向上，而受輻者則正方也。此所視者牙，而曰「輪」者，遠望則見其大而不見其細，故舉牙之週遭者以爲言也。幎爾，言其週遭之度皆同。下地，言其近地之處漸殺。工之巧在心，而注於目，非規矩、繩墨所能盡也。故曰：「工倕旋而蓋規矩，指與物化而不以心稽。」用目巧也。李光墺曰：「上言合三材以爲輪，則轂爲先，輻次之，牙次之。此則輪成而視其善否，初視輪，次視輻，次視轂物之理，言之序也。」

望其輻，欲其掣爾而纖也。進而眡之，欲其肉稱也。無所取之，取諸易直也。

肉，謂幹材之豐殺。肉稱，謂輻上菑入轂、下爪入牙者與其鑿廣狹各相稱也。輻與轂第曰「望」，蒙上省文。

眡其綆，欲其蚤之正也。察其菑蚤不齵，則輪雖敝不匡。

綆，以竹爲之，一名筭，所以護牙而掩蚤孔者也。字書謂輪邊有一重護牙者，其直環如綆然。今時車牙外以鐵葉裹之，綆之制疑類此。謂之綆者，形若繩也。謂之筭，材用竹也。今塞外車尚有以竹爲綆者。蚤之正，以綆眡者，按今輻爪，每間一鑿而穿牙施綆，則疏數左右之度，均齊與否，不能掩矣。匡者，矯而正之也。菑與爪不相偭，則輪雖敝，不至於偏挺，而無所用匡。

凡斬轂之道，必矩其陰陽。

木之體圓，中分其陰陽，而以矩畫而識之。

轂小而長，則柞；大而短，則摯。

車人記：「行澤欲短轂，行山欲長轂。」大車轂長半柯，其圍一柯有半，是轂短則圍必小也；柏車轂長一柯，其圍二柯，是轂長則圍必大也。苟轂長而圍小，轂短而圍大，則制不稱而不利於行。此記雖言四馬車之轂，理則一也。

椁其漆内而中詘之，以爲之轂長，以其長爲之圍。

史記平準書：「更鑄五銖錢，周郭其下，令不可磨取鋊。」蓋古語以週遭爲郭，而郭、椁義並同。

以其圍之阞捎其藪。

注疏以轂之徑言，而計其菑入之淺深，然賢之徑六寸有奇。除壺中傅木之金，週遭厚僅二寸，而菑之入轂者三寸九分寸之五，理不可通。以圍之防捎其藪，蓋以週遭之度，而計容藪之廣狹也。捎，鑿也。鑿木以爲孔，與匠人記捎溝同義，謂鑿土以爲溝也。轂圍三尺二寸，存其二以爲肉，而鑿其一以納菑，轂乃堅固而無坼裂之患，但圍之防僅一尺有奇，則每菑僅三分有奇，恐太薄而不牢，蓋止計枘之入鑿者，而菑之幹固不止此也。古者轂三十輻，體不及寸，故股入轂之鑿僅三分有奇。

以其圍之防捎其藪，

謂以三分之二爲肉，三分之一爲壺中空也。壺中空，所以受軸者。下文言「五分其轂之長，去一以爲賢，去三以爲軹」，則壺中內大而外小，惟外當輻菑處，其內正得三分之一也。統而言之，中空處皆可名藪，下經「量其藪以黍」是也；切而指之，外當輻菑處爲藪，此經是也。

五分其轂之長，去一以爲賢，去三以爲軹。

此轂長，謂徑也。轂長有以圍徑言者，車人「轂長半柯，其圍一柯有半」是也。外穿小於內穿者，內穿大，然後軸體厚壯，而承輿力强；外穿小，然後轂體堅實，而觸物無損。蓋交衢水曲，車轂最易相擊而兩傷也。

容轂必直，陳篆必正，施膠必厚，施筋必數，幬必負幹。

容轂者，輻菑齊入相抱，而轂居其中央也。必直者，衆輻左右正相對也。轂中空而藪多，故必束以筋，裹以革，而筋之附木、革之冒筋又以厚膠黏合始能久固。以治轂之次第言，容轂必直，始爲素而定其體，及加飾，則先施膠施筋，以革裹之，然後陳篆而加采焉。先言「陳篆」者，以事之大小序，非以功之先後序也。注謂：容者，治轂之形容。易氏袚以凡爲甲必先爲容證之，似未安。甲之長短豐殺必稱其人之身，故先爲之容，於轂無取也，且與必直義不相應。趙氏溥謂以革鞔轂謂之約，亦非也。轂以革幬，不宜又以革爲約。今時車多以鐵束轂，豈古固有此制與？

既摩，革色青白，謂之轂之善。

革受雨露，則濡緩，而内之筋、膠皆動，故加漆焉。漆乾而後可摩。疏謂摩而後漆，非也。注曰九漆，疏謂以骨丸之，其法未聞。據近代施漆者，内先布灰，但曰「既摩，革色青白」，則革外不應更有他物間之。

參分其轂長，二在外，一在内，以置其輻。

輻必置轂之中央，二在外，鑿孔當小穿，然後其深可容輻菑之枘。

凡輻，量其鑿深以爲輻廣。

不言輻之厚者，轂圍三尺二寸，約留三分之一爲餘地，以三十輻均之，輻當厚十分寸之七，其菑之端入内者又稍殺焉。股則加厚，約一寸有奇。

輻廣而鑿淺，則是以大抗，雖有良工，莫之能固。鑿深而輻小，則是固有餘而强不足也。

凡枘之廣狹未有不與鑿相得者，而輻之廣狹亦必與鑿之淺深相稱。鑿有淺深，以轂之圍有大小也：圍小，鑿淺而輻廣，則鑿之銜輻不固；圍大鑿深而輻小，則輻之支轂不强。鍾晼曰：「大車任重，而轂短圍小，何也？牛駕行平地，無馳騁頓撼也。」

故竑其輻廣以爲之弱，則雖有重任，轂不折。

弱，謂菑之入轂深處以漸而殺者。度其輻廣，以殺其菑之端，則轂中肉好相稱而完固；否則鑿内受菑處磷薄，加重任必折矣。顧陳垿曰：「『折』，當作『坼』，轂不應有折也。」

揉輻必齊，平沈必均。

疏謂曲者以火炙之，可揉戾使直。非也。輻長不及三尺，不宜有曲。所謂「揉輻必齊」者，亦以火養其陰而齊諸其陽也。蓋木之陰陽有偏，久之，其力不齊，故揉而齊之。平沈，試輻材也。已爲輻，則骹股異圍，必不能平矣。

直以指牙，牙得，則無槷而固；不得，則有槷必足見也。

集韻：「槷，木楔也。」輻與牙之鑿枘不相得，雖加楔，久之，楔之端必突而出。曰「足見」者，以槷施於瓜之末而言也。

六尺有六寸之輪，綆參分寸之二，謂之輪之固。

三分寸之二，綆之廣也。輪有杼有侔，而綆皆不及寸者，牙侔而綆狹，於行無不利也；綆廣，則於杼者不可施矣。或謂三分六寸之二，知不然者，大車之綆寸，則凡車必較狹可知矣。曰「綆三分寸之二，謂之輪之固」，足矣。而冠以六尺有六寸之輪者，前言六分其輪崇，以其一爲之牙圍，而未著輪崇之度，故因綆而及之；且知徑崇，則知其圍三之而綆長竟圍，故於綆言廣而不言長也。又大車之綆寸，田車之輪六尺有三寸，其綆必較狹綆三分寸之二者，惟六尺有六寸之輪耳。

杼以行澤，則是刀以割塗也，是故塗不附。侔以行山，則是搏以行石也，是故輪雖敝不甐於鑿。牙不外殺，則近地處厚，雖爲石所齧，僅甐其兩旁，而不能甐中央之鑿。

凡揉牙，外不廉而内不挫、旁不腫，謂之用火之善。

李光坡曰：「輪所以固者，在揉牙之工使外不失理，笱簴相入而不挫，旁無負起，逐段相接，皆資火力。謂以全木爲輪，無是理也。」

萬之以眡其匡也。

匡，矯而正之也。既設軸，兩輪相對，用矩以度其四面相去之分，則微偏挺而分不均者畢見，可矯而正之矣。

量其藪以黍，以眡其同也。

以其圍之阞捎其藪，記有明文。注以爲兩壺，非也。兩壺大小穿，具有分寸，且黍細微，惟以量轂牙之鑿孔，可按數而得其準耳。

部長二尺。

不曰「達常二尺」，而曰「部長」者，下記蓋崇十尺，曰「部長」，則知達常與桯合而爲十尺，部之二尺連達常計之矣。蓋之柄必分爲二節者，時張時弛，以便事也。古法蓋弓無中斷線貫之節，故柄納於部鑿，而不可移動，非若後世之蓋弓，可開可合也。故曰：「良蓋弗冒弗紘，殷畝而馳不墜。」若通一木以爲柄，則冒紘張弛及收藏皆不便。後世可開可合，故又以一木爲便耳。蓋崇而重，非粗柄不能勝。然斗之所容者有限，故必先以小柄入斗，而後以大柄承之，此亦一義。

桯長倍之四尺者二。

桯長倍之，則達常長四尺矣！此以見達常之入桯中者有二尺也。達常長二尺，桯長八尺，合而崇十尺，皆以其可見者言之。而不數其不可見者，至桯之入輿底者，又當有數寸，且有鍵以固之，是以雖有疾風，莫之摇也。

十分寸之一謂之枚。

尚書：「枚卜功臣。」春秋傳：「南蒯枚筮之。」又：「左驂迫旋於門中，以枚數闔。」以皃氏「篆間謂之枚」例之，枚亦闔上之金乳也。闔二扇，何用數？杜注誤。其訓如个。夏官之屬有銜枚氏，則以名物；此又以起數：皆緣文而别其義也。

弓鑿廣四枚，鑿上二枚，鑿下四枚。

廣當以鑿之上下相去言，部高一寸，故鑿之上下相去可容四枚，部周圍二十八弓。若左右相去四枚，則好廣而肉薄，不能固矣。廣爲横，而以上下言者，部之體圓，週廻而鑿之，則上下似横也。

鑿深二寸有半，下直二枚，鑿端一枚。

下直二枚，則近上内畔一枚不鑿，而鑿上亦四枚矣。蓋必如此，然後上下之固同也。鑿端一枚者，部之體圓，弓鑿非以漸而殺，則不能容。

弓長六尺謂之庇軹，五尺謂之庇輪，四尺謂之庇軫。

弓有長短，庇有廣狹，或等威之辨，或時事所宜。

參分弓長，而揉其一。

其穹者二尺，下者二尺，揉而曲者，自高趨下之二尺也。

上欲尊而宇欲卑。上尊而宇卑，則吐水疾而霤遠。

李光型曰：「道右掌前道車，王下車，必以蓋從。蓋以爲容，非專爲雨，而禦雨尤其用之切者。」

蓋已崇則難爲門也，蓋已卑，是蔽目也，是故蓋崇十尺。

王乘車而出路門，則五門皆車之所出入。匠人言路門、應門所容之廣，而不言其高。以此推之，蓋崇加車之軹轐軫四尺，總十四尺，門必更高於此可知。

# 考工記析疑卷之二

## 輿人

輿人爲車。

指輿爲車者，輿乃車之正體，軸、轂、輪、輈皆爲輿而設，輪崇、衡長皆以輿廣爲度也。

參分其隧，一在前，二在後，以揉其式。

矯揉以檠木材，輢植於隧間，式貫於輢間，而不可摇動，故亦曰「揉」。

六分其廣，以一爲之軫圍。

毛氏彦清謂：「輈人所謂『任正』即軫，其圍尺有四寸，與此不同。此言田車之軫，非也。無爲舍乘車、兵車而忽言田車，又不明著其爲田車也。注：軫，輿後木，任正謂輿下三面材，蓋軫之圍殺於前及左右三面材，凡三寸耳。軫去人立處遠，無所持任，非任正三面材之比也。」

參分較圍，去一以爲軹圍。

兩輢者，較式之所託也。不宜詳言輿制，而獨遺輢，又不宜較間之木，與轂末同名，且其文上承式較，下接轛，疑當作「輢」，剥蝕而誤「軹」也。疏謂較式之下别有植木、横木，未知何據。較，兩相植木也。式宜貫於輢，或陷置輢間，不宜别有植木。較式之下亦不宜别有横木也。式貫於輢中，而輢圍反小者，以植木力强，横木力弱也。轛疑即輢之末上出於較而相對者。

圜者中規，方者中矩，立者中縣，衡者中水，直者如生焉，繼者如附焉。

直者如生，即立中縣者，言其著於任正木甚固。如地中生木，深固而不可摇也。板之相連，與軹、轛、較、式横直之相交，皆爲繼者。如附，言熨貼無間，如枝條附幹而不可析也。

凡居材，大與小無并。大倚小，則摧引之則絶。

大無與小并，謂兩木並植而相對也，注乃以「偏邪相就」釋之；記止言「大倚小」，而注增小并大，且以爲摧與絶之分：義皆難曉。以物理推之，記所云大與小并，非偏邪相就，謂以木之近根者與遠根者相對，且專言對立之輢，而横設之式較不與焉。注疏：兩相豎立者，與横貫者並稱較。蓋木近根恒粗而堅，遠根則漸細而脆。若以近根者，與中央及木末相對，則圍徑雖同，而强弱迴別矣。凡車行坦平時恒少，而左右偏側時恒多，兩輢對立，式横貫之。設以近根者爲右輢，遠根者爲左輢，車行少偏於左，則右輢之力注於左，而若倚之，久之左輢必撓曲矣。或陷深泥，驅仄徑，既傾於左，旋側於右，所載人物隨之，左輢弱，驟爲右輢所引，則鑿穿處必絶矣。知非指式與較者横貫於中央，弱者得强者以撑拒，則不至於橈，或傷其鑿枘而幹必無中絶也。

棧車欲弇，飾車欲侈。

弇，謂車相微向内也。侈，謂微向外也。輿六尺有六寸，縱横、深廣一定不移，惟兩相板當旁者可微向内外耳。

## 輈人

輈人爲輈。

古者駕馬之車，皆一轅而兩服夾之，兩驂又在其外，非如後世之車兩轅而一馬當其中也。

國馬之輈，深四尺有七寸。田馬之輈，深四尺。

田以習戎，而車則異者，兵凶戰危，非國馬不可用。齊車、道車皆用國馬，正閑習而便於即戎也。其次力强而高不及八尺者，使駕田車，以習馳驟，其在軍，以載共事而不即戎。及徒役疾傷者，亦可以不後於戎車。駑馬則不可用也。

凡任木：任正者，十分其輈之長，以其一爲之圍。衡任者，五分其長，以其一爲之圍。小于度，謂之無任。

凡任木，統下任正與任衡也。任者用力持載車以輿爲正，故輿下前及左右三材爲任正，以力持輿之正載處也。曰「衡任」者，負輈而引車衡之力也。

凡揉輈，欲其孫而無弧深。

輈雖揉之而曲，亦必以木之本曲而可爲輈者揉之。若直木而全恃火力以相勝，則馬之所引未有不久而返其直性者矣。

今夫大車之轅摯，其登又難；既克其登，其覆車也必易。此無故，惟轅直且無橈也。

大車之轅摯，惟直故摯也。既曰「轅直」，又曰「且無橈」者，直言其無穹而上者，無橈言其無曲而下以持衡者。　或曰：「『摯』，本當作『直』，以音近而譌。」　自車戰廢，馬車皆二輈，雖行平地，有乘塊而傾者。古法一輈居中，四馬引之，行平地萬無覆車之理。即山行澤陷，人力可輔，不至於必僨。但一輈四馬，則馬必等力齊足而後可駕，非王公、國卿不能具。故相率而從簡便，以一馬服兩轅，則驂馬有無多寡可不計矣！此事勢之相因而變者。

是故大車平地既節軒摯之任，及其登阤，不伏其輈，必縊其牛。此無故，唯輈直且無橈也。

上言大車不利於登，此言大車雖行平地時多，而亦有不能不登阤之時，故必使人抑制而伏其輈。如不伏其輈，則車後仰，而牛之吭膺間束絆者必若絞縊矣。曰「節軒摯之任」者，必所載前後適相稱，然後無軒輊之患也。

故登阤者，倍任者也，猶能以登；及其下阤也，不援其邸，必緧其牛後。此無故，唯輈直且無橈也。

此言下阤尤難，必手援輿底之向前者，以輕其任，然後無崩奔之患。若不援其邸，則任重勢猛，其下若崩，而緧其牛後矣。

輈注則利準，利準則久，和則安。

注水之管，中穹而兩端微下，輈之不淺不深似之，則馬之引之也利，而車行如準之平。久者，言輈之難弊也。安者，言車之無傾也。

輈欲弧而無折，經而無絶。

上言「凡揉輈，欲其孫而無弧深」，此申明之，言其形亦近於弧，但不可太深而折。欲其孫，必循木之經，而毋絶其理也。

良輈環灂。

弓人記：「角環灂，牛筋蕡灂，麋筋斥蠖灂。」蓋漆以所著而異其文，角質堅而理密。既治滑易，故漆文如環。輈之漆文如環，則木堅密而治之滑易如角矣，故以驗其良。

軫之方也，以象地也。蓋之圜也，以象天也。輪輻三十，以象日月也。蓋弓二十有八，以象星也。

車動則輪轉，故以象日月之運行。蓋建無遷移，故以象經星之布列。

龍旂九斿，以象大火也。鳥旟七斿，以象鶉火也。熊旗六斿，以象伐也。龜蛇四斿，以象營室也。

旗之正幅爲縿，斿則别以帛爲之，如其數，綴於縿，如冕之有旒。趙氏溥謂裂旗之邊幅爲數條，臆説也。惟别爲一物而相連屬，故尾九星取大火之屬，星七星取鶉火之屬，參與伐連而爲六，營室與東壁連而爲四。群儒争以不取本星而取連屬之星破鄭注，皆由未達此義耳。以上文蓋弓輪輻，已著日月星辰，故不及三辰之常，記者因事以立文，義當然也。且「日月爲常」，載在春官司常，人所共曉，可不必詳。林氏希逸圖：九斿者九龍，七斿者七鳥。非也。惟一升一降，故曰交龍。若各准其斿數，則大常十有二斿，日月星辰可各畫十二乎？趙氏溥謂龍横畫，取可升可降。然注一象升朝，一象下復，於義爲近，難以臆説破也。

弧旌枉矢，以象弧也。

注據覲禮，謂旌旗之屬皆有弧，但此記弧旌，宜爲軍事所特建，蓋畫弧與枉矢於旌，以象天討也。上四旗乃平時所建，故特表弧旌，與司常九旗不列大白而别見巾車義同，以軍用凶禮故耳。如鄭注則祭祀、賓客所建大常龍旂，皆畫枉矢，何義乎？

攻金之工，築氏執下齊，冶氏執上齊，鳧氏爲聲，㮚氏爲量，段氏爲鎛器，桃氏爲刃。

李光坡曰：「首攻金之工六，築、冶、鳧、㮚、段、桃，而此再見者，賈氏謂與下攻金之工爲目，然他官不别作目，而此獨異例，疑此記别出一手，其中錯簡亦多，如築氏執下齊，冶氏執上齊，何以削與殺矢皆五分其金而錫居二？鼎及鑑、燧、斧、斤爲者無其人，則殘缺多矣！鳧氏不曰『爲鐘』，而曰『爲聲』，以有聲之器，不止於鐘也。桃氏不曰『爲劍』，而曰『爲刃』，以能割之物，不止於劍也。」

六分其金而錫居一，謂之鍾鼎之齊。五分其金而錫居一，謂之斧斤之齊。四分其金而錫居一，謂之戈戟之齊。三分其金而錫居一，謂之大刃之齊。五分其金而錫居二，謂之削殺矢之齊。金錫半，謂之鑒燧之齊。

鍾鼎金不多，則考之而聲不揚，焚之而質易敝，故用六一上齊也。斧斤以攻堅木，以刈叢棘，金不多則易鈍澁，故用五一；戈戟軍器貴錟鋭，故用四一：亦上齊也。大刃則鈇鉞之屬，其用爲希，故三一，蓋下齊也。削與矢鏃體小而刃薄，金多則易缺折，故用五二，取其忍也。鑑、燧各半，則聖人心通造化，辨察物理，所以取陰陽之精，而相感召者，不可以意測矣！江淹銅劍贊序：古以銅爲兵，至秦時，兵革互興，銅不充給，故以鐵足之。然戰國策已言楚之鐵劍利而倡優拙。管子小匡篇：「美金以鑄戈、劍、矛、戟，試諸狗馬；惡金以鑄斤、斧、鉏、夷、鋸、欘，試諸木土。」所謂「惡金」，必鐵也。列子殷湯篇：鋼鍊赤刀，切玉如泥。則春秋時已用鐵爲刀，如鐘鼎之類。自宜用銅，餘則銅、鐵皆可用。而據今法，則錫與銅鐵俱不可合，銅以鉛和，鐵以鋼煅，豈古分五金鉛鏤之類通謂之錫，如燭以蠟塗而注則謂以蜜耶？李光墺曰：「鉛，本草謂之黑錫。今鑄錢用之，湖州青銅鏡亦以鉛和，然光青黑無晶烈之焰。若用以取水火，恐不能與日月之明相感召。蘓頌寶藏辨曰：凡鑄銅之物，多和以錫。然則六齊和錫，古法本然。余得古鑑，背有銘文，小篆類漢人書，其次句曰『和以銀錫清且明』，亦其徵也。」

## 冶氏

冶氏爲殺矢。刃長寸，圍寸，鋌十之，重三垸。

李光坡曰：「『殺矢』一十三字，當屬上『敝盡而無惡』之下，蓋削殺矢皆下齊，築氏所執，觀上序可見。」李光墺曰：「欲新而無窮，謂殺矢也。刃常如新，而不繡澁，則利而能入，敝盡而無惡，謂削也。鋒鍔敝盡而無惡敗，則其用可久。『冶氏爲』三字，當移置『戈廣二寸』『戈』字上。」削時砥淬，無事以常新言，矢刃又不宜以敝盡言。光墺之說不可易也。

已倨則不入，已句則不決。長内則折前，短内則不疾。是故倨句外博。重三鋝。

張自超曰：「戈之制，進則用其鋒以刺，退則用其斜勢以鉤。胡太直，則其體横而刺難入；胡太曲，則其鋒直前，無斜勢，而以鉤則不決。鉤必穿所被之衣甲而後固。鋒直前而以鉤，則不能決穿其衣甲矣！胡之鉤用力與援分，内長則胡之折處大近前，與援同向，而鉤無力。胡之刺貴與援並入，内短，則胡之去援遠，其入緩而人易避矣。倨句，謂其形微倨微句而不過也。胡之下爲内，則外謂其上近援處。胡本近援處加廣，則無折傷。」

倨句中矩。

張自超曰：「戟三鋒直前，胡之横貫者與直前者同度，其形正方，故中矩也。既中矩而又曰『倨句』者，援長於胡，循胡之末，至援之末，弦之則倨句也。」

與刺重三鋝。

張自超曰：「鄭司農謂刺即援，非也。既曰『援五之』，不應復曰與援。康成謂着柲直前如鐏者，亦非也。戟三鋒直前，不應又有物直前如鐏。蓋戟，鉤兵也，如圖所載三鋒直前，則可刺而不可鉤，豈鋒刃旁有曲而鉤物者，其名爲刺，而後世失其制與？」

## 桃氏

桃氏爲劍。

劍之爲用最廣：虎賁、旅賁，王出乃執戈盾，當宿衛則佩劍；樂記：「虎賁之士脱劍。」商旅在涂，不可以操戈戟，惟劍可衛身，見於春秋、戰國、兩漢之書；公、卿、大夫、士見於君，皆得佩劍；至秦，則王亦身佩焉；秦銷鋒鑄鐻，而項籍猶得學劍，韓信亦時佩劍，以其不爲兵器，故禁令不及也。

臘廣二寸有半寸，兩從半之。

脊之廣必半於刃，而設此文者，明脊之居中而無偏也。脊直上至劍末，故曰「從」。

以其臘廣爲之莖圍，長倍之。

莖，謂劍之鋌入夾中者，穿其中以夾鋌，故謂之夾。

中其莖，設其後。

劉捷曰：「中其莖者，外包以革木也。設其後者，於後復設鐔也。」

參分其臘廣，去一以爲首廣而圍之。

劍柄接刃處有盤，形隋圜，疑劍首即謂此。圍，謂環於臘外也。週遭距劍身，皆一寸三分寸之二。

身長五其莖長，重九鋝，謂之上制，上士服之。身長四其莖長，重七鋝，謂之中制，中士服之。身長三其莖長，重五鋝，謂之下制，下士服之。

鄭注：「此士，乃『國勇力之士，能用五兵者』。」非也。弓人亦有上、中、下制，所以稱其人之材力。弓盡人可挾，劍盡人可佩，非若五兵各有常度，必能用者始執之。

## 鳧氏

銑間謂之于，于上謂之鼓，鼓上謂之鉦，鉦上謂之舞。

鄭氏鍔引戴記「易則易，于則于」，謂于者，寬緩不迫，鍾聲之發欲其緩。既失彼記本指，亦非此記的義。蓋此記著鍾之度與名，而下文乃言其聲。彼記于訓廣大，鍾之衡度惟銑間最廣大，故以于名耳。

劉捷曰：「今之鍾脣上有圓而隆起者，即所擊處也，豈古則室下與？」于上之攡謂之隧。

十分其銑，去二以爲鉦，以其鉦爲之銑間，去二分以爲之鼓間。以其鼓間爲之舞脩，去二分以爲舞廣。

李光坡曰：「鍾有三層：銑與鼓同一層，鉦一層，舞一層。假如銑徑一尺，去二分以爲銑間，因於銑間内去二分以爲鼓間，此一層也。鉦徑八分，去二分以爲鉦間，此二層也。舞徑六分，去二分以爲舞廣，三層也。鍾弇上侈下，分數如此，注自明矣。」劉捷曰：「銑之十分，以角之外侈者言之。銑間之八分，以鼓末之内直者言之。銑與鼓相距無多也。鼓間，鼓與鉦相去之分也。舞廣，舞與鉦相去之分也。銑間、鼓間、舞廣，皆以從度上下相去言，惟舞脩以横度左右相去言。不言鼓徑者，鉦八，銑間亦八，鼓介於鉦、銑間，則徑之爲八可見矣。」

以其甬長爲之圍。參分其圍，去一以爲衡圍。

甬之圍，乃環其外而總計之。去一以爲衡圍，則穿内空而計之也。若甬圍亦穿内空而計之，則衡圍小於左右甬圍，視甬體必校薄，於下文三分甬長，二在上，一在下，以設其旋，不可通矣！甬中設旋，向衡處得三分之二，不宜反薄於左右二方。

參分其甬長，二在上，一在下，以設其旋。

鍾之縣以甬，而用力尤在衡。一在下，甬之附於鍾者雖少薄，無虞也。二在上，乃衡之横於甬上者非倍其厚，則力不强而易至崩折矣。

薄厚之所震動，清濁之所由出，侈弇之所由興，有説。

謂體之厚薄所震動乃聲之清濁所由出，而聲之清濁又或興於形之侈弇，故必厚薄、侈弇適其宜，而後清濁得其分也。下文言薄厚、侈弇而不及清濁以此。下五句即其説。

# 考工記析疑卷之三

## 㮚氏

改煎金錫則不耗。

金錫之質，剛柔本異，所出之地又殊，或一、再煎而本質已呈，或三、數煎而查滓始浄。每煎則體色必改，必至於不耗而後止，故曰「改煎」。至㮚氏始著其法者，量體堅厚，不慮損折，非若鍾有考擊，鼎用烹飪，五兵以擊刺，矢、鏃、劍、削尤貴精堅，量且改煎，則他不待言矣。鄭氏鍔謂鍾鼎不改煎，非也。

不耗然後權之，權之然後準之，準之然後量之。

以是知改煎，蓋分金錫而煎之。至不耗，然後各權其數，而合之以鑄焉。如合而煎之，則金錫之耗有多有少，而其分不均，不可以定其齊也。準之，謂定其厚薄之分也。金錫既不耗，然後權取一鈞。按鬴身及臀耳之尺度、形制，計其厚薄，則厚薄之分有準矣。量之，謂爲模範也。

則必用鼖鼓；興王傅役，則必用鼛鼓。自王公以下，祭祀、賓客所用，皆六尺六寸之鼓，而不敢名曰晉，以别於王朝金奏之晉鼓耳。「厚三寸」，「三」字疑譌或衍，版不宜過厚也。

穹者三之一。上三正。鼓長八尺，鼓四尺，中圍加三之一，謂之鼖鼓。爲臯鼓，長尋有四尺，鼓四尺，倨句，磬折。

於鼛鼓曰「倨句，磬折」，則上三正兼上二鼓可知矣。於鼖鼓曰「中圍加三之一」，則鼛鼓視此矣。穹者三之一，「知爲一相者，所言鼓木之衡度也。必合二相，乃與中尺之圍合也。曰「中圍加三之一」，則計圍之共數可知矣。鼖鼛不復言厚，三鼓同也。

良鼓瑕如積環。

瑕者，隙紋也，謂鼓木合縫處。鼓二十板，兩端狹而中穹。取材正直，則縫之左右相值者，合而視之如環。如積環，謂衆板之輻輳也。惟良鼓爲然，若材偏斜而工拙，則左右縫不相值，而望之不如環矣。鼓面之革不施漆，故舊説不可通，其然，則當云良鼓環瀏。

## 畫繢

青與赤謂之文，赤與白謂之章，白與黑謂之黼，黑與青謂之黻，五采備謂之繡。

上言六采之相對者，爲繢次也。此以四時相續之義次之，爲繡次也。

土以黄，其象方，天時變。

上言「天謂之玄，地謂之黄」，此獨言「黄」，且變地而言「土」者，明黄爲中央之色也。「其象方天時變」爲句。「方」與「方物出謀發慮」之「方」同。蓋承上文，言青、白、赤、黑爲四方之色，而黄爲中央之色，其象則依仿天時而變，如月令四時各服其方色，而中央土服黄是也。

山以章。

爾雅釋山上正章，郭注訓章爲平，蓋繢山之上平者。

雜四時五色之位以章之，謂之巧。

四時所用車服、旗章色各有主，而以他時之色間雜成文，所謂「雜四時五色之位以章之」也。

禮記「五色六章十二衣，旋相爲質」，即謂此。

## 鍾氏

三入爲纁，五入爲緅，七入爲緇。

獨言「纁」、「緅」、「緇」，豈羽可染者獨此三色與？

## 㡛氏

清其灰而盝之，而揮之；而沃之，而盝之；而塗之，而宿之。

始盝之後揮，則再盝亦如之；再盝之後塗，則明日沃盝之後亦如之。

晝暴諸日，夜宿諸井，七日七夜，是謂水湅。

覆出此文，明惟晝暴夜宿，與湅絲同。餘法則各異也。㮚氏不見爲鼎之法，以其齊與鍾同，貴、賤、貧、富無人而不用，大、小、重、薄各稱所用而爲之制，無事載其法也。㡛氏無湅布與麻之法義同。其功麤，其事簡，匹婦、處女無人不能爲，故不設此工，與「粤無鎛，燕無函」同，故製作之方亦不見也。

## 玉人

天子執冒，四寸，以朝諸侯。

劉捷曰：「舊説以冒三等之圭，義殊淺陋。三等之圭形製各異，而以一圭冒之可乎？不過取覆冒天下之義耳。」

天子圭中必。

群公皆執玉以將事，而天子端拱於上，舉諸侯以下，則疑於天子之不必然。天子且用繅，則執以將事者不必言矣。

四圭尺有二寸，以祀天。

知尺有二寸，爲四圭琢出之數者，以下經圭璧五寸，兩圭五寸有邸，非以琢出之數言，則不可通也。圭璧不言有邸，璧即邸也。四圭不言有邸，以兩圭有邸從可知也。不於四圭言有邸者，於四圭言有邸，或疑坤二而虚，祀地之兩圭不必一玉俱成也。李光坡曰：「疏云：邸於璧中琢成寓穴。爾雅：獸屬爲寓。寓穴，獸窠也。琢成寓穴，非注酒而何？然則坡於典瑞有邸，謂邸亦瓚類，玆非其徵與？」

大圭長三尺，杼上終葵首，天子服之。

案圭首六寸，體正方，自首以下度雖減殺，而體亦正方，故曰珽也。蓋搢於帶間，非大其首，而削薄其下，則虞失墜。又玉質重，若首以下不削，則過重而難勝。

大璋、中璋九寸，邊璋七寸。射四寸，厚寸。黄金勺，青金外，朱中。鼻寸，衡四寸。有繅。天子以巡守，宗祝以前馬。

朱中，謂鼻内通流處以朱漆飾之也。知然者，勺中既用黄金，則别無所謂中矣。

瑑圭璋八寸，璧琮八寸，以頫、聘。

劉捷曰：「論語注以聘圭爲諸侯命圭。命圭者，守圭也，豈可以聘頫哉？朱子於三禮之學問有未詳。凡後儒所摭拾以議朱子者多此類，非義禮之大要也。」

大琮十有二寸，射四寸，厚寸，是謂内鎮，宗后守之。

宗，尊也。天子繼世，故尊無與並，后則或有母后。若視母后存焉。惟祭祀、賓客，夫婦親之，必時王之后。若宫中内治王之母，若祖母在焉，則卑者不敢專也。故内鎮必宗后守之，而駔琮以爲權，亦稱宗后焉。

駔琮七寸，鼻寸有半寸，天子以爲權。

琮或五寸，或七寸，皆可爲權者，以斤兩、分寸決於衡也。

瑑琮八寸，諸侯以享夫人。

易氏祓謂此天子之三夫人，非也。夫人有致飲於賓客之禮，以來朝者或其父兄伯叔也。若既享后而又享夫人，則並后匹嫡，亂政之尤者，成周時必無此禮，即其父兄伯叔，亦各致方物可也。詎可以干享禮之名哉？鄭注要不可破。

案十有二寸，棗、㮚十有二列，諸侯純九，大夫純五，夫人以勞諸侯。舉下以見上也。曰后以勞諸侯，則似夫人之禮異。舉夫人，則后可知矣！知后無異禮者，上物不過十二，無以加也。夫人有勞諸侯之禮，謂王不更立后，而夫人攝内治也。王合諸侯，具十有二牢。諸侯之長，十有再獻，蓋二王之後，不敢以臣禮待也。凡勞以賓之爵命爲等，故諸侯之相勞，其數同於王；夫人之勞諸侯，其數同於后；侯國夫人之勞諸侯，亦然。

## 王氏詳説考定玉人

鎮圭尺有二寸，天子守之大琮十有二寸，射四寸，厚寸，是謂内鎮，宗后守之。命圭九寸，謂之桓圭，公守之。命圭七寸，謂之信圭，侯守之。命圭八寸，謂之躬圭，伯守之。天子執冒四寸，以朝諸侯。大圭長三尺，杼上終葵首，天子服之。天子圭中必四圭尺有二寸，以祀天；兩圭五寸，有邸，以祀地，以旅四望；圭璧五寸，以祀日月星辰；璋邸射素功，以祀山川，以致稍餼；祼圭尺有二寸，有瓚，以祀廟；大璋、中璋九寸，邊璋七寸，射四寸，厚寸，黄金勺，青金外，朱中，鼻寸，衡四寸，有繅，天子以巡守，宗祝以前馬。天子用全，上公用龍，侯用瓚，伯用將繼，子男執皮帛、土圭，尺有五寸，以致日，以土地。琬圭九寸，而繅以象德。琰圭九寸，判規以除慝，以易行。

瑑、圭璋八寸，璧琮八寸，以頫聘。牙璋、中璋七寸，射二寸，厚寸，以起軍旅，以治兵守。璧琮九寸，諸侯以享天子。瑑琮八寸，諸侯以享夫人。穀圭七寸，天子以聘女，大璋亦如之。諸侯以聘女，璧羨度尺好三寸，以爲度駔。琮七寸，鼻寸有半寸，天子以爲權。駔琮五寸，宗后以爲權。案十有二寸，棗㮚十有二列，諸侯純九，大夫純五，夫人以勞諸侯。

李光坡曰：「考工一書雖出於戰國間，多唐、虞、夏、殷之緒。惟玉人一工，盡屬周制，與典瑞脗合。王氏取典瑞以正玉人，自首至末，文皆偶對，義必連合，可與典瑞之文互備。其制或此詳而彼略，其用或此見而彼隱，然大體皆同。惟典瑞無冒，此記無穀蒲，則簡編殘闕耳。案則物微，禮器類此者多矣。故周官弗列也。」

## 矢人

殺矢七分，三在前，四在後。

司弓矢注引既夕禮「志矢一乘，軒輖中」，以證恒矢。易氏袚遂謂恒矢、庳矢前後皆四分，故此記不言。非也。既夕禮，明器也。其於猴矢曰骨鏃，則尚微有輕重，志矢無鏃，通體皆笴，故軒輖中耳。此記恒矢、庳矢生人所用，前有鐵鏃，安得無輕重？所以不言者，鏃之輕至茀矢七分而極，則恒矢、庳矢前三後四，更不待言耳。

水之，以辨其陰陽。夾其陰陽，以設其比；夾其比，以設其羽。

投笴於水，必半沈半浮，因刻記之，就其中央設比，則兩畔各有陰陽，而輕重之分均。否則陰陽各居一偏，輕重不均，而矢行不直矣。

參分其羽，以設其刃，則雖有疾風，亦弗之能憚矣。

注謂下記「長寸」當作「二寸」。據此，但與冶氏文同，不宜皆誤。按今軍中之矢刃一寸有奇，其鋌之較粗而出於笴外者，又二寸有奇，蓋非此不能深入而穿衣甲也。古尺視今更短，刃一寸，其鋌之出於笴外者，必更一寸，乃適於用。曰「以設其刃」者，明刃寸而設之，則出笴外者二寸也。弗之能憚，謂不畏風之振撼。

刃長寸，圍寸，鋌十之，重三垸。

矢分三等，鏃之輕重不同，而第曰「三垸」，何也？若所舉爲重鏃之量，則其下遞減；所舉爲輕鏃之量，則其上遞增。刃鋌之長短亦然。當其時人莫不知，而今無考耳。

## 陶人

陶人爲甗，實二鬴，厚半寸，脣寸。

李鍾僑曰：「甗、甑、盆、鬲諸器不言崇廣之度，何也？桌氏爲鬴，方一尺，深一尺，此其法也。計所實之幾何，或崇而小，或卑而廣，不可以一律拘，故不著也。」

## 旊人

旊人爲簋，實一觳，崇尺，厚半寸，脣寸。豆，實三而成觳，崇尺。

鄭氏鍔謂旊人合土爲器，陶人用火成之。非也。甗、盆、甑、鬲、庾、簋、豆之尺度、形制，具列於前，然後並舉陶、旊之事，則髻墾薜暴之禁、轉均合膊之法爲二職所同，惟所造之器各異耳。

群儒多謂春秋傳「豆區鬴鍾」、醢人「四豆」爲木豆，實四升；惟此職「實三而成觳」者爲瓦豆，實一斗。非也。以記證記，爵獻、觶酬正四升。考之傳記，亦無以豆爲十升者。

器中膊，豆中縣。

張自超曰：「言『器』，則凡陶器皆然。以豆有直柄，較之他器爲異，故特著其中縣，且見旊人爲不獨簋也。」

## 梓人

數目，顅脰，小體，騫腹。

案：騫，騰而上也。凡羽物胸腹多向上。莊子「其脰肩肩」，亦謂其長。鳥目多旋閉旋張，故云「數」。

廣與崇方，參分其廣，而鵠居一焉。

張自超曰：「梓人攻木，當主爲侯植，而詳言鵠及身與个者，必明乎其廣崇之度，而後植乃相應也。」上兩个與其身三，下兩个半之。

張皮侯而棲鵠，則春以功。

詩曰：「射夫既同，獻爾發功。」故曰「以功」。春祭擇士用此，則夏、秋、冬亦然。

張獸侯，則王以息燕。

知獸侯爲畫其形者，以云白質、赤質也。非畫於布，則無所謂質。

## 廬人

車戟常。酋矛常有四尺，夷矛三尋。

於戟獨曰「車」者，步卒所用，止戈、殳爲便；戟與二矛，則用於車上爲多也。

凡兵，句兵欲無彈，刺兵欲無蜎。是故句兵椑，刺兵摶。

彈丸圓而滑易。詩曰：「蜎蜎者蠋。」蓋蠕動之貌，皆以物喻也。句兵握之固，然後傳人無轉移，故以彈爲病；椑則不慮其彈矣。刺兵摶，則體圜而力强，不慮其蜎矣。

毄兵同强，舉圍欲細，細則校。刺兵同强，舉圍欲重，重欲傅人；傅人則密，是故侵之。

舉圍細，則運之便而勢疾。侵之義，如陰陽之道侵，謂其分偏勝也。舉圍欲重，則必增其分，使偏强。

凡爲殳，五分其長，以其一爲之被而圍之。

爲之被者，以物裹之也。凡兵把中必圓，而以物裹之，乃與手相得。所握不過數寸，而被圍二尺四寸，以漸而殺，乃堅固而無折傷也。戟之圍不言，介於殳矛，則其度可差也，故夷矛亦不言。

凡爲酋矛，參分其長，二在前，一在後而圍之。

殳之舉圍在下端，而矛之舉圍在一分、二分之間者，殳，毄兵也，執其下端，乃便於毄；矛，刺兵而兼句，其長二丈，舉圍必近中，乃便於運，而伸縮、進退自由其心。矛不言被圍之長短，必與殳同也。

五分其圍，去一以爲晉圍。參分其晉圍，去一以爲刺圍。

柲身短者必稍粗，長者必稍細，蓋柲圍與刃廣必相稱。戈柲，六尺有六寸，刃廣二寸，則短者粗可知矣。戟常，刃廣寸有半寸，則長者細可知矣。下文云「試其蜎」，亦細之驗。殳長於戈，則柲必細於戈；矛長於戟，則柲必細於戟，然後人力可勝。殳去三分之一以爲晉圍者，其柲圍較粗也。矛去五分之一以爲晉圍者，其柲圍本細也；更細，則過弱而不可用矣。

凡試廬事：置而摇之，以眡其蜎也；炙諸牆，以眡其橈之均也；横而摇之，以眡其勁也。句兵，欲無蜎，而此又視其蜎者，彼言用以直刺，此言樹而摇之也。用以直刺，則慮其大弱而橈。樹而摇之，以眡其蜎之均，則知其材堅忍，而上下周圍如一矣。樹而摇之，止可試其中半以上，故又柱之兩牆之間，眡其通體之橈均。試廬之所當有兩牆相距，自殳及夷矛皆可試也。

六建既備，車不反覆，謂之國工。

車不反覆，謂兵之建於車上者馳騁動摇，而其柄無偏挺曲橈也。

# 考工記析疑卷之四

## 匠人

置槷以縣，眡以景。

眡以景者，眡東、西、南、北之方位，皆以此表之景也。

爲規，識日出之景與日入之景。

梅㲄成曰：「此言爲規以識日出入之景，非先識景而後爲規也。其法應於國中治地極平，作圓規，中心置臬。日出時景在臬西，視景交規處識之；日入時景在臬東，視景交規處識之。末取兩交相距，中屈之以指臬，則臬爲正南，屈處爲正北。」

營國。方九里，旁三門。

上記「水地以縣」，主正其基址，故曰「建」。此主築城郭，辨塗巷，作宫室，故曰「營」。方九里以徑言，其週圍則三十六里，積八十一里。李光墺曰：「下文宫隅之制，以爲諸侯之城制，可證此言王城四方各九里也。」

布朝一夫。

或疑一夫地隘，不足以容市朝之衆。百畝之地廣輪六十丈，當今度三十七丈有奇，雖數千人可容。且市有三，各有所主，易期而入，則無壅矣！大朝雖曰諸侯、萬民咸在，然不過適來朝之諸侯；萬民必耆德爲鄉邑之望者，然後致而詢之，非必徧致萬民也。惟大合諸侯，朝廟不足以容，然後爲壇三成，則四時朝、覲、宗、遇無不能容之患明矣。史記秦築阿房宫，東西五百步，南北五十丈，庭中可坐萬人。

五室，三四步，四三尺。

脩餘四步，爲堂之前後檐。階廣餘五步，六分步之五，爲堂之東西屋翼。堂之廣過於脩，故室所餘廣亦過於脩。

九階。

劉捷曰：「賈、馬諸家以爲九級，似得之。康成謂世室堂高一尺，據『禹卑宮室』而言，不知禹乃卑己所居之宮室耳。以致孝乎鬼神、致美乎黻冕推之，則己之宮室卑，而宗廟則崇閎可知矣。且深廣之度皆過於殷、周，而基僅一尺，於制不稱，又謂東、西、北各二階，亦未安。明堂自漢初不得其制，朱子以爲應象井田，四隅之室隨時而易其鄉。果爾，則東西面或有階。或宗廟、路寢，東西二面皆壁，不宜有門户及階也。尚書顧命：立於側階。注：北下階也。疏：側，猶特也。則雜記夫人入自闈門，升自側階，不得爲東西面有階之徵。至婦人奔喪，升自東階，不忍以賓自處，又不可與賓相混。故由阼階以升，即堂南面之東階耳。奔喪之禮通乎貴賤，如以東階爲堂東面之階，則士、庶人之堂亦四阿、四面有階乎？」

門堂，三之二；室，三之一。

劉捷曰：「門堂得正堂三之二，而門之左右各隔其半以爲室，廠其半以爲堂，則室所占，與門與堂較，又居三之一也。」

殷人重屋，堂脩七尋，堂崇三尺。

不言廣者，準夏制之廣四脩一也。周制南北七筵，東西九筵，則不止於四之一矣。故特著之。

凡室二筵。

劉捷曰："曰『凡室二筵』者，夏制三四步，四三尺，中央室較深廣，周則五室皆同也。舊説四室在四隅。按月令：四時中月，皆居太廟，而餘月居左右个，則四室當在四面之中。今堂脩七筵，而南、北、中央三室已占六筵，所餘一筵爲前後檐階，尚苦其狹，豈周之五室竟連接爲之，而中央室之四面即用四室之户牖與？不言東西廣者，凖以堂之廣也。殷、周制加備，而堂室脩廣轉約於夏，未審何故。"

内有九室，九嬪居之。外有九室，九卿朝焉。

九室宜列后正寢之旁。在禮，婦不命適私室不敢退，九嬪之事后亦然。曰"居"者，不唯治事，起居、飲食皆於是也。九卿則惟入朝次焉，事畢而退，故不得言居。陳氏祥道謂九嬪常居九室，非也。九嬪上承三夫人，下領世婦、九御，故晝居九室，夕返六宫。匪是則事失其序，而亦非人情之所安矣。

王宫門阿之制五雉，宫隅之制七雉，城隅之制九雉。

注兼高、廣，而疏獨以高言者，宫隅長於門阿僅六丈，城隅長於宫隅僅六丈，通城之四隅不應僅二十七丈。若止言城門，譙樓所揜，或週遭之陡出者，其廣又不應至二十七丈也。

宮隅之制，以爲諸侯之城制。

諸侯守在四方，不威不强不足以臨民禦敵，故城宜高廣，非都城在王宇下之比也。

匠人爲溝洫。〔一〕

自禹盡力乎溝洫，三代聖王皆不恤膏腴之地，以爲溝涂，引小水以入於大水，以入鑿之冰川，通天作地成之大川。當其時，農無無田，民無水患。自商鞅開阡陌，毁溝涂，自謂富國强兵之奇計，人争效之，湮溝塞澮。數世以後，支川墊淤，伏秋潦漲，大川汎濫，連州比郡廬舍沈没，人民流殍，坐視而不可拯救，乃秦變周法，釀成百世之大患也。井田雖不可驟復，而匠人以水漱溝、疏小川以通大川之法，可不亟講哉？張自超曰：「溝洫，土功也，而屬之匠人，蓋濬畎澮距川，曰高趨下，由近及遠，必用水平之法，然後委輸支凑，通利而無滯壅。且築隄防，必用竹木以樚石畚，通水門，必設版幹以便啓閉：皆匠人事也。」

〔一〕此句前，原有標題「匠人」，與前重複，故删。

九夫爲井。井間廣四尺、深四尺，謂之溝。方十里爲成。成間廣八尺、深八尺，謂之洫。方百里爲同。同間廣二尋、深二仞，謂之澮。專達于川，各載其名。

先儒謂遂人、匠人之法不同，蓋以遂人「百夫有洫」，而匠人成間謂之洫，乃九百夫之地也；遂人「千夫有澮」，而匠人同間謂之澮，乃九萬夫之地也。不知百夫有洫，而九百夫之地不過爲洫者八，其外始有澮環之；千夫有澮，而九千夫之地不過爲澮者八，其外始有川環之。積至於九萬夫之地，亦不過爲澮者七十有二，環澮之川九而已。其環於百里之外者，即環於三十三里外之川也。同間之澮積數雖多，而其實即千夫之澮。同間之澮所達之川，即千夫之澮所達之川。然則遂人、匠人之法實一而已。遂人，經田野之官。匠人，司其工役而已。未有不受法於遂人者。曰「專達於川」者，溝洫必因澮以達，澮則直達於川，而無或旁行、側注於溝洫也。

凡天下之地埶，兩山之間必有川焉，大川之上必有涂焉。

遂人「萬夫有川」，人力所爲之川也。此記「兩山之間必有川」，天作地成之川也。天作地成之川，或數十里，或數百里而後有之，以人爲之川通焉。然後尺寸之流皆距四海，而無壅漲之患矣。

凡溝逆地防，謂之不行；水屬不理孫，謂之不行。

山水凝結，地勢高下相因，本有自然委輸之經絡，所謂「地防」也。爲溝者必因焉，其支凑之處宜引此水以屬彼水，亦必順其理。若障遏，强使注焉，終必潰決。

凡行奠水，磬折以參伍。

凡行水，欲其行，尤欲其定。太疾則易衝決，於灌溉舟行皆不利。故必紆曲，使停緩以定其勢。注謂磬折則引水疾，誤矣。

凡溝防，必一日先深之以爲式。

防，自上視下以爲深，與聘禮「壇十二尋，深四尺」同義。

里爲式，然後可以傅衆力。

既以一日所作爲式，而又以一里爲式者，人力有强弱，功作有難易，以一里爲式，則所用非一人，所積非一日，可度衆力所能任，附合以就功役也。

## 車人

既有輿人，復設車人，又不以類相從，次於輈人之後，何也？兵車、田車，國事所用，自五路至墨車、棧車，有爵者所乘，故輪人、輿人、輈人作之。大車、羊車、柏車，則任載所用，及庶人之役車，故車人作之。而輿人記所載式、軹、轛之度無一及焉。蓋古者非有爵不得乘車，三車皆輿狹而箱深，則專主任載明矣！

半矩謂之宣。

注據説卦，以宣爲人頭。但説卦本言髪之皓落，與廣顙相對，非謂頭也。此記曰「欘」、曰「柯」、曰「磬折」，皆借器物以明尺度，則宣疑亦器名。項氏安世據爾雅「璧六寸謂之宣」，謂矩尺有二寸，柯當尺三寸有半。非也。柯長三尺，記有明文，則宣欘磬折之度即柯可推矣！且於下記「轂長半柯」「牝服二柯」，決不可通。

行澤者反輮，行山者仄輮；反輮則易，仄輮則完。

行澤者杼，轏地處薄，必用木心乃堅久。行山者侔，則可順面勢之所向而爲之矣。曰「仄」者，輪材必用曲木，因其斜仄之勢而鞣之也。

柏車轂長一柯，其圍二柯，其輻一柯，其渠二柯者三。五分其輪崇，以其一爲之牙圍。

不言柏車輪崇之度者，大車輻長一柯有半，而柏車長一柯；大車之渠三柯者三，而柏車二柯者三，則輪崇六尺不待言矣。

大車崇三柯，綆寸，牝服二柯有參分柯之二。羊車二柯有參分柯之一。柏車二柯。

大車行澤，其輪杼，踐地者削薄，非廣其固輪之綆，則速敝。羊車、柏車不言綆度者，凡車之綆皆三分寸之二，獨大車較廣耳。羊車不言輪崇者，與柏車無異也。乘車之軫六尺有六寸，又三分去一以爲隧者，御與左右並乘，必衡廣乃能容，而從不可長也。大車鬲廣六尺，而牝服則八尺者，衡狹而從長，然後載物多而車行安也。鄭氏鍔引晉武帝乘羊車，宫人爭以竹葉插户，鹽水灑地，以引帝車，證此記。非也。晉武非仿古羊車之制，或於宫中爲兩輪迫地之車，以羊駕而人挽之，以行樂耳。聖人立成器以爲天下利，安得有此？試思七尺之車，其重幾許？羊雖高，安能勝此？賈疏云「宫内所用」，因晉史所云而揣度漢時亦爾。鍔乃引此以實之，繆矣！晉以後，齊梁亦仿其制。隋大業中作車，駕果下馬，其大如羊，謂之羊車。皆非考工之羊車也。

參分其長。

今車制於轅之入箱下者各鑿二孔，下鐵鋌以鉗軸之兩旁，謂之鈎心。以鑿其鈎，謂此。

徹廣六尺，鬲長六尺。

此別言牛車轍校隘，則衡軶亦校隘也。不言四馬車之轍軶者，輪崇、車廣、衡長參如一，已見輿人職也。

## 弓人

筋也者，以爲深也。

引弓之盡爲深，筋附幹以爲堅忍，然後引之盡而無折傷。王氏昭禹謂以射則中深，非也。中之深以幹直而力强，非筋之故。

凡析幹，射遠者用埶。

張自超曰：「木有曲有直，性不可移。車之牙必順其理而用之，乃久而不挺。弓之幹必反其埶而用之，乃激而能遠。」

夫角之本，蹙于𦙶而休于氣，是故柔。

春秋傳「而或喚休之」，蓋煦養之義，不必易讀。

角長二尺有五寸，三色不失理，謂之牛戴牛。

弓長六尺，下士服之，除挺臂五寸，必角長二尺有五寸，乃幾及於簫。中制、上制度更有加，必以他角續之。角長，則續其近簫者，可也；角短，則續其在淵者，不可也。故雖三色不失理，而長不中度，尚非角之尤良者。必兼此數美，乃直一牛。

漆欲測。

漆有真僞，必測之而後知。挹而下注，細如絲髮而不斷，乃無他物之雜。

秋合三材。

三材，幹、角、筋也，膠、絲、漆所以合之。

析幹必倫。

木之文理易見，故必循其倫。角灣環而本末粗細不均，不能如木心之直，故惟取其面勢正而無邪。

斲目必荼。

荼，與玉藻「諸侯荼」同義，猶莊子所謂「斲輪徐」也。蓋木之節目强，斲之，使其分視四週少窪，乃不與筋相摩。

約之不皆約。

絲，所以約帤也。使比次而皆約之，則束縛太急，帤不能少有屈伸，以隨幹角爲張弛。古人體物之精如此。

斲摯不中，膠之不均，則及其大脩也，角代之受病。夫懷膠于内而摩其角，夫角之所由挫恒由此作。

前以「不中」「不均」並列，而後獨言「懷膠」者，明斲幹雖中而施膠不均，亦能摩角而使之挫也。

今夫茭解中有變焉，故校；于挺臂中有柎焉，故剽。

舊説中有變，謂簫與臂用力異。果爾，則辭不足以指事矣！蓋抗弦送矢，全力在簫，所謂「末應」也。彈弓無簫，故引之常縱，弓幹盡處，忽以簫逆插幹間，勾而向前，其形制有變，故抗弦有力而送矢疾也。茭從交，弓幹之端折爲兩岐，而以簫剸入，故曰「茭」。簫别一木，雖以筋、膠合於弓幹，而體、本兩判，故曰「解」。

凡爲弓：方其峻而高其柎，長其畏而薄其敝；宛之無已，應。

峻，疑當簫隈之交而拄弦者。舊説以爲簫。簫狹而長，不得云方。高其柎，謂於挺臂中置骨，穹而隆起也。「宛」，當作「挽」，以音同而誤也。無已應，謂引之過度，而其體能應，不至於折傷也。

下柎之弓，末應將興。

興，謂把握中摇撼也。柎下力弱，則簫應弦而動，把握中必摇撼。

弓而羽䋲。

羽䋲者，角之兩旁甚薄，其暴起有似於羽。

維幹强之，張如流水。

幹强而又能張如流水者，質堅而柔忍也。

維角堂之，欲宛而無負弦。引之如環，釋之無失體，如環。

角用反埶，以掌拄於柎與峻之間，故曰「堂之」。當弓之隈，必與幹死轉相隨，然後能張如流水。負弦，謂不應弦，所謂「引如終紲」也。「釋之無失」句，失，謂反脱也。弓不調，則釋矢時多反脱。體如環，謂既弛之後。

材美，工巧，爲之時，謂之參均。角不勝幹，幹不勝筋，謂之參均。量其力有三均，均者三，謂之九和。

材美爲之時，已明著於上記。工之巧，則盡去所陳諸病，而曲得所利是也。勝，當讀去聲，言角不可强於幹，幹不可强於筋也。惟其如是，故量其力亦三均。三均，注以角、幹、筋之力言，得之；疏謂以次而加，則非也。斲目不舒，則摩其筋；施膠不均，則摩其角。三材同時而合，筋附角幹，而膠以黏之，絲以約之，定法也。惟幹勝一石，可試而知，安得有加角而勝二石，加筋而勝三石之法哉？惟所謂以繩擐之而遞加三石者，則於其已成而驗之如此耳！

凡爲弓，各因其君之躬志慮血氣。

下文「豐肉而短」「骨直以立」，躬與血氣之異也；「寬緩以荼」「忿勢以奔」，志慮之異也。

往體多，來體寡，謂之夾庾之屬，利射侯與弋。往體寡，來體多，謂之王弓之屬，利射革與質。往體[二]、來體若一，謂之唐弓之屬，利射深。

來體，謂被弦時之度也。被弦之度有定，而以多寡言者，以往體之多而見爲寡也，以往體之寡而見爲多也。射遠者用勢，故往體多；射深者用直，故往體寡。

大和無灂。

〔二〕「體」，原脱，今據周禮注疏補。

弓背施筋、膠，必别有物以被之，今制裹以木皮。故大和者無所用漆，漆蓋施於所被之外也。若無物以被，則筋、膠不任霜露，而漆亦難施。

和弓轂摩。

弓久不用，恐角幹辟戾而不和，故以袂鈎其近簫處，而膝倚其左右隈，以調之。大射禮所云，正所謂「轂摩」也。注疏以爲拂塵，似未盡其義。